U0790430

管理学原理

主　编　袁连升

副主编　王占峰　宋　菠　赵丹华

北京理工大学出版社
BEIJING INSTITUTE OF TECHNOLOGY PRESS

内容提要

本书系统地阐述了管理学的基本概念、发展和演变过程，结合丰富的案例，培养学生基本的管理素质。全书以管理职能为基本框架，全面地讲述了管理与管理者、管理理论的发展与演变、企业的社会责任与管理道德、计划的原理与方法、组织设计与变革、人力资源管理、领导、激励、沟通与控制等专业知识。

本书可以作为高等学校经济管理类专业基础课教材，也可以作为管理学爱好者学习管理知识的参考读物。

版权专有 侵权必究

图书在版编目（CIP）数据

管理学原理／袁连升主编．—北京：北京理工大学出版社，2017.8（2020.8 重印）
ISBN 978－7－5682－4781－8

Ⅰ．①管…　Ⅱ．①袁…　Ⅲ．①管理学－高等学校－教材　Ⅳ．①C93

中国版本图书馆 CIP 数据核字（2017）第 209928 号

出版发行／北京理工大学出版社有限责任公司
社　　址／北京市海淀区中关村南大街 5 号
邮　　编／100081
电　　话／（010）68914775（总编室）
（010）82562903（教材售后服务热线）
（010）68948351（其他图书服务热线）
网　　址／http：//www. bitpress. com. cn
经　　销／全国各地新华书店
印　　刷／唐山富达印务有限公司
开　　本／787 毫米×1092 毫米　1/16
印　　张／16. 25
字　　数／390 千字
版　　次／2017 年 8 月第 1 版　2020 年 8 月第 3 次印刷
定　　价／42.00 元

责任编辑／梁铜华
文案编辑／郭贵娟
责任校对／周瑞红
责任印制／施胜娟

图书出现印装质量问题，请拨打售后服务热线，本社负责调换

前 言

拉开人类前进的帷幕，管理在潜移默化中成了人类组织的基本活动之一，它广泛地存在于现实社会生活之中，并成为一切组织活动中必不可少的组成部分。随着管理学的不断发展，管理学作为一门系统地研究管理过程的规律、基本原理和一般方法的科学，成为一门人类不断探索“发展”智慧的艺术。然而，管理作为一门学科的出现，仅有百年之余，管理学和管理科学至今并不十分完整准确。但不可否认，管理活动是人类的一项重要活动，同时，管理也是促进现代社会文明发展的三大支柱（管理、科学、技术）之一。管理在人与组织等一系列即将完成的职能工作等方面，其提高效率与效能的作用正在现代社会发展中显得日益重要。彼得·德鲁克曾经说过：“在人类历史上，还很少有什么事比管理的出现和发展更为迅猛，以及对人类具有更为重大和更为激烈的影响。”

为了满足高等院校管理学课程的教学需要，编者在多年教学、科研、实践经验及大量参阅国内外有关管理学资料文献的基础上，精心编写了这本教材。本书全面系统地阐述了管理学的基本概念、基本原理及一般方法。在写作过程中，编者力求理论联系实际，历史分析与现状分析相结合，系统分析与重点分析相结合。同时也注意吸收国外某些管理领域的最新研究成果与发展经验。全书共分 10 章，内容丰富，条理清晰，不仅适合作为高等院校有关专业的教材，也适合作为干部短期培训及成人高等教育的教材。

本书由袁连升任主编，王占峰、宋菠、赵丹华任副主编，具体分工如下：袁连升（第 1、2、3、5 章）、宋菠（第 4、9 章）、赵丹华（第 6、8 章）、王占峰（第 7、10 章），最后由袁连升对全书进行了修改和总纂。

在编写过程中，我们参阅、引用了大量文献著作和网络资源，在此特向所有的作者表示衷心的感谢！因为我们是一支年轻的团队，学疏才浅，加之编写时间仓促，所以书中难免存在疏漏和错误，敬请读者海涵，同时希望将意见反馈给我们，帮助我们不断改进。

编 者

2017 年 5 月

目 录

第1章

绪　论

章前引例

逃离高笼的袋鼠

有一天，动物园的管理员们发现袋鼠从笼子里跑出来了，经开会讨论，一致认为是笼子的高度过低所导致。所以他们决定将笼子的高度从原来的10米加高到20米。谁知第二天，他们发现袋鼠还是从笼中跑了出来，所以他们决定再将高度加高到30米。

没料到第三天居然又看到袋鼠全都跑到了外面，于是管理员们大为紧张，决定一不做二不休，索性将笼子的高度加到100米。“嘿嘿，这下子看你还能不能跳出如来佛的神掌!”

等到第四天，神了，袋鼠还是从笼子里跑了出来，而且还在与它们的好朋友长颈鹿聊天呢。“你们觉得这些人会不会再继续加高你们的笼子呢?”长颈鹿问。

“很难说，”袋鼠说，“如果他们再继续忘记关门的话!”

这则寓言幽默地道出了“管理哲学”。事有“本末”、“轻重”，人有“首尾”、“缓急”，关门是本，加高笼子是末，舍本而逐末，当然就不得要领了。管理是什么？管理就是要分清事物的“本末”、“轻重”、“缓急”。

（资料来源：爱问共享资料．袋鼠与笼子［EB/OL］. http：//iask. sina. com. cn/b/21372376. html）

管理是人类生活中最常见、最普遍的活动之一，它是所有组织活动中不可或缺的重要组成部分，是各组织生存和发展的基础。在这一章里，我们将学习管理的定义、管理的职能和作用，理解管理者的价值。

第一节　管理概述

一、管理的定义

你可能会问，为什么要学习管理？当你读完这本书的时候，你可能就会确定无疑地说，管理是所有组织普遍需要的。在任何地域的组织，在所有类型和不同规模的组织，在组织的所有层级和所有工作领域，管理都是不可或缺的。

什么是管理？长期以来，许多中外管理专家、学者从不同的研究角度出发，对管理做出了不同的解释。直到目前为止，管理还没有一个统一的定义，各种不同的管理学派由于理论观点的不同，对管理概念的解释也是众说纷纭。

科学管理之父泰罗（Taylor）认为管理就是：确切地知道你要别人去干什么，并使他用最好的方法去干。在泰罗看来，管理就是指挥他人能用其最好的工作方法去工作。

管理过程之父亨利·法约尔（Henri Fayol）在其名著《工业管理和一般管理》中给出了管理的概念："管理就是实行计划、组织、指挥、协调和控制。"法约尔是用管理的职能（他称为管理的要素）来解释管理。

诺贝尔经济学奖获得者赫伯特·西蒙（Herbert Simon）认为："决策贯穿管理的全过程，管理就是决策。"

美国著名管理学者哈罗德·孔茨（Harold Koontz）认为："管理是设计和维持一种良好的环境，使人在群体里高效率地完成既定目标。"

我国的学术界人士也给管理下了一些定义。如周三多教授等（2005）认为："管理是指组织为了达到个人无法实现的目标，通过各项职能活动合理分配、协调相关资源的过程。"徐国华教授等（1998）认为："管理是通过计划、组织、控制、激励和领导等环节来协调人力、物力和财力资源，以期更好地达成组织目标的过程。"杨文士教授等（1994）则认为："管理是指组织中的管理者通过实施计划、组织、人员配备、指导与领导、控制等职能来协调他人的活动，使别人同自己一起实现既定目标的活动过程。"

综合学术界关于管理的各种解释，能够较为全面地概括管理这一概念的内涵和外延的定义：管理就是在特定的环境下，对组织所拥有的资源进行有效的决策、计划、组织、领导和控制，以便实现既定的组织目标的活动过程。这个定义包含以下六层含义：

（1）管理是在组织特定的内外部环境约束下展开的。例如，企业的生存离不开外部的原材料供应和顾客的需求，其生产经营活动受国家政策、法律等多种因素的影响。管理理论的学习和管理实践活动必须注重适应环境，善于发现环境的变化给组织带来的机会和威胁，并不断创新。

（2）管理的本质就是协调。协调就是使组织中的部门之间、成员之间、资源之间、活动之间有机结合，同步和谐地开展活动，形成合力，实现共同目标。

（3）管理的对象是包括人力资源在内的一切可以调用的资源。资源通常包括原材料、人员、资本、土地、设备、时间、信息和技术等。由于资源相对于人类的欲望来说总是短缺的，为了实现人们的共同目标，就必须充分利用有限的资源，争取做到人与自然协调发展。人力资源是组织中最重要的资源，所以管理要以人为本。

（4）管理目的是实现组织的既定目标。管理具有目的性，不是为管理而进行管理，其目的是实现组织的既定目标。

（5）管理的作用就是有效利用组织的各种资源。所谓有效是指既要讲究效率（Efficiency），又要讲究效果（Effectiveness）。

效率是指投入与产出之比。如果对一定的投入，取得了更多的产出，即为提高了效率；

同样，对于一定的产出，若减少了投入，那么也是提高了效率。由于组织拥有的资源常常是稀缺的，管理者就必然关心资源的利用效率。仅有效率的提高是不够的，管理还要讲究效果。效果是指目标的达成度，当管理者实现了既定的目标时，他们的工作就是有效果的。如果说效率意味着正确地做事，那么效果则意味着做正确的事。由此可见，只有“正确地做正确的事”，才能有效利用组织的各种资源，使组织花最少的资源投入，取得最大的、合乎需要的成果产出，即通常所说的绩效（Performance）。

（6）管理的过程由决策、计划、组织、领导和控制一系列管理职能所构成。管理职能是管理工作最基本的手段和方法，也是管理活动区别于一般作业活动的重要标志。

伴随着组织规模的扩大和作业活动的复杂化，管理越来越成为影响组织生死存亡和社会经济发展的关键因素。许多著名的管理学家和经济学家都非常强调管理的重要性，如有人把管理看作是经济发展的原动力，同土地、劳动和资本并列成为社会的“四种经济资源”或者同人力、物力、财力和信息一起构成组织发展的“五大生产要素”；还有的人把管理、技术和人才的关系比喻为“两个轮子一个轴”，即“两轮一轴”论。如同没有先进的科学技术，作业活动乃至管理活动无法有效地开展一样，没有高水平的管理相配合，任何先进的科学技术都难以充分发挥作用，而且科学技术越先进，对管理的要求也越高。

课堂案例1－1

迪士尼的小路

在1971年伦敦国际园林建筑艺术研讨会上，迪士尼乐园的路径设计获得了“世界最佳设计”奖。世界著名建筑大师格罗培斯却说：“其实那不是我的设计。”这究竟是怎么回事呢？

那是在迪士尼乐园主体工程完工后，格罗培斯暂停了乐园里的道路修筑，并让人在空地上撒满了草种。接下来，乐园宣布提前试开放。半年后，乐园里绿草茵茵，草地上也被游客踏出了不少宽窄不一的小路，非常幽雅自然。格罗培斯根据这些行人踏出来的小路铺设了人行道，这就是被世界各地的园林设计大师们评为“幽雅自然、简捷便利、个性突出”的迪士尼乐园小路。请思考两个问题：规划设计和自主演变哪个更好？管理工作应该采用哪种思路？

二、管理的要素

管理作为一项重要的社会活动，贯穿于人类社会发展的各个阶段，渗透到政治、经济、文化、教育、军事等各个领域。为了正确且全面地理解管理的含义，可以从以下几个方面进行分解：

（一）管理主体——管理者

管理者是由一个社会组织或社会单位的若干首脑或负责人组成的群体。管理者是管理活动的主体，管理者的知识、能力、素质、经验和技能，直接影响组织效能的发挥。

（二）管理客体——管理对象

管理对象是管理者施加影响并产生作用的对象。现代管理理论认为，管理的对象应包括人、财、物、信息、时间等方面。

（三）管理手段——管理职能

大约100年前，管理学的奠基人之一亨利·法约尔就总结说，管理的五大职能是计划、组织、指挥、协调和控制。这五大职能，一经总结出来就成为经典。后人把指挥和协调合并为领导（管理大师德鲁克称为整合），形成管理的四大职能。

（四）管理的目标

管理是为了实现特定的目标，管理的目的就是更有效地实现管理目标，即追求最高效率和最好的效果，使组织以尽量少的资源而尽可能多地达到预期的合乎要求的目的。严格地说，管理并不存在自己独立的目标，而是为了实现组织的目标所进行的活动。概括地说，管理就是要促使组织有效地利用资源进而达成组织的目标。

（五）管理的环境

管理是在一定的环境和条件下进行的，组织环境直接或间接地影响企业的管理活动。影响管理的组织外部环境主要有经济环境、技术环境、社会文化环境、政治环境、自然环境。内部环境主要有组织规模、组织技术条件、组织目标和核心价值观等。

三、管理的特征

根据管理的定义，作为管理活动，至少具有以下四个特性。

（一）管理的目的性

目的性是管理的首要特征。首先，目的就是方向。管理是要带领组织前进，并推动组织发展的。既然是前进、是发展，就必须有方向，什么是组织的方向？概括地说，组织的方向就是指组织的核心竞争力的创造和维持。如果组织没有竞争力，那么竞争力应该在哪里，竞争力在哪里，哪里就是组织的方向；如果组织有一定的竞争力，那么它的方向就是使这一竞争力能够维持，并不断开发出新的竞争力。其次，目的就是压力。没有目的，就没有压力；有了目的，才可能有压力。再次，目的就是标准。管理的目的应当成为管理行为的标准，而且是核心的标准，管理的行为过程不能与管理的目的相脱节。从上面三点可以看出，管理的目的性不是可有可无的，相反，它是非常重要的。同时，与之相对应的涉及评判“目的”的标准也是必不可少的。管理的目的往往表现为管理目标，它既是管理的出发点和归宿，也是指导和评价管理活动的基本依据。为此，任何管理活动都必须把制定管理目标作为首要任务。管理是管理者为实现组织目标所进行的计划、组织、指挥、协调和控制等一系列活动的总称，任何管理活动都是具有一定目的性的。人力资源管理的目的是优化人力资源配置，调动员工的工作积极性；质量管理的目的是在控制成本的情况下保障产品和服务的质量；生产运作管理的目的是科学合理地组织符合市场需求的产品和服务的生产和运作过程；财务管理的目的是降低资金的筹资成本和提高资金的使用效率。

我们认为，可以用下列标准来衡量管理的目的：①目的必须正当。就是要求管理的出发点符合公共利益，公共利益有社会公共利益、组织公共利益之分，有别于私人的或小团体的利益。②目的必须合理。也就是说，目的必须符合特定事物的发展规律，在一定时期、一定阶段能够达到。③目的必须明确。其实质就是使标准客观化，这样才有明确的可操作性。

（二）管理的有效性

管理需要讲究效率和效益，因为资源是有限的，例如价格不断变化的石油资源、水资源、劳动力资源、资本资源。相反地，若资源无限，没有效率压力则不需要管理。而管理、科学决策可以提高效率和效益。以我国曾经的两大肉类加工企业双汇集团和春都集团为例，来看一下在市场竞争中因管理方式的不同而呈现出的不同情况：在 2004 年，双汇集团实现利润 5.02 亿元，比上年增长 69.5%，步入快速发展轨道；而春都集团则在当年亏损 6982 万元，连续两年出现巨额亏损，企业陷入困境，同是国务院确定的全国重点企业、中国名牌企业，又同是地处中原的肉类加工企业，双汇的迅速崛起和春都的严重滑坡引起社会各界的广泛关注。在各方而都处于劣势的双汇集团为什么在短短几年内成了同行业的排头兵，而春都集团却在市场竞争中败下阵来？原因就在于双汇集团注重决策管理，注重资源使用效率；而春都集团却多次决策失误，造成了资源的巨大浪费。

（三）管理的他人性

狭义的管理的他人性是指管理需要别人的努力；从广义的角度来理解，管理的他人性是指通过各种隐含或外在的功能，对管理的对象发挥管理的作用。管理的他人性是管理的自然属性，随着管理的存在而存在。在各项管理活动中，管理的他人性作用发挥得越充分、越彻底，各项工作就完成得越好，管理水平也就越高。反之，如果他人性没有被认识和充分挖掘，管理活动的作用就带有很大的盲目性和随意性。因此，充分认识管理他人性的地位与作用，对做好各项管理工作至关重要。

（四）管理的多样性

管理的多样性是指管理的对象、过程和管理部门都是多种多样的。管理对象包括人、财、物等，不同的管理对象有不同的演变规律，这就要求管理者采用不同的管理方法，如对人的管理应更多地采用心理学和行为科学的分析方法。管理的多样性还体现在管理过程是多种多样的，包括计划、组织、控制等多样化的活动。在企业或任何组织中，管理部门也是多种多样的，包括生产、财务、销售、人事等，每一个部门的分工和责任都大不相同。

四、管理的重要性

管理活动和人类的历史一样悠久，至少可以追溯到几千年以前。生活在幼发拉底河流域的闪米尔人，早在公元前 5000 年就开始了原始的记录活动。这也是有据可考的人类历史上最早的管理活动。管理活动的历史虽然悠久，但在过去几千年中管理始终只是一种零散的经验和某种闪光的思想，只是到了工业革命以后，随着现代工业技术的广泛应用和企业的大量发展，管理才得到了系统的研究和普遍的重视。在工业革命之后，管理变得越来越重要，管理的重要性主要体现在以下三个方面。

（一）资源的有效配置

由于人力资源和其他资源（时间、资金、物资、信息、技术等）相对于人类的欲望来说总是短缺的，为了实现人们的共同欲望（目标），就必须充分利用有限的资源，为此就必须进行管理，使这些资源都以适当的形态、合理的配比参与组织活动。

（二）协调高度专业化分工的社会

组织对管理的要求和依赖性与组织的规模是密切相关的，共同劳动的规模越大，劳动分工和协作越精细、越复杂，管理工作也就越重要。例如，在手工业企业里，要进行共同劳动，并有一定的分工协作，管理就成为进行生产所不可缺少的条件。当然，如果手工业企业的生产规模较小，生产技术和劳动分工比较简单，那么管理工作也就比较简单。而现代化大工业生产不仅生产技术复杂，而且分工协作严密，专业化水平和社会化程度都很高，社会联系也更加广泛，因此需要的管理水平就会更高。

高度专业化的社会分工是现代国家和现代企业建立的基础。如何把不同行业、不同专业、不同分工的各种人员合理地组织起来，协调他们相互之间的关系，协调他们与政府的关系，协调他们与各种资源的关系，从而调动各种积极因素，都要靠有效的管理，美国国际商业机器公司（IBM）的创办人托马斯曾经讲过这样一个故事，可以深入浅出地说明管理的产生及其在实现组织目标中的作用。有一个男孩得到一条长裤，穿上一试发现长了一些。他请奶奶帮忙把裤子剪短一点，可奶奶说，眼下的家务事太多，让他去找妈妈，而妈妈回答他，今天她已经同别人约好去玩桥牌。男孩子又去找姐姐，但是姐姐有约会，时间就要到了。到了晚上，奶奶忙完家务事，想起了孙子的裤子，就去把裤子剪短了一点；姐姐回来后心疼弟弟，又把裤子剪短了一点；妈妈回来后同样也把裤子剪短了一点。可以想象，第二天早上大家会发现这种没有管理的活动所造成的恶果。由上述例子可以看出，任何活动都需要管理。

（三）建立和实现共同目标

任何组织（如早期的氏族公社、部落、商号，近现代的企业）都有自己的中长期目标，为了实现组织目标，需要组织中全体成员一致行动。要实现社会发展和企业或任何社会组织发展的预期目标，就需要全体成员长期的共同努力。如何把每个成员千差万别的个人目标引向组织的目标，把无数分力组成一个方向一致的合力，就要靠管理，如果管理不善，组织就会像一盘散沙，内耗不止，毫无活力，不仅预期目标不可能实现，而且与强手相比距离也会愈拉愈远，最后可能因找不到立足之地而被淘汰。著名战略管理专家迈克尔·波特也曾说过，只要是做需要一个以上的人来完成的工作，就需要管理。这些充分说明一个事实：管理存在的基础是组织，组织目标的实现要依靠管理，管理是为实现组织目标服务的。

课堂案例 1－2

阿波罗登月计划与管理

阿波罗登月计划（Apollo Project），又称阿波罗登月工程，是美国从1961年到1972年从事的一系列载人登月飞行任务。1969年7月16日，巨大的“土星5号”火箭载着“阿波罗11号”飞船从美国肯尼迪角发射场点火升空，开始了人类首次登月的太空征程。美国宇航员尼尔·阿姆斯特朗、埃德温·奥尔德林、迈克尔·科林斯驾驶着“阿波罗11号”宇宙飞船跨过38万公里[①]的征程，承载着全人类的梦想踏上了月球表面。这虽然是个人的小小一步，却是整个人类迈出的伟大一步，他们见证了从地球到月球梦想的实现，这一步跨过了5000年的时光。

阿波罗载人登月工程历时约11年，动员了上百个科研机构，120所大学，2万多家企

① 1公里=1千米。

业，先后有400万人参加，耗资约256亿美元。这一规模宏大的工程，工程技术的复杂程度难以想象，仅“土星5号”火箭就有上百万个零部件，涉及成百上千种复杂的工序，只要有一处隐患，就可能造成箭毁人亡的惨剧。所以阿波罗计划实际上是一个巨大的、通过政府组织的、运用市场机制进行的成功的管理实践活动。如此庞大的阿波罗登月计划之所以能如期完成，很关键的一点在于运用系统工程方法进行了有效的组织管理。研制这样复杂的系统，面临的难题是：怎样把比较笼统的初始要求（如使航天员安全登月并返回地球）逐步变成成千上万个工程任务参加者的具体工作，怎样把这些工作最终组合成一个技术上合理、经济上合算、研制周期短、协调运转方便的实际工程系统。这样复杂的工程系统，涉及大规模复杂的社会劳动组织协调和管理，需要有一套严密而科学的组织管理方法。

在阿波罗计划实施过程中，美国建立了强有力的管理组织，用系统工程方法加强对阿波罗计划整体过程的管理，并将管理工作全过程划分为编制计划、分析评价、控制指导及督促检查等阶段，从根本上保障了阿波罗计划的顺利完成。阿波罗登月计划的总负责人韦伯博士后来总结说：“我们没有使用一项没用过的技术，我们的技术就是科学的组织管理。”

（注：改编自 http：//www.cnsa.gov.cn/n615708/n676979/n2235653/n2235663/167736.html）

五、管理的性质与职能

（一）管理的性质

管理是科学还是艺术？这个争论是从大学开始教授管理学才出现的，尽管很早就有企业管理，但并没有这种争论，因为管理者都是从其他专业转行而来的，人们的常识是：一个任何人都可能从事的工作怎么可能是科学？可是当企业越来越大，管理越来越复杂，同时学校开始教授管理学时，有人就提出：管理是科学，从而争论就开始了。

我们认为，管理是一门科学。管理的科学性，表现在它是以反映管理客观规律的管理理论和方法为指导的，具有一套分析问题、解决问题的科学方法论等方面，管理是人类重要的社会活动，存在着客观规律性。管理作为科学，就是指人们发现、探索、总结和遵循客观规律，在逻辑的基础上，建立系统化的理论体系，并在管理实践中应用管理原理与原则，使管理成为在理论指导下的规范化理性行为。如果不承认管理的科学性，不按规律办事，违反管理的原理与原则，随心所欲地进行管理必然受到规律的惩罚，导致管理的失败。我们认为，要将管理工作做好，首先必须承认管理是一门科学，管理主要依靠的是一套制度，尤其是评价制度与激励制度。在现实中，人们也可以发现，一个企业管理得好，那肯定是因为它有一套科学的管理制度。只有有了一套科学的管理制度，才能给职工稳定的预期，减少信息搜寻成本和由于不确定性所造成的损失。在此基础上企业家的人格魅力、聪明才智、创新精神才有发挥的余地，如果只承认管理是一门艺术，而不承认管理是一门科学，就必然会导致管理过程中的随意性、一言堂，甚至独裁与腐败。

管理又是一门艺术。管理的艺术性，即强调管理的实践性，没有实践则无所谓艺术。管理艺术的含义是指能够熟练地运用知识并且通过巧妙的技能来达到某种效果，管理虽然可以遵循一定的原理或规范办事，但它绝不是“按图索骥”的照章操作行为。管理理论作为普遍适用的原理、原则，必须结合实际应用才能奏效。管理者在实际工作中，面对千变万化的管理对象，因人、因事、因时、因地制宜、灵活多变地、创造性地运用管理技术与方法，解决实际问题，从而在实践与经验的基础上，创造了管理的艺术与技巧。这就是所谓的管理是一门艺术的含义。把管理只当成科学，排斥管理的艺术，完全按照管理原理与原则去刻板地解决管理问题，必然会碰壁。在承认管理科学性的前提下，讲管理的艺术性也是很有必要的。因为管理制度是经营者与职工之间的一些契约，包括正式的契约与非正式的契约、书面契约与口头契约、强制性契约与诱致性契约等，而这些契约都不可能是完备的。例如，规定工资与生产的产品成正比，这一看似明确的契约实际上包括了很多不完备的地方：工资有没有包括奖金，有没有包括实物工资？生产不同产品的职工之间，产品如何比较？产品的质量如何界定？由于请假、工伤、公务、不可抗力而导致生产的产品减少，如何扣减工资？而涉及度量（如产品质量度量）方面，更是不可能做到绝对精确。简单到一张桌子有多长，我们也不可能精确量出（总是有误差存在）。而涉及概念，也是不可能绝对明晰的。由于度量是不精确的，概念是模糊的，所以任何制度都不是完备的，在制度不完备的地方，就需要管理者运用管理的艺术。可以这样说，管理艺术是对管理制度的补充，在管理制度规定到的地方，是不可以借管理艺术之名违反管理制度的。如果管理制度本身不合理，那么就需要修订管理制度，而不是以管理艺术去代替不合理的管理制度。

管理是科学与艺术的结合。管理既是科学，又是艺术，这种科学与艺术的划分是大致的，其间并没有明确的界限。说它是科学，是强调其客观规律性；说它是艺术，则是强调其灵活性与创造性。而且，这种科学性与艺术性在管理的实践中并非截然分开，而是相互作用，共同发挥其管理的功能的，从而促进目标的实现。管理需要科学的理论指导，没有理论指导的实践是盲目的实践，盲目的实践必然导致失败。但是，管理理论是管理实践的概括与抽象，具有较高的原则性，而每一项具体的管理活动又都是在特定条件下展开的，因此，要结合实际进行创造性的管理。

（二）管理的基本职能

管理的职能涉及管理工作的内涵，即在组织中管理工作究竟包含哪些方面的内容。关于这个问题，与管理的定义一样，在管理学界颇有争议。在最早奠定管理学理论框架的亨利·法约尔的论述中，将管理工作划分为五种职能：计划、组织、指挥、协调和控制。而美国学者孔茨等则将计划、组织、人事、领导和控制看成管理的基本职能。目前较为流行的看法是“四职能”即计划（Planning）、组织（Organizing）、领导（Leading）和控制（Controlling），本书将按这四个职能来组织内容。

1. 计划

组织是为了实现某些目标而存在的，这就需要制定组织目标和实现目标的方案。它包含确定组织的目标，建立实现这些目标的总体战略，以及制订方案来整合与协调组织的各项活动。计划是管理的首要职能，管理活动从计划工作开始。

2. 组织

为了实现组织的目标，人们需要相互间的合作。合作的人们如果要在实现目标的过程中能有比各合作个体总和更大的力量、更高的效率，就应根据工作的要求与人员的特点设计岗位，通过授权和分工，将适当的人员安排在适当的岗位上，用制度规定各个成员的职责和上下左右的相互关系，形成一个有机的组织结构，使整个组织协调地运转，这就是管理的组织职能。

3. 领导

即使计划与组织工作做好了，也不一定能保证组织目标的实现，因为组织目标的实现要依靠组织全体成员的努力。配备在组织机构各种岗位上的人员，由于各自在个人目标、价值观、性格、素质及工作职责和掌握的信息量等方面存在很大差异，在相互合作的过程中必然会产生各种矛盾和冲突。因此就需要有权威的领导者进行领导，指挥人们的行动，沟通人们之间的信息，增强相互的理解，统一人们的思想和行为，激励每个成员自觉地为实现组织目标而努力。

4. 控制

在执行计划的过程中，由于受到各种因素的干扰，所以实践活动常常偏离原来的计划，这就需要有控制职能。控制的实质就是使实践活动与计划相符。管理者必须及时取得计划执行情况的信息，并将有关信息与计划进行比较，发现实践活动中存在的问题，分析原因，及时采取有效措施纠正偏差。

尽管计划、组织、领导和控制职能都有着不同的内容和表现形式，但在管理工作中，它们之间存在着内在的逻辑关系。计划职能具有先导性、首要性，根据计划的要求和安排确定组织的机构、部门的设置，然后选定有效的领导方式和恰当的激励方式，最后根据计划的要求设置控制的标准，并进行控制，以确保计划的完成。

每一项管理工作一般都从计划开始，经过组织、领导，到控制结束。各职能之间相互交叉的同时又相互渗透，控制的结果可能又导致新的计划，开始又一轮的管理循环。如此循环往复，把工作不断推向前进。

第二节　管理者

彼得·德鲁克（Peter F. Drucker）认为：管理者，就必须卓有成效，管理者一般由拥有相应的权力和责任、具有一定管理能力、从事现实管理活动的人或人群组成。管理者及其管理技能在组织管理活动中起着决定性的作用。管理者是在协作过程中协调他人活动，并对组织完成预期任务负有责任的人。

一、谁是管理者

管理者又称为管理主体，是指从事管理工作的人员，即他告诉别人该做什么和怎样去做。他通过协调和监督他人的活动使其达到组织目标，也是在组织中管理活动的出发者、执行者。他的工作不是取得个人成就，而是帮助他人完成任务。

（一）管理者是具有职位和相应权力的人

管理者的职权是管理者从事管理活动的资格，管理者的职位越高，其权力越大。组织或团体必须赋予管理者一定的职权。如果一个管理者处在某一职位上，却没有相应的职权，那么他是无法进行管理工作的。韦伯认为管理者有三种权力，即传统权力：传统惯例或世袭得来，比如帝王的世袭制；超凡权力：来源于别人的崇拜与追随，带有感情色彩并且是非理性的，不是依据规章制度而是依据以往所树立的威信；法定权力：即法律规定的权力，通过合法的程序所拥有的权力，比如通过直接选举产生的总统。

但在实际管理活动中，管理者仅具有法定的权力，是难以做好管理工作的，管理者在工作中应重视“个人影响力”，成为具有一定权威的管理者。所谓“权威”，是指管理者在组织中的威信、威望，是一种非强制性的“影响力”。权威不是法定的，不能靠别人授权。权威虽然与职位有一定的关系，但主要取决于管理者个人的品质、思想、知识、能力和水平，取决于同组织人员思想的共鸣、感情的沟通，取决于相互之间的理解、信赖与支持。这种“影响力”一旦形成，各种人才和广大员工都会被吸引到管理者周围，心悦诚服地接受管理者的引导和指挥，从而产生巨大的精神力量。

（二）管理者是负有一定责任的人

任何组织或团体的管理者，都具有一定的职位，都要运用和行使相应的权力，同时也要承担一定的责任。权力和责任是一个矛盾的统一体，一定的权力又总是和一定的责任相联系的。当组织赋予管理者一定的职务和地位，从而形成了一定的权力时，管理者同时也就担负了对组织一定的责任。在组织的各级管理人员中，责和权必须对称和明确，没有责任的权力，必然会导致管理者的用权不当，没有权力的责任是空泛的、难于承担的责任。有权无责或有责无权的人，都难以在工作中发挥应有的作用，都不能成为真正的管理者。

责任是对管理者的基本要求，管理者被授予权力的同时，应该对组织或团体的命运负有相应的责任，对组织或团体的成员负有相应的义务。权力和责任应该同步消长，权力越大，责任越重。比较而言，责任比权力更本质，权力只是尽到责任的手段，责任才是管理者真正的象征。如果一个管理者仅有职权，而没有相应的责任，那么他是做不好管理工作的。管理者的与众不同，正因为他是一位责任者。如果管理者没有尽到自己的责任，就意味着失职，就等于放弃了管理。

二、管理者如何分类

在组织中，通常将具有传统结构（即金字塔形）的组织分为不同层级，管理者随之被划分为基层管理者、中层管理者和高层管理者，如图 1 –1 所示。

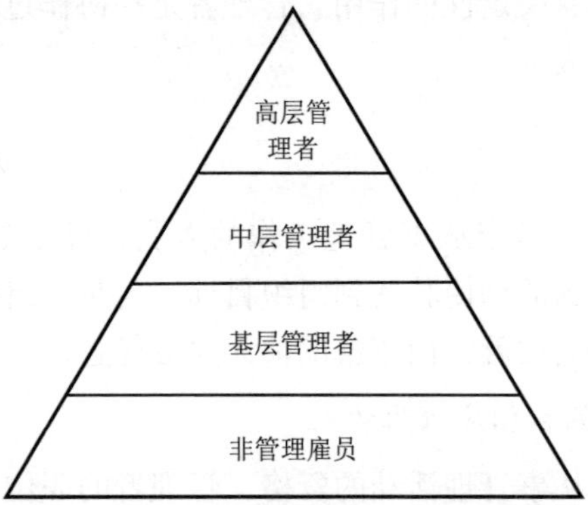

图 1 –1　组织层次示意图

基层管理者是最底层的管理者，他们管理着非管理雇员所从事的工作，即生产产品和提供服务。这样的管理者通常称为主管，也可以称为区域经理、部门经理或工长等。

中层管理者包括所有处于基层和高层之间的各个管理层次的管理者，这些管理者管理着基层管理者。他们具有地区经理、项目主管、工厂工长，或者事业部经理等称谓。

高层管理者是接近或处于组织顶层的管理者，他们承载着进行战略决策、设定组织目标、制定组织计划的责任。他们典型的称谓包括执行副总裁、总裁、首席运营官、首席执行官或董事会主席等。

三、管理者角色

(一) 彼得·德鲁克的"管理者角色"

美国著名管理学家彼得·德鲁克于1955年提出了"管理者角色"(The Role of the Manager)的概念。彼得·德鲁克认为，管理是一种无形的力量，这种力量是通过各级管理者体现出来的。所以管理者扮演的角色或者说责任大体上分为三类：

①管理一个组织(Managing a Business)，求得组织的生存和发展。为此管理者必须做到：一是确定该组织是干什么的？应该有什么目标？如何采取积极的措施实现目标？二是谋取组织的最大效益；三是为社会服务和创造顾客。

②管理管理者(Managing Manager)。组织的上、中、下三个层次中，人人都是管理者，同时人人又都是被管理者，因此管理者必须做到：一是确保下级的设想、意愿，并努力朝着共同的目标前进；二是培养集体合作精神；三是培训下级；四是建立健全的组织结构。

③管理工人和工作(Managing Workers and Work)。管理者必须认识到两个假设前提：一是关于工作，其性质是不断急剧变动的，既有体力劳动又有脑力劳动，而且脑力劳动的比例会越来越大；二是关于人，要正确认识到"个体差异、完整的人、行为有因、人的尊严"对于处理各类各级人员相互关系的重要性。

(二) 亨利·明兹伯格的管理者角色理论

现代管理理论流派中管理者角色学派的代表人物亨利·明兹伯格(Henry Mintzberg)，在20世纪60年代仔细研究了五位经理的工作，产生了不同于当时流行的观点，即长期以来人们认为管理者在决策之前要仔细和系统地处理各种信息，但是明兹伯格通过观察发现，管理者陷入大量变化的、无定式的短期活动中，几乎无法静心思考，他们中大多数人的活动持续时间少于9分钟，工作经常被打断。在此基础上，明兹伯格提出了一个管理者所扮演的角色(管理者角色是指特定的管理行为范畴)的分类纲要。

他的结论就是：管理者在管理过程中扮演着十种不同但又高度相关的角色。这十种角色可以归纳为人际关系、信息传递、决策制定三个方面，其角色的具体描述和活动特征如表1-1所示。

表1-1 明兹伯格的管理者角色理论

角色分类	具体角色	描述	特征活动举例
人际关系	挂名首脑	象征性首脑	接待来访、签文件
	领导者	协调下属	参与下属活动
	联络者	获取值息	与外界联络
信息传递	监督者	内外信息中枢	了解市场动态
	传播者	传递有效信息	以各种方式沟通
	发言人	发布信息	举行发布会

续表

角色分类	具体角色	描述	特征活动举例
决策制定	企业家	找机会定方案	制定战略
	混乱驾驭者	应对突发事件	应对外界危机
	资源分配者	组织层面的决策	批准执算、采购
	谈判者	代表组织谈判	与供应销售商谈判

1. 人际角色

管理者的人际角色直接产生自管理者的正式权力基础，管理者在处理与组织成员和其他利益相关者的关系时，他们就在扮演人际角色，人际角色又包括代表人角色、领导者角色和联络者角色。

（1）代表人角色。作为所在单位的头，管理者必须行使一些具有礼仪性质的职责。如管理者有时出现在社区的集会上，参加社会活动，或宴请重要客户等，在这样做的时候，管理者行使着代表人的角色。

（2）领导者角色。由于管理者对所在单位的成败负重要责任，因此他们必须在工作小组内扮演领导者角色。对这种角色而言，管理者和员工一起工作并通过员工的努力来确保组织目标的实现。

（3）联络者角色。管理者无论是在与组织内的个人和工作小组一起工作时，还是在与外部利益相关者建立良好关系时，都起着联络者的作用。管理者必须对重要的组织问题有敏锐的洞察力，从而能够在组织内外建立关系和网络。

2. 信息角色

在信息角色中，管理者负责确保和其一起工作的人员具有足够的信息，从而能够顺利完成工作。由管理责任的性质决定，管理者既是所在单位的信息传递中心，也是组织内其他工作小组的信息传递渠道。整个组织的人依赖于管理结构和管理者以获取或传递必要的信息，以便完成工作。管理者必须扮演的信息角色，具体包括监督者、传播者、发言人三种角色。

（1）监督者角色。管理者持续关注组织内外环境的变化以获取对组织有用的信息。管理者通过接触下属来收集信息，并且从个人关系网中获取对方主动提供的信息，根据这种信息，管理者可以识别组织的潜在机会和威胁。

（2）传播者角色。管理者把他们作为信息监督者所获取的大量信息分配出去。

（3）发言人角色。管理者必须把信息传递给单位或组织以外的个人。

3. 决策角色

在决策角色中，管理者处理信息并得出结论。如果信息不用于组织的决策，那么这种信息就失去其应有的价值。决策角色具体包括企业家、混乱驾驭者、资源分配者、谈判者四种角色。

（1）企业家角色。管理者密切关注组织内外环境的变化和事态的发展，以便发现机会，并对所发现的机会进行投资，以利用这种机会。

（2）混乱驾驭者角色。管理者必须善于处理冲突或解决问题，如平息客户的怒气，同不合作的供应商进行谈判，或者对员工之间的争端进行调解等。

（3）资源分配者角色。管理者决定组织资源用于哪些项目。

（4）谈判者角色。管理者把大量的时间花费在谈判上，管理者的谈判对象包括员工、供应商、客户和其他工作小组。

鉴于管理者扮演着不同的角色，亨利·明兹伯格认为他们的工作实际上就是与他人、组织、组织外部环境进行相互交流。他认为，当管理者扮演这些角色时，他们的工作包括思考（周密的想法）和行为（实际的做法）。思考时，他们反复斟酌；行动时，他们采取一定措施，并积极参与执行。美国管理学家斯蒂芬·P·罗宾斯认为，大量的后续研究在不同的组织中和不同的管理层次上检验了亨利·明兹伯格角色分类的有效性。

知识链接1-1

亨利·明兹伯格

亨利·明兹伯格1939年出生于加拿大多伦多市，是著名的管理学家，加拿大蒙特利尔麦吉尔大学的教授。同时也是在全球管理界享有盛誉的管理学大师、经理角色学派的主要代表人物，2000年他获得美国管理科学院杰出学术贡献奖。已出版多种有关管理学的畅销书。1973年，明兹伯格以一本《管理工作的实质》（The Nature of Managerial Work）一举成名，之后相继出版了《组织的结构》（1979）、《组织内外的权力斗争》（1983）等著作。

明兹伯格的贡献主要是提出了管理者十种角色和战略形成的草根模型（Grass-roots Model of Strategy Formation）。在管理学领域，明兹伯格经常提出要打破传统的独到见解，正因为如此，他被很多正统学者认为是离经叛道的代表人物。然而，每次当明兹伯格提出新的理论和观点之时，整个管理学界都会为之沸腾。

1983年出版的《五重组织》一书，体现了明兹伯格的战略思想。他写到，企业应该废除传统的界线和职能上的分工，等级制度已经过时了，如今最有效的组织形式就是非正规的、不定型的团队，这些团队有频繁的人员更替，而且当旧的问题渐渐隐退，新的问题浮出水面时，团队的工作内容也会发生相应的变化。明兹伯格把这种形态模糊的工作环境命名为“临时委员会组织（Adhocracy）”，以区别于“官僚组织（Bureaucracy）”。传统的战略理论认为制定战略是高层管理者的职责，他们应冷静地思考并制定战略，对此，明兹伯格不以为然，他的理论矛头直指僵硬刻板的战略方针，战略方针虽然还没有被完全淘汰出局，但他在《战略性计划的沉浮》（2000）中已经宣布了它的死亡，战略性计划的失败是不可避免的，因为战略和计划是矛盾的对立面：战略是综合，计划是分析。战略经常会伤害人们的决心，扭曲人们对未来的设想。

明兹伯格对管理学教育，尤其是MBA教育，也颇有微词，他广为流传的一句名言是：“MBA因为错误的原因而用错误的方式教育错误的人。”他毫不掩饰自己对MBA这个头衔的态度，他曾经说过，受过MBA教育的人都应该在自己的前额纹上骷髅和交叉骨头标志，下面再注明：“本人不能胜任管理工作。”他的批评言论都收集在《管理者，而非MBA》（Managers，Not MBAs）一书中，他说：“坐在教室里学不到领导一个企业的方法。”领导力和管理是密不可分的。明兹伯格的发难得到了数个国际管理学教育巨头的响应，他们试图将管理学转化为一门科学，或者是一种职业，忽略它在情绪上不够理性的方面。

（资料来源：中国社会科学网．亨利·明兹伯格——经理角色学派的主要代表人物[EB/OL]. http：//www. cssn. cn/glx/glx_glds/201310/t20131024_503368. shtml）

四、管理者技能

环境的复杂性和组织的层次性决定了管理者只有具备特定的管理技能，才能履行其职责。1955 年，美国著名的管理学学者罗伯特·卡茨（Robert L. Katz）在美国《哈佛商业评论》发表了《高效管理者的三大技能》(Skills of an Effective Administrator) 一文，分析了经理人在公司内部的不同级别所需要的不同类型的技能。所谓技能，就是指那种可以通过后天的学习和实践获得的能力，区别于那种在人生很早阶段就形成的性格或者价值观。卡茨认为，有效的管理者应当具备三种基本技能：技术（Technical）技能、人际（Human）技能和概念（Conceptual）技能。

（一）技术技能

技术技能是指使用某一专业领域内有关的工作程序、技术和知识来完成组织任务的能力，是管理者对某项特定活动的理解程度和熟练程度。如工程师、会计、技术员等。技术技能强调内行领导，主要是如何处事。

（二）人际技能

人际技能是指与处理人际关系有关的技能，是管理者作为团队的一员高效地开展工作，以及促进大家团结协作的能力，主要是怎样待人。

（三）概念技能

概念性技能是指管理者以整体视角看待企业的能力，即把企业视作一个整体的全局把握能力。它决定着公司的总体成功，在管理过程中起着统一和协调的重要作用。具体包括系统性、整体性能力、识别能力、创新能力、抽象思维能力。

三种技能在不同管理层次中的要求不同，技术技能由低层向高层重要性逐渐递减；概念技能由低层向高层重要性逐步增加；人际技能对不同的管理层的重要程度区别不十分明显，但比较而言高层要比低层相对重要一些，一个成功的管理者，肯定具有良好的人际关系，如图 1－2 所示。

图 1－2　不同管理层次所需的技能的重要性

五、如何成为有效的管理者

德鲁克指出，有效的管理者具有不同的类型，缺少有效性的管理者也同样有不同的类型。因此，有效的管理者与无效的管理者之间，在性格、才智方面以及具体分类上，是很难加以区别的。有效性是一种后天的习惯，既然是一种习惯，便可以学会，而且必须靠学习才能获得。他认为一个优秀的管理者必须具备以下五项主要习惯。

（一）善于利用有限的时间

他认为，时间是最稀有的资源，丝毫没有弹性，无法调节、无法贮存、无法替代。时间一去不复返，因而永远是最短缺的。而任何工作又都要耗费时间，因此，一个有效的管理者最显著的特点就在于珍惜并善于利用有限的时间。这包括三个步骤：记录自己的时间，管理自己的时间，集中自己的时间。减少非生产性工作所占用的时间，这是管理的有效性的基础。

（二）注重贡献和工作绩效

重视贡献是有效性的关键。贡献是指对外界、社会和服务对象的贡献。一个单位，无论是工商企业、政府部门，还是医疗卫生单位，只有重视贡献，才会凡事想到顾客、想到服务对象、想到病人，其所作所为都考虑到是否为服务对象尽了最大的努力。有效的管理者应重视组织成员的贡献，并以取得整体的绩效为己任。

每一个组织都必须有三个主要方面的绩效：直接成果、价值的实现和未来的人才开发。企业的直接成果是销售额和利润，医院的直接成果是治好病人；价值的实现指的是社会效益，如企业应为社会提供最好的商品和服务；未来的人才开发可以保证企业后继有人。一个组织如果仅能维持今天的成就而忽视明天，那它必将丧失其适应能力，不能在变动的明天生存。

（三）善于发挥人之所长

他认为，有效的管理者应注重用人之长处，而不介意其缺点。对人从来不问“他能跟我合得来吗”，而问“他贡献了些什么”，也不问“他不能做什么”，而问“他能做些什么”。有效的管理者择人任事和升迁，都应以“他能做些什么”为基础。

（四）集中精力于少数主要领域，建立有效的工作程序

他认为，有效性的秘诀在于专心，有效的管理者做事必“先其所当先”，而且专一不二。因为要做的事很多，而时间毕竟有限，而且总有许多时间非本人所能控制。因此，有效的管理者要善于设计有效的工作程序，为自己设计优先顺序，并集中精力坚持这种秩序。

（五）有效的决策

他认为，管理者的任务繁多，决策是管理者特有的任务。有效的管理者，做的是有效的决策。决策是一套系统化的程序，有明确的要素和一定的步骤。一项有效的决策必然是在议论纷纷的基础上做成的，而不是在众口一词的基础上做成的。

第三节 管理学

管理学（Management Science）又称管理科学，是系统研究管理活动的基本规律和一般方法的科学。管理学是适应现代社会化大生产的需要产生的，它的目的是：研究在现有的条件下，如何通过合理地组织和配置人、财、物等因素，提高生产力的水平。它偏重于用一些工具和方法来解决管理上的问题，如用运筹学、统计学等来定量、定性分析。管理学是一门综合性的交叉学科。

早在1911年出版的《科学管理原理》的引言中，泰罗就开宗明义地指出，这篇论文的宗旨之一是“论证最佳的管理是一门实在的科学，基础建立在明确规定的纪律、条例和原

则上，并进一步表明，科学管理的根本原理适用于人的行为——从人们最简单的个人行为到我们大公司的业务运行”。他还深信：“同样的原则能以等量的威力适用于所有的社会行为上，在我们的家庭管理上，在我们的农场管理上，在我们的大小商人、我们的教育、我们的慈善机构、我们的大学和我们的政府各部门的业务管理上。”

被尊为现代管理大师的德鲁克，在其1954年出版的《管理实践》一书中，将管理学开创成为一门学科（Discipline），其1973年出版的巨著《管理——任务、责任、实践》则是一本集现代管理学之大成的系统化教科书。他阐明：“管理是一门学科，这首先就意味着，管理人员付诸实践的是管理学而不是经济学，不是计量方法，不是行为科学。无论是经济学、计量方法，还是行为科学都只是管理人员的工具。但是，管理人员付诸实践的并不是经济学，正好像一个医生付诸实践的并不是验血那样；管理人员付诸实践的并不是行为科学，正好像一位生物学家付诸实践的并不是显微镜那样；管理人员付诸实践的并不是计量方法，正好像一位律师付诸实践的并不是判例那样。管理人员付诸实践的是管理学。”同时，他又强调管理学是一门实践性很强的学科，“管理是一种实践，其本质不在于‘知’而在于‘行’，其验证不在于逻辑，而在于成果，其唯一权威就是成就”。

一、管理学研究的内容

从管理的二重性出发，管理学的研究有三个侧重点：

第一，从生产力方面：研究如何合理配置组织中的人、财、物，使各要素充分发挥作用的问题；研究如何根据组织目标的要求和社会的需要，合理地使用各种资源，以求得最佳的经济效益和社会效益的问题。

第二，从生产关系方面：研究如何正确处理组织中人与人之间的相互关系问题；研究如何建立和完善组织机构以及各种管理体制等问题；研究如何激励组织内成员，从而最大限度地调动各方面的积极性和创造性，为实现组织目标而服务的问题。

第三，从上层建筑方面：研究如何使组织内部环境与其外部环境相适应的问题；研究如何使组织的规章制度与社会的政治、经济、法律、道德等上层建筑保持一致的问题，从而维持正常的生产关系，促进生产力的发展。

二、管理学特点

（一）一般性

管理学从一般原理、一般情况的角度对管理活动和管理规律进行研究，不涉及管理分支学科的业务和方法的研究；管理学是研究所有管理活动中的共性原理的基础理论学科，无论是“宏观原理”还是“微观原理”，都需要管理学的原理作基础来加以学习和研究，管理学是各门具体的或专门的管理学科的共同基础。

（二）综合性

从管理内容上看，管理学涉及的领域十分广阔，它需要从不同类型的管理实践中抽象概括出具有普遍意义的管理思想、管理原理和管理方法；从影响管理活动的各种因素上看，除了生产力、生产关系、上层建筑这些基本因素外，还有自然因素、社会因素等；从管理学科与其他学科的相关性上看，它与经济学、社会学、心理学、数学、计算机科学等都有密切关系，是一门非常综合的学科。

（三）实践性

实践性也称实用性，管理学所提供的理论与方法都是实践经验的总结与提炼，同时管理的理论与方法又必须为实践服务，才能显示出管理理论与方法的强大生命力。

（四）社会性

构成管理过程主要因素的管理主体与管理客体，都是社会最有生命力的人，这就决定了管理的社会性；同时管理在很大程度上带有生产关系的特征，因此没有超阶级的管理学，这也体现了管理的社会性。

（五）历史性

管理学是对前人的管理实践、管理思想和管理理论的总结、扬弃和发展，割断历史，不了解前人对管理经验的理论总结和管理历史，就难以很好地理解、把握和运用管理学。

三、管理学的发展趋势

（一）战略化趋势

随着社会化大生产的发展，社会生产日趋复杂，社会环境变幻莫测，组织与环境联系的日益紧密，管理所涉及的因素日益增多、日趋复杂，组织（尤其是企业）间竞争的日趋激烈，组织能否制定和实现正确的战略构想，关系到组织的兴亡。

就企业而言，过去企业家往往追求企业战略的稳定性、长期性，期望对企业的发展施以长远的影响。但事实证明，多变的技术革新浪潮、意想不到的环境变化，往往使追求“稳定性”的企业措手不及。企业要适应全球市场的激烈竞争，就必须对自己的发展有一个战略规划，要在彻底了解和准确把握企业内部条性和外部环境变化的同时，结合本企业的特点，制定出最佳的企业战略。企业如果没有科学的战略目标、长远打算，只顾眼前和一时的成就，便不可能持续发展，更不可能在竞争中取胜，企业唯有运筹帷幄、深谋远虑，才能战略制胜，才能不断壮大发展。

随着市场竞争的加剧和外部环境的快速变化，制定科学的发展战略已在企业的经营管理中越来越显示出其突出的地位和作用。战略经营要求管理者必须审时度势，及时做出反应。因此，具有迅速适应新变化的能力比周密的计划更加重要。而战略研究的成功与否，则取决于对客观事实的实际了解，分析能力和预测技术的发展使战略计划研究成为左右组织或企业成败的关键因素，因此从实际出发注重对长期计划和战略的研究，必将成为管理中突出的热门课题。

（二）信息化趋势

随着以人工智能、新型材料、生物工程和新能源开发为中心的新科技革命的发展，生产技术、社会需求以及市场竞争等日新月异、瞬息万变，在这种情况下，信息进入重要资源的行列。丰富而准确的信息，是正确而迅速决策的前提，一个企业能否在激烈的竞争中得以生存和发展，它的产品和服务能否跟上时代的要求，首先在于该企业能否及时掌握必要和准确的信息，能否正确地加工和处理信息，能否迅速地在员工之间传递和分享信息，特别是能否把信息融合到产品和生产服务过程之中，融合到企业的整个经营与管理工作之中。各级管理者在这个瞬息万变的时代，重视信息的作用，把如何获取有效的信息作为自己的首要任务。企业管理者发挥各种职能作用，都要以掌握大量真实、准确、及时的信息为前提。在这种情况下，传统的企业管理已经不能适应现代的信息处理要求，也不能满足企业经营管理对信息的要求了，企业管理面临着信息化的挑战，信息管理成为企业竞争制胜的重要法宝。

组织对信息管理的能力，集中表现在不仅需要有强大的信息网络和信息收集能力，更为重要的是要有出色的信息分析、传递和利用的能力。对信息的管理就成了现代管理的一个突出特点。随着信息技术的推广应用和信息资源的不断开发利用，管理信息化正在往广度和深度发展，这导致信息管理在整个管理中地位的提升。信息管理渗透于和体现在各种管理，无论是政府管理还是企业管理的一切方面和全部过程。可以说，现代企业和组织若无信息管理，也就谈不上任何管理了。

（三）人性化趋势

在传统管理中，大生产以机器为中心，工人只是机器系统的配件，人被当作是物，管理的中心是物。但是，随着信息时代的到来，组织中最缺乏的不是资金和机器，而是高素质的人才。组织中人的作用，在组织中越来越显出重要作用。这就促使管理部门日益重视人的因素，管理工作的中心也从物转向人。传统管理和现代管理的一个重要区别，就是管理中心从物本管理到人本管理。

在任何管理中，人是决定的因素。管理的这一特征，要求管理理论研究也要坚持以人为中心，把对人的研究作为管理理论研究的重要内容。事实上，在管理理论的研究中，几乎所有的管理理论都建立在人性的假设理论基础上。许多学派管理理论的不同，主要是出于对人的本性认识不同。20世纪之初，泰罗的科学管理是基于“经济人”这一假设的，20世纪30年代梅奥等人的行为管理是基于“社会人”这一假设的，至20世纪50年代又有了基于“自我实现的人”假设的马斯洛的人性管理，20世纪80年代以来出现的文化管理，强调实现自我的企业文化和企业现象。管理研究发展史表明，管理学理论明显地存在着以人为本的管理思想。

为此，管理都要以人为中心，把提高人的素质，处理人际关系，满足人的需求，调动人的主动性、积极性和创造性的工作放在首位。在管理方式上，现代管理更强调用柔的方法，尊重个人的价值和能力，通过激励和鼓励，以感情调动职工积极性、主动性和创造性，最充分地调动所有员工的工作积极性，以实现人力资源的优化及合理配置。

（四）弹性化趋势

随着社会的发展，管理从固定的组织系统向富有弹性的组织系统发展。这是社会管理发展的又一个重要趋势。

过去在组织管理中，如果建立起一套完整的组织系统，则可能会长期固定不变，这难免显得僵硬。但现在，由于社会环境的不断变化，所以组织机构必须趋于灵活而富有弹性，才能对环境具有很强的适应能力。为了简化发号施令和相互沟通的渠道，组织管理者将缩小机构，减少层次。企业各下属机构的变小使它们具有更大的自主权，可以进行经营权和管理权的下放。这既有利于发挥下属人员的专长和创造精神，又有利于使企业领导把主要精力集中在高层战略决策问题上。

20 世纪 80 年代初，日本和美国的一些管理学者对日美几家著名企业的组织机构进行比较后指出，美国企业规模过大，组织机构过于复杂，企业内部各部门之间划分很细，部门间沟通少，管理集权程度高，灵活性差。而日本企业的组织结构相对简单，部门之间的横向联系多，各部门在经营上有很大的灵活性，许多企业可以根据生产和经营的需要，及时扩充或收缩某些业务部门，以适应现代化的生产。这种组织具有较强的应变能力，机动灵活而不僵化，形式多种多样，有较高的工作效率。这种富有弹性的组织被称为柔性组织。

社会正在发展的这种柔性组织是组织机构的一种发展趋势，虚拟公司就是其中的一种。这种正在发展中的新型公司是由许多独立的公司、供给者、顾主，甚至是从前的竞争对手，通过信息技术联系起来的临时性网络。他们分享技术、分摊成本，进入共同的市场。它既没有组织机构，也没有领导层级，而是一种为利用某种特定的机遇而迅速联合起来的协作集团。一旦机遇来临，就采取行动；而一旦机遇不存在了，就解体。在一个虚拟公司内，取众家之长，各公司分摊费用、分享技术，共同来占领全球市场。

本章思考题

1. 什么是管理，试对管理大师们关于管理的定义做一下评价。
2. 管理的基本职能有哪些？它们之间的关系如何？
3. 管理的重要性体现在哪些方面？
4. 为什么说管理既是科学又是艺术？
5. 关于管理者角色管理大师都做了哪些界定？
6. 管理者应具备哪些技能？与管理层次关系是怎样的？

案例讨论

享誉世界的马丁吉他

一个半世纪以来，马丁吉他公司被公认是世界上最好的乐器制造商之一，其吉他价格均超过了 10000 美元，这是你能买到的最好的东西之一。马丁吉他公司作为家族企业，已经延续了六代，目前的 CEO 是克里斯。克里斯不仅秉承了马丁吉他的精良制作工艺，还遍访公司在全世界的经销商，并为他们举办培训讲座。很少有哪家公司像马丁吉他公司一样有如此持久的声誉。

自从公司创办以来，马丁吉他公司做任何事情都非常重视质量。即使这些年在产品设计、制造方法、分销系统方面发生了很大变化，公司仍然始终坚持对质量的承诺。公司在坚守优质音乐标准和满足顾客需求方面的坚定性渗透到公司的每一个角落。因为制作吉他需要天然木材，公司非常审慎和负责地使用这些传统的天然材料，并鼓励引入可再生的、可替代的木材品种。基于彻底的顾客研究，马丁公司向市场推出了采用表面有缺陷的木材制作的高档吉他，这在其他厂家看来，几乎是不可接受的。

马丁公司使新老传统有机地融合在一起。虽然设备和工具逐年更新，但员工始终坚守着高标准的优质音乐原则。马丁家族的一位成员曾经解释道："怎样制作具有如此绝妙声音的吉他并不是一个秘密。它需要细心和耐心。细心是指要仔细选择材料，巧妙安排各种部件，关注使每一个演奏者感到惬意的细节。所谓耐心是指做任何一件事不要怕花时间。优质的吉他是不能用劣质产品的价格制造出来的，但是谁会为买了一把价格不菲的优质吉他而后悔呢?”虽然100年过去了，这些话仍然是公司理念的精确描述。

虽然公司深深植根于过去的优良传统，但克里斯却毫不迟疑地推动公司向新的方向发展。例如，在20世纪90年代末，他做出了一个大胆的决策，开始在低端市场上销售每件价格低于800美元的吉他。低端市场在整个吉他产业的销售额中占65%。公司生产的DXM型吉他是于1998年引入市场的，顾客认为它比其他同类价格的绝大多数吉他音色要好。克里斯解释道:“如果马丁公司只是崇拜它的过去而不尝试任何新事物的话，那恐怕就不会有值得崇拜的马丁公司了。”虽然马丁吉他不断将其触角伸向新的方向，却从未放松过对尽其所能制作顶尖产品的承诺。在克里斯的管理下，这种承诺绝不会动摇。

思考题:

(1) 你认为哪一种管理技能对克里斯是最重要的? 解释你的理由。

(2) 当克里斯在做以下事情时: ①访问马丁公司世界范围内的经销商时; ②评估新型吉他的有效性时; ③使员工坚守公司的长期理念，他分别在扮演什么角色?

(3) 克里斯宣布:“如果马丁公司只是崇拜它的过去而不尝试任何新事物的话，那恐怕就不会有值得崇拜的马丁公司了。”这句话对管理者意味着什么?

(资料来源: 豆丁网 [EB/OL]. http: //www. docin. com/p - 604950174. html)

第2章

管理理论的发展与演变

章前引例

如何进行管理

在一个企业管理经验交流会上，有两个厂的厂长分别论述了他们各自对如何进行有效管理的看法。

甲厂长认为，企业首要的资产是员工，只有员工们把企业当成自己的家，把个人命运与企业的命运紧密联系在一起，才能发挥出最大的力量为企业服务。因此管理者有什么问题都应该与员工们商量解决；平时要注意员工需求的分析，有针对性地给员工提供学习、娱乐的机会和条件；每月的黑板报上应公布当月过生日的员工姓名，并祝愿他们生日快乐，等等。在甲厂长的工厂里，员工都普遍把企业当作自己的家，全心全意为企业服务，工厂日益兴旺。

乙厂长则认为，只有实行严格的管理才能保证实现企业目标所必需的各项活动顺利进行。因此，企业要制定严格的规章制度和岗位责任制，建立严密的控制体系；注重上岗培训；实行计件工资制等。在乙厂长的厂里，员工们都非常注意遵守规章制度，努力工作以完成任务，工厂发展迅速。

那么企业应该以哪种管理思想进行管理呢？在这一章里我们将了解到关于管理理论的发展与演变过程，从而来寻找问题的答案。

（资料来源：张明玉．管理学［M］．北京：科学出版社，2005）

管理的主要思想及其演变大致可分为四个阶段。第一阶段为早期的管理思想，产生于19世纪末以前，以美国的“管理运动”为代表；第二阶段为古典的管理思想，是19世纪末20世纪初在美国、法国、德国等西方国家形成的有一定科学依据的管理理论，其代表人物有泰罗、法约尔、韦伯等；第三阶段为行为科学理论，出现于20世纪20年代，在早期被称作人际关系学说，以后发展成为行为科学理论，在60年代中期又发展成为组织行为学等，其代表人物包括梅奥、巴纳德等；第四阶段为现代管理思想，主要出现于第二次世界大战结束以后，这一时期管理领域非常活跃，出现了一系列管理学派，每一学派都有自己的代表人物，这些理论和学派，在历史渊源和理论内容上相互影响和联系，形成了百花齐放、百家争鸣的局面，被孔茨形象地称作“管理理论的丛林”阶段。

第一节　古典管理理论

在管理思想和理论发展的历程中，美国的“管理运动”具有里程碑式的意义。19 世纪中叶以后，现代公司制度在美国确立，企业的规模不断扩大、数量不断增加，管理人员在管理工作中遇到了许多棘手的新问题，于是研究新的管理理论、规则和方法成为一个社会性的共识和潮流，直接导致泰罗制等现代管理理论的出现。因此，“管理运动”是现代管理的前奏，是古代管理走向现代管理的标志。回顾现代管理一百多年的历史，不能不从美国的“管理运动”说起。

一、美国的管理运动

历史上，组织尤其是经济组织的演变与管理思想和理论的发展存在着相互促进的关系，经济组织的演变为管理提出了新的研究课题，而管理研究的进展又为新组织的完善和巩固提供了支持和保证，这种相得益彰的互动关系是管理思想和理论演进的根本动力。

在古代，社会生产力处于手工劳动阶段，技术水平低，交通、通信不便，人与人之间社会联系的成本高、有效性低，经济组织和社会活动一般以家庭为基本单位进行，规模小，结构简单。因此，当时的管理基本上是建立在个人观察、判断和直觉基础上的传统经验管理，尽管管理思想深远流长，但管理理论却进展甚微。

工业革命后，机器劳动取代手工劳动使社会生产力得到了飞跃发展，新的经济组织——工厂制度普遍建立，组织规模日益扩大，内部结构日趋复杂。组织运作所要求的连续性、规范性、精确性使管理难度空前增大，管理成本急剧上升，大量工厂因经营不善而破产、倒闭，这使传统的经验管理遇到了挑战，改进管理、降低组织活动的成本成为当务之急。于是小瓦特、欧文、亚当·斯密、巴贝奇等人开始真正重视组织管理理论的研究。自此，生产计划、技术和劳动分工、设备的合理使用、劳资关系等成为管理者的研究专题，管理思想从经验直觉进入了较系统的研究。在此之后，尽管工厂制度及其管理经验从英国推广到其他国家，但由于缺乏持续的技术和组织创新动力，管理理论仍无大的进展。这种情况直到美国铁路企业的出现后才开始改变。

（一）“管理运动”的先声——美国铁路企业的成长

19 世纪 40 年代末，美国掀起了铁路建设的热潮，由此导致了美国铁路企业的成长。由于修筑铁路所需的巨额资本唯有通过资本市场才能筹集，所以美国铁路企业几乎一开始就走上了公司制道路，从此公司制作为一种组织的新形式风靡全球，股份公司使企业规模突破了个人资本量的限制，使得投资巨大、雇用数千乃至数万员工的企业成为现实，企业规模进一步扩张，内部结构日趋复杂。同时铁路企业的管理需要专业性的特殊技能和训练，工薪管理阶层由此诞生，现代职业经理阶层得以形成。

19 世纪四五十年代，铁路管理是一个全新的问题，如协调困难、事故频发、运输成本高，等等，直面这些严峻挑战的是大批新型的工薪经理人员，他们积极探索，不断创新。其中具有里程碑意义的事件有：在 1841 年 10 月 5 日的一次铁路事故后，乔治・惠斯勒为美国西部线设计了现代化的分工稍细的内部组织结构，从而使西部线成为世界上第一家以职业经理人通过严密的管理系统经营的现代企业；1846 年巴尔的摩和俄亥俄铁路的本杰明・拉特岁布经过对财务、会计理论和铁路管理精确性的研究，将财务活动从铁路作业活动中独立出来，首次提出了记录铁路运营款项并编制日报表、月报表以便考核的制度；19 世纪 50 年代初针对伊利—纽约长途铁路的货运成本居高不下问题，麦卡勒姆经过深入研究，于 1853 年厉行改革，提出了组织结构设计的六条基本原则，明确了权责关系，采用加强信息传递性的统计报表制度以控制经营成本，这些措施迅速提高了运行效率，麦卡勒姆因此声名鹊起。在总结上述成就的基础上，1852 年就任宾夕法尼亚铁路总经理的 J・汤姆森以明确中央管理机构、区段管理机构中各职能部门的关系为重点，形成了一套分权的权力机构与职能部门分设的组织形式，也是后来事业部制组织结构的雏形。于是分工严密、结构合理、协调控制的铁路企业组织结构和管理制度逐渐形成，而与之相适应的近代财务会计、统计制度的基本方法也在 19 世纪五六十年代逐渐发展起来。

在铁路企业成长与管理发展的过程中，1849—1862 年长期担任《美国铁路》杂志主编的亨利・普尔功不可没。他是铁路企业管理检验的有力支持者和宣传者，在他的努力下，《美国铁路》杂志成为铁路投资者和经理人员可靠的信息来源，成为当时主要的商业刊物，而且他总结出了组织、沟通、信息三条基本管理原则。他还发现要使铁路等大型组织成功运转，必须建立管理秩序、制度和纪律，但工人们的抵触情绪在加剧，因此，需要建立一种能通过向组织灌输团结精神并克服单调乏味、照章办事情绪的制度，最高管理层应成为企业的神经中枢，通过它能把知识和服从的精神输送到每个部门。铁路企业的成长和管理创新具有重要的意义：一方面，准确可靠、全天候、大规模、低成本的运输为后来制造业中现代企业的成长提供了必要条件；另一方面，铁路企业的组织管理创新成为后来制造业企业的组织管理创新的基础。因此，这就是美国“管理运动”的先声。

（二）“管理运动”的高潮——现代工商企业的成长

19 世纪 70 年代以后，在美国、德国等国家发动的第二次工业革命——“电气革命”进一步促进了生产力的发展，电能的运用使各个行业的团队工作规模进一步扩大。同时，钢铁、机械、化工、橡胶、汽车、玻璃、通信等产业兴起，这些新产业规模大、技术要求高、计算精确、变换迅速，给管理提出了新的要求。而运输业、通信业的发展，使人际交往、社会联系的技术条件有了划时代的改变，一方面提高了市场交易效率和生产、服务的社会化，促进了市场一体化的发育并形成了国际市场，企业之间的竞争日益激烈；另一方面降低了管理成本，许多企业逐步实现了大规模生产与大规模分配的结合产、供、销一体化经营。于是在企业规模扩大、跨国公司方兴未艾的同时，企业内部的劳动分工、机构设置进一步复杂化、多层次化。与此同时，股份制的企业制度从铁路行业扩展到各个行业，基于所有权、经营权分离产生的职业经理人员形成了新的社会阶层（被称为“经理革命”），在原有管理方法难以适应新情况，组织创新迫切需要新的管理理论做保证的形势下，职业经理人员构成了管理理论专业研究队伍的主体，从而形成了社会性的管理研究潮流——“管理运动”。19 世纪 70 年代，美国出现了长期的经济萧条，市场疲软，需求持续下降。面对日益激烈的竞争压力，企业家们开始把注意力从技术层面转移到组织管理上来，这是管理运动在整个工业界开始的契机。1886 年，新成立的美国机械工程师协会年会召开，改进组织管理成为探讨的主题。耶尔—汤制造公司总经理亨利·汤从 1870 年就开始研究系统的高效率管理方法，在年会上，他发表了“作为经济学家的工程师”的主题讲话，呼吁建立一门管理的科学。在这次会议上，亨利·梅特卡夫发表论文，总结了 1881 年在他管理的工厂中实行的一种从完备监督流程入手，分析控制管理费用的“车间—订单记账制度”；此外，奥柏林·斯密提交的论文探讨了固定资产核算问题，这都引起了很大的反响。此后“管理运动”如火如荼地开展起来，值得一提的是，被后人称为“科学管理之父”的泰罗于同年加入该协会并参加了年会，后来泰罗的许多科学管理的成果也在该协会的年会上公布。

在企业规模变大，管理人员较难对工人直接监督的情况下，如何设计激励性的薪酬制度以提高效率，成为当时一个突出问题，引起了最早的讨论。1889 年亨利·汤在美国机械工程师协会年会上介绍了其企业中应用五年之久并成效显著的“收益分享方案”；1891 年，弗雷德里克·哈尔西发表论文《劳动报酬的奖金方案》，分析当时普遍采用的计时制、计件制、分红制等三种工资形式的缺点，提出了“奖金方案”，成为以后工资制度的一种基本模型；1895 年泰罗在一篇论文中发表了他的最新研究成果，提出在科学地测定工时、动作、劳动定额的基础上，实行“差别计件工资制”的方案，这篇论文被奉为“科学管理”的圭臬；在企业财务方面，工厂会计制度在铁路企业发展的基础上也不断发展。亚历山大·丘奇、亨利·甘特等人提出完善成本会计分析，尤其是杜邦等人对打破成本会计、财务会计和固定资本核算相互分隔的现象，发展出工业企业标准的会计程序和方法，奠定了现代企业财务管理的基础；此外，爱默生还对消除浪费和降低成本做了相应的研究，柯克把科学管理推广应用到教育和市政组织上。在这些崭新的管理方法推动下，20 世纪初，大量制造企业对组织管理方法进行了改进，这标志着制度化和科学化“管理运动”高潮的到来。其后，1910 年，福特发明流水线的批量生产方式；20 世纪 20 年代初，斯隆创立了具有广泛适应性的事业部制（M 型组织结构）；尤其是泰罗的“科学管理理论”走向成熟并得到普遍推广，使管理理论研究走上了科学轨道，成为管理学产生的标志，也使社会化的“管理运动”圆满完成其历史使命并名垂史册。

在管理运动中，管理终于成为一个独立的学科领域，管理思想连续地从偶然、片段和不完备的分析，发展到一种影响人们经济、社会工作的较完整的思想和理论。管理思想和理论的探讨、传播，通过独立的管理学术团体（协会、出版物和会议）进行，并形成了较成熟的学术规范。管理成为一种职业，管理教育也发展起来，管理人员不仅可以在实践中成长，而且可以通过大学教育来培养，这些都对以后的管理发展产生了深远的影响。

二、吉尔布雷斯夫妇的动作研究

动作研究是指研究和确定完成一个特定任务的最佳动作的个数及其组合。弗兰克·吉尔布雷斯（Frank B. Gilbreth，1868—1924）被公认为动作研究之父。

弗兰克·吉尔布雷斯对动作的研究始于早年对建筑工人砌砖的研究。1885 年弗兰克通过了麻省理工学院的入学考试，却因家庭困难没有入学，而是进入建筑行业，并以一个砌砖学徒工的身份开始了职业生涯。后来，他成为建筑工程师，被晋升为承包公司总管，不久又成为独立经营的建筑承包商。在工作中，弗兰克发现工人们砌砖的动作各不相同，速度也有快有慢。由此，他对砌砖动作和速度之间的关系产生了兴趣，他仔细观察砌砖工在工作中使用的各种动作模式，探索究竟哪一种动作模式最好而且是效率最高的。在此基础上，他联系工人所做的工作和使用的工具，对工人的动作做了进一步研究，并制定了一种经过改进的工作方法。例如，在砌外层砖时，他把砌砖的动作从 18 个减少到 4、5 个；在砌内层砖时，他把动作从 18 个减少到 2 个，使每个工人一小时的砌砖数从 120 块增加到 350 块；他还想出了一种堆放砖的方法，使工人不用像往常那样检查砖的哪一面最好；他设计出一种可调整的支架，使得工人不必像往常那样弯腰取砖；他还调制了一种有精确浓度的灰浆，使得砌砖时不必多余地用泥刀涂抹。弗兰克通过对工人动作的科学研究和分析，制定出更有效而节省时间的砌砖方法，并不知不觉地开始以研究开展任何工作的最好方法作为终身事业。

弗兰克于 1904 年同莉莲・英勒（Lillian M. Gilbmh，1878—1972）结婚，莉莲毕业于加州大学，是美国第一个获得心理学博士学位的妇女，被称为“管理学的第一夫人”。从此，吉尔布雷斯夫妇共同开始了改进工作方法的探索。

吉尔布雷斯夫妇在动作研究中主要采用观察、记录并分析的方法，为了分析和改进工人完成一项任务所进行的动作和顺序，他们率先将摄影技术用于记录和分析工人所用的各种动作。由于当时的摄影技术无法确定一个动作所花费的时间，他们发明了一种“瞬时计”，可以记录 1/2000 分钟的时间。用这种“瞬时计”进行现场摄影，就可以根据影片分析每一个动作并确定完成每一个动作所需要的时间。为了在影片中更清楚地描述出一组动作的顺序，他们在工人的手上绑上一个小电灯泡，并显示出时间。这样，所拍摄的电影中的灯光轨迹就表示完成某一工作所用的动作模式，但是，这种没有变化的灯光轨迹却不能确定动作的速度和方向。因此，他们又在电路中增加了一个间断开关，使得灯泡可以时亮时暗，这样，可以利用这种装置从影片拍摄灯泡痕迹的长度和方向来确定动作的加速、减速和方向。

吉尔布雷斯夫妇通过动作的分解研究发现，一般所用的动作分类（如“移动手”）对于细致分析来说是过于粗略了。因此，吉尔布雷斯把手的动作分为 17 种基本动作，他把这些叫作分解动作。

吉尔布雷斯夫妇为了记录各种生产程序和流程模式，制订了生产程序图和流程图。这两种图至今都还被广泛应用。古尔布雷斯夫妇除了从事动作研究以外，还制定了人事工作中的卡片制度——这是现行工作绩效评价制度的先驱，他们认为管理和动作分析的原则可以有效地应用在自我管理这一尚未开发的领域。他们开创了对“疲劳”领域的研究，该研究对工人健康和生产效率的影响一直持续到现在。

虽然吉尔布雷斯被人们称为动作研究之父，但他的研究领域远远超出了动作研究的范畴。他致力于通过有效的训练、采用合理的工作方法、改善环境和工具，使工人的潜力得到充分的发挥，并保持健全的心理状态。总之，他致力于改善人及其环境，把新的管理科学应用到实践中，从而使其更容易被人们接受。人们可以根据他的工作成果制订出更好的动作模式，提高生产率，并以此建立、健全激励报酬制度。吉尔布雷斯的思想对后来行为科学的发展有一定的影响。

吉尔布雷斯的主要著作有《动作研究》（1911）、《应用动作研究》（1917）；莉莲的著作有《管理心理学》（1916）；二人合著有《疲劳研究》（1919）和《时间研究》（1920）等。

三、泰罗和科学管理理论

（一）科学管理之父——泰罗

泰罗（1856—1915）出生在美国费城一个富裕的律师家庭，1875 年当学徒工，1878 年进入米德维尔钢铁公司，先后当过技工、工长、设计室主任，后被提升为总工程师。1898 至 1901 年，他在宾夕法尼亚的伯利恒钢铁公司做咨询工作，在那里进行了著名的“搬运铁块试验”和“铁锹试验”。1911 年发表了著名的代表作《科学管理原理》，这是管理学理论史上的一个里程碑，标志着西方管理理论的形成。他的著作还有《计件工资制》（1895）、《车间管理》（1895）。泰罗于 1915 年 3 月 21 日在费城病逝，享年 59 岁，因其在科学管理理论上的杰出贡献被后人称为“科学管理之父”。

（二）科学管理的主要内容

概括起来，科学管理理论的中心内容有以下几个方面：

1. 科学管理的中心问题是提高劳动生产率

泰罗认为，提高劳动生产率的潜力很大，方法是选择合适而熟练的工人，把他们的每一个动作和每一道工序所用的时间记录下来，加上必要的休息时间和其他延误时间，据此制定出“合理的日工作量”，即工作定额原理。

2. 科学挑选工人

泰罗认为，为了提高劳动生产率，必须为工作挑选“第一流的工人”。所谓第一流工人，包括两个方面：一方面是该工人的能力最适合做这项工作；另一方面是该工人必须愿意做这项工作。即每个人都具有不同的天赋和才能，只要这项工作适合于一个人，而他又愿意努力去干，那么他就能成为第一流的工人。因而要根据人的能力和天赋把他们分配到相应的工作岗位上去。

知识链接 2－1

搬运铁块试验

泰罗在伯利恒钢铁公司进行了一项有名的搬运铁块的试验。当时，他在伯利恒钢铁公司研究管理，发现工人干活时尽管十分卖力，但工作效率并不高，每人每天平均只能将 12.5 英吨的铁块搬上火车。于是，泰罗和他的助手们进行了如下的试验：首先，对搬运操作进行工时测定和计算，得出的结论是，工人在 10 小时工作时间内必须有 58% 的休息时间，只能用 42% 的时间从事繁重的搬运劳动，每个工人每天可以搬运的量为 47.5 英吨；其次，挑选一个工人，训练他去搬运，定成任务后，给以每日 1.85 美元的高工资；最后，对装卸工进行挑选，普遍实行高工作量、高工资制度。结果，工资提高 61%，工作量反而下降了 36.2%。（注：1 英吨＝1016.064003 千克）

（资料来源：MBA 智库百科［EB/OL］. http：//wiki. mbalib. com/zh－tw/搬铁块试验）

3. 实施标准化管理

为使每个作业人员能达到一定的作业标准，就要在作业方法、材料、工具、设备、作业环境和休息时间的搭配等方面都实施标准化管理。泰罗认为，必须用科学的方法对工人的作业方法、作业工具、设备的布局和作业环境的布置等进行分析，消除各种不合理因素，把各种最好的因素结合起来，形成一种最好的作业方式。

课堂案例2－1

泰罗的两个试验

（1）铁锹试验

泰罗在伯利恒钢铁公司进行著名的铁锹试验中，发现用同一把铁锹去铲不同的物料是不合理的。例如铲煤末时，每铲负重是3.5磅，而在铲铁矿石时，每铲负重是38磅。泰罗通过安排第一流的铲工进行试验后确定，每一铲的合理负重应该在21磅时产生的效率最高，为此泰罗提出应准备几种负荷大体在21磅大小不同的铁锹供工人选择使用，以使工人铲重物时用小铁锹，铲轻物时用大铁锹。自此，工人上班时都不再自带铁锹，而是根据物料情况从公司领取特别的标准铁锹，这种做法大大提高了劳动生产效率。

（2）金属切削试验

从1881年在米德韦尔公司开始，为了解决工人的怠工问题，泰罗进行了金属切削实验。他自己具备一些金属切割的作业知识，于是他对车床的效率问题进行了研究，开始了预期为6个月的试验。在用车床、钻床、刨床等工作时，要决定用什么样的刀具、多快的速度等来获得最佳的加工效率。这项试验非常复杂和困难，原来预定为6个月，实际却用了26年，花费了巨额资金，耗费了80多万吨钢材，总共耗费约15万美元，最后在巴斯和怀特等十几名专家的帮助下，试验取得了重大进展。这项试验还获得了一个重要的副产品——高速钢的发明并取得专利。

金属切削试验为泰罗的科学管理思想奠定了坚实的基础，使管理成为一门真正的科学，这对以后管理学理论的成熟和发展起到了极大的推动作用。（注：1磅＝0.453 592千克）

（资料来源：MBA智库百科［EB/OL］. http：//wiki. mbalib. com/zh－tw/铁锹试验，http：//wiki. mbalib. com/zh－tw/金属切削试验）

4. 实行差别计件工资制（刺激性付酬制度）

泰罗认为，工人“磨洋工”的重要原因是付酬制度的不合理。计时工资不能体现按劳付酬，干多干少在时间上无法确切地体现出来。他在分析了原有的付酬制度之后提出，要在科学地制定劳动定额的前提下，采用差别计件工资鼓励工人完成或超额完成定额，并且根据工人完成工作定额的不同，采取不同的工资率。如果工人没有完成定额，则按较低的工资率付酬，为正常工资率的80%；而如果工人超额完成了定额，则按较高的工资率付酬，全部生产成果按正常工资率的125%付酬。泰罗认为，根据工人的实际工作而不是根据工作类别支付工资，实际上等于按工人做出的贡献付酬，不是按工人的工作等级付酬，能大大促使工人积极性的提高。

差别计件工资制能促使劳动生产率大大提高，尽管工厂主的支出也增加了，但由于工人采用了科学的工作方法及新激励措施的实施，克服了消极怠工和故意磨洋工的现象，所以生产率提高的幅度大大高于工资增长的幅度，所以对工厂主是有利的。

5. 强调雇主与工人合作的“精神革命”

雇主与工人之间建立良好的合作关系，双方必须认识到提高劳动生产率对彼此是有利的，是双赢。雇主和工人都必须来一次精神革命，即相互协作，共同为提高劳动生产率而努力。泰罗认为，科学管理的实质就在于这种重大的“精神革命”。

6. 职能管理（计划职能与执行职能分开）

泰罗主张把计划职能与执行职能分开，泰罗的计划职能实际上就是管理职能；执行职能则是工人的作业职能，变传统的经验工作方法为科学的工作方法。

7. 实行职能工长制

泰罗主张对管理工作细分化，实行职能工长制，即将管理工作予以细分，一个工长只承担一项管理职能，每个工长在其业务范围内，有权监督和指导工人的工作并对工人的最终工作结果负责。

8. 强调例外管理

泰罗认为对规模较大的企业应使用例外管理原则。所谓“例外管理”是指企业的高级管理人员把一般日常事务授权下属管理人员负责处理，而自己保留对例外的事项，一般也是重要事项的决策权和控制权，如重大的企业战略问题和重要的人员更替问题等。这种例外的原则至今仍然是管理原则中极为重要的原则之一。

泰罗的上述管理制度被后人尊称为“泰罗制”。

（三）泰罗科学管理的意义

泰罗的科学管理第一次使管理由经验上升到科学，主张企业管理的一切问题都应当而且可以用科学的方法去研究和解决。将调查研究的科学方法引入对工作场所的科学分析，实行各方面的标准化，使个人经验上升为理论，通过计件工资将工人的报酬和绩效画上等号。因此，有效地改进了工厂的劳动生产率。

我们认为，应该辩证地看待泰罗制，一方面，它是资产阶级残酷剥削工人的巧妙手段；另一方面，它又是一系列的科学成就，即按科学方法来分析工人的操作，总结经验，制定出高效率的标准工作法。以上对泰罗制的一分为二的评价，又恰恰生动地体现了管理的二重性。

（四）泰罗科学管理的局限性

毋庸置疑，科学管理仍存在不少的局限性。首先，它将激励的前提简单化。秉承“经济人”的假设，将工人视为机器的一部分，偏重于技术因素，而忽略了人群社会因素。泰罗把计划职能和执行职能分开后，把工人仅仅看成是接受监督者的命令，是一种被动的作业工具，有关企业管理当局对生产过程组织中的改变，工人不用理解，这显然忽视了人的因素，忽视了计划和执行两者的统一性。其次，倡导“机械化”模式，却忽略了组织和环境之间的关系。最后，它重视局部（具体）的工作效率的提高，而未解决作为一个整体的企业该如何经营和管理的问题。

不难看出，与其说科学管理是一些原理和原则组成的管理理论，不如说科学管理是一种人们对管理实践重新审视的管理哲学。在泰罗身上，最值得我们学习的可能是他在科学研究方面一贯严谨的态度。

四、亨利·法约尔的一般管理理论

泰罗的科学管理开创了西方古典管理理论的先河。在其被传播之时，欧洲也出现了一批古典管理的代表人物及其理论，其中影响最大的首属法约尔及其一般管理理论。

（一）一般管理理论之父——亨利·法约尔

亨利·法约尔（1841—1925），法国人，早期参与企业的管理工作，并长期担任企业高级领导职务。泰罗的研究是从“车床前的工人”开始，重点内容是企业内部具体工作的效率。法约尔的研究则是从“办公桌前的总经理”出发的，以企业整体作为研究对象。他认为，管理理论是指有关管理的、得到普遍承认的理论，是经过普遍经验检验并得到论证的一套有关原则、标准、方法、程序等内容的完整体系。有关管理的理论和方法不仅适用于公、私有企业，也适用于军政机关和社会团体，这也是一般管理理论的基石。

（二）一般管理理论的主要内容

法约尔的著述颇多，其最主要的代表作是 1916 年出版的《工业管理与一般管理》，标志着一般管理通论的形成，其主要内容如下：

1. 从企业经营活动中提炼出管理活动

法约尔认为，经营与管理是两个不同的概念，经营是引导一个组织趋向于一个目标。经营包括六种活动：技术活动（生产、制造、加工）、商业活动（购买、销售、交换）、财务活动（筹集和最适当地利用资本）、安全活动（人员与财产的安全）、会计活动（填审凭证、登记账簿、编制报表、成本核算、财产清查等）、管理活动（计划、组织、指挥、协调和控制）。不论企业是大是小，复杂还是简单，这六种活动（或者说基本职能）总是存在的。

管理包括在经营之中。通过对企业全部活动的分析，将管理活动从经营职能（包括技术、商业、财务、安全和会计等五大职能）中提炼出来，成为经营的第六项职能，由此进一步得出了普遍意义上的管理定义，即管理是普遍的一种单独活动，有自己的一套知识体系，由各种职能构成，管理者通过完成各种职能来实现组织目标的一个过程。法约尔指出，人们对前五种活动了解较多，但对管理活动知之甚少，管理是有别于以上五种职能的一种职能。他认为，管理具有可概念化、可理论化、可传授的特点，应该大力发展管理教育。他还分析了对处于不同管理层次的管理者各种能力的相对要求，他认为随着企业由小到大、职位由低到高，管理能力在管理者必要能力中的相对重要性不断提高，而其他诸如技术、商业、财务、安全、会计等能力的重要性则会相对降低。

2. 倡导管理教育

法约尔认为，管理能力可以通过后天教育而获得。缺少管理教育的现实是由于没有管理理论。每一个管理者都按照他自己的方法、原则和个人的经验行事，但是谁也不曾设法使那些被人们接受的规则和经验变成普遍的管理理论。故法约尔大力倡导通过管理教育使人们获得或提高管理能力。

3. 提出管理的五大要素

法约尔的主要贡献之一是提出了关于管理的五大要素或五大职能的思想，即计划（探索未来、制订行动计划）、组织（建立企业物质和社会的双重结构）、指挥（使人发挥作用）、协调（连接、联合、调动所有的活动及力量）和控制（注意是否一切都按制定的规章和下达的命令进行），这一思想已成为认识管理职能和管理过程的一般性框架。

管理的五大职能并不是企业管理者个人的责任，它同企业经营的其他五种活动一样，是一种分配于领导者与整个组织成员之间的工作。

4. 提出一般管理的 14 条原则（Principles of Management）

法约尔提出了一般管理的 14 条原则，即：

（1）劳动分工。通过分工，它使某一特定人群从事特定的工作，培育和积累专业能力，这样便可以提高工作效率，减少损失。其结果是职能专业化和权力的分散。

（2）权力与责任。权力，就是指挥和要求别人服从的能力，责任是与权力相对应的，是权力的必然结果和必要补充，凡有权力行使就有责任。

（3）纪律。这是组织和其下属人员之间通过协定而达成一致的服从、勤勉、积极和尊敬的表示。它是以尊重而不是以恐惧为基础的。没有纪律，任何一个组织都不能兴旺繁荣，而纪律的状况则主要取决于其领导的道德状况。维护纪律不排除对违反共同协定即违反纪律的行为进行惩罚，包括指责、警告、罚款、停职、降级或开除。高层领导和下属人员一样，必须接受纪律的约束。制定和维持纪律最有效的办法是：领导的率先垂范；尽可能明确而又公平的协定；合理执行惩罚。

（4）统一指挥。它是指组织中的每一个人都应该只接受一个上级的指挥，并向这个上级汇报自己的工作（是针对下属而言，不能是多头领导）。

（5）统一领导。每一项具有共同目标的活动，都应当在一位管理者和一个计划的指导下进行（从上往下看，从外面看某个组织或某项活动）。

（6）个人利益服从整体利益。在一个组织中，个人或一些人的利益不能置于组织利益之上；一个家庭的利益应先于一个成员的利益；国家利益应高于一个公民或一些公民的利益。因此，必须与无知、贪婪、自私、懒惰、懦弱和一切把个人利益置于整体利益之上的行为进行持久的斗争。

（7）人员报酬。人员的报酬是其服务的价格，对雇员的劳动必须付以公平合理的报酬。员工的报酬方式有按劳动日付酬、按工作任务付酬和计件付酬三种，其方法还包括奖金、分红、实物补助和精神奖励。付酬的方式取决于多种因素，其目的只有一个，即鼓励各级人员的工作热情。

（8）集权。它反映下属参与决策的程度。权力的相对集中或分散本身无所谓好坏，而要根据组织的情况，决定集中的最适程度。权力集中与分散的措施本身可以经常变化，其目的是调动所有员工的积极性，使他们能够发挥出自己最大的才能。

（9）等级制度。所谓等级制度，就是从最高权力机构直至底层管理人员的领导系列，又称为权力线，它显示出组织内信息传递的路线。在一个等级制度表现为G—A—Q 双梯形式的组织里，假要使 F 与 P 发生联系，按常规，需先从 F 到 A，再下到 P，这之间每一级都需停顿；然后，顺着原路，一级级返回出发点。如果通过 F—P“天桥”（跳板）直接从 F 到 P，那就简单、迅速和可靠多了。如果 F 的领导 E 和 P 的领导 O 允许他们各自的下属在授权范围内直接联系，等级原则就得到了捍卫。法约尔认为，各级人员都应养成使用这种最短通路的习惯。后来人们称这种方式为“法约尔跳板”，如图 2－1 所示。

（10）秩序。它是指每个人都有一个职位，每个人都在他的位置上，而每个职位都是事先选择好的。这一条原则还应用于物品和场地方面。

（11）公平。它是由善意和公正产生的，主要是一种立场和观念。管理者应当友善和公正地对待下属，应努力使公平感深入人心。

(12) 人员稳定。这里不是指人员在组织位置固定不变，组织需要有秩序地安排人员并不断补充人力资源。人员的稳定原则要求一种动态的稳定。要努力保持组织领导人和其他人员的相对稳定性，合理补充人力资源，掌握好人员稳定的尺度。

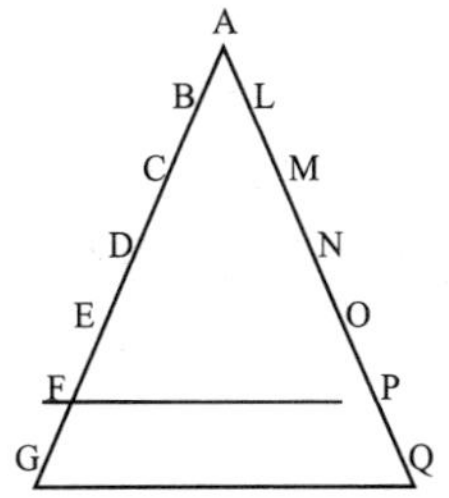

图 2－1　法约尔跳板

(13) 首创精神。这是人类活动最有力的刺激物之一，除了领导者的首创性外，还要加上全体人员的首创性，并在必要时去补充前者。应尽可能地鼓励和发展这种能力，一个能发挥下属人员首创精神的领导要比一个不能这样做的领导高明得多。

(14) 团队精神。全体人员的和谐与团结是一个组织巨大的力量。为维护团结，法约尔特别强调了要注意的一个原则和需避免的两种危险。一个原则即统一指挥的原则。两种危险即：①对格言断章取义、各取所需；②滥用书面联系。

5. 法约尔在企业组织理论方面的重要观点

(1) 组织应完成的管理任务与职责；

(2) 金字塔形的等级系列；

(3) 设置参谋机构。

法约尔的一般管理理论是西方古典管理思想的重要代表，后来成为管理过程学派的理论基础（该学派将法约尔尊奉为开山祖师），也是以后各种管理理论和管理实践的重要依据，对管理理论的发展和企业管理的历程均有着深远的影响。

在今天看来，法约尔的主张和术语实在是太平凡了，未曾系统学习过管理理论的人也会对一般管理理论产生“于我心有戚戚焉”之感，因而常被看作是极其一般的东西。然而，正是由一般管理理论才淬炼出管理的普遍原则，使管理得以作为可以基准化的职能，在企业经营乃至社会生活的各方面发挥着重要作用。时至今日，法约尔的一般管理思想仍然闪耀着光芒，其管理原则仍然可以作为我们管理实践的指南。

五、马克斯·韦伯的行政组织理论

马克斯·韦伯（Max Weber，1864—1920）是德国的一位社会学家和哲学家，也是一位享誉世界的思想家。他的研究领域属于历史—哲学范畴，其组织理论又被称为“官僚制”（在德语中无贬义色彩）或“科层制”。由于在组织理论方面的杰出贡献，他被后人称为“组织理论之父”，其理论的核心内容如下：

(一) 权威的类型与基础

一般地说，权威有以下三种类型：

①超凡权力。它基于对发命令的人超凡的神圣（如耶稣）或非凡的个性特征（如英雄主义或模范品质）的崇拜，并表现为一种先知—信徒的关系。

②传统权力。传统权力要求服从命令，其依据是对古老传统的不可侵犯性和按传统执行权力的人的正统性的信念，主要表现为一种君主—臣民关系。权力的所有者可以通过让人得到恩惠或失去宠幸以及对臣民进行保护而实施管理，臣民对权力拥有者保持服从和尊敬。

③法定权力。即理性—法律的权力。这是一种对法律确定的职位或地位的权力的服从。法定权力要求服从命令，是因为人们都知道发命令的人是按法律原则和条款办事的。这一类

型主要依靠外在于个人的、科学合理的理性权力实现管理。

在上述三种纯粹形态的权力类型中，传统权力的效率最差，因为其领导人不是按能力挑选的，其管理单纯是为保存过去的传统而行事；超凡权力则过于带感情色彩，并非是理性的，依据的不是规章制度而是神秘的、神圣的启示。所以，这两种权力都不宜作为“理想的行政组织”的基础，只有法定权力才能作为这种行政组织的基础。

（二）官僚制或科层制的特征及其优越性

1. 官僚制的特征

（1）劳动分工。它是指在劳动分工的基础上，规定每个岗位的权力和责任，把这些权力和责任作为明确规范并制度化。

（2）职权等级。它是指按等级原则对各种公职或职位进行法定安排，形成一个自上而下的等级链或指挥体系。

（3）正式选拔。它是指根据经过正式考试或教育培训而获得的技术资格来选拔员工，并完全根据职务的要求来任用。

（4）正式的规则制度。它是指行政管理人员必须严格遵守组织中规定的规则、纪律和办事程序。

（5）非人格化。它是指组织中人员之间的关系以理性准则为指导，不受个人情感的影响。

（6）职业定向。它是指组织中的管理人员是专职的，领取固定的薪金，有明文规定的升迁制度。

2. 官僚制的优越性

（1）官僚制具有合理性与效率性。担任职务的人员是按照他完成任务的能力挑选出来的。因而其能力与职务之间具有较好的匹配性，并能够提高组织运行效率。

（2）官僚制使得管理具有行使权力的法律依据和手段。

（3）官僚制是理性精神、合理化精神的体现。官僚制存在一套具有连续性的规章制度网，涉及组织管理过程中的许多主要方面，它给每项工作确立了清楚的、全面的、明确的职权、职责和责任，从而使组织的运转和员工的行为尽可能少地依赖个人。

第二节　行为科学管理理论

以科学管理理论、一般管理理论及管理组织理论为代表的古典管理理论的广泛流传和实际应用，大大提高了组织的效率。但古典管理理论多着重于生产过程，这个时期的企业主关注的焦点是资金的效率与工人的劳动生产率。相对来看，由于技术水平的相似性，物质的消耗并没有给企业竞争带来什么大的影响。且企业之间的竞争并不激烈，在收入水平不高而又相对缺乏丰富的物质产品的社会，经济动机成为人们积极工作的一种动因，成为提高效率的主要手段。因此，古典管理理论对人性的研究没有深入进行，对人性的探索仅仅停留在“经济人”的范畴之内，古典管理理论没有把人作为管理的中心，而是处在以机器设备等“物”为中心的“物本管理”的时代。

20 世纪 20 年代前后，工人们日益觉醒，已经厌倦了像机器人一样工作。这时，工人的生活水平提高，生活安定，开始表现出对安全、归属的较强烈的需求。价值准则开始从个人主义向社会伦理转化，工人的文化素质普遍提高，白领工人的比重显著增加。同时，工会组织得到加强，工人们开始组织起来同雇主进行斗争，又加上 1929 年至 1933 年经济危机的大爆发，使西方资产阶级意识到单纯用传统的管理理论和方法已不可能有效地控制工人，并达到提高生产率和利润的目的。于是，一些管理学家、心理学家开始从人性的视角进行深入的研究并提出采取相应的行为准则，使之适应社会化大生产的发展需要。此时，为解决效率与人性需要之间矛盾的行为科学管理理论就应运而生了。

行为科学研究基本上可分为两个时期：前期的研究称为人际关系学说，从霍桑试验开始，后期是 1947 年首次提出“行为科学”这一名称，1953 年正式定名为行为科学。20 世纪 60 年代，为避免同广义的行为科学相混淆，出现了“组织行为学”这一名称，专指管理学中的行为科学，组织行为学实质上是包括早期行为科学——人际关系学说在内的狭义的行为科学。目前它的研究对象和所涉及的范围主要分为以下三个方面：

（1）有关个体行为的理论。主要包括两方面：一是有关人的需要、动机和激励的理论，又可分为激励内容理论、激励过程理论和激励强化理论三大类；二是有关企业中的人性理论。

（2）有关团体行为的理论。主要包括团体动力、信息交流、团体及成员的相互关系三个方面。

（3）有关组织行为的理论。主要包括有关领导理论、组织变革和发展的理论。相关领导理论又包括领导特质理论、领导行为理论和领导权变理论三大类。

一、雨果·孟斯特伯格的心理学与工业效率

雨果·孟斯特伯格（Hugo Munsterberg，1863—1916），工业心理学的主要创始人，出生于德国，被尊称为“工业心理学之父”。孟斯特伯格对用传统的心理学研究方法研究实际的工业中的问题十分感兴趣，于是他主持的哈佛大学心理学实验室就成了工业心理学活动的基地，成为后来的工业心理学运动的奠基石。

1912 年，孟斯特伯格出版了后被译为《心理学与工业效率》的著作。在书中，他论述了对人类行为进行科学研究以发现人类行为的一般模式和解释个体之间差异的重要性，该书包括以下三部分内容：

（1）最适合的人。即研究工作对人们的要求，识别最适合从事某种工作的人应具备什么样的心理特点，将心理学的实验方法应用在人员选拔、职业指导和工作安排方面。

（2）最适合的工作。即研究和设计适合人们工作的方法、手段与环境，以提高工作效率。他发现，学习和训练是最经济的提高效率的方法和手段，物理的和社会的因素对工作效率有较强的影响，特别是创造工作中适宜的“心理条件”极为重要。

（3）最理想的效果。即用合理的方法在商业中也同样可以确保资源的合理利用，他研究了对人的需要施加符合组织利益的影响的必要性。

孟斯特伯格指出心理学家在工业中的作用应该是：帮助发现最适合从事某项工作的工人；决定在什么样的心理状态下，每个人才能生产出最高产量；在人的思想中形成有利于提高管理效率的影响。

知识链接 2－2

雨果·孟斯特伯格的试验

孟斯特伯格进行了大量的工业中实际问题的研究。他的最著名的一个研究是探明安全驾驶的无轨电车司机应具备的特征。他系统地研究了这项工作的各个方面，并且设计了模拟电车的实验室试验，结果发现一个好的司机应该能够在驾驶的过程中同时理解所有的影响电车行驶的因素。孟斯特伯格认为，研究疲劳问题对提高工业生产效率非常重要。他和他的继承者研究了许多工厂每天和每周的工作曲线。典型的日产记录表示出，每天上午九十点钟产量有轻度的增加，而中午前产量下降，午饭之后产量又上升，但不如上午九十点钟的情况，下午下班前，产量急速下降。一周的产量也表示出类似的情形，星期一的产量平常，星期二和星期三是最好的，然后逐渐下降，直到星期六为止。这些研究为工业心理学开辟了新的研究领域，并为后续的研究奠定了基础。

经过长期的研究，他发现并指出了心理学在许多领域中的应用价值，因而使心理学进入了产业界。在每一项研究中，他都揭示了心理学的应用如何有助于绩效的提高，他的研究对于我们今天的甄选技术、员工培训、工作设计和激励仍有重要的影响。

二、梅奥与霍桑试验

乔治·埃尔顿·梅奥（George Ehon Mayo，1880—1949）是原籍为澳大利亚的美国行为科学家，1923 年接受洛克菲勒基金资助移居美国，任教于宾夕法尼亚大学，1926 年进入哈佛大学任教直至 1947 年退休。

在 20 世纪初，受古典管理理论的影响，许多管理学家和管理者都认为，工作的物质环境和工人的劳动效率之间有着明确的因果关系，他们试图通过改善工作条件与环境等外在因素，找到提高劳动生产率的途径。例如，工作场所的照明、通风、温度、湿度等都会影响到工人所生产产品的数量、质量以及自身的安全。在这种思想指导下，1924 年，美国国家科学院的全国科学研究委员会决定在西方电器公司的霍桑工厂进行试验研究，以找出工作的物质环境与工人的劳动效率之间的精确关系。这项一直持续到 1932 年的研究就是著名的“霍桑试验”。

第一阶段，工厂照明试验（1924—1927）。霍桑工厂位于美国芝加哥西部的工业区中，有 25000 多名工人，是西方电器公司一家专门为 AT&T 公司生产和供应电信设备的企业。在厂方的支持下，由管理学者和厂方工作人员共同组成了研究小组。研究是从照明条件开始的。研究者选择了一些从事装配电话继电器这样一种高度重复性工作的女工，将她们分为“对照组”和“试验组”，分别在两个照明度完全相同的房间里做完全相同的工作。在试验中，对照组的照明度和其他工作环境没有什么变化，试验组则将照明度进行各种变化。令人奇怪的是，在试验组里，照明度提高，产量是上升的。而且照明度下降，包括有一次甚至降到只有 0.6 烛光，也就是近似月光的程度，产量也是上升的。更令人奇怪的是，在对照组，照明度没有任何变化，产量同样是上升的。困惑之中，研究者转而对工资报酬、工作时间、休息时间等照明以外的其他因素进行同样的试验。如把集体工资制改为个人计件工资制，上午与下午各增加一次 5 分钟的工作间休息并提供茶点，缩短工作日和工作周等，产量依旧是上升的。可是当试验者废除这些优厚条件时，产量依旧上升。在试验期间，继电器的产量从最初的人周均产量 2400 个一直增加到 3000 个，提高了 25%。既然无论在哪种工作条件下，也无论这些工作条件变还是不变，变好还是变坏，产量都是上升的，有研究人员开始怀疑试验本身及其前提了，是不是工作的物质环境和工人的劳动效率之间本来就没有明确的因果关系？这样，试验持续到 1927 年的时候，几乎所有的人都准备放弃了。

1927 年冬天，梅奥在纽约的哈佛俱乐部给一些经理人做报告，有一个听众把霍桑试验中的怪事告诉了梅奥，并邀请他作为顾问参加这一研究。梅奥立即对霍桑试验的初步成果发生了兴趣，并敏锐地感到解释霍桑怪事的关键因素不是工作物质条件的变化，而是工人们精神、心理因素的变化。他认为，作为试验对象的工人由于处在试验室内，实际上就成为一个不同于一般状态的特殊社会群体。群体中的工人由于受到试验人员越来越多的关心而感到兴奋，并产生出了一种参与试验的感觉，这才是真正影响工人的因素，与这个因素相比，照明、工资之类都只是偶然性的东西。

这样，以梅奥为核心人物的哈佛研究小组来到霍桑工厂，霍桑试验进入新的阶段。

第二阶段：继电器装配室试验（1927—1928）。亦可称之为福利条件的试验，旨在试验各种工作条件的变动对小组生产率的影响，以便能够更有效地控制影响工作效果的因素，通过材料供应、工作方法、工作时间、劳动条件、工资、管理作风与方式等各个因素对工作效率影响的试验，发现无论各因素如何变化，产量都是增加的，其他因素对生产率也没有特别的影响，而似乎是监督技巧即人际关系的改善使工人的工作态度得到改进，导致产量增加。

第三阶段：大规模的访问与调查（1928—1931）。在改变照明和福利条件的试验之后，研究者们已经明确意识到，工作环境中的人的因素比物质因素对工人积极性的影响更大，于是又开展了访谈试验。访谈试验开始时是由研究者拟定了一份谈话提纲，要求工人就提纲中列出的厂方的规划和政策、工头的态度、工作的条件等发表意见。可是访谈试验开始后，工人表示不想受提纲的限制，而是更想谈一些提纲以外的问题，也就是说，厂方和研究者认为的意义重大的事情并不是工人最关心的事情。于是研究者及时调整了访谈计划，不再规定谈话的内容而让工人随意谈自己关心的事情，每次谈话的平均时间由半小时延长到一小时，研究者不进行任何道德说教和劝说，也不表达自己的情绪和立场，只是详细地记录工人的不满和意见。这项持续了两年多的试验并没有给工人解决任何具体问题却使产量大幅提高。专家们认为，这是由于长期以来工人对厂方积累了许多不满而无处发泄，从而影响了积极性。访谈计划恰恰给了工人得以发泄的机会，工人的不满情绪发泄后感到心情舒畅，士气提高，产量自然提高，于是，试验进入第四阶段。

第四阶段：接线板接线工作室试验（1931—1932）。早在泰罗时代，人们就已经注意到工人中出于某种非正式关系的压力会出现有系统的怠工。哈佛研究小组选择了 14 名男工作为试验组，隔离在单独的房间，让他们从事接线器的装配工作，男工的工作实行集体计件工资制，以小组的总产量为依据对每个工人付酬。研究者设想，在这种制度下，只有全体工人所生产产品的产量都比较高，每个工人才可能得到较高的工资，因此产量高的工人会迫使产量低的工人提高产量。但试验中，研究者发现，工人明显不是追求更高的产量以得到更高的工资，而是故意维持中等的产量并宁肯为此接受中等的工资。工人似乎对什么是一天应该完成的工作量有自己明确的理解并很善于维持这个产量，而这个产量是低于厂方规定的产量的。在进一步的研究中人们发现，工人的产量之所以能够达到厂方规定的较高的“正式标准”却故意不达到，而只是自动维持在一个中等水平的“非正式标准”上，是因为工人估计到自己实际上面临两种危险：如果产量过高，达到了厂方规定的“正式标准”，厂方就会进一步提高“正式标准”，从而使大家的工资率降低，如果产量过低，距厂方规定的“正式标准”太远，就会引起工头的不满，而且也让产量高的工友吃亏。所以，既不能当产量太高的“产量冒尖者”，也不能当产量太低的“产量落后者”，那样都会伤害全班组工友的群体利益。这样，工人们为了维护整个群体的利益，为了不被群体排斥，不惜牺牲一些个人利益而自发地形成了非正式产量标准。为了维护这个标准，工人还有自己的一套非正式的群体规范，如对那些不按规矩办事和向厂方告密的“告密者”进行嘲笑、讽刺，甚至“给一下子”（在胳臂上相当用力地打一下）。在这些规范下，工人非常重视相互的关系而不愿受到群体的排斥，有人偶尔产量较高时甚至会把多余的产量瞒下来而只报符合群体规范的产量，然后放慢速度而从隐瞒的产量中取出一部分补充不足之数。

知识链接2－3

霍桑效应

霍桑工厂具有较完善的娱乐设施、医疗制度和养老金制度等，但员工们仍愤愤不平，生产状况也很不理想。为探究原因，1924年11月，美国国家研究委员会在该工厂进行了一个“谈话试验”，即用两年多的时间，请专家找工人个别谈话两万余人次，并规定在谈话过程中，要耐心倾听工人们对厂方的各种意见和不满，并做详细记录；对工人的不满意见不准反驳和训斥。这一“谈话试验”收到了意想不到的结果：霍桑工厂的产量大幅提高。这是由于工人长期以来对工厂的各种管理制度和方法有诸多不满，无处发泄。“谈话试验”使他们的这些不满都发泄出来，从而感到心情舒畅，干劲倍增。社会心理学家将这种奇妙的现象称为“霍桑效应”。

“霍桑效应”给我们的启示是：人在一生中会产生数不清的意愿和情绪，但最终能实现、满足的却为数不多，对那些未能实现的意愿和未能满足的情绪，切莫压制下去，而要千方百计地让它宣泄出来，这对人的身心健康和工作效率的提高都非常有利。

从1924年到1932年，霍桑试验持续了9年。梅奥于1933年出版了《工业文明中人的问题》，对试验进行了总结，提出了一系列理论，主要归纳为以下几个方面：

（1）工人是“社会人”，而不是单纯追求金钱收入的“经济人”。作为复杂社会系统成员，金钱并非刺激积极性的唯一动力，他们还有社会、心理方面的需求，因此社会和心理因素等方面所形成的动力，对效率有更大的影响。

（2）企业中除了“正式组织”之外，还存在着“非正式组织”。这种非正式组织是企业成员在共同工作的过程中，由于具有共同的社会感情而形成的非正式团体。这种无形组织有它特殊的感情、规范和倾向，左右着成员的行为。古典管理理论仅注重正式组织的作用，这是不够的。非正式组织不仅存在，而且同正式组织是相互依存的，对生产率的提高有很大影响。

（3）士气理论。古典管理理论认为，工作效率取决于科学合理的工作方法和好的工作条件，所以管理者应该关注动作分析、工具设计、改善条件、制度管理等。而霍桑试验表明：士气，也就是工人的满意感等心理需要的满足，才是提高工作效率的基础。也即生产率的升降，主要取决于工人的士气，即工作的积极性、主动性与协作精神。而士气的高低，则取决于社会因素特别是人群关系对工人的满足程度，即他的工作是否被上级、同伴和社会所认可。满足程度越高，士气也越高，生产效率也就越高。而工作方法、工作条件等物理因素只是第二位的东西。

（4）新型的领导者理论。古典管理理论认为，管理者就是规范的制定者和监督执行者。而霍桑试验提出，必须有新型的人际关系型领导者，他们能理解工人各种逻辑的和非逻辑的行为，善于倾听意见和进行交流，并借此来理解工人的感情，培养一种在正式群体的经济需求和非正式群体的社会需求之间维持平衡的能力，使工人愿意为达到组织目标而协作和贡献力量。这样就可以解决劳资之间乃至整个“工业文明社会”的矛盾和冲突，提高效率。

总之，霍桑试验表明，人不是经济人，而是社会人，不是孤立的、只知挣钱的个人，而是处于一定社会关系中的群体成员，个人的物质利益在调动工作积极性上只具有次要的意义，群体间良好的人际关系才是调动工作积极性的决定性因素。因此，梅奥的理论也被称为“人际关系理论”或“社会人理论”。梅奥在这项试验基础上提出的人际关系理论是这项研究最重要的成果，也是这项试验之所以著名的最重要的原因。梅奥等人的人际关系学说的问世，开辟了管理和管理理论的一个新领域，并且弥补了古典管理理论的不足，更为以后行为科学的发展奠定了坚实的基础。

第三节　现代管理理论

第二次世界大战以后，社会经济发展中出现了许多新的变化，如工业生产和科学技术迅速发展、企业的规模进一步扩大、企业生产过程自动化的程度空前提高、技术更新的周期大大缩短、市场竞争越来越激烈、生产的社会化程度更加提高、许多复杂产品和工程需要组织大规模的分工协作才能完成等。这些都对企业经营管理提出了诸多新的要求，企业经营管理原有的理论和方法有些已不能适应新形势的需要。因此，在古典管理学派和早期行为学派的基础上，出现了许多新的管理理论和方法，形成了许多新的学术派别。这些理论同古典管理学派和行为科学的理论，在历史渊源和理论内容上互相影响、盘根错节。如果说泰罗和法约尔的古典理论当初只是管理学的萌芽，那么现在这些萌芽已发展成为一片茂密的丛林，孔茨形象地把这种现象称为“管理理论的丛林”。

一、哈罗德·孔茨与管理理论的丛林

第二次世界大战以后，管理工作者和管理学家及其他领域的一些专家，如经济学家、社会学家、数学家、生物学家等都纷纷加入管理研究的队伍，从不同视角、用不同方法来研究管理理论，出现了研究管理理论的各种学派，呈现出百花齐放、百家争鸣的繁荣景象。

美国著名管理学家、管理过程学派的主要代表人物哈罗德·孔茨于 20 世纪 60 年代在《管理理论的丛林》一文中形象地把这种现象称为“管理理论的丛林”。他认为由于当时各类科学家对管理理论的兴趣有了极大的增长，且由于他们研究条件、掌握材料、观察角度及研究方法的不同，必然产生并形成不同的管理思路。他当时划分了六个有代表性的学派，它们分别是管理过程学派、经验和案例学派、人类行为学派、社会系统学派、决策理论学派和数理学派，如表 2－1 所示。

表 2-1 管理理论的六大主要学派

学派	代表人物	主要观点	研究角度	评价
管理过程学派	法约尔	管理是一个在组织团体中通过别人并同别人一起把工作完成的带有普遍性的过程	注重管理人员的各种职能并对管理人员的各种职能进行研究，提炼管理的基本规律	优点：最为系统的学派，该学派确定的管理职能和管理原则为训练管理人员提供了基础。 质疑：所归纳出的管理职能是否适用于所有的组织
经验和案例学派	德鲁克、戴尔	管理学是对经验的研究	注重对经验进行研究	优点：对经验的研究的确对管理有重大意义。 质疑：过去正确的经验与方法是否适用于未来
人类行为学派	梅奥	管理必须以人际关系为中心，因为管理是通过别人并同别人一起把工作完成的过程	注重个人及激励个人的事物	优点：注重管理中人的行为问题。 质疑：人们的行为领域等同于管理领域吗
社会系统学派	巴纳德、西蒙	管理是一个社会系统	注重从社会学角度研究	优点：考虑到协作理论、正式组织与非正式组织。 质疑：人们的行为领域与社会学领域一致吗
决策理论学派	西蒙	管理就是决策；决策分为程序性决策与非程序性决策	注重合理决策的方法，包括决策本身、作为决策的人们或组织集团、决策过程的分析	优点：行为决策观。 质疑：决策是否也可以作为人类整个知识领域的中心
数理学派	伯法	管理是一个数学模型和程序的系统	注重用数字符号与关系表示管理过程	优点：将管理看作是一个可以用数学模型表示的相互关系。 质疑：数学是管理理论还是工具

这些不同的学派，形成了一个思想、理论和意见的丛林。每一种管理理论都存在利弊，它们的出现是时代背景与当时的管理实践的需求和期望，是针对当时管理实践中出现的问题产生的，在一定的历史阶段是发挥了其作用的。但不同的解释、不同的概念或同一名词的不同含义，确实有点扑朔迷离，令人眼花缭乱。孔茨认为，如果"管理理论的丛林"继续存在，将会使管理工作者和管理理论的初学者如同进入热带丛林中一样，迷失方向而找不到出路，所以，有必要对这一"丛林"做进一步深入的考察。

二、十一个有代表性的管理理论学派

1980 年，孔茨在其一篇名为《再论管理理论的丛林》的文章中，指出西方的管理理论已经发展到十一个学派，它们分别是：经验和案例学派、人际关系学派、群体行为学派、社会协作系统学派、数理（管理科学）学派、社会技术系统学派、决策理论学派、系统学派、权变理论学派、管理角色学派和经营管理（管理过程或管理职能）学派。十一个管理学派的观点大致如下：

（一）经验和案例学派

经验和案例学派主张通过分析经验（各种实际案例）来研究管理问题，最早提出这一见解的是美国的德鲁克、戴尔、纽曼、斯隆等人，他们认为管理者应该从企业管理的实际出发，以大企业的管理经验为主要研究对象，通过研究各种成功与失败的管理案例，就可以了解并学会如何有效地进行管理。

经验或案例学派的主要观点大致如下：

（1）作为企业主要领导的经理，其工作任务着重于两方面：将组织创造成一个“生产的统一体”，并有效调动企业各种资源，尤其是要发挥人力资源的作用；经理做出每一项决策或采取某一行动时，一定要把眼前利益与长远利益协调起来。

（2）对建立合理组织结构问题普遍重视。例如，德鲁克认为，当今世界上管理组织的新模式可以概括为以下五种：①集权的职能性结构；②分权的联邦式结构；③矩阵结构；④模拟性分散管理结构；⑤系统结构。他还强调，各类组织要根据自己的工作性质、特殊条件以及管理人员的特点，来确定本组织的管理结构，切忌照搬别人的模式。

（3）对科学管理和行为科学理论重新评价。这一学派中的许多人提出，科学管理和行为科学理论都不能完全适应企业的实际需要，只有经验学派将这两者结合起来，才真正实用。

（4）提倡实行目标管理。德鲁克首先提出目标管理的建议，其后又有许多学者共同参与了研究。

但是，未来情况与过去完全相同是不可能的，那么，过多地依赖于过去的经验，依赖历史上已经解决的那些问题的原始素材，无疑是危险的。其理由很简单，一种在过去认为是“正确”的方法，可能远不适合于未来情况。也就是说，由于组织环境一直处于变化之中，过分地依赖未经提炼的实践经验和历史来解决管理问理是无法满足需要的。

总之，经验或案例学派并未形成完整的理论体系，其内容也比较庞杂，但其中的一些研究反映了当代社会化大生产的客观要求，这是值得注意的。

（二）人际关系学派

人际关系学派是从 20 世纪 60 年代的人类行为学派演变来的。该学派认为，既然管理是通过别人或同别人一起去完成工作，那么，对管理学的研究就必须围绕人际关系这个核心来进行。这个学派把有关的社会科学原有的或新近提出的理论、方法和技术用来研究人与人之间和人群内部的各种现象。从个人的品性动态一直到文化关系，无所不及。这个学派注重管理中“人”的因素，其中有些人强调处理人际关系是管理者应该而且能够理解和掌握的一种技巧；有些人把“管理者”笼统地看成是“领导者”，甚至认为管理就是领导，结果把所有的领导工作都当成为管理工作；还有不少人则着重研究人的行为与动机之间的关系，以及有关激励和领导的问题。所有这些，都提出了对管理人员大有裨益的一些见解，例如马斯洛的需求层次理论、赫茨伯格的双因素理论、布莱克和穆顿的管理方格图等。

（三）群体行为学派

群体行为学派是从人类行为学派中分化出来的，因此同人际关系学派关系密切，甚至易于混同。但它关心的主要是一定群体中人的行为，而不是人际关系。它以社会学、人类学和社会心理学为基础，而不以个人心理学为基础。它着重研究各种群体行为方式，从小群体的文化和行为方式到大群体的行为特点，都在它研究之列，有人把这个学派的研究内容称为"组织行为"研究。"组织"一词被用来表示公司、政府机构、医院或其他任何一种事业中一组群体关系的体系和类型，这个学派的最早代表人物和研究活动是梅奥和霍桑试验。

（四）社会协作系统学派

社会协作系统学派是从社会学的角度来分析各类组织，它的特点是将组织看作是一种社会系统，是一种人的相互关系的协作体系，它是社会大系统中的一部分，受到社会环境各方面因素的影响。切斯特·巴纳德是这一学派的创始人，他的著作《经理的职能》对该学派有很大的影响。该学派认为，人与人的相互关系就是一个社会系统，它是人们在意见、力量、愿望以及思想等方面的一种合作关系。管理人员的作用就是要围绕着物质的（材料与机器）、生物的（作为一个呼吸空气和需要空间的抽象存在的人）和社会的（群体的相互作用、态度和信息）因素去适应总的合作系统。概括起来看，该学派的理论有以下一些要点：

（1）组织作为一个社会协作系统，其存在取决于：①协作的效果，即能否顺利完成协作目标；②协作的效率，即在达到目标的过程中，是否使协作的成员损失最小而心理满足感较高；③协作目标应和协作环境相适应。

（2）正式组织的存在应具备三个条件：①有一个统一的共同目标；②每一个成员都能够自觉自愿地为组织目标的实现做出贡献；③组织内部有一个能够彼此沟通的信息联系系统。此外，在正式组织内部存在着非正式组织。

（3）作为一个管理者或经理人员须完成以下三项职能：①规定组织目标；②善于使组织成员为实现组织目标做出贡献；③建立并维持一个信息联系的系统。

此外，怀恃·贝克从社会学角度提出"组织结合力"的概念，对管理理论也有很大意义。贝克指出，企业中的组织结合力包括：①职能规范系统，即由于协作而划分和安排工作岗位所产生的合作系统；②职位系统，即直线的职权层次；③沟通联络系统；④奖惩制度；⑤组织规程，即使企业具有特征和个性的构想与手段。

社会协作系统学派主要以组织理论为研究重点，虽然组织理论并非全部的管理理论，但它对管理理论所作的贡献是巨大的，并对其他学派的形成（如社会技术系统学派、决策理论学派、系统理论学派）有很大影响。显然，该学派的研究领域很宽，有的已超出了管理范围，但也有许多对管理者来说是重要的概念、原理和方法，却被忽略了。

（五）数理（管理科学）学派

数理（管理科学）学派注重定量的数学模型，认为通过建立数学模型这一手段，可以把包括管理问题在内的各种问题的基本关系表示出来，并且要求按照最优化的标准为管理者提供决策方案，设法把科学的原理、方法和工具应用于管理过程，侧重于追求经济和技术上的合理性。

就该学派的实质而言，它是泰罗科学管理的继续与发展，因为他们都力图抛弃凭经验、凭主观判断来进行管理，而提倡采用科学的方法，探求最有效的工作方法或最优方案，以达到最高的工作效率，以最短的时间、最小的支出得到最大的效率。不同的是，管理科学的研究，已经突破了操作方法、作业研究的范围，而向整个组织的所有活动方面扩展，要求进行整体性的管理。由于现代科学技术的发展，一系列的科学理论和方法被引进到管理领域，因此，管理科学可以说是现代的科学管理。其基本特征是：以系统的观点，运用数学、统计学的方法和电子计算机技术，为现代管理决策提供科学的依据，解决各项生产、经营问题。

现代管理科学也存在着向组织更高层次发展的趋势，但目前完全采用管理科学的定量方法来解决复杂环境下的组织问题还面临着许多实际困难。管理科学学派一般只研究生产的物质过程，注意管理中应用的先进工具和科学方法，不够注意管理中人的作用，这是它的不足之处。

（六）社会技术系统学派

社会技术系统学派的创立者通常被认为是英国的特里斯特（E. L. Trist）及其在英国塔维斯托克研究所的同事。他们通过对煤矿中“长壁采煤法”的研究，认为要解决管理问题，只分析社会协作系统是不够的，还必须研究技术系统对社会的影响以及对个人的心理影响。他们认为管理的绩效，以及组织的绩效，不仅取决于人们的行为态度及其相互影响，而且也取决于人们工作所处的技术环境。管理人员的主要任务之一就是确保社会协作系统与技术系统的相互协调。

这个学派的大部分著作都集中于研究科学技术对个人、对群体行为方式以及对组织方式和管理方式等的影响。因此，特别注重于工业工程、人—机工程等方面问题的研究。其代表作有《长壁采煤法的某些社会学和心理学的意义》、《社会技术系统的特性》，等等。该学派虽然也没有研究到管理的全部理论，却首次把组织作为一个社会系统和技术系统综合起来考虑，可以说是填补了管理理论的一个空白，并且对管理实践也是大有裨益的。

（七）决策理论学派

决策理论学派的主要代表人物是诺贝尔经济学奖得主赫伯特·西蒙（Herbert A. Simon），他们把第二次世界大战以后发展起来的系统理论、运筹学、计算机科学等综合运用于管理决策问题，形成了一门有关决策过程、准则、类型及方法的较完整的理论体系。其理论要点如下：

（1）决策贯穿于管理的全过程，管理就是决策。

（2）决策过程包括四个阶段：①情报收集阶段，即收集组织所处环境中有关经济、技术、社会各方面的信息以及组织内部的有关情况；②计划拟订阶段，即在确定目标的基础上，依据所收集到的信息编制可能采取的行动方案；③计划选定阶段，即从可供选用的方案中选定一个行动方案；④计划评价阶段，即在决策执行过程中，对过去所做的抉择进行评价。这四个阶段中的每一个阶段本身都是一个复杂的决策过程。

（3）在决策标准上，用“满意准则”代替“最优准则”，以往的管理学家往往把人看成是以“绝对的理性”为指导，按最优化准则行动的理性人。西蒙认为这在事实上是做不到的，应该用“管理人”假设代替“理性人”假设。这种“管理人”不考虑一切可能的复杂情况，只考虑与问题有关的情况，采用“满意准则”，从而可以做出令人满意的决策。

（4）一个组织的决策根据其活动是否反复出现可分为程序化决策和非程序化决策。此外，根据决策条件，决策还可以分为确定型决策、风险型决策和非确定型决策。每一种决策所采用的方法和技术都是不同的。

（5）一个组织中集权和分权的问题是和决策过程联系在一起的，有关整个组织的决策必须是集权的，而由于组织内决策过程本身的性质及个人认识能力的有限，分权也是必需的。

决策学派没有把管理决策和人们的其他决策行为区别开来，决策并非只存在于管理行为中，人们的日常活动中也普遍存在决策，如人们日常生活做事都需要决策，组织中非管理人员的活动也需要决策，但这些决策行为都不是管理行为。该学派没有把管理决策和人们的其他行为区别开来，其根本原因是没有认识到管理的本质。

（八）系统学派

系统学派也称系统理论学派，是指将企业视为一个有机整体，把各项管理业务看成相互联系的网络的一种管理学派。该学派重视对组织结构和模式的分析，应用系统理论的公式、原理，全面分析和研究企业和其他组织的管理活动和管理过程，并建立起系统模型以便于分析，该学派的主要观点是：

组织是由许多子系统组成的，作为一个开放的社会技术系统，组织是由五个不同的分系统构成的整体。五个分系统包括：目标与价值分系统、技术分系统、社会心理分系统、组织结构分系统、管理分系统。这五个分系统之间既相互独立，又相互作用、不可分割，从而构成一个整体。这些分系统还可以继续分为更小的子系统。

企业是由人、物资、机器和其他资源在一定的目标下组成的一体化系统，它的成长和发展同时受到这些组成要素的影响。在这些要素的相互关系中，人是主体，其他要素则是被动的。管理人员需力求保持各部分之间的动态平衡、相对稳定和一定的连续性，以便适应情况的变化，达到预期目标。同时，企业还是社会这个大系统中的一个子系统，企业预定目标的实现，不仅取决于内部条件，还取决于企业外部条件，如资源、市场、社会技术水平、法律制度等，它只有在与外部条件的相互影响中才能达到动态平衡。

如果运用系统观点来考察管理的基本职能，可以把企业看成一个投入—产出系统，投入的是物资、劳动力和各种信息，产出的是各种产品（或服务）。

运用系统观点使管理人员不至于只重视某些与自己有关的特殊职能而忽视了大目标，也不至于忽视自己在组织中的地位与作用，可以提高组织的整体效率。系统理论是通过对组织的研究来分析管理行为，虽然在理论上是正确的，但系统理论对组织的构成因素的分析存在一定的问题，导致其理论未能提出具体的管理行为和管理职能，只是笼统地提出一些原理和观点。因此，与其他管理理论相比，它在解决具体的管理问题上的研究显得不足，许多人只是把它看作解决管理理论的一种崭新的方法，而不是一种新的管理理论。

（九）权变理论学派

权变理论学派是在经验主义学说基础上进一步发展起来的，但不局限于研究个别案例，提出个别解决方法，而是试图提出适应特定情况的管理组织方案和管理系统方案。该学派是从系统观点来考察问题的，它的理论核心就是通过组织的各子系统内部和各子系统之间的相互联系，以及组织和它所处的环境之间的联系，来确定各种变数的关系类型和结构类型。它强调在管理中要根据组织所处的内外部条件随机应变，没有什么一成不变、普遍适用的“最好的”管理理论和方法，而要针对不同的具体条件寻求不同的最合适的管理模式、方案或方法。“权变”的意思就是权宜应变，其代表人物有卢桑斯、菲德勒、豪斯等人。

权变理论学派同经验主义学派有密切的关系，但又有所不同。经验主义学派的研究重点是各个企业的实际管理经验，是个别事例的具体解决办法，在比较研究的基础上做出概括。而权变理论学派研究的重点则是在通过大量事例的研究和概括，把各种各样的情况归纳为几个基本类型，并给每一类型找出一种模型，所以它强调权变关系是两个或更多可变因数之间的函数关系。权变管理是一种依据环境自变数和管理思想及管理技术因变数之间的函数关系，来确定对当时当地最有效的管理方法。

（十）管理角色学派

管理角色学派是 20 世纪 70 年代才出现的一个管理学派，代表人物是亨利・明兹伯格。该学派通过观察管理者的实际活动来明确管理者的工作内容，他们对管理者工作的特点、所担任的角色、工作目标及管理者的职务类型进行划分，对影响管理者工作的因素以及提高其工作效率等重点问题进行考察与研究。他们采用日记的方法对管理者的工作活动进行系统的观察和记载，在观察的过程之中及观察结束以后对其工作内容进行分类。明兹伯格的研究内容包括对企业里高层和中层经理工作日记的研究；对街头团伙头目、医院行政人员和生产管理人员的持续观察；对美国总统工作记录的分析；对车间主任的活动进行的典型调查以及对高级经理的工作结构所进行的调查等。最终通过对收集的材料进行总结，得出规律性的结论。

明兹伯格根据自己和别人对管理者实际活动的研究，认为管理者执行了十种职务或扮演了十种不同的角色。但是，管理角色学派对管理职能的归纳仍然是有问题的。首先，管理角色学派得出的管理者的十种角色靠归纳得出，对管理者的调查由于数量较少而受到质疑；其次，明兹伯格所得出的管理行为是否包含了所有的管理行为也很值得怀疑，这不能不说是其严重的缺憾。

（十一）经营管理学派

经营管理学派又被称为管理过程学派或管理职能学派，是当代管理理论的主要流派之一，主要致力于研究和说明“管理人员做些什么和如何做好这些工作”，着重说明管理工作实务。其理论是在亨利・法约尔的一般管理理论基础上发展而来的。法约尔将管理活动分为计划、组织、指挥、协调和控制五大管理职能，孔茨和奥唐奈在仔细研究这些管理职能的基础上，将管理职能分为计划、组织、人事、领导和控制五项，而把协调作为管理的本质，作为五项职能有效综合运用的结果。孔茨利用这些管理职能对管理理论进行分析、研究和阐述，最终得以建立起管理过程学派。

管理过程学派的主要特点是将管理理论同管理人员所执行的管理职能，也就是管理人员所从事的工作联系起来。他们认为，组织所处的环境千差万别，无论组织的性质多么不同，但管理人员所从事的管理职能却是相同的，管理活动的过程就是管理的职能逐步展开和实现的过程。因此，管理过程学派把管理的职能作为研究的对象。他们先把管理的工作划分为若干职能，然后对这些职能进行研究，阐明每项职能的性质、特点和重要性，论述实现这些职能的原则和方法。

该学派对后世影响深远，许多管理学教科书的内容都是按照该学派的理论架构编排的。另外，该学派确定的管理职能和管理原则，为训练管理人员提供了基础。

本章思考题

1. 泰罗的“科学管理”理论要点是什么？
2. 科学管理的贡献是什么？它存在着哪些局限性？
3. 法约尔的管理职能和管理原则分别是什么？
4. 法约尔一般管理理论的贡献是什么？
5. “霍桑试验”的结论是什么？
6. 梅奥人际关系学说的贡献与不足是什么？
7. 现代管理理论主要有哪些学派？它们各自的主要观点是什么？

案例讨论

美国联合邮包服务公司

美国联合邮包服务公司（United Parcel Service，UPS）有40万员工，2010年递送3.94亿件包裹与文件，服务于220个国家和地区，年营业收入40.9亿美元。为了实现他们的宗旨“邮运业中最快捷的运送”，UPS系统地培训员工，使他们以尽可能高的效率从事工作。下面以送货司机的工作为例，介绍一下UPS的管理风格。

UPS的工业工程师对每一位司机的行驶线路都进行了时间研究，并对每种送货、暂停和取货活动都设立了标准。这些工程师们记录了红灯、通行、按门铃、穿过院子、上楼梯、中间休息喝咖啡的时间，甚至上厕所的时间，将这些数据输入计算机中，从而给出每位司机每天工作的详细时间标准。

为了完成每天取送130件包裹的目标，司机必须严格遵循该厂工程师们设定的程序。当接近包裹的发送站时，他们松开安全带，按喇叭，关发动机，拉起紧急制动，把变速器推到一挡上，为装货完毕起动离开做好准备，这一系列动作严丝合缝。然后，司机从驾驶室下到地面上，右臂夹着文件夹，左手拿着包裹，右手拿着车钥匙。他们看一眼包裹上的地址并记在脑子里，然后以每秒3英尺的速度快速走到顾客的门前，先敲一下门以免浪费时间找门铃。送货完毕后，他们在走回到卡车的过程中完成登记的工作。

这种严格刻板的时间表是不是看起来有点烦琐？也许是。它真能够带来高效率吗？答案是毫无疑问的。生产率专家公认，UPS是世界上效率最高的公司之一。举例来说，联邦捷运公司平均每人每天不过送取80件包裹，而UPS却是130件。（注：1英尺 $=3.048\times10^{-1}$ 米）

思考题：

1. 美国联合邮包服务公司的管理体现了什么样的管理理念和管理方法？
2. 你对这种管理理念和管理方法有何评价？

第3章

管理道德与企业的社会责任

章前引例

广告欺诈该不该

面对大量积压的葵花籽，食品厂厂长心急如焚。在一次厂长办公会议上集思广益，最终得出一条“妙计”。此后的一段时间里，当地报刊、电视、电台、街头巷尾的小广告中，都有一则内容相同的“紧急启事”：

“我厂一名与香港××富商订婚的女工，在包装葵花籽时，因不慎将一枚价值2万元的钻石戒指混入袋中。由于该钻石戒指意义非同寻常，关系到该女工的一生。其再三表示，凡归还该钻石戒指者，愿奖励人民币4万元。本着对消费者负责之精神，本厂郑重声明，愿对该女工做出的奖励承诺负连带责任。”

启事出台后，确实在一定程度上带动了葵花籽的销售。久而久之，也引起了有关部门的怀疑。经查证，厂方不得不承认“紧急启事”中的内容纯属虚构。同时，厂方又再三辩解，所发“紧急启事”并没有与葵花籽的销售挂钩，消费者可以买也可以不买，因此不构成广告欺诈。

思考：对此，你如判断和定论？

（资料来源：邢以群．管理学［M］．北京：高等教育出版社，2007.）

管理道德与社会责任作为管理学中的两个重要范畴，近年来引起了人们强烈的关注。受利益驱使和各种因素影响，一些与行业发展不相符的道德沦丧事件时有发生，在组织中加强道德建设的重要性得到了越来越多人的认同。社会责任是与管理道德紧密联系的，企业在遵守法律、追求利润的同时，还要争取为社会做贡献，这就是社会责任。企业在力所能及的情况下从事必要的社会活动，帮助解决棘手的社会问题，通常有利于其长远发展。

第一节 企业与企业制度

一、企业与企业制度

（一）企业的概念及基本特征

企业是从事生产、流通、服务等经济活动，为满足社会需要和获取盈利，依照法定程序成立的具有法人资格，自主经营，自负盈亏，独立享有民事权利和承担民事义务的经济组织。企业是社会生产力发展到一定程度的结果，是商品生产和商品交换的产物。

企业作为社会生产的基本经济单位，具有如下特征：

（1）它是由各类资产和劳动力组成的，直接为社会提供商品或服务，独立从事生产和经营的社会经济单位。

（2）它以谋求最大利润为基本目标。企业提供商品或服务的直接目的是追求利润。利润是产品价格和成本之间的差额，它是企业经济利益的集中体现，“利润的创造”是企业生存的条件。

（3）作为独立的商品生产经营者，企业必须实现独立核算、自负盈亏，力争以尽可能少的劳动耗费，获得尽可能多的盈利。为此，企业又必须拥有完全的经营自主权，其中包括产品决定权、产品销售权、人事权、分配权，等等。

（4）它必须依法经营，照章纳税。在市场经济条件下，作为独立商品生产者和经营者的企业，必须依据国家法律、遵循市场规则合法经营；必须严格按照国家税法规定及时、足额地向国家缴纳税金，尽纳税人的义务。

（5）从企业的生存和发展所必须满足的根本条件来说，企业的根本目的主要有两个：一是提高经济效益，为社会提供最大的产出；二是必须满足所有利益相关者的需要，公平地对待所有的利益相关者。

二、企业的类型

在市场经济条件下，企业依法成立并经营，是独立的经济实体，它拥有法律许可范围内自主经营和发展所必需的各种权利。无论是新建企业，还是老企业改制，都会面临企业法律形式的选择问题。根据企业财产的组织形式及其承担的法律责任，可以将企业划分为以下几种形式：

（一）独资企业

独资企业是企业形式中最古老、最基本的企业形式。是指由一人出资兴办的企业，企业财产完全归个人所有，企业由个人经营和控制。虽然独资企业有企业的名称、经营场所和法定的注册资产，但在法律上为自然人企业。我国的私营企业不少采用独资企业的形式。

独资企业的优点是规模较小，经营方式比较灵活，决策迅速及时，业主能够独享利润，企业保密性强。缺点是自然人对企业的影响大，如果业主死亡或由于某种原因放弃经营，企业就随之消亡；由于个人资本有限，企业信用不足，取得贷款的能力较差，发展制约因素较多，企业的发展规模受到限制；当经营失败、企业的资产不足以清偿企业的债务时，业主对企业承担无限清偿责任。

独资企业至今仍普遍存在，而且在数量上占大多数。在美国，独资企业约占企业总数的75%。独资企业一般只适用于零售商业、服务业、家庭农场、开业律师、个人诊所等。

（二）合伙企业

合伙企业是由两人或两人以上的出资者共同出资兴办、联合经营和控制的企业。合伙企业的出资创办人（即合伙人）为两人以上，基于合伙合同建立。成立合伙企业时必须有书面协议，以合伙合同形式规定该合伙经济组织的合伙人范围、组织管理、出资数额、盈余分配、债务承担及入伙、退伙、终止等基本事项。与独资企业一样，合伙企业与它的出资人在财产和人格上都是不可分的，企业在法律上为自然人企业。

与独资企业相比，合伙企业有很多优点，主要是扩大了资本来源和信用能力，提高了决策能力，增加了企业发展的可能性。其缺点主要有：由于所有的合伙人都有权代表企业从事经济活动，重大决策都需要得到所有合伙人的同意，因而容易造成决策上的延误；合伙人有一人退出或加入都会引起企业的解散和重组，企业存续相对不稳定；企业规模仍存在局限性。因此，在现代经济生活中，合伙企业所占比重小，不如独资企业那样普遍。在美国，合伙企业只占全部企业的7%左右。合伙企业一般适合于资本规模较小，管理不复杂，经营者对经营影响较大，个人信誉因素相当重要的企业，如会计师事务所、律师事务所、广告事务所、经纪行等。

（三）公司制企业

1. 公司的含义及其特征

公司是指由两个以上的出资者组建，能够独立享有民事权利、承担民事责任的，以营利为目的的经济组织。公司制企业是商品经济发展和现代化大生产的产物，是适合于现代企业经营的一种企业组织形式。从我国对公司制企业的规定和实际情况来看，我国目前公司的组织形式主要是有限责任公司和股份有限公司。

2. 有限责任公司

有限责任公司是指由两个以上股东共同出资，每个股东以其所认缴的出资额对公司承担有限责任，公司以其全部资产对其债务承担责任的企业法人，简称为有限公司。

有限责任公司不对外公开发行股票，股东的出资额由股东协商后确定，并不要求等额。股东交付股本金后，公司出具股权证书，作为股东在公司中所拥有的利益凭证，同时，这种凭证不同于股票，不能自由流通。股东之间可以相互转让其全部出资或者部分出资。股东向股东以外的其他人转让其出资时，必须经全体股东过半数同意；不同意转让的股东应当购买该转让的出资，如果不购买该转让的出资，视为同意转让。经股东同意转让的出资，在同等条件下，其他股东对该出资有优先购买权。

股东可以用货币，也可以是实物、工业产权、非专利技术、土地使用权作价出资。以工业产权、非专利技术作价出资的金额不得超过有限责任公司注册资本的20%。国家对采用高新技术成果有特别规定的除外。有限责任公司成立后，应当向股东签发出资证明书。

有限责任公司只在内部向股东汇报工作，接受股东监督，无须向社会公开内部运作情况，也不必公开账目，尤其是公司的资产负债表一般不予以公开。

3. 股份有限公司

股份有限公司又称为股份公司，是指注册资本由等额股份构成，通过发行股票的方式筹集资本，股东以其认购的股份为限对公司承担有限责任。公司以其全部资产对公司债务承担有限责任的企业法人。在市场经济国家，股份有限公司是大、中型企业通常采用的组织形式。

股份有限公司的资本总额均分为等额股份，股东以其认购的股份对公司承担责任，一旦公司破产或解散进行清盘，公司债权人只能对公司的资产提出还债要求，而无权直接向股东讨债。

为了保护股东和债权人的利益，各国法律都要求股份有限公司账目必须公开，并定期根据相关规定向社会披露公司的财务报告，以供股东和债权人查询，保密性差。近年来，国内外均出现了一些股份有限公司为了某些目的发布虚假财务信息，以骗取投资者的信任或蒙蔽投资者的情况。因为发布虚假财务信息的丑闻被曝光而导致企业破产，甚至企业高级管理人员被起诉的事件越来越多。例如，美国安然公司的虚假财务信息，失去了股民信任，股价下跌，最终企业申请了破产保护，并由此引发了其他一些美国大公司的类似情况的曝光。

此外，在公司形式发展的过程中，曾出现过公司的其他特殊形式：无限公司、两合公司、股份两合公司，目前，这些公司形式在一些国家和地区仍然存在。

4. 股份合作制企业

股份合作制企业是指企业全部资本划分为等额股份，主要由员工股份构成，员工股东共同劳动、民主管理、利益共享、风险共担，依法设立的法人经济组织。

股份合作制企业，企业享有全部法人财产权，以其全部财产对企业承担责任；股东以其出资额为限，对企业承担责任。企业实行入股自愿、民主管理、按股分红相结合的投资管理原则。股份合作制企业是股份制和合作制的结合，具有股份制和合作制的双重特征，是一种新型的企业组织形式。

三、公司治理机构

公司的治理机构是指公司的组织机构设置和这些机构的运作规则。科学规范的治理机构可以提高公司的决策和管理能力，使公司制企业高效运行。

（一）股东会

股东会是依照公司法和公司章程规定，由全体股东组成的，决定公司重大问题的最高权力机构，是股东表达意愿、利益和要求的场所和工具。对股份有限公司而言，股东会也称为股东大会。股东会有定期会议和临时会议两种基本形式。股东会一般由董事长主持。在召开股东会之前，一般要提前 15 天通知全体股东。

股东会的主要职权如下：

（1）人事权。公司的董事和监事由股东大会推举和更换，并且由股东大会决定他们的报酬。

（2）重大事项决策权。例如，批准和修改公司章程，批准公司的财务预算、决策方案，决定公司投资计划等。

（3）收益分配权。股东大会批准公司的利润分配方案和亏损弥补方案。

（4）股东财产处置权。公司增加或减少注册资本，公司合并、分立、解散或破产清算等涉及股东财产的重大变动，都须由股东大会做出决议。

（二）董事会

董事会是由董事组成的负责公司经营管理活动的合议制机构。在股东会闭会期间，它是公司的最高决策机构，是公司的法定代表，对外代表公司。

董事会由股东会选举产生。按照《中华人民共和国公司法》（以下简称《公司法》）规定，有限责任公司的董事会由 3～13 人组成。其中，国有独资公司的董事会由 3～9 人组成；股份有限公司的董事会由 5～19 人组成。我国《公司法》还特别规定，国有独资公司、两个以上的国有企业或其他两个以上国有投资主体的有限责任公司，其董事会成员应当有公司职工代表，职工代表应当由公司职工民主选举产生。

董事会对股东会负责，执行股东会的决议，其主要职权如下：

（1）对公司经营做出决策，如经营计划、投资方案等。

（2）决定公司内部管理机构的设置和基本管理制度的制定等。

（3）制定公司财务预算、决策方案、利润分配和亏损弥补方案、公司增减资本和发行公司债券方案等。

（4）人事权。董事会实行集体决策，一般采取每人一票和简单多数通过的原则。每个董事会成员对其投票要签字在案并承担责任。董事会决议违反法律、法规和公司章程，致使公司遭受严重损失的，参与决策的董事对公司负赔偿责任。但在表决时曾表明异议并有记录在案的，可免除责任。

（三）总经理

总经理依照公司章程和董事会授权，统一负责公司的日常生产经营和管理工作。总经理由董事会聘任或解聘，对董事会负责。总经理的主要职权如下：

（1）组织实施董事会决议。

（2）组织实施公司年度经营计划和投资方案。

（3）人事权。总经理提请董事会聘任或解聘公司副总经理和财务负责人，直接聘任或解聘其他管理人员。

公司总经理可从公司外部聘任，也可经公司董事会决议由董事会成员担任。

（四）监事会

监事会是公司治理机构中的监督机构，成员一般不少于 3 人。监事会成员可由规定代表和一定比例的职工代表组成。职工代表由工会或职工民主选举产生。监事会成立后，应设置一名召集人。

监事会的职权如下：

（1）对公司董事、经理执行公司职务时，违反法律、法规和公司章程的行为进行监督，防止他们滥用职权，发现其行为有损于公司利益时，监事会有权要求予以纠正。必要时可向股东会报告，提议召开临时股东大会，采取解决办法。

（2）检查公司的财务。为保证监督的独立性，公司的董事、经理及财务负责人一律不得兼任监事。

上述公司治理机构的各个组成部分之间关系密切。一方面，从产权关系看，股东会对董事会是委托代理关系；董事会对总经理是授权经营关系；监事会代表公司对财产的受托人，即董事会和总经理实行监督，是一种监督关系。另一方面，从职权关系看，它们各自有不同的职权范围，职权具体明确。

因此，公司的治理机构，以纵向的财产负责关系与横向的职权限定关系结合在一起，构成公司内部的制约机制。

课堂案例 3－1

创星科技公司的僵局

林更新、孙兴和高梦远既是同学，也是西安一家国有企业的同事。2015 年，他们辞职后创办了创星科技公司，林更新任公司执行董事兼总经理。三人出资额分别为 25. 8 万元、17. 1 万元和 17. 1 万元，即林更新持股43%，孙兴和高梦远共持股57%。依据公司章程，每 10 万元享有 1 个表决权，除林更新享有 2 个表决权外，其余 2 人都只有 1 个表决权。章程还规定，选举执行董事需要 2/3 以上股东同意。创业之初，大家患难与共，公司亦得到快速的发展。后来，令人意想不到的是，孙兴提出让林更新让位，由高梦远出任公司执行董事兼总经理，这让林更新异常气愤。但是，第一次表决形成 2:2 的局面，无法形成决议。孙兴又提出转让 13. 5 万股权给高梦远，对此大家均表示同意。

2001 年 10 月 12 日，孙兴以办理股权转让为由，借走公司公章，始终未还，林更新怀疑他们背后私下行动。心里一直不踏实的林更新前往工商局，却意外地发现孙兴和高梦远正在办理法定代表人的变更，醒悟的林更新马上制止了这种行为。经工商局提议，3 人再次就执行董事进行表决，此时依据表决权结果虽是 2∶3，但是依据持股比例谁也达不到 2/3，于是形成了重大事项无法形成决议的尴尬局面。此后，大家更是互不信任、各自为政，最终导致公司关门停业。

创星科技公司最终失败的原因是什么呢？

第二节　管理道德

道德通常是指那些用来明辨是非的规则或原则。道德在本质上是规则或原则，这些规则或原则旨在帮助有关主体判断某种行为是正确的或是错误的，以及这种行为是否为组织所接受等问题。不同组织的道德标准可能不一样，即使是同一组织，也可能在不同的时期有不同的道德标准。此外，组织的道德标准要与社会的道德标准兼容，否则这个组织很难被社会所容纳。

一、四种道德观

（一）道德的功利观

功利观点是从行为引起的后果来判断行为的道德性。这种观点认为决策要完全依据其后果或结果做出。功利主义的目标是为尽可能多的人谋求尽可能多的利益。接受功利观的管理者可能认为解雇工厂中 20% 的工人是正当的，因为这将增强工厂的盈利能力，提高留下的

80% 的工人的工作保障，并且符合股东的利益。一方面，功利主义鼓励提高效率和劳动生产率，符合利润最大化的目标；另一方面，它会造成资源的不合理配置尤其是在那些受决策影响的人没有参与决策的情况下，会导致一些利益相关者的权利被忽视。例如，造纸厂对生产用废水不加处理就直接排出厂区，从财务角度看固然是节约了成本，但造纸厂的收益却是以周边环境被污染为代价的，水质下降直接影响到周围地区的养鱼、灌溉和城镇饮水。

（二）道德的权利观

道德的权利观认为，决策要在尊重和保护个人基本权利的前提下做出。个人的基本权利包括如隐私权、言论自由权和游行自由权等法律规定的一切权利。管理者制定决策时会将尊重个人权利放在首位。例如，当雇员揭发雇主违反法律时，应当对他们的言论自由加以保护。权利观的积极一面是它保护了个人的自由和隐私，但它也有消极的一面，过于突出个人权利的道德行为有时会将工作置于次要的位置，这就会影响组织的效率。例如，为保证员工言论自由的权利而任凭有人散布不利于团结的言论，则有可能伤害到其他人的积极性，从而影响工作。

（三）公平理论道德观

公平理论道德观体现了“一视同仁”的道德意识，要求管理者公平公正地实施规则。同工同酬、按劳分配等管理原则是他们一贯欢迎和坚持的。公平道德观的积极效用在于保护了部分因缺乏话语权而经常处于被忽略地位的人的权益，比如新员工、临时员工或者低技能人员；但它也有消极的一面，就是可能不利于培养员工的风险意识和创新精神，尽管这只在少数人身上有所体现。

（四）综合社会契约观

综合观主张把实证（是什么）和规范（应该是什么）两种方法并入商业道德中，即要求决策人在决策的时候综合考虑实证和规范两方面的因素。这种道德观综合了两种“契约”：一是适用于社会公众的一般契约，这种契约规定了做生意的程序；二是适用于特定社团里的成员的特殊契约，这种契约规定了哪些行为方式是可接受的。这种商业道德观与其他三种的区别在于，它要求管理者考查各行业和各公司现有的道德准则，从而决定什么是对的、什么是错的。

从现实情况来看，不同组织体现的道德观不尽相同。研究表明，大多数生意人对道德行为持功利主义态度，因为功利主义与诸如效率、生产率和高额利润之类的目标相一致。非营利性组织中权利观和公平观表现比较突出，这自然也与它们自身的行政性或公益性目标密切相关。随着个人权利和社会公平越来越受到重视，功利主义遭到了越来越多人的非议，因为它在照顾多数人的利益的时候忽视了个人和少数人的利益。对个人权利和社会公平的考虑，意味着管理者要从非功利的角度建立道德标准，这对当今的管理者来说无疑是个严峻的挑战，因为使用诸如个人权利、社会公平和组织要求之类的标准来进行决策，要比使用诸如效率和利润之类的标准来进行决策更让管理者感到困惑，其结果是，管理者不断发现自己处在道德困境中。

二、管理道德

管理道德是管理者的行为准则与规范的总和，是在社会一般道德原则基础上建立起来的特殊的职业道德规范体系。它是通过规范管理者的行为去实现调整管理关系的目的，并在管理关系和谐、稳定的前提下进一步实现管理系统的优化，提高管理效益。

知识链接3-1

美国麦道公司的道德准则

美国麦道公司制定了以下道德准则：①在我们所有的交往中要诚实和守信；②要可靠地完成所分派的任务和职责；③我们所说的和所写的一切要真实、准确；④在从事的所有工作中要相互协作并富有建设性；⑤对待同事、顾客和其他人要公平、体贴；⑥在我们的所有活动中要守法；⑦始终以最好的方式完成全部任务；⑧经济地利用公司的资源；⑨为公司服务并努力提高人类的生活质量。正直和高道德标准要求我们努力工作、具有勇气和做出艰难选择。有时，为了确定正确的行动路线，员工、高层管理人员和董事会之间进行磋商是必要的。有时正直和道德可能要求我们放弃某些商业机会。但是，从长远来看，做正确的事比做不正确、不道德的事对我们更有利。

（资料来源：三亿文库．管理道德与社会责任［EB/OL］．http：//3y. uu456. com/bp_7uqek17jeo7g2499hhua_3. html）

管理道德作为职业道德的一种，具有规范管理者所从事的管理活动的特殊性。管理者也是社会中的人，所以他需要遵循一般的社会规范，同时还要受到管理道德规范的制约。正是这些规范和制约，使管理者的管理活动不同于一般的社会活动，而是一种与管理责任、社会义务相联系的特殊的职业活动。管理道德的特殊性主要表现在两个方面：

第一，规范对象的特殊性。管理者的行为、管理活动作为一种特殊的职业活动，是与一定的管理职位和一定的管理职权联系在一起的。也就是说，职位、职权是管理者所特有的，管理者是积极主动地承担职位责任还是被动地承担甚至逃避责任，是正确地行使职权还是滥用职权甚至以权谋私，都需要有一定的规范约束力量来提供保证。当然，管理者在他所处的职位上行使职权时，会受到管理系统所建立起来的规章制度、法律条规的规范和约束，但是，管理系统所建立起来的规章制度、法律条规对于管理者来说是一种外在的力量，虽然他往往会自觉不自觉地把这些外在于他的规范和约束力量理解成对他的管理活动的束缚。所以，管理者并不是天生就有遵从这些外在规范的动力。只有当管理者把管理系统中一切外在于他的规范和制约力量化为他内在的规范和制约力量时，他才不会逃避他的职位责任，才不会滥用职权。而这种内在于管理者的规范和制约力量，就是管理道德，是一种专门规范和约束管理者的职位责任感和职权意识的道德。

第二，调整对象的特殊性。在管理系统中，基本的管理关系是管理者与被管理者之间的分工与协作关系，此外，在这种关系的基础上还生成了同一管理层级上的管理者之间的分工协作关系。在这些关系中，管理者是主动的一方，管理关系的状况的改善是通过管理者的行为来实现的，所以，管理关系是管理者与被管理者之间以及管理者之间特殊的职业关系，它不同于一般的社会关系。从这个意义上说，管理道德是专门调整管理关系的道德，它促进管理关系的和谐，增强管理系统中分工的合理性和协作的高效率，使管理者的每一项活动都能够得到被管理者的积极响应和配合，使管理者之间能够为了共同的管理目标主动团结合作。

管理道德是由管理者的道德精神、道德规范和道德行为三个要素组成的。道德精神支配着道德规范和道德行为。道德行为表现道德精神、道德规范贯穿在道德生活始终，三者彼此联系，形成了不可割裂的整体。缺乏正确的道德精神，道德行为则容易产生盲目性；没有良好的道德情感，就不能产生积极的道德态度；失去坚定的道德意志，就无法调节道德情感和行为；若无恰当的道德行为，道德认识、情感、意志就无法表现。

三、影响管理道德的因素

管理者的行为是否符合道德规范，与管理者道德发展阶段、个人特征、组织结构设计、组织文化、问题强度等因素有关。

（一）道德发展阶段

研究表明，人类的道德发展要经历三个层次，每个层次又分两个阶段。随着阶段的上升，个人的道德判断越来越不受外部因素的制约。道德发展所经历的三个层次和六个阶段，如表 3－1 所示。

表 3－1　道德发展的层次和阶段

层次	阶段
前惯例层次：只受个人利益的影响，决策的依据是本人利益，这种利益是由不同行为方式带来的奖赏和惩罚决定的	1. 遵守规则以避免受到物质惩罚。 2. 只在符合你的直接利益时才遵守规则
惯例层次：受他人期望的影响，包括对法律的遵守，对重要人物期望的反应，以及对他人期望的一般感觉	3. 做你周围的人所期望的事。 4. 通过履行你允诺的义务来维持平常秩序
原则层次：受个人用来辨别是非的道德准则的影响，这些准则可以与社会的规则或法律一致，也可以与社会的规则或法律不一致	5. 尊重他人的权利。在自身价值观和权利的选择上，置多数人的意见于不顾。 6. 遵守自己选择的道德准则，即使这些准则违背了法律

道德发展的最低层次是前惯例层次，在这一层次，个人只有在其利益受到影响的情况下才会做出道德判断；道德发展的中间层次是惯例层次，在这一层次，道德判断的标准是个人是否维持平常的秩序并满足他人的期望；道德发展的最高层次是原则层次，在这一层次，个人试图在组织或社会的权威之外建立道德准则。

有关道德发展阶段的研究表明：①人们渐进地通过这六个阶段而不能跨越；②道德发展可能中断，也可能停留于任何一个阶段；③多数成年人的道德发展处于第四阶段。

（二）个人特征

每个人在进入组织时，都有一套相对稳定的价值准则。这些准则是人们早年从父母、老师、朋友和其他相关群体中得到并发展起来的，这些准则是关于什么是正确的、什么是错误的基本信念，每个管理者都有自己不同的个人准则。

研究发现，有两种个性变量一直影响着人们的行为，它们是自我强度和控制中心。自我强度是衡量一个人自信心强度的一种个性变量，一个人的自我强度越高，克制冲动并遵守其信念的可能性越大，他们更可能做他们认为正确的事，他们的道德判断和道德行为将会更一致。控制中心是衡量人们掌握自己命运程度的个性变量，具有内在控制中心的人，他们自己控制着自己的命运，他们对自己的行为后果能承担更多的责任，并且根据自己的内在是非标准来指导自己的行为。具有外在控制中心的人认为，他们一生中会发生什么事情全凭运气和机会，他们不大可能对自己行为的后果负个人责任，他们更多地依赖外部力量。具有内在控制中心的管理者，其道德判断和道德行为比具有外在控制中心的管理者更加一致。

（三）结构变量

组织结构的设计有利于管理者道德行为的产生，一些组织结构对管理者提供了有力的指导，有利于促进管理者的道德行为，而另一些组织结构则令管理者模糊。正式的规章制度可以降低模糊的程度，职务说明书和明文规定的道德准则可以促进管理者道德行为的产生。上级的行为对下级的行为具有强有力的影响，人们时刻关注着管理当局在做什么，从中得出什么样的行为是可以接受的，以及上级对他们行为的期望标准。

一些绩效评估系统在评价管理者时，仅仅注重成果的评估，这就会使人们不择手段地追求结果。当然，也有一些评估系统，既评价结果又评价手段。与评价系统紧密相关的是奖惩问题，当报酬的分配方式、奖赏、惩罚越依赖于具体的目标成果时，管理者为实现那些目标，在道德的准则上妥协的程度就越高。另外，管理者在时间、竞争、成本、工作等方面的压力越大，就越可能降低道德标准。

（四）组织文化

组织文化的内容和强度也会影响道德行为。最有可能产生高道德标准的组织文化是那种有着较强控制能力以及风险和冲突承受能力的组织文化。处在这种文化中的管理者，具有较强的进取心和创新精神，对于道德行为与不道德行为的分析判断能力较强，并能根据自己的判断对他们认为不现实或个人所不喜欢的事情进行自由、公开的挑战。强文化比弱文化对管理者的影响更大，强文化支持高道德标准，它对管理者的道德行为产生强烈的和积极的影响。

（五）问题强度

影响管理者道德行为的最后一个因素是道德问题本身的强度，它取决于以下六个因素：

第一，某种道德行为造成的伤害或对受益者的利益有多大？例如，使 1000 人失业的行为比仅使 10 人失业的行为伤害更大。

第二，有多少人认为这种行为是邪恶的（或善良的）？例如，较多的美国人认为对得克萨斯州的海关官员行贿是错误的，而较少的美国人认为对墨西哥的海关官员行贿是错误的。

第三，行为实际发生并造成实际伤害（或带来实际利益）的可能性有多大？例如，把枪卖给武装起来的强盗，比卖给守法的公民更有可能带来危害。

第四，行为后果的出现需要多长时间？例如，减少目前退休人员的退休金，比减少目前年龄在 40 ~ 50 岁的雇员的退休金的后果更加严重。

第五，你觉得行为的受害者（或受益者）与你（在社会上、心理上或身体上）挨得多近？例如，自己工作单位的人被解雇，比远方城市的人被解雇对你内心造成的伤害更大。

第六，道德行为对有关人员的影响的集中程度如何？例如，保险政策的一种改变——拒绝给 10 人提供每人 10000 元的保险，比拒绝给 10000 人提供每人 10 元的保险——的影响更加集中。

通过上述分析，可以得出以下结论：如果行为造成的伤害越大、行为是邪恶的舆论越强、行为发生并造成实际伤害的可能性越高、行为的后果越早出现、观察者感到行为的受害者与自己挨得越近、行为的后果越集中，则道德问题的强度就越大。这六个因素决定了道德问题的重要性。道德问题越重要，管理者越有可能采取道德行为。

第三节　企业的社会责任

一、企业社会责任阐释

企业社会责任（Corporate Social Responsibility）是当代西方正在兴起的一种企业伦理学，其概念最早由英国提出，通常是指企业在法律和经济义务之上，有追求对社会有利的长期目标的义务。在承担社会责任的过程中，要充分考虑到主要利益相关者（包括供应商、员工、顾客、竞争对手、股东、所在社区及政府）的合理诉求。

二、社会责任与经济绩效

社会责任活动会降低一个公司的经济绩效吗？衡量社会责任活动对经济绩效的影响应该采用什么指标呢？

尽管经济绩效尺度（诸如净收入、权益收益率、每股价格等）可以比较客观地反映企业的经济绩效，但是它们的反映结果通常都是短期的。而社会活动的结果通常是通过公众感觉的“声誉”来衡量，这显然是不够客观的。社会责任对企业利润的冲击单靠短期财务指标更不可能有效地反映出来。

考查社会责任与经济绩效之间的关系还有另外一种途径，即通过评估具有社会意识的共同证券基金来进行。这种基金通常不会投资于与烟草、赌博、诈骗等有关的公司，因为这种基金在投资决策过程中，通常应用了社会标准。

事实上，很多企业采用与社会责任相关的营销方式，即把产品或服务与某些社会原因联系起来，营销效果很好。当然这并不是说企业的每一个社会行为都是由利益驱动，只是说明社会责任与经济绩效在一定情况下存在着正相关的关系。

总之，不管是由利益驱使，还是迫于政治或社会压力，如今的管理者在管理过程中需考虑社会目标因素已成为必然。

三、社会责任观

关于社会责任，存在着两种相反的观点。一种是古典或纯经济学的观点，这种观点认为企业有且仅有一个社会责任，那就是利润最大化；另一种观点是站在社会经济学的立场，主张企业的社会责任除了创造利润外，还包括增进社会福利。

（一）古典责任观

古典责任观的代表是经济学家米尔顿·弗里德曼。他认为，现今大部分的经理人都是专职的管理者，即他们并不拥有其所经营的公司，因此其主要的职责就是根据股东的利益来经营业务，而股东的利益就是财务方面的回报。

弗里德曼认为，企业的社会责任就是把资源和能力运用到能增加盈利的活动中去，最终实现利润最大化的目标，而解决社会问题的责任应该是留给政府机构的。

根据弗里德曼的观点，不管何时，当管理者将组织资源用于“社会利益”时，都会增加经营成本。然而，在一个竞争的市场中，竞争并未假设成本中还有社会责任成本。如果这些增加的成本是靠股息或利润来分摊的，那么股东利益受到损失；如果这些成本是通过降低员工工资或福利来承担的，那么雇员利益受到损失；如果这些成本是通过提高产品价格来补偿的，那么消费者利益受到损失。这样一来，承担社会责任企业的生存可能会受到不承担社会责任企业的威胁。

当然，弗里德曼并不是否认组织应该承担社会责任，他是支持组织承担社会责任的，但这种责任仅限于为股东实现组织利润的最大化。

(二) 社会经济观

社会经济观认为，管理者应该关心长期的资本收益率最大化，为了实现这一点，他们必须承担社会义务以及由此产生的成本。当然，这是基于社会对企业的期望已经发生了变化这样一种信念。因为公司已不再是只对股东负责的独立实体，社会通过各种法律法规认可了公司的建立，并通过购买产品和服务对其提供支持。企业的第一目标是保证自身的生存，第二目标才是实现利润最大化。

社会经济观认为，企业组织不仅仅是经济机构，还是一个社会性机构。社会责任是与组织利益挂钩的。因此，企业要想获得长远发展，必须付出相应的成本去承担社会责任，而这是有价值的。

四、赞成和反对企业承担社会责任的争论

考查赞成和反对企业承担社会责任的争论，有利于理解社会责任在管理过程中的作用。赞成和反对企业承担社会责任的主要观点如表 3－2 所示。

表 3－2 赞成和反对企业承担社会责任的争论

赞成企业承担社会责任的观点	反对企业承担社会责任的观点
满足公众期望（公众在支持企业追求经济目标的同时也追求社会目标）	违反利润最大化原则（企业只有在追求经济利益时，才是在承担社会责任）
增加长期利润（承担社会责任的企业趋于取得更稳固的长期利润）	冲淡目标（对社会目标的追求冲淡了企业的基本使命即经济效益）
承担道德义务（企业应当进行负责任的行为）	权力过大（追逐社会目标将会使本来很大的权力变得更大）
塑造良好的公众形象（塑造公众形象可以为企业获得更多的顾客、更好的雇员）	缺乏技能（企业管理者的知识和能力基本是经济导向的）

续表

赞成企业承担社会责任的观点	反对企业承担社会责任的观点
创造良好的环境（解决社会难题能创造更好的生活质量）	缺乏责任（企业与社会性行动之间没有直接的联系）
符合股东利益（从长期来看，企业责任可提高股票价格）	缺乏广泛的公众支持（并没有广泛的社会授权要求企业参与社会问题）
阻止政府进一步管制（通过调节，企业可期望减少政府管制）	
责任与权利相对称（企业在社会中的权利需要有同等程度的责任来平衡）	
拥有资源（企业拥有支持公共事业和慈善项目的资源）	
预防胜于治疗（企业可在社会问题变得严重之前采取措施，以免付出更大的代价）	

综上所述，法律只能惩罚违法企业，能不能制造出好企业，则还需要靠道德因素来引导。学术界普遍认为，社会责任是企业的法定责任，企业的社会责任应该通过法律强制完成，在立法上给予明确规定，在司法上严格执行，同时企业社会责任的建设也需要道德义务的指导。

本章思考题

1. 什么是企业？有哪些特征？
2. 什么是公司？公司治理结构如何形成内部的制约机制？
3. 管理道德特殊性体现在哪几方面？
4. 试举例说明哪些因素影响着管理者行为的道德规范性。
5. 结合时代背景，谈谈企业的社会责任和经济效益的关系。

案例讨论

三鹿奶粉三聚氰胺事件

2008 年 6 月 28 日，位于甘肃省兰州市的中国人民解放军第一医院泌尿科收到第一例婴儿患有“双肾多发性结石”和“输尿管结石”的病例。至 9 月 8 日，该院两个多月来共收治 14 名患有同样疾病的婴儿。南京市儿童医院泌尿外科也接诊了 20 名因吃同一品牌奶粉患上肾病的患儿，病情严重的已转至上海治疗。发现的数十名患儿涉及湖北、湖南、山东、安徽、江西、江苏、陕西、甘肃、宁夏、河南 10 个省份。事情变得复杂起来。“疑似喝同一品牌奶粉而导致宝宝患肾结石”的消息开始像乌云一样笼罩在那些年轻妈妈的心头。不少人开始联想起 2004 年安徽阜阳劣质奶粉导致的“大头娃娃”事件。同时，也有专家表示，这一疾病与 4 年前安徽阜阳劣质奶粉导致的“大头娃娃”事件相比后果更严重，“因为它容易导致患儿的急性肾衰竭，若抢救不当，会导致婴儿死亡”。称公司经自检发现2008年8月6日前出厂的部分批次“三鹿”婴幼儿奶粉受到三聚氰胺污染，市场上大约有700吨。三鹿集团公司决定立即召回全部在2008年8月6日以前生产的“三鹿”婴幼儿奶粉。此前卫生部宣布，近期甘肃等地报告多例婴幼儿泌尿系统结石病例，调查发现患儿多有食用“三鹿”牌婴幼儿配方奶粉的历史。经相关部门调查，高度怀疑石家庄三鹿集团股份有限公司生产的“三鹿”牌婴幼儿配方奶粉受到三聚氰胺污染。三聚氰胺是一种化工原料，可导致人体泌尿系统产生结石。据医院方面介绍，从前患肾结石的多为成人，儿童尤其是婴儿患此病的较少。事件经媒体曝光后，该公司董事长田文华接受法律制裁，河北省有关领导接受严重处罚，卫生部部长被免职，原先实行多年的国家免检制度被废除。

思考题：

从企业社会责任和管理道德的角度来看，这一现象对现代企业和社会有哪些警示？

第4章

计划的原理与方法

章前引例

宏远公司的管理困惑

宏远实业的总经理顾军一直在想两件事：一是年终已到，应好好总结一年来的工作；二是好好谋划一下明年怎么办。更远的是该想想以后5年怎么干，甚至以后10年怎么干。上个月顾军抽出身来，到省财经学院工商管理学院去听了3次关于现代企业管理知识的讲座，教授精彩诙谐的演讲对他触动很大。公司成立至今，转眼已有10多个年头了。10多年来，公司取得了很大的成就，其中有运气、有机遇，当然也有自身的努力。仔细琢磨，公司的管理全靠经验，特别是顾军自己的经验，遇事都是由他拍板，从来没有公司通盘的目标和计划。可现在公司已拥有几千万资产，300多人，再这样下去可不行了。顾军每想到这些，晚上都睡不着觉，到底该怎样制定公司的目标和计划呢？

宏远公司是一家民营企业，是改革开放的春风为宏远公司的建立和发展创造了条件。15年前，顾军三兄弟来到省里的工业重镇滨海市，借了一处棚户房落脚，每天出去找营生。在一年的时间里，他们收过废旧物资、贩过水果、打过短工。兄长顾军经过观察和请教，发现滨海市的建筑业发展很快，但建筑材料（如黄沙和水泥）却很紧缺。他想到，在老家镇边上，他表舅开了家小水泥厂，由于销路问题，不得不减少生产。三兄弟一商量，决定做水泥生意。他们在滨海市找需要水泥的建筑队，讲好价，然后到老家租船借车把水泥运出来，去掉成本每袋水泥能赚几块钱。利润虽然不多，但积少成多，一年下来他们赚了几万元。3年后，他们从家乡组建了工程队并带进了城，当然水泥照样贩，这也算是两条腿走路了。

一晃15年过去了，顾军三兄弟已经成为拥有几千万资产的宏远公司老板了。公司现有一家贸易公司、一家建筑装饰公司和一家房地产公司，有员工300多人。兄长顾军当公司总经理，两个弟弟做副经理。顾军妻子的叔叔任财务主管，表舅的儿子做销售主管，顾军具有绝对的权威。之前，顾军代表宏远公司拿出50万元捐给省里的贫困县建希望小学，这使顾军名声大振。不过，顾军心里明白，公司近几年的日子也不太好过。建筑公司业务还可以，但由于成本上升，只能勉强维持，略有盈余。贸易公司最近做了两笔大生意，挣了点钱，其余的生意均没有成功。而且仓库里的存货很多，无法出手，贸易公司的日子也不好过。房地产公司更是一年不如一年，生意越来越难做，留着的几十套房子把公司压得喘不过气来。

面对这些困难，顾军一直在想如何摆脱这种状况，如何发展。发展的机会也不是没有。上个月在省财经学院工商管理学院听讲座时，顾军认识了滨海市一家国有大公司的老总，得知这家公司正在寻找在非洲销售他们公司当家产品——小型柴油机的代理商，据说这种产品在非洲很有市场。这家公司老总很想与宏远公司合作，利用民营企业的优势去抢占非洲市场。顾军深感这是个机会，但该如何把握呢？10 月 1 日顾军与市建委的一位处长在一起吃饭，这位老乡告诉他，市里规划了江海路拓宽工程，江海路两边都是商店，许多大商店都想借这一机会扩建商厦，但苦于资金不够。这位处长问顾军，有没有兴趣进军江海路，如想的话，他可以牵线搭桥。宏远公司早就想进军江海路了，现在诱人的机会来了，但投入也不少，该怎么办？随着住房分配制度的变化，一段时间没有正常运作的房地产是不是该动了？这些问题一直盘旋在顾军的脑海中。

（资料来源：豆丁网．宏远实业长大无限公司的长大之路［EB/OL］. http：//www. docin. com/p-1459431447. html）

第一节　计划的基础

一、计划的概念

从汉语字面理解，“计划”一词既可以是名词，也可以是动词。从动词意义上说，计划可称为计划工作，它是一种预测未来、设立目标、决定政策、选择方案的连续过程，目的在于有效地使用现有资源，把握未来的发展，使组织获得最大绩效；从名词意义上说，计划是指为实现组织目标而进行的行动安排。它是对未来行动的一种说明，即告诉管理者、执行者未来的目标是什么，要采取什么样的行动来达到目标，要在什么时间范围内、按照什么进度达到这种目标，以及由谁来进行这种活动等。

无论名词意义上还是在动词意义上，计划内容可归纳为“5W1H”，计划必须清楚地确定和描述这些内容：

（What）做什么——目标与内容

（Why）为什么做——原因

（When）何时做——时间

（Where）在哪里做——地点

（Who）谁来做——人员

（How）怎么做——方式、方法，主要是做什么和怎么做。

计划还可以从广义和狭义两种角度去认识。广义的计划包括制订计划、执行计划和检查计划执行情况的全过程，狭义的计划仅仅指制订计划。

知识链接 4－1

计划原理的内容，最直接运用的有四条：

(1) 木桶原理，亦称限定因素原理。含义是木桶能盛多少水，取决于桶壁上最短的那块木板条。它指“行政人”越能清晰地了解达到行政目标起主要限制作用的因素，则越能有针对性地拟定各种行政计划和行动方案，其实质是界定行政目标实现过程中的主要矛盾。正确运用“木桶”原理，既可以省时、省力，避免对问题的面面俱到，又可以防止把主要精力放在一些非关键因素上，影响主要问题的解决。

(2) 承诺原理，指任何一项行政计划都是对完成各项行政管理任务所做的承诺，任务越多，承诺越大，实现承诺的时间就越长，计划的期限也就越长。行政计划的期限与其所要完成的任务是成正比的。计划的承诺，不能太多，否则，造成计划的时间过长，承诺所实现的可能性就越小。

(3) 灵活性原理，指行政计划的灵活性越大，因未来意外事件引起损失的可能性就越小，两者是反比例关系。灵活性原理是行政计划工作中最主要的原理，它主要针对计划的制订过程，使计划本身具有适应性，要求计划的制订“量力而行，留有余地”。至于计划的执行，则必须严格准确，要“尽力而为，不留余地”。

(4) 改变航道原理，指计划实施过程中，在保持行政计划总目标不变的前提下，实现目标的进程可因情况的变化而变化，使计划的执行过程具有应变力。因此，在行政计划实施过程中，必须进行定期检查和调整。

（注：资料来源于智联百科 http：//wiki. mbalib. com/wiki/计划原理）

二、计划的性质

计划工作具有承上启下的作用。计划工作是组织、领导、控制和创新等管理活动的基础，是组织内不同部门、不同成员行动的依据。

（一）计划工作是为实现组织目标服务

任何组织或个人制订计划都是为了有效地达到某种目标。在计划工作开始之前，这种目标还不十分具体，计划就是开始于这个不具体的目标。计划是实现目标的方法和手段。

当制订计划时，我们就确定了希望或必须达到的结果。计划工作是为实现组织的目标而服务的。工作计划旨在促使组织目标的实现。每一个计划及其派生计划也都是为了实现组织的各类目标和一定时期的目的。组织的目标有定性目标，也有很多定量目标。

任何组织任何时候都必须具有生存的价值，存在的使命。决策活动为组织确立了存在的使命和目标，并且进行了实现方式的选择。计划工作是对决策工作在时间和空间两个维度上的进一步展开和细化。

所谓在时间维度上进一步展开和细化，是指计划工作把决策所确定的组织目标及其行动方式分解为不同时间段（如长期、中期、短期等）的目标及其行动安排；所谓空间维度上的进一步展开和细化，是指计划工作把决策所确立的组织目标及其行动方式分解为组织内不同层次（如高层、中层、基层等）、不同部门（如生产、人事、销售、财务等部门）、不同成员的目标及其行动安排。

因此，组织的各种计划及其各项计划工作都必须有助于实现组织的目标。

（二）计划工作是管理活动的基础

如果说决策工作确立了组织生存的使命和目标，描绘了组织的未来，那么计划工作是一座桥梁，它把我们所处的此岸和我们要去的彼岸连接起来，给组织提供了通向未来目标的明确道路，给组织、领导和控制等一系列管理工作提供了基础。未来的不确定性和环境的变化使行动有如大海航行，如果我们要时刻保持正确的航向，那么我们就必须明白自己所处的位置，明确自己行动的目标，这不仅要求组织的一般成员了解组织的目标和实现目标的行动安排，而且更要求组织的主要领导人员明确组织的目标和实现目标的行动路径，而不至于被日常琐事和一连串的转弯所迷失方向。计划工作的目的就是使所有的行动保持同一方向，促使组织目标实现。

（三）计划工作具有普遍性和秩序性

所有管理人员，从最高管理人员到第一线的基层管理人员都要订计划，做计划工作。虽然计划工作的特点和广度会由于管理人员所处的部门、层级的不同而有所不同，但是计划工作是全体管理人员的一项职能。当然，计划工作的普遍性中蕴含着一定的秩序，这种秩序随着不同组织的性质不同而有所不同。主要的秩序表现为计划工作的纵向层次性和横向协作性。虽然所有管理人员都订计划、做计划工作，但第一线的基层管理人员的工作计划不同于高层管理人员制订的战略计划。在高层管理人员计划组织总方向时，各级管理人员必须随后据此拟定他们的计划，从而保证实现组织的总体目标。另外，实现组织的总体目标不可能仅通过某一类型活动就可以完成（比如仅销售活动），而需要多种多样的活动互相协作和互相补充才可以完成。在高层管理计划组织总方向时，各层级的管理人员必须所有制订相互协作的计划。

普遍性计划工作具有普遍性，任何管理者或多或少都有某些制订计划的权力和责任，但不同组织层次的管理者，计划的重点内容是不一样的。组织中无论是哪一层次的管理者，为了能够使自己的管理更为有效就必须做好计划工作。或许对于某个职能部门或某个层次的管理者，他们可能由于种种原因而无须去完成组织、领导、控制等工作，但计划工作是无法“躲过”的。虽然计划工作的特点和范围随各级主管人员的职权不同而不同，但它却是各级主管人员的一个共同职能。

（四）计划工作要追求效率

有效率的计划工作的任务，不仅要保证目标的实现，而且要保证从众多备选方案中选择最优方案。

计划工作要追求效率，以更有效地实现目标为目的，并提供了衡量组织绩效的标准。一个良好的计划，可以通过协调一致、有条不紊的工作流程来避免组织内联系脱节的现象，从而减少重复和浪费。计划工作的效率是以实现企业总目标所得到利益，扣除为制订和执行计划所需要的费用和其他预计不到的损失之后的总额来测定的。计划必须讲求经济性，如果计划太理想化，不切合实际，那计划实施成本代价过高，投入产出的比例过低，这样不仅浪费了人力、物力、财力这样的有形物，而且使个人、团体和社会的满意度这样一些无形的评价标准降低。

三、计划的特征

（一）计划的目的性

任何组织或个人制订计划都是为了有效地达到某种目标，即使在计划工作开始之前，这种目标也许还不是很具体。所以，在计划过程的最初阶段，制订明确而具体的目标便成为首要任务，其后的所有工作都是围绕目标进行的。目标是计划全部内容的核心，实现目标是计划的出发点和归宿，没有目标就不称其为计划。

（二）计划的先行性

在管理的基本职能中，组织、领导、控制等职能的最终目的都是保证组织目标的实现，它们只有在计划工作确定了目标之后才能有效进行，即应先知道要达成什么样的目标以及按照什么样的控制标准控制组织的活动。所以，计划工作在管理诸职能中处于先行地位。

（三）计划的普遍性

计划的普遍性有如下两方面表现：一是组织的任何管理活动都需要计划。计划涉及组织的各个层次、各个部门以及各位成员，涉及组织、领导、控制各种职能。二是计划是各级管理者应具备的功能。不仅高层管理者要做计划，中、基层管理者也要根据自己的职责和权力制订本部门、本单位相应的子计划，这样才能调动各级管理人员的积极性，更好地贯彻执行总计划。

（四）计划的前瞻性

计划是对组织未来活动的安排，与未来有关。它不是过去的总结，不是现状的描述，而是要面向未来，充分考虑未来的挑战和机遇，指导组织未来的活动，实现组织未来的目标。

（五）计划的经济性

计划的经济性是指以较少的成本实现较大的效益，以较少的投入实现组织的目标。任何计划都要符合经济性要求，一般地说，经济性不好的计划不是一份好计划。

四、计划的类型

计划是将决策实施所需完成的活动任务进行时间和空间上的分解，以便将其具体地落实到组织中的不同部门和个人。计划按不同的角度可分为很多种类型，常见的主要有：

（一）按计划的时间长短，可分为长期计划、中期计划和短期计划。人们一般把 1 年和 1 年以下的计划称为短期计划；1 年以上 3 年以下的计划称为中期计划；3 年以上的计划称为长期计划。但这种划分也不是绝对的，可根据具体情况灵活机动。如一个宇航项目的短期计划可能需要几年，而电脑市场销售的短期计划可能只适用几个月甚至几个星期。另外，由于现在组织环境变化越来越快，所以计划期限有缩短的趋势。

（二）按计划制订者的层次，可分为战略计划、战术计划（管理计划）和作业计划。战略计划由高层管理者做出，决定一个组织的基本目标及基本政策；战术计划（管理计划）由中层管理者做出，它以时间为中心，将战略计划中的基本目标、基本政策变为确定的目标和政策，并规定达到各种目标的确定时间；作业计划由基层管理者做出，它根据战术计划

（管理计划）确定计划期间的预算、利润、产量、销售额等具体指标，确定工作流程，分派任务和资源，确定权力和责任。

（三）按计划的对象，可分为综合计划、局部计划和项目计划。综合计划一般指具有多个目标和多方面内容的计划，如企业的年度生产经营计划、地区的经济社会发展计划等。它涉及组织的许多方面，这些方面的内容又互相联系、互相影响，形成一个有机整体。局部计划是在综合计划指导下制订的涉及某些部门或某一职能的计划，如企业的年度销售计划、地区的教育发展计划等。项目计划是针对组织的特殊课题做出的计划，如企业某新产品开发计划、某道路的建设计划等。

五、计划的作用

计划对组织的管理活动起着直接的指导作用，但一个计划对组织的活动可以起积极作用，也可以起消极作用。一个好的计划具备科学性、准确性，对于组织的活动将起到事半功倍的作用。因此，计划是一项非常重要的工作。计划的作用主要表现在以下几个方面：

（一）有利于回避风险

计划是面向将来的，而将来往往具有不确定性。计划的重要性就在于如何适应未来的这种不确定性。因此，计划工作需要缜密的预测，并制订出相关的应对措施。在计划执行过程中随时检查计划的落实性情况，遇到问题则需要制订相应的补救措施。即使将来的环境是确定的，也需根据已知事实的基本情况和相关信息决定采用哪种方案将会降低或回避风险，以取得预期的效果。

（二）有利于集中目标

计划可以使人们的行动对准既定的目标。全面而细致的计划统一协调了各部门之间的活动，从而使管理人员可以从日常的事务中解放出来，把主要精力放在随时检查、修改、扩大计划上，放在对将来不确定的研究上，这既可保证计划的连续性，又能保证全面地实现组织目标。

（三）有利于提高经济效益

计划强调了组织活动的效率和一贯性，使得组织活动的成本降至最低限度。计划能细致地安排组织活动，是有效的、经济的管理组织活动的工具。

组织活动的进行是对一定资源的加工和转换。为了能使组织的目标以尽可能低的成本实现，必须在规定的时间提供组织活动所需要的规定数量的各种资源。若资源提供不足或不及时，都可能影响组织活动；而数量过多，则会积压资源，或者造成资源浪费。计划将组织的活动进行了分解，通过规定不同部门在不同时期所应从事的各种活动和达到的目标，来为组织及时、按量筹措各类资源提供依据，使得整个组织的活动经济有效。

（四）有利于组织控制

计划和控制是贯穿组织始终的环节，可以说没有计划的组织活动是无法控制的。控制活动就是通过纠正脱离计划的偏差来使活动保持既定的方向。计划是控制的标准，也是控制的基础。

人员的差异性导致素质和能力上的差异，所以他们对组织任务和要求的理解也会产生差异，不同环节的活动能力并不总是相互平衡的。此外，组织的各个部分在活动中所面对的环境特点与事先预计可能不完全吻合。因此，组织的各个部分在决策实施中的活动情况与目标要求不一定完全相符，可能会产生偏差。这种偏差如不及时发现并针对原因及时采取措施，则不仅会导致组织活动的失败，而且可能危及组织的生存。要及时发现可能存在的偏差，就必须对组织活动的实际情况进行检查。计划的编制为检查不同部门、不同员工在不同时期的活动情况提供了客观的标准和依据。

由以上可见，计划是组织活动中很重要的环节，为达到组织目标的实现和实施组织活动起到了重要的作用。

六、计划的表现形式

计划具有多种未来行动方案，其表现形式也是多种多样的，按其所起作用的层次不同，一般通过宗旨、目标、战略与策略、政策、程序、规则、预算、规划等表现出来，这些表现形式又构成了一项计划从组织宗旨到具体工作议程的前后联系。

（一）宗旨

宗旨用来表示组织的价值观、组织的抱负和组织存在的原因。宗旨是着重表明社会对组织的基本要求、组织的基本作用和根本任务的计划，它对组织的各项任务只作最一般的描述，其核心是明确组织是干什么的、应该干什么和最终要达到的目的是什么。宗旨通常包括定义组织区别于其他类似组织的基本业务范围，一些宗旨描述了组织的特点，如合作价值、产品质量、设备地点、对员工的态度等，许多宗旨常常揭示组织的文化和目标。一个好的宗旨是组织目标和计划的基础。如果没有明确的宗旨，组织的目标和计划可能就是随意决定的，并且不能令组织向它本来应该发展的方向前进。

（二）目标

宗旨是一个组织最基本的目的，它是抽象概括的，需要通过目标的具体化才能成为行动的指南。目标是指一个组织在未来一段时间内要实现的目的，它着重表明一定时期活动所针对的最终结果，因此也是管理的最终目标。目标通常用定量的数据表述。组织在一定时期的总目标构成组织的基本计划，组织中各部门也可以有自己的子目标，所以说目标是分层次的。高一级的目标支配低一级的目标，但不如低一级的目标具体。

（三）战略规划

战略规划是为实现组织长远目标所选择的基本途径，它主要指出组织活动方向、工作重点和资源配置优先次序的总纲。战略规划一般并不确切地描述组织怎样去完成目标，而是为组织提供指导思想和行动纲领。

（四）政策

政策是指明组织的活动范围和方针，表明组织鼓励什么和限制什么，以保证实际行动与预期目标相一致的一系列导向性规定，它的作用是为组织活动建立起一般指南。

政策是行动的指南，但它不是规定下属做什么和不做什么。它的实质在于自主权，它为组织明确范围和界限，但不是要约束下属使之不敢擅自行动，而是鼓励下属在权责许可的范围内自由处置问题。政策应有统一性和连续性，但在管理实际中，政策的表述和传递往往不容易做到十分规范和准确，容易使人产生曲解，而且环境也在不断变化，这些常导致政策有时难以连续和稳定。

（五）程序

程序是制订处理未来活动的方法步骤的计划，它规定了处理问题的例行方法和步骤。程序一般按照例行方法和步骤的时间顺序对一系列相互关联的活动进行排列，是组织成员直接采取行动的指导方针。管理者一般对反复出现的业务编制出程序，当该业务再次出现时，执行人员按程序去做就能达到较好的效果。因而程序能使管理人员把精力集中于没有固定程序可依的例外事情上。

（六）规则

规则是一种最简单的计划，它是指导或禁止在某种场合采取某种特定行动的具体的、详细的规定。比如，在建筑工地要求戴安全帽、在会议室禁止吸烟就是一种规则。规则侧重于阐明某一活动中必须遵循的法则，具有强制性。

（七）预算

预算是用数字表示预期结果的一份报表。它也是一种计划，可以称为“数字化”的计划，这种数字形式有助于更准确地执行计划，它能帮助管理者从数字的角度，更全面、更细致、更量化地了解组织经营管理活动的规模、重点和预期成果。

（八）工作日程表

工作日程表是很具体的作业计划，它一般是按时间顺序将一定时间内完成的工作依序排列，使工作有轻重缓急且一目了然、有条不紊。

第二节　计划的程序和方法

一、计划工作的程序

一项完整的计划一般需要经过如下 8 个步骤完成，即认识机会、选定目标、认清前提、发掘各种可行方案、对方案进行评估、确定方案、拟订派生辅助计划和预算。不过在实际计划工作中，这些步骤有时不一定全都经过，有时也不一定非按此顺序不可，可根据具体情况灵活掌握。

（一）认识机会

一般通过对组织外部环境和自身条件的 SWOT 分析发现环境对组织的挑战、机遇以及自身的优势、劣势，认识并善于捕捉机会是编制计划的起点。只有这样，管理人员才能了解环境存在哪些机会，这些机会对组织是否有利，怎样解决可能出现的问题，为什么要解决这些问题以及能得到什么样的结果。

（二）选定目标

目标是组织行动的出发点和归宿，选定目标是计划的核心内容。战略计划侧重于目标的制定，作业计划侧重于组织目标体系中必须进行的某项活动。组织应根据在什么方向，需要实现什么目的和何时完成而确立组织总目标和下属部门分目标。

（三）认清前提

计划前提是指组织实现计划的内外部环境的假定条件。认清前提，就是要对组织未来的内外部环境和所具备的条件进行分析和预测，弄清计划执行过程中可能存在的有利条件与不利条件。有利条件是发展的机遇，看不到它或对它认识不足，就可能编制出保守的计划，从而坐失良机。不利条件是一种威胁，不承认它或对它估计不足，就可能编制出冒进的计划，从而给组织带来损失。认清前提是制订计划的一项基础工作。

（四）发掘各种可行方案

计划目标能否顺利实现，首先取决于计划方案的优劣。实现组织目标的途径是多样的，可行方案也不止一个，只有设计出较多的各种可行方案，才有可能从中选出最佳方案。所以，发掘各种可行方案是计划工作质量的重要影响因素，必须发扬民主、群策群力、开阔思路、大胆创新。当然要根据经济性原理和有效性原则发掘，方案并不是越多越好。

（五）对方案进行评估

方案评估就是对各种备选方案的优缺点进行全面、彻底的分析、比较和综合评价。评价时要特别注意发现每一个方案的制约因素或不确定性因素。制约因素是指那些阻碍目标实现的关键因素，不确定性因素是指未来的风险。对风险的预测、估计和准备越充分，计划目标实现的可能性就越大。

（六）确定方案

确定方案即从多个备选方案中确定一个较优方案。这就是狭义的决策，可将决策的方法运用于此。通常方案的确定是在经验、实验和研究分析的基础上进行的，有时通过评估会发现一个最佳方案，有时也会出现两个方案都是合适的，这时主管人员必须确定优先方案，而将另一个方案作为后备方案。

（七）拟订派生辅助计划

派生辅助计划是为了支持主计划实现而由各个职能部门和下属单位制订的计划。如假设将招生计划看成一个主计划，则相应的宿舍建设计划、图书设备采购计划等可看成派生辅助计划。拟订派生辅助计划时要注意：计划人员须了解组织总计划的指导思想和内容；

各派生辅助计划内容要互相协调，服务于总计划，避免各自为政；

各派生辅助计划时间要互相协调，前后衔接，统筹安排。

（八）预算

预算是数字化的计划，是组织各种计划的综合反映。它既是评估计划优劣的重要标志，也是协调下属活动的主要手段。它既是计划职能的一部分，也是控制的重要手段。预算在管理中非常重要，组织特别是企业各部门的活动几乎无一不直接或间接地与预算相关。因此，编制预算是计划工作中一个不可缺少的重要环节。

二、计划的编制方法

计划编制本身也是一个过程。为了保证编制的计划合理，确保实现决策的组织落实，计划编制过程中必须采用科学的方法。计划编制过程包括五个阶段的工作：收集资料的准备阶段、任务与目标的分解阶段、目标结构的分析阶段、综合平衡阶段、编制并下达行动计划阶段。

（一）收集资料

为计划的编制提供依据计划是为决策的组织落实而制定的。了解决策者的选择，理解有关决策的特点和要求，分析决策的环境特点和决策执行的条件要求，是编制行动计划的前提。由于计划安排的任务需要组织内部不同环节的组织成员利用一定的资源去完成，因此计划的编制者还需收集能反映部门和环节能力以及外部有关资源供应情况的资料，以为计划编制提供依据。

（二）任务与目标的分解

目标或任务分解是将决策确定的组织总体目标分解落实到各个部门、各个活动环节，将长期目标分解为各个阶段的分目标。通过分解，确定了组织的各个部分在未来各个时期的具体任务以及完成这些任务应达到的具体要求。分解的结果是形成组织的目标结构，包括目标的时间结构和空间结构。目标结构描述了组织中较高层次的目标（总体目标与长期目标）与较低层次的目标（部门、环节、个人目标与各阶段目标）相互间的指导（如总体目标对部门目标、长期目标对阶段目标）与保证（部门目标对整体目标或阶段目标对长期目标）关系。

（三）目标结构分析

目标结构分析是研究较低层次的目标对较高层次的目标的保证能否落实，即分析组织在各个时期的具体目标能否实现，从而能否保证长期目标的达成；组织的各个部分的具体目标能否实现，从而能否保证整体目标的达成。如果较低层次的某个具体目标不能充分实现，则应考虑能否采取有关补救措施，否则就应调整较高层次的目标要求，有时甚至可能导致整个决策的重新修订。

（四）综合平衡

综合平衡首先是分析由目标结构决定的或目标结构对应的组织各部分在各时期的任务是否相互衔接和协调，因此包括任务的时间平衡和空间平衡。时间平衡是要分析组织在各时段的任务是否相互衔接，从而能否保证组织活动顺利地进行；空间平衡则要研究组织的各个部分的任务是否保持相应的比例关系，从而能否保证组织的整体活动协调地进行。其次，综合平衡还要研究组织活动的进行与资源供应的关系，分析组织能否在适当的时间筹集到适当品种和数量的资源，从而能否保证组织活动的连续性。最后，综合平衡还要分析不同环节在不同时间的任务与能力之间是否平衡，即研究组织的各个部分是否能够保证在任何时间都有足够的能力去完成规定的任务。组织的内外环境和活动条件经常发生变化，所以必须适当进行任务的调整，因此在任务与能力平衡的同时，还需留有一定的余地，以保证这种将会产生的调整在必要时有可能进行。

（五）编制并下达执行计划

在综合平衡的基础上，组织可为各个部门（如业务、人事、财务、供应）编制各个时段（长期、年度、季、月等）的行动计划，并下达执行计划。

计划工作的目的是通过计划的制订和组织实施来实现决策目标。因此，编制计划只是计划工作的开始，更重要、更大量的工作还在于计划的执行。

组织计划执行的基本要求是：保证全面地、均衡地完成计划。所谓全面地完成计划，是指组织整体、组织内的各个部门要按一切主要指标完成计划，而不能有所偏废；所谓均衡地完成计划，则是指要根据时段的具体要求，做好各项工作，按年、季、月，甚至旬、周、日完成计划，以建立正常的活动秩序，保证组织稳步地发展。如果说决策与计划的制定主要是专业工作者的事的话，计划的执行则需要依靠组织全体成员的共同努力。因此，能否全面、均衡地完成计划在很大程度上取决于在计划执行中能否充分调动全体组织成员的工作积极性。为了调动组织成员在计划执行中的积极性，我国一些企业于 20 世纪 80 年代初开始引进了目标管理的方法，并取得了一定的成效。

目标管理是美国管理学家杜拉克于 1954 年提出的。杜拉克认为，为了充分发挥不同组织成员在计划执行中的作用，协调这些组织成员的努力，必须把组织任务转化为总目标，并根据目标活动及组织结构的特点分解为各个部门和层次的分目标，组织和各级管理人员根据分目标的要求对下层的工作进行指导和控制。实行目标管理一般要展开以下步骤的工作：

1. 制定目标

制定目标包括确定组织的总体目标和各部门的分目标。总目标是组织在未来从事活动要达到的状况和水平，其实现有赖于全体成员的共同努力。为了协调这些成员在不同时空的努力，各个部门的各个成员都要建立与组织目标相结合的分目标。这样，就形成了一个以组织目标为中心的一贯到底的目标体系。在制定每个部门和每个成员的目标时，上级要向下级提出自己的方针和目标，下级根据上级的方针和目标制定自己的目标方案，在此基础上进行协商，最后由上级综合考虑做出决定。

2. 执行目标

组织中各层次、各部门的成员为达成分目标，必须从事一定的活动，活动中必须利用一定资源。为了保证他们有条件、有组织地展开活动，就必须授予其相应的权力，使之有能力调动和利用必要的资源。有了目标，组织成员便会明确努力的方向；有了权力，他们便会产生强烈的与权力相对应的责任心，从而能充分发挥他们的判断能力和创造能力，使目标执行活动有效地进行。

3. 评价成果

成果评价既是实行奖惩的依据，也是上下左右沟通的机会，同时还是自我控制和自我激励的手段。成果评价既包括上级对下级的评价，也包括下级对上级、同级关系部门相互之间的评价以及各层次的自我评价。上、下级之间的相互评价，有利于信息、意见的沟通，从而有利于组织活动的控制；横向的关系部门相互之间的评价，有利于保证不同环节的活动协调进行；而各层次组织成员的自我评价，则利于促进他们的自我激励、自我控制以及自我完善。

4. 实行奖惩

组织对不同成员的奖惩，是以上述各种评价的结果为依据的。奖惩可以是物质的，也可以是精神的。公平合理的奖惩有利于维持和调动组织成员饱满的工作热情和积极性，奖惩有失公正，则会影响这些成员行为的改善。

5. 制定新目标并开始新的目标管理循环

成果评价与成员行为奖惩，既是对某一阶段组织活动效果以及组织成员贡献的总结，也为下一阶段的工作提供参考和借鉴。在此基础上，为组织及其各个层次、部门的活动制定新的目标并组织实施，便于展开目标管理的新一轮循环。计划在执行过程中，有时需要根据情况进行调整。这不仅因为计划活动所处的客观环境可能发生了变化，而且可能因为人们对客观环境的主观认识有了改变。为了使组织活动更加符合环境特点的要求，必须对计划进行适时的调整。

课堂案例 4－1

麦肯锡在中国

2001 年，麦肯锡根据巴黎香榭丽舍大道等标杆区域特性，建议将南京路打造成“世界一流”的商业街区，并设定 10 年内投入 200 亿元改造，5 年内区域零售额增至 3 倍的目标。但实际上，南京路在人们心目中一向是“吸引外地游客的中档商业区”，尽管投入了很大力量进行改造，却没有吸引到方案预期中的更年轻、更国际化、更富有的顾客层来购物。在淮海路等商区纷纷崛起的 5 年里，南京路的销售额几乎停滞。到《上海市“十一五”规划》出台前，市经委有关人士表示，南京路原有的中档定位继续保留。

（注：资料来源：道客巴巴．中国企业如何制定战略［EB/OL］. http：//www. doc88. com/p-385368181725. html）

第三节　战略规划与计划实施

一、战略管理的含义

（一）战略管理的定义

1. 战略的概念

战略（Strategy）最早是军事方面的概念。在西方，战略一词源于希腊语“strategos”，意思是指军事将领指挥军队作战的谋略。在中国，战略一词历史久远，“战”指战争，“略”指“谋略”。春秋时期的孙武被认为是中国古代第一个形成战略思想的伟大人物，其《孙子兵法》被认为是中国最早对战略进行全局筹划的著作。从军事角度，战略被定义为对军事斗争全局的策划和指导，即战略指导者基于对军事斗争赖以进行的主客观条件及其发展变化的规律性认识，全面规划、部署、指导军事力量的建设和运用，以有效地达成既定的政治目的。在现代，“战略”一词被引申至政治、经济和商业领域，其含义演变为泛指统领性的、全局性的、左右胜败的谋略、方案和对策。

2. 战略管理的概念

国内外学者对战略管理的具体定义描述不同，其表达各有侧重。1972 年，安索夫在《组织经营政策》杂志上发表了《战略管理思想》一文，正式提出了“战略管理（Strategy Management）”的概念。1979 年，他又专门写了《战略管理论》一书。

费雷德·大卫教授在《战略管理思想》一书中将战略管理定义为一门着重制定、实施和评估管理决策和行动的具有综合功能的艺术和科学，这样的管理决策和行动可以保证在一个相对稳定的时间内达到一个机构所制定的目标。战略管理集中研究综合和系统管理、市场营销、融资和财务、生产和操作、开发和研究、计算机信息系统等方面的问题，以保证机构目标的实现和成功。

战略管理大师迈克尔·波特认为，一项有效的战略管理必须具备五项关键点：独特的价值取向、为客户精心设计的价值链、清晰的取舍、互动性、持久性。

安索夫则认为，战略管理是指运用战略对整个组织进行管理。

安德鲁斯将战略管理解释为一种决策模式，决定和揭示组织的目的和目标，提出实现目的的重大方针与计划，确定组织应该从事的经营业务，明确组织的经济类型，以及决定组织应对员工、顾客和社会做出的经济与非经济的贡献。

奎因认为，战略管理是一种模式或计划，它将组织的主要目的、政策与活动按照一定的程序结合成一个紧密的整体。对于战略管理，还有更多不同的解释，但基本可以概括为以下几类：

（1）战略管理是一套决策和行动，目的在于通过制定和实施有效的战略，以完成公司的目标。

（2）战略管理是一系列决定公司长期发展和运营绩效的管理决策和行动，具体包括战略的形成、实施、评价和控制。

（3）战略管理是对组织的未来方向做出决策和付诸实施，因此，包括战略规划和战略实施两个方面。

（4）战略管理分为狭义和广义两个方面，狭义的战略管理是对组织战略的制定和实施的管理，广义的战略管理是指运用战略对整个组织进行的管理。

综上所述，我们可以把战略管理定义为战略制定和战略实施的过程。

二、战略管理的构成要素及特征

（一）战略的构成要素及特征

1. 战略的构成要素主要有战略目的、战略方针、战略力量和战略措施。

（1）战略目的。战略目的是战略行动所要达到的预期结果，是制定和实施战略的出发点和归宿点。战略目的是根据战略形势和国家利益的需要确定的。不同性质的国家和军队，其战略目的不同。对于奉行防御战略的国家来说，维护国家和民族的根本利益、长远利益和整体利益，特别是维护国家的领土主权完整和统一，是战略的基本目的。确定战略目的，强调需要与可能相结合，具有科学性和可行性，符合国家的路线、方针和政策，与国家的总体目标和国力相适应，满足国家在一定时期内对维护自身利益的基本要求。

（2）战略方针。战略方针是指导战争全局的方针，是指导军事行动的纲领和制定战略计划的基本依据。它是在分析国际战略形势和敌对双方战争诸因素的基础上制定的，具有很强的针对性。在对敌作战中，对于不同条件下的战争，应采取不同内容的战略方针。每个时期或每次战争除了总的战略方针外，还需制定具体的战略方针，以确定战略任务、战略重点、主要的战略方向、力量的部署与使用等问题。

（3）战略力量。战略力量是战略的物质基础和支柱，它以国家综合国力为后盾，军事力量为核心，在发展经济和科学技术的基础上，根据战略目的和战略方针的要求，确定其建设的规模、发展方向和重点，并与国家的总体力量协调发展。

（4）战略措施。战略措施是为准备和进行战争而实行的具有全局意义的实行战略的保障，是战略决策机构根据战争的需要，在政治、军事、外交、经济、科学技术和战略领导与指挥等方面，所采取的各种全局性的、切实可行的方法和步骤。

2. 战略具有全局性、方向性、对抗性、预见性和谋略性等基本特征

（1）全局性。凡属需高层次谋划和决策，有要照顾各个方面和各个阶段性质的重大的、相对独立的领域，都是战略的全局。全局性表现在空间上，整个世界、一个国家、一个战区、一个独立的战略方向，都可以是战略的全局。全局性还表现在时间上，贯穿于指导战争准备与实施的各个阶段和全过程。战略的领导者和指挥者要把注意力摆在关照全局上面，胸怀全局、通观全局、把握全局，处理好全局中的各种关系，抓住主要矛盾，解决关键问题；同时注意了解局部，关心局部，特别是注意解决好对全局有决定意义的局部问题。

（2）方向性。战争是政治的继续，具有很强的政治目的。任何战略都反映一个国家或政治集团利益的根本的目标方向，体现它们的路线、方针和政策，是为其政治目的而服务的，具有鲜明的目标方向。

（3）对抗性。制定和实施战略都要针对一定对象。通过对其各方面的情况进行分析判断，确定适当的战略目的，有针对性地建设和使用好进行斗争的力量，掌握斗争的特点和规律，采取多种斗争形式和方法，对敌抑长击短，对己扬长避短，以取得预期的斗争效果，是战略谋划的基本内容。

（4）预见性。预见性是谋划的前提、决策的基础。在广泛调查研究的基础上，全面分析、正确判断、科学预测国际国内战略环境和敌友关系，把握时代的特征，明确现实的和潜在的斗争对象，判明面临威胁的性质、方向和程度，科学预测未来战争可能爆发的时机、样式、方向、规模、进程和结局，揭示未来战争的特点和规律，是制定、调整和实施战略的客观依据。

（5）谋略性。战略是基于客观情况而提出的克敌制胜的斗争策略，它是在一定的客观条件下，变被动为主动，化劣势为优势，以少胜多，以弱制强，乃至不战而屈人之兵的重要方法。运用谋略，重在对战争全局的谋划。制定战略强调深谋远虑，尊重战争的特点和规律，多谋善断，料敌定谋，灵活多变，高敌一筹，以智谋取胜。

（二）战略管理的要素及特征

1. 战略管理的要素。战略管理的四个关键构成要素是战略分析、战略选择、战略实施、战略评价和调整

（1）战略分析，是了解组织所处的环境和相对竞争地位，评价影响组织目前和今后发展的关键因素，并确定在战略选择步骤中的具体影响因素。

战略分析包括三个主要方面的工作：首先，确定组织的使命和目标，它们是战略制定和评估的依据；其次，对组织外部环境进行分析，以了解组织所处的环境（包括宏观、微观环境）正在发生哪些变化，这些变化将给组织带来更多的机会还是更多的威胁；最后，对组织的内部条件进行分析，以了解组织自身所处的相对地位，具有哪些资源以及战略能力，了解与组织有关的利益和相关者的利益期望，在战略制定、评价和实施过程中，这些利益相关者会有哪些反应，这些反应又会对组织行为产生怎样的影响和制约。

（2）战略选择，是指战略的制定、评价和选择。战略分析阶段明确了“组织目前状况”，战略选择阶段所要回答的问题是“组织走向何处”。其主要的工作如下：

首先，制定战略选择方案。在制定战略过程中，当然是可供选择的方案越多越好。组织可以从对整体目标的保障、对中下层管理人员积极性的发挥，以及各部门战略方案的协调等多个角度考虑，选择自上而下、自下而上或上下结合的方法来制定战略方案。

其次，评估战略备选方案。评估备选方案通常使用两个标准：一是考虑选择的战略是否发挥了组织的优势，克服了劣势，是否利用了机会，将威胁削弱到最低限度；二是考虑选择的战略能否被组织利益相关者所接受。需要指出的是，实际上并不存在最佳的选择标准，管理层和利益相关团体的价值观和期望在很大程度上影响着战略的选择。此外，对战略的评估最终还要落实到战略收益、风险和可行性分析的财务指标上。

最后，选择战略。即进行最终的战略决策，确定准备实施的战略。如果由于用多个指标对多个战略方案的评价产生不一致的效果时，那么最终进行战略选择时可以考虑以下几种方法：

①根据组织目标选择战略。组织目标是组织使命的具体体现，因而选择对实现组织目标最有利的战略方案。

②聘请外部机构。聘请外部咨询专家进行战略选择工作，利用专家们广博的知识和丰富的经验，能够提供较客观的看法。

③提交上级管理部门审批。对于中下层机构的战略方案，提交上级管理部门，能够使最终选择方案更加符合组织整体战略目标。

④最后是战略政策和计划。制定有关研究与开发、资本需求与人力资源方面的政策和计划。

（3）战略实施，就是将战略转化为行动。主要涉及以下一些问题：如何在组织内部各部门和各层次间分配及使用现有的资源；为了实现组织目标，还需要获得哪些外部资源以及如何使用；为了实现既定的战略目标，需要对组织结构做哪些调整；如何处理可能出现的利益再分配与组织文化的适应问题，如何进行组织文化管理，以保证组织战略的成功实施，等等。

（4）战略评价就是通过评价组织的经营业绩，检验战略的科学性和有效性。战略调整就是根据组织情况的发展变化，即参照实际的经营事实、变化的经营环境、新的思维和新的机会，及时对所制定的战略进行调整，以保证战略对组织经营管理进行指导的有效性。包括调整组织的战略展望、组织的长期发展方向、组织的目标体系、组织的战略，以及组织战略的执行等内容。

战略管理的实践表明，战略制定固然重要，战略实施同样重要。一个良好的战略仅是战略成功的前提，有效的战略实施才是组织战略目标顺利实现的保证。另外，如果组织没有能够完善地制定出合适的战略，但是在战略实施中，能够克服原有战略的不足之处，那也有可能最终促成战略的完善与成功。当然，如果对于一个不完善的战略选择，在实施中又不能将其扭转到正确的轨道上，就只有失败的结果。

2. 战略管理的特征。战略管理具有系统性、科学性、艺术性和相对稳定性的基本特征

（1）系统性。从战略管理内容看，可以包括三大阶段，即战略设计、战略实施和战略评估。

战略设计是战略管理的第一个阶段，是指提出一个机构业务的主体任务，确认一个机构

的外界机会和威胁，确定机构内部的强项和弱势，建立一个长远目标，形成可供选择的几种战略和选择可操作的战略方针。战略设计问题包括决定一个机构什么样的业务要拓展，什么样的业务将放弃，如何有效地利用现存的资源，是否扩大业务或多种经营，是否进入国际市场，是否要兼并组织或举办合资组织，以及如何避免被竞争对手吞并等。

战略实施是战略管理的第二个阶段，通常称为战略管理的行动阶段。战略实施要求一个机构建立一个年度目标、制定相应的政策、激励雇员和有效调配资源，以保证建立的战略能够实施。战略实施包括制定出战略支撑文化，创造一个有效的机构组织，调整市场，准备预算，开发和利用信息支持系统并调动每一位雇员参与战略实施的积极性。

战略评估是战略管理中最后一个阶段。评估战略规划，是在战略实施过程中不断修改变化着的目标，因为外部和内部环境的因素通常是要改变的。评估工作包括：回顾和评价外部和内部的因素，作为战略方针选择的基础，判断战略实施的成绩和争取正确的行动解决实施过程中所出现的未曾预料的各种问题。评估的重要性从根本上讲，今天是成功的并不代表明天会继续成功，成功的背后同样会存在各种各样的问题。经验表明，自我满足的机构必然会走向灭亡。

战略管理的三个阶段，相辅相成，融为一体。战略设计是战略实施的基础，战略实施是战略评估的依据，而战略评估反过来又为战略设计和战略实施提供经验与教训。三个阶段的系统设计和衔接，可以保证取得整体效益和最佳结果。

（2）科学性。从战略设计阶段来讲，由于每一个机构的资源有限，战略家提供何种战略策略更适合于某一组织或机构，并达到最佳效益，这就要从科学准确的角度，提出一个机构组织的专门产品市场占有率和开发研究技术的可能性和可行性，确定长期的竞争优势。经验表明，较高的决策成功率建立在科学的基础上，成功或失败的决策，关系到一个组织或机构的兴衰。

从战略评估的阶段讲，如何科学地、客观地判断战略实施过程中的成绩和不足，这对一个组织或机构今后发展目标的确定关系重大。随着信息高速公路的不断发展，战略管理的决策更加依赖于信息来源的准确性。分析过程的科学和准确，对战略实施关系重大，如果设计的目标没有建立在较科学的基础上，这样的目标注定是不能够实现的。

（3）艺术性。管理专家均认为，战略实施是战略管理过程中最困难的阶段，战略实施要求雇员有严明的纪律，有承担义务的牺牲精神。成功的战略实施与经营管理者调动人员积极的能力密切相关，这种能力关键在于经营管理者的艺术性，而不在于其科学性，即艺术作用于科学作用。战略设计非常好，但是由于人际关系协调不周或不理想，那么这样的战略管理也等于没有战略。战略实施涉及机构中的雇员、处长和经理。每个处长、部门直接回答这样一些问题："我们在实施机构战略中的任务是什么？""如何为机构、为组织做好本职工作？"战略的实施是鼓励整个机构的经理们和雇员们以工作为荣，并倡导经理和雇员团结一致，为目标而奋斗。

（4）相对稳定性。战略二字本身的含义是，超前一段时间指出目标，在时间上有一定的超前性。实际管理生活中，战略需要有一个稳定性，不能朝令夕改，否则会使事业的发展、组织的经营和国家管理发生混乱，从而给组织、机构或国家带来不必要的损失。稳定性的另外一个表现是，战略决策投入了相当多的资金和人力，他们的工作具有指导意义。从客观上讲，这种稳定性应是相对的，因为战略管理过程是建立在机构能够连续监控内部和外部的动态和形势的基础上的。战略调整主要是加强对社会环境问题变化的研究，从生存的角度看，所有的机构或组织必须有能力快速地确定并适应各方面的变化。

三、战略管理过程

企业战略管理过程（Strategic Management Process）建立在总结历史经验、调查研究现状、预测未来发展的基础之上，战略的制定和实施必须以对企业外部环境和内部状况的调查（或称为战略调研）为依据。因此，战略管理过程包括战略分析（Strategic Analysis）、战略制定（Strategic Formulation）与战略实施（Strategic Implementation）三个环节。它以战略调研为基础。

在战略管理理论发展过程中，对企业战略管理过程形成以下两种不同的观点。

（一）对战略管理过程的理性主义理解

以战略管理学的先驱安索夫、安德鲁斯等为代表的经典战略管理理论认为，战略是人们自觉地设计或制定出来的，是在对企业外部环境和企业状况进行周密调研的基础上形成的。这是因为：外部环境和企业状况经常在变化，存在很多的不确定性，但也存在发展变化的内在规律性和可预测性，因此，通过周密调研，可以为战略的制定和实施提供较为可信的依据。

按照“谋定而后动”原则的要求，任何战略总是先制定然后加以实施，所以战略制定和战略实施是两个既明确划分又前后衔接的阶段。管理者的任务是要“精心制定战略，认真实施战略”。当然，战略在实施过程中可能需要修改或变化，而那将是又一次的战略制定。

在整个战略管理过程中都强调理性分析、信息沟通，实现企业内部各层次、各职能系统之间的协调配合，更好地发挥员工的主动性。

因此企业战略管理过程包括战略制定、战略实施和战略调研三部分，各有其工作内容。其中战略调研是战略制定和实施的基础。战略调研工作的质量好坏在很大程度上决定着战略管理的有效性。

（二）对战略管理过程的经验主义理解

以奎因、明兹伯格为代表的一些战略管理学者承认上述传统观点在许多情况下是适用的，但实际中的战略制定过程往往是没有结构和混合交错的，在战略的制定和实施之间看不出明显的区别。他们认为在环境变化较快、不确定性因素较多时，尽管周密调研，也难于准确预测，不能等到制定出很满意的战略之后才加以实施，往往是有了一个大致肯定的方向后就先干起来，边干边学习，边总结经验，逐步形成比较具体的战略。他们对此进行了经验研究，对战略制定过程归纳出一些重要特征，对战略制定的“理性主义”提出了疑问。他们提出战略制定和战略实施是部分重合而不能截然分开的，在战略形成过程中固然要重视理性分析，但也不可忽视直觉的作用，而应将二者结合起来。

明兹伯格认为，“理性主义”不仅是对实际战略形成过程的一个扭曲，也是一个不高明的制定战略的方法。他声称，“把战略看作是某种应该遵循发生的过程，与经营一个组织的日常细节远远分离开来，是传统战略管理的一个最大误区”。在战略制定和战略实施之间的划分妨碍了学习的过程，他提出用类似于“手工操作”的方法，将战略的构成和实施合并为一个学习的流动过程，使战略依据经验不断地调整，这样有创造力的战略便会应运而生。明兹伯格等的观点，形成了对战略管理过程的经验直觉性理解。与理性主义理解相对应，这一观点在实践中也有企业采用并获得成功。

另外一些战略学家，如格兰特（Robert M. Grant）认为战略形成的基本方法是遵循规划，而非手工技艺的方法。战略的开发是一个复杂过程，它既需要理性分析，又需要通过实践和经验来修正。但无论如何，系统的战略分析作为战略过程的一个生死攸关的重要部分，其重要性是毋庸置疑的。如果没有分析，则战略在形成的过程中，特别是在高级决策层，就可能造成混乱，就会丧失比较和评价替代战略的基础。概念和理性与直觉经验不同，它们能提供一个有用框架对大量可得信息进行组织和评价并指导决策，起到激发创新而非压制创新的作用。

上述对战略制定过程的两种理论并非完全背道而驰，两者恰好能相互补充。纯粹推理的、先验的战略制定方法是不实际的。两种理解在实践中或许各有所长。如理性主义理解比较适合于传统产业、较成熟的产业以及环境比较简单和稳定、技术进步不快等情况。经验主义理解则比较适合于新兴产业，即处于引入期和成长期的产业，以及环境变化快、技术进步迅速、不确定性因素较多等情况。

四、企业战略的含义

（一）企业战略的概念

战略在微观企业组织里的运用，被称为“企业战略”，企业战略是今天商业社会对战略运用的一个主要领域，是战略的核心内容。

企业战略的含义，概括地讲是通过有效地组合企业内部资源和能力，以在变化的环境中确定企业的发展方向和经营范围，从而获得竞争优势的总体谋划。具体而言，企业战略有广义和狭义之分，广义的企业战略内涵包括企业的目的与目标，狭义的内涵则不包括这一部分内容。

企业战略不是单一的活动，而是由一系列不同层次的战略活动沟通的，即企业战略是一个体系。企业战略体系从其层次来分，是由企业总体战略、经营单位战略和职能战略构成的。

企业总体战略是企业里最高层次的战略，是具有全局性和综合性的战略，是企业战略体系的主体和基础，处于统率地位。经营单位战略，是指企业所属分公司、事业部等经营单位制定的本单位的战略方案和行动，是在企业总体战略的统率下，结合本单位的发展需求而制定的。企业职能战略是公司和其所属经营单位的职能部门制定的战略，是同一级综合战略在某一职能方面的战略，如图 4 - 1 所示。

（二）企业战略管理的概念

企业战略管理可以定义为一门关于如何制定、实施、评价企业战略，以保证企业组织有效实现自身目标的艺术与科学。它主要研究企业作为整体的功能与责任、所面临的机会与风险，重点讨论企业经营中所涉及的跨越如营销、技术、组织、财务等职能领域的综合性决策

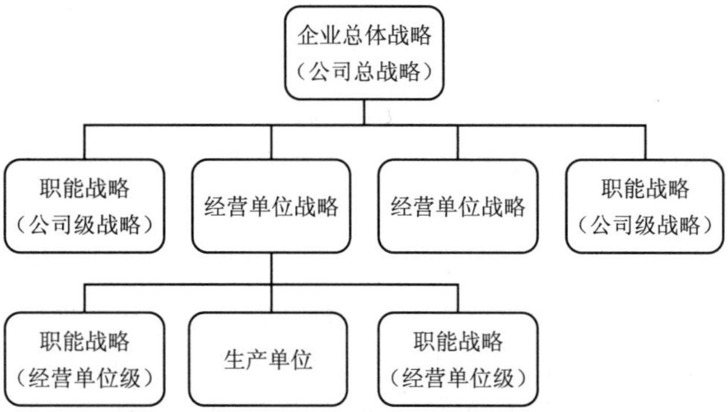

图 4－1 企业战略层次

问题。企业战略管理是从全局和长远的角度，研究企业在竞争环境下，生存与发展的重大问题，是现代企业高层领导人最主要的职能，在现代企业管理中处于核心地位，是决定企业经营成败的关键。

五、企业战略的构成与特征

战略和战略管理的构成与特征，被复制和扩展使用在企业战略管理领域，形成了企业战略管理的构成与特征。

（一）企业战略管理的构成

企业战略管理的构成，包括战略制定、战略执行、战略控制等过程。

1. 战略制定

战略制定的依据：

（1）外部环境分析。深入细致地分析企业的外部环境，是正确制定战略的重要基础，为此，要及时收集和准确把握企业各种各样的外部环境信息，譬如，国家经济发展战略，国民经济和社会发展的长远规划和年度计划，产业发展与调整政策，国家科技发展政策，宏观调控政策，本部门、本行业和该地区的经济发展战略，顾客（用户）的情况，竞争对手的情况，供应厂家的情况，协作单位的情况，潜在的竞争者的情况，等等。

（2）内部条件分析。分析该企业的人员素质、技术素质和管理素质；产、供、销，人、财、物的现状，以及在同行业中的地位，等等，明确该企业的优势和薄弱环节。

战略制定一般由以下程序组成：

①明确战略思想；

②分析外部环境和内部条件；

③确定战略宗旨；

④制定战略目标；

⑤弄清战略重点；

⑥制定战略对策；

⑦进行综合平衡；

⑧方案比较及战略评价。

2. 战略执行

为了有效执行企业制定的战略，一方面，要依靠各个层次的组织机构及工作人员的协同配合和积极工作；另一方面，要通过企业的生产经营综合计划、各种专业计划、预算、具体作业计划，等等，去具体实施战略目标。

3. 战略控制

战略控制是将战略执行过程中实际达到目标所取得的成果与预期的战略目标进行比较，评价达标程度，分析其原因，及时采取有力措施纠正偏差，以保证战略目标的实现。实践表明，推行目标管理是实施战略执行和战略控制的有效方法。根据市场变化，适时进行战略调整。建立跟踪监视市场变化的预告系统，对企业发展领域和方向，专业化和多元化选择，产品结构、资本结构和资金筹措方式，规模和效益的优先次序等进行不断的调研和战略重组，使企业的发展始终能够适应市场要求，从而达到驾驭市场的目的。

（二）企业战略管理具有全局性、长远性、纲领性、抗争性、预见性、谋略性和风险性等基本特征

（1）全局性。全局性是以企业全局为研究对象，来确定企业的总体目标，规定企业的总体行动，追求企业的总体效果。

（2）长远性。着眼点是企业的未来而不是现在，是为了谋求企业的长远利益而不是眼前利益。

（3）纲领性。企业战略所确定的战略目标和发展方向是一种原则性和总体性的规定，是对企业未来的一种粗线条设计，是对企业未来成败的总体谋划，而不是纠缠于现实的细枝末节。战争是政治的继续，具有很强的政治目的。任何战略都反映一个国家或政治集团利益的根本目标方向，体现它们的路线、方针和政策，是为其政治目的服务的，具有鲜明的目标方向。

（4）抗争性。抗争性指企业在竞争中为战胜竞争对手，迎接环境的挑战而制定的一整套行动方案。制定和实施战略，都要针对一定对象。通过对其各方面的情况进行分析判断，确定适当的战略目的，有针对性地建设和使用好进行斗争的力量，掌握斗争的特点和规律，采取多种斗争形式和方法，对敌抑长击短，对己扬长避短，以取得预期的斗争效果，这是战略谋划的基本内容。

（5）预见性。预见性是谋划的前提、决策的基础。在广泛调查研究的基础上，全面分析、正确判断、科学预测国际国内战略环境和敌友关系，以及敌对双方战争诸因素等可能的发展变化，把握时代的特征，明确现实的和潜在的斗争对象，判明面临威胁的性质、方向和程度，科学预测未来战争可能爆发的时机、样式、方向、规模、进程和结局，揭示未来战争的特点和规律，这是制定、调整和实施战略的客观依据。

（6）谋略性。战略是基于客观情况而提出的克敌制胜的斗争策略，它是在一定的客观条件下，变被动为主动，化劣势为优势，以少胜多，以弱制强，乃至不战而屈人之兵的重要方法。运用谋略，重在对战争全局的谋划。制定战略强调深谋远虑，尊重战争的特点和规律，多谋善断，料敌定谋，灵活多变，高敌一筹，以智谋取胜。

（7）风险性。风险性指战略考虑企业的未来而未来具有不确定性，因而战略具有风险性。

六、企业战略管理过程

按理性主义的理解，对战略管理过程予以分析，即将其分为三个阶段：战略分析、战略制定和战略实施。

（一）战略分析

战略分析的目的是明确企业所处的环境、企业资源能力、竞争地位和企业文化特征，为战略制定做好准备。战略分析是整个战略管理的基础。它有助于企业了解竞争环境正在发生什么变化，这些变化对企业未来的发展将有何影响，组织应对环境变化的能力如何，又具备怎样的资源去应对环境变化，组织范式如何，而组织的利益相关者对组织有何种期望，以及这些期望对企业未来将产生什么样的影响等。可以把以上需要分析的问题概括为三个方面：环境分析、资源分析、战略目标的设定。

1. 环境分析

社会化的企业一方面从社会上取得资源，另一方面又要为社会提供产品或服务，但能否生存则完全取决于社会能否接受其产品或服务。因此，社会的政治、经济、文化、技术、生态等因素无不对企业的生存发展产生巨大的影响。这些因素繁多而复杂，需要感知、识别关键的环境因素。环境分析就是抓住影响企业生存发展的力量来源，从而把握环境因素发挥作用的方式，明确环境因素对企业带来的机会和威胁。

2. 资源分析

企业之所以能在复杂多变的环境中生存和发展是因为企业自身也有发展和应变的能力，即企业拥有的资源。资源既包括人力、物力、财力等实物资源，也包括商标、形象、美誉度等抽象资源。显然，这些资源是复杂多样的。首先要理解什么是构成企业能力的关键资源要素，然后要进行价值链分析。资源分析的最终目的是理解企业在市场竞争中的优势和劣势。组织在进行战略分析时，还必须研究组织的“利益相关者”对组织的期望在组织战略目标制定中所起的作用。战略分析这种“平衡”态度对于改善组织战略管理是至关重要的，它有助于组织获得良好的发展环境和“双赢战略”。

3. 战略目标的设定

根据战略分析的结果，企业首先确定自己的使命，即企业对自己的经营范围、市场目标进行概括描述。企业使命是一个企业区别于其他类型组织而存在的原因和目的，为企业提供了一种原则和一个方向。在确定企业使命之后，企业需要进行功能定位，以更进一步具体说明企业战略，仅仅有明确的企业使命和功能定位还不够，还必须把这些共同的愿望与良好的构想转化为各种战略目标。如果一个企业没有合适的战略目标，则势必使企业战略管理活动陷入盲目的境地。

（二）战略制定

战略制定包括制定可能的行动方案及对这些方案进行评价和选择。它可划分为三个方面的内容。

1. 战略方案的制定

在特定条件下，企业可选择的战略是很多的，关键在于进行科学的分类，发现其内在规律性，以便制定战略时遵循。为此，这里首先讨论战略目标的制定，然后讨论“一般战略”，即企业在竞争中可以立足的竞争基础战略；讨论“发展方向”，即企业在所处状态下可能采取的进取、退避、相持的方针；讨论“发展方法”，即企业有何种获取资源、实现战略目标的方法。这些方面结合起来，就可以形成不同的战略方案，同时也启发战略制定者系统、整体地思考可能的方案，避免以偏概全。

2. 战略方案的评价

如何判断和评价一个战略的优劣是理智地选定一个战略的关键。战略评价要回答：战略的合理性如何？战略是否利用了企业面临的机会，是否发挥了企业的优势，是否有力地消除了恶劣环境因素的威胁和克服（避免）了企业的弱点？这个合理性称为战略的适宜性，即企业有无充分的资源来实现战略。在资源不足的情况下，美好的战略就会成为无源之水、无本之木。评价的另一项内容是战略的可接受性。企业战略的目的是使企业盈利，是在给定的预算下最大限度地发挥预算的效力。因此战略如被接受，财务上必须盈利。战略可接受性还涉及人们的期望和价值观，即战略能否为与企业有关的主要成员所接受，是否体现了大多数人的利益等。

3. 战略方案的选择

以上讨论的最终目的还要归结到制定可供选择的战略方案，摆在企业面前的可行方案可能不止一个，即使是仅有的方案也需要真正“拍板定案”。一个战略通常利弊会同时存在，相互交织，因此进行战略决策往往是一项十分艰难的任务。战略选择并不是一种纯粹客观的理性行为。实际上，它会受到人们的期望和价值观的强烈影响，选定最终战略往往取决于管理者的判断或需要通过某种组织决策程序来进行操作。

（三）战略实施

战略实施是贯彻执行既定战略规划所必需的各项活动的总称，是把选定的战略转化为具体行动的过程，也是战略管理过程的一个重要部分。

1. 战略实施

这里的战略实施是指战略组织协调、落实各项措施的活动阶段。它包括以下主要内容：一是资源的规划与配置；二是组织结构的建立与调整；三是战略实施过程中的企业家角色定位与培养；四是培育与企业战略相适应的企业文化；五是创建企业核心能力。

战略实施的成功与否，是整个战略管理能否实现战略目标的关键。制定一个好的战略对于企业十分重要。但是，战略只有通过实施才能取得好的实际效果。

2. 战略评价与控制

这是战略管理的最后阶段，对战略、计划和预算的实施情况进行战略控制和作业控制。控制对前面的各项工作都有反馈作用。

战略评价包括以下三项基本活动：①考查企业战略的内在基础；②将预期结果与实际结果进行比较；③采取纠正措施以保证行动与计划的一致。

战略控制在战略评价的基础上进行。首先分析战略是否按照原计划进行，然后需要分析原定的战略是否取得了预期效果。战略评价和控制都是在战略实施的过程中进行的。如果战略实施没有取得预期效果，应该首先对原定战略进行分析。如果分析表明原定战略有失误之处，就应该进行调整；如果原定的战略是正确的，只是由于环境或内部条件发生了原先不曾预料的变化，那么也应该对战略进行调整。战略管理的过程模式如图 4－2 所示。

总之，战略管理是企业对战略制定和实施的管理，也可以理解为对企业进行战略性的管理。它与一般管理的不同之处就在于需要从长远角度把握企业方向，从全局保证决策的正确性。它通过使命、宗旨、策略、战略等将企业行为归为一个整体。战略管理起着指导和推动管理的作用，具有很强的实用性。

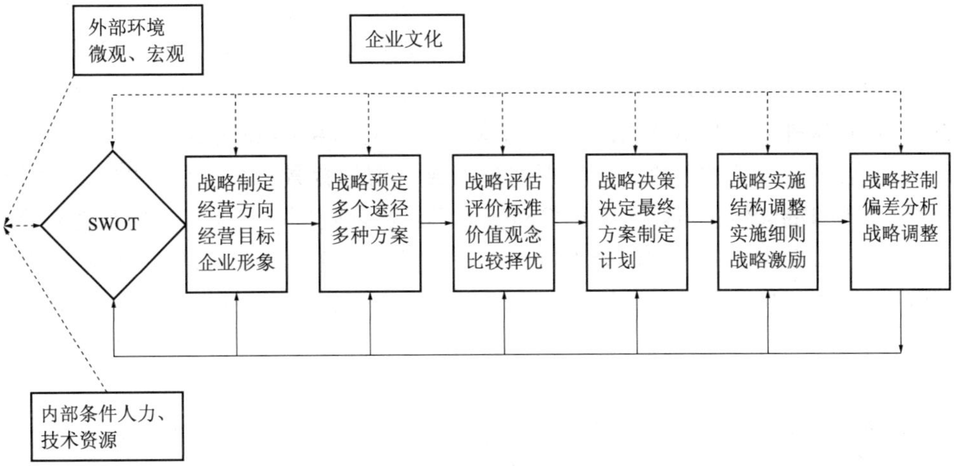

图 4－2　战略的过程模式

第四节　决策

一、决策的含义

（一）决策的含义

广义决策指所有的意志决断。它既包括简单的反应式选择，即一旦出现刺激，便自然而然发生响应的行为，也包括复杂的思辨式选择，即需要对环境条件、可能变化、行为结果、备选方案和预期价值进行分析比较的行为，是常常与犹豫伴随的行为选择模式。

狭义决策活动是高度自觉的理性活动，基于复杂情况的处理需要而发生。就是说，由于情况复杂，自然而然的反应方式不够了，不能保证人们对客观事物采取恰当的行动。在这样的情况下，需要人们动脑子想问题，有意识地收集资料、分析原因、寻找措施、预期结果，在不同的处理办法中进行比较和择优，最后采取行动。

因此，狭义决策活动是一个极为复杂的过程，必须专门处理。在长期的社会实践中，人们不断总结决策的经验与教训，反思决策的方法与过程，揭示了狭义决策活动的结构和机理，指出决策活动由决策主体、决策环境、决策标准、决策方案构成，这些要素的状况及相互关系，影响着决策活动的方式和成效。

（二）决策条件

决策主体对行为方式的选择不是随心所欲的，必须考虑环境条件。

所谓决策条件，是指影响行为目标选择和实现的相关因素，相对于一定的目的而存在。

反过来，目的也是一定环境条件提供的行为目标。巴纳德认为，目的只能用环境来说明，离开环境目的是没有意义的。一个一般的目的，通常与一般的环境假设相关，用这个一般环境来说明。一般目的设定以后，会关注更具体的环境特征，从而把一般目的转化为具体目的。例如，当一个人决定从 A 地到 B 地去时，关于如何去的行为方案可能还是模糊的。一旦决定以后，他立即就会注意到可能的路径和困难。对环境的精细识别导致了更详细和具体的目的。例如不仅要从 A 地到 B 地去，而且要走这条路等。

巴纳德指出，决策条件的内容极为复杂，包括自然与社会、运动着的生命体、人的感情和理性、社会信念、活动准则等，它们的数量在一直变化。除非按照与某种目的相关的方面加以辨别，否则这种多样性和变化是没有意义的。进行辨别的方式是：把环境分成两个部分。一是不重要的、无关的事物，这种事物被当成行为的背景；二是重要的、相关的事物，这种事物对实现目的起促进或阻碍作用。对于两类事物的辨别一旦实行，决策就在萌芽之中了，其形式是对各种重要的相关因素进行考查、分析、比较，从而构想初步的行动方案。对各种不同的备选方案进行设计与选择，或者是利用有利因素来实现目标，或者是利用消除不利因素的备选方案而进行设计与选择，或者是利用有利因素来实现目标，或者是消除不利因素或绕过不利因素，也可能因为条件不允许而改变目的。

重要的是必须认识到，行动的机会产生于环境条件之中。这就要善于发现环境中的机会，积极采取行动，有时候还需要在环境制约与行为可能之间进行衡量，进行机会分析和评估。比如，家电企业欲进入手机行业，但是没有手机生产的经验和核心技术，投资和风险都很大。这时候市场开发部门发现了一个不错的时机，就是时值大学新生入校，许多家长都打算给考上大学的孩子买部新手机。这个市场需要功能简单、式样新潮的廉价手机。通过反复考查和权衡，这家企业认为利大于弊，抓住了这个机会作为市场切入点，迅速树立了手机生产商的形象。

课堂案例 4－2

阿迪达斯与耐克

如果你是一名认真的长跑者，那么在 20 世纪 60 年代或 70 年代初，你只有一种合适的鞋可供选择：阿迪达斯（Adidas）。阿迪达斯是德国的一家公司，是为竞技运动员生产轻型跑鞋的先驱。在 1976 年的蒙特利尔奥运会上，田径赛中有 82% 的获奖者穿的是阿迪达斯牌运动鞋。阿迪达斯的优势在于试验。它使用新的材料和技术来生产更结实和更轻便的鞋。它采用袋鼠皮绷紧鞋边。四钉跑鞋和竞赛鞋采用的是尼龙鞋底和可更换鞋钉。高质量、创新性和产品多样化，使阿迪达斯在 20 世纪 70 年代中支配了这一领域的国际竞争。

20 世纪 70 年代，蓬勃兴起的健康运动使阿迪达斯公司感到吃惊。一瞬间，成百万以前不喜好运动的人们对体育锻炼产生了兴趣。成长最快的健康运动细分市场是慢跑。据估计，到 1980 年，有 2500 万 ~3000 万美国人加入了慢跑运动，还有 1000 万人是为了休闲而穿跑鞋。尽管如此，为了保护其在竞技市场中的统治地位，阿迪达斯并没有大规模地进入慢跑市场。

20 世纪 70 年代出现了一大批竞争者，如彪马（Puma）、布鲁克斯（Brooks）、新佰伦（New Balance）和虎牌（Tiger）。但有一家公司比其更富有进取性和创新性，那就是耐克（Nike）。由前俄勒冈大学的一位长跑运动员创办的耐克公司在 1972 年俄勒冈的尤金举行的奥林匹克选拔赛中首次亮相。穿着新耐克鞋的马拉松运动员获得了第四至第七名，而穿阿迪达斯鞋的参赛者在那次比赛中占据了前三名。耐克的大突破出自 1975 年的“夹心饼干鞋底”方案。它鞋底上的橡胶钉比市场上出售的其他鞋更富有弹性。夹心饼干鞋底的流行及旅游鞋市场的快速膨胀，使耐克公司在 1976 年的销售额达到 1400 万美元，而 1972 年仅为 200 万美元，自此，耐克公司的销售额飞速上涨。今天，耐克公司的年销售额超过了 35 亿美元，并成为行业的领导者，占有运动鞋市场 26% 的份额。耐克公司的成功源于它强调的两点：①研究和技术改进；②风格式样的多样化。公司有将近 100 名雇员从事研究和开发工作。它的一些研究和开发活动包括人体运动高速摄影分析，对 300 名运动员进行的试穿测验，以及对新的和改进的鞋及材料的不断试验与研究。

在营销中，耐克公司为消费者提供了最大范围的选择。它吸引了各类项目的运动员，并向消费者传递出最完美的旅游鞋制造商形象。到 20 世纪 80 年代初，慢跑运动达到高峰时，阿迪达斯已成了市场中的“落伍者”，竞争对手推出了更多的创新产品，并且成功地扩展到了其他运动市场。例如，耐克公司的产品已经统治了篮球和年轻人市场，运动鞋已进入了时装时代。到 20 世纪 90 年代初，阿迪达斯的市场份额降到了可怜的 4%。

（资料来源：爱问共享资料．管理学案例分析［EB/OL］. http：//iask. sina. com. cn/b/9263599. html）

（三）决策标准

决策标准是比较和选择行动方案的依据，体现了决策主体的偏好。比如，在购买计算机的决策中，一个人可能用重量、价格、内存、硬盘、待机时长作为评价标准，要求重量不能高于 5 千克、价格不能超过 8000 元、内存至少是 1G、硬盘最少是 80G、待机时间不能低于 3 小时等，这些选择标准就体现了这个人的偏好。如果是另外一个人购买电脑，他可能会有不同的评价标准，也就是有不同的偏好。

决策标准是决策主体决定的，反映对各种与目标相关因素的重视程度。年轻人更喜欢手机外壳的金属质感和流线外形，老年人则更喜欢手机外壳的颜色和花纹古朴典雅，这就是俗话说的“萝卜青菜各有所好”，建立恰当的决策标准是保证决策成功的基本条件。

决策环境对决策标准具有影响。白求恩大夫初到敌后方的时候，见到“战时医院”破败不堪、卫生措施极差，大发雷霆，认为这是对战士们的生命极不负责任。后来，了解到当时中国落后的经济条件、战争艰巨的形势和人才的匮乏时，他感到很惭愧，愿意留下来帮助大家。在不同的情形下，人们的决策标准会发生改变。

（四）决策方案

决策方案是实现目标的可能行动方案，是人们对行为的自觉安排，受到决策主体、决策环境和决策标准的影响。不同的决策主体，在不同的决策环境下，按照不同的决策标准，对同样的决策问题会做出不同的决策方案。

例如，同样是赶路，学生想到的是走还是骑自行车，商务人士想到的是坐出租车还是自己开车；同样是疏通淤泥堵塞的道路，目不识丁的老农想到的是叫多少老乡来挑土，技术人员想到的是根据淤泥的厚度和道路长度要派多少辆机车来铲泥。这些例子说明，决策主体的身份、经济条件、文化程度、见识、能力、气度以及偏好等，对解决同一个问题会产生不同的决策方案。如果时间紧急，学生们也只得考虑坐车；如果是环山道路或者是缺乏设备和经费，技术人员也只得考虑叫多少老乡来挑土。这时候影响决策方案的就是决策环境了。

（五）决策类型

企业生产经营活动设计的决策问题范围十分广泛，内容较多，且各有特点，为了便于决策者从不同层次上把握各类决策的特点，我们可将企业决策问题做如下分类：

1. 按决策层次划分

按决策层次划分，决策可分为战略决策、管理决策和业务决策。

（1）战略决策。指关系到企业未来发展的全局性、长期性的重大决策。这种决策旨在提高企业的经营效能，使企业的经营活动与外部环境的变化保持正常的动态协调。战略决策一般由企业最高管理层制定，故又称高层决策。企业经营目标和方针的决策、新产品开发决策、投资决策、市场开发决策等都属于战略决策。

（2）管理决策。指为实施战略决策，在人、财、物等方面做出的战术性决策。这种决策旨在提高企业的管理效能，以实现企业内部各环节的高度协调和资源的有效利用。管理决策具有指令化、定量化的特点，其正确与否关系到战略决策的顺利实施。这种决策一般由企业中间管理层做出，故又称中层决策。生产计划决策、设备更新改造决策等均属此类决策。

（3）业务决策。指在日常生产管理中旨在提高生产效率和工作效率、合理组织生产过程的决策。这种决策一般由企业基层管理层做出，故又称基层决策。属于这种决策的问题有：生产作业计划决策、库存决策等。

战略决策、管理决策和业务决策之间有时没有绝对的界限，三个层次的决策者都应或多或少地参与相临管理层的决策方案的制定。

2. 按决策事件发生的频率划分

（1）程序化决策。指在日常管理工作中以相同或基本相同的方式重复出现的管理业务决策。由于这类决策问题产生的背景、特点及其规律易被决策者掌握，所以，决策者可根据已往的经验或惯例制定决策方案。决策理论将这种具有常规性、例行性的决策称为程序化决策。属于这种决策的有生产方案决策、采购方案决策、库存决策、设备选择决策等。这种决策一般由职能部门制定，高层决策者很少过问。

（2）非程序化决策。指受大量随机因素的影响，很少重复发生常常无先例可循的经营事务的决策。这种决策由于缺乏可借鉴的资料和明确的统计数据，决策者大多对处理这种决策问题经验不足，在决策时没有固定的模式和规则可循。这样，决策者及其机构的洞察力、思维、知识及对类似问题决策的经验将起重要作用。由于决策过程不能标准化，所以需要高层决策者亲自参与，并依赖他们的知识、经验、智慧和判断能力，同时需要民主决策。

3. 按决策分析的方法划分

（1）确定型决策。指决策者对每个可行方案未来可能发生的各种情况（自然状态）及其后果十分清晰，特别是对哪种自然状态将会发生有较确定的把握，这时可从可行方案中选择一个最有利的方案作为决策方案的决断过程。

（2）风险型决策。指决策事件未来各种自然状态的发生是随机的，决策者可根据相似事件的历史统计资料或试验测试等估计出各种自然状态的概率，并依其大小进行计算分析后做出的决策。风险型决策可采用决策收益表、决策树等方法。

（3）非确定型决策。指决策者无法确定决策事件未来各种自然状态的概率，完全凭借个人的经验、感觉和估计做出的决策。目前，这种决策已经有一些决策准则供不同类型和风格的决策者选用。

4. 按决策的时间跨度划分

（1）长期决策。这种类型的决策，基本上是制定企业长远目标，中、长期计划及有关联合经营、资金投向、市场开发、产品转换、扩大规模等战略性的决策。

（2）短期决策。这类决策基本是指对一年之内要解决及执行的有关问题的决策。

5. 按决策主体不同划分

（1）个人决策。决策制定过程是由一个人完成的，其最大的优点就是效率高。

（2）群体决策。指很多人共同完成决策的制定过程。

课堂案例 4－3

沙漠求生

2002 年 5 月 17 日，有一架飞机在沙漠中发生意外，你和一部分幸存者，面临生死存亡的选择……

事发当天上午 10 点，飞机要在位于美国西南部的沙漠紧急着陆。着陆时，机师和副机师意外身亡，余下你和一群人幸运地没有受伤。失事前，机师无法通知任何人有关飞机的位置。不过从指示器知道距离起飞的城市 120 千米，而距离最近的城镇，是西北偏北 100 千米，该处有个矿场。该处除仙人掌外，全是荒芜的沙漠，地势平坦。失事前，天气报告气温达华氏 108 度。你穿着简便：短袖 T 恤衫、长裤、短袜和皮鞋。口袋中有十几元的硬币、五百多元的纸币、香烟一包、打火机和圆珠笔各一支。

你可以在以下物品做出选择：

（1）0.45 口径手枪；（2）大砍刀；（3）每人 4 升水；（4）薄纱布；（5）当地航空图；（6）化妆镜；（7）太阳眼镜；（8）塑料雨衣；（9）降落伞；（10）每人 4 升伏尔加酒；（11）指南针；（12）长外套；（13）食盐片一瓶（1000 克）；（14）《沙漠可以食用的动物》；（15）手电筒。

决策一：请你自己按你认为上述 15 种物品的重要性程度选择。

决策二：请 3～5 人组成决策小组，充分讨论后将上述 15 种物品按重要性程度排序。

总结个人决策与群体决策的优、缺点。

（资料来源：360 文档中心．沙漠求生记［EB/OL］. http：//www.360docs.net/doc/info-cdc9c002f111f18583d05aa3.html）

二、决策的实施过程

（一）识别决策问题

决策过程开始于处理问题的要求，或者更具体地说，开始于现状与期望之间的差异。当决策主体比较事情的现状与希望状态，发现二者之间存在需要弥合的差异，决策问题就会出现。因此，决策问题与一般问题的区别，在于直接实践导向。

与此相应，对决策问题的识别，与行动的压力和资源条件相关。一个决策活动的产生，与某种推动行动的压力相关，这种压力可能来自外部，也可能来自内部。不仅如此，只有人们感觉到从实际情况出发，有可能采取行动以改进状况时，才会面临真正的决策问题；否则，即使意识到了不满意的状况，感受到了采取行动的压力，如果没有适当的资源条件，仍然不会进行决策分析。

因此，决策问题的识别常常与行动目标的建立相联系。就是说，试图通过对问题的处理，达到改进实际状况的目标。决策问题的识别过程，与决策目标的形成过程密切相关。在狭义决策活动中，决策过程就是在问题意识引导下，明确决策目标并选择实现路径的过程。

如何把决策问题转化为决策目标，需要专门分析和处理。比如，两个被政府部门派到乡镇水文站驻守的工作人员，在洪水到来时，是继续搜集水文资料，向上级气象部门报告呢，还是加入抗洪抢险的队伍中去抢救被困的群众呢？他们面临的问题就是洪水来了，要对抗洪水，他们的目标可能是临危不惧、恪尽职守，也可能是奋不顾身、舍身救人。通过对目标的确定，能够进一步界定所遇到的问题，从而影响后续的决策活动。

（二）确定决策标准

一旦决策主体确定了需要关注的问题，找到了行动的目标，就必须建立决策标准。也就是说，管理者必须明确什么样的决策才是好的，为设计解决问题的决策方案确定评价的依据。在实际工作中，决策标准可能得不到清晰的陈述，但客观上必然存在。每个决策主体都会在对行为预期的基础上，选择某些标准作为决策依据。一般而言，决策标准包括三个方面：价值标准、科学标准和效率标准。

价值标准对应的是目的性。也就是说，决策方案的制定应该符合决策的目标。对于同样的实际情况，人们有不同的评价角度，从而产生不同的改进要求。决策方案的制定，应该有助于改进要求的实现。例如上例所说，乡镇水文站驻守的工作人员，决策目标是更好地抗御洪涝水灾，为群众谋利益。那么，怎样行动更能达到这个目标呢？是继续收集水文资料，还是参与抢险救护？对于决策方案的评价，要以更好地抗御洪涝水灾为基本依据。值得注意的是，价值标准与目标选择的价值倾向不同。后者体现决策者的期望，具有较强的主观性；前者是对这种期望的刻画，在是否准确刻画决策者期望的意义上，有正确与否的区分。

科学标准对应的是客观性。就是说，在为解决问题制定的各种方案中，由于实际条件的限制，有些方案更符合客观规律，能够更好地达到预定目标。上例中，为了抗御洪涝水灾，水文工作人员是继续收集水文资料，还是参与抢险救护，所起的作用是不一样的。正确的决策方案，应该能够使工作人员更好地发挥自己的作用。

效率标准对应的是有效性。不管采取什么样的解决办法，都要花费一定的资源条件，包括时间、精力、人力、财力、物力等。如何以较少的代价获得较大的成果是衡量决策方案的第三个标准。一个好的决策方案，应该能够低投入高产出地实现决策目标。

（三）设计工作方案

工作方案也就是改变现状的行动方案。设计工作方案是决策工作的主要内容，也是决策活动中最重要的步骤。

进行工作方案的设计，也就是根据实际情况和预期目标，确定自己的行动方式，包括做什么、怎么做、何时做、谁来做等，尽可能从价值标准、科学标准、效率标准等不同角度，建立高质量的行动方案。在实际工作中，方案的质量可以从合目的性、合规律性、可操作性三个方面加以评价。

合目的性指满足人们的需要，体现的是方案的价值性。比如，为了记录信息，钢笔书写、打字机打字、电脑文档录入等都是可用的，不管哪一种方式都称得上合目的。再如，企业对销售收入的要求是每一季度都要增加 5%，那么只要是有助于实现这个目标的方案，就是有价值的。但是，方案设计不能够天马行空编排出来，它必须符合客观实际，讲究科学，才可能付诸行动。很久不见的朋友要来，“恨不得插上翅膀飞过去”接他，但这只是人的美好梦想罢了，根本不可能做得到，实际一点的选择是乘出租车或开车去。西蒙在《管理行为》一书中，将价值性与科学性这两点总结为“价值前提”与“事实前提”，认为这两点正是人们决策的基本出发点。

符合价值性和科学性两个要点还不够，对一个具体的方案而言，还要结合实践来加以设计、规划，使得方案易于操作执行。比如，要拆除一栋二十几层高的旧楼房，有人建议由工匠们一个砖头、一片瓦地从头至尾拆除，这的确可以最终拆了这栋楼，听起来也并非天方夜谭，但是这样人工和时间的花费实在不小，而且还得找专业技术人员来安排先拆哪部分后拆哪部分，以免楼层塌陷，所以这种方法不方便操作。与此相反，采取定向爆破的办法，要经济有效得多。

总的来说，工作方案的质量可以从三个方面来考察：以实现决策目的为导向，是可以做得到的，而且容易做得到。

（四）进行方案择优

在条件允许的情况下，应该开发多种方案以供选择，因为实现一个目标其实是有很多可能的路径或手段的，就像要到达一个地方，可以坐公交车、出租车或地铁，也可以直接走过去。但是，每个方案的情况不一样，就是说一样的效果可能成本不一样，或成本一样效果却不一样。设计更多的工作方案，有助于发掘出更令人满意的方式。但是，方案也不是越多越好，因为开发方案是需要成本的，更何况人的认识能力有限，所以在一定的范围内选出所谓“较满意”的方案，也就可以了。

决策择优是人们决策能力的直接体现，决策的最终结果与决策者有着直接的关系，不同的决策者对同一个问题的决策可能都会不一样，这首先是因为选择本身是一种自觉性很强的行为，做出怎样的选择取决于决策者对问题、决策方案、个人偏好、环境条件等的理解程度，而这一切正是个体能力的集中体现。

正是由于人们的能力有一定的限度，所以对方案的选择不可能以“最优”为目标，只能在能力所及的范围内选择“最满意”的方案。尤其是方案的结果无法确定，只能依靠预期的时候，要择优而取，难度更大。当然，对不同的个体而言，理性限制程度是不一样的。一个简单的例子，主妇负责给家人准备晚餐，如果手头有一本菜谱，有经验的主妇能够迅速学会，做出很多种菜肴，而能力差一些的主妇只能学会做其中几道最简单的菜。因此，决策能力影响到决策者对已有方案的驾驭，从而影响其对方案的择优。

还有一种重要力量会影响人们的选择，那就是行为的习惯性。物体的运行尚有惯性，更何况是有生命、有感觉的人类。从心理的角度来分析，这种惯性往往超越了纯粹的理性，哪怕一件东西显然比另一种东西要好，但人们却愿意选择自己熟悉的那一件，这就是常说的“讲感情”。在行为方式的选择上也是一样，除了对它的“老感情”，还有一种原因就是，习惯的行为方式让人们更加安心，避免了因为不熟悉或不确定而造成的紧张感。所以，不管是自己做决策或是看待别人做决策，都有必要意识到这个重要的因素，这有助于理解现实世界里人们决策的方式。

具体的方案选择方法，是给每个备选方案按事先确定的各个指标赋值，然后将各指标值与对应的权重相乘，将各乘积相加，得到的就是这个方案的总值，最后将每个方案的总值排序，选出最优的一个。

（五）方案实施反馈

工作方案实施就是将决策付诸行动。也就是说，按照方案的设计采取行动，配置资源，使预期的目标得以实现。在此过程中，涉及一系列操作问题，包括如何结合实际落实方案设计的措施，选择方案实施的办法。如果是对于分工协作方式的决策，还要向有关人员解释方案的内容和形式，把方案设计变成大家共同努力的成果。

决策过程的最后一步是评估决策结果，看看按照决策方案采取行动的结果，是不是使问题得到了解决。如果问题仍然存在，就需要仔细分析哪里出现了偏差。例如，问题是否被错误定义了？评估备选方案时标准是否不当？方案选择是正确的，但是否实施得不好？考查结果也许要求决策者重新回到决策过程的某个步骤，甚至可能需要重新开始整个决策过程。

从决策活动的角度看，方案的实施和评价是决策过程的必要环节，不仅决定着决策目标能否变为现实，而且能够检验决策活动与决策方案的科学性、合理性与有效性。

三、决策的方法

由于不同问题的复杂性不同，人们能够掌握的信息不同，因此应对方案的可靠程度也不一样。在决策时分为三种类型，即确定性决策、风险性决策、不确定性决策。

（一）确定性决策

确定性决策是相对于确定性问题而言的。所谓确定性问题，是指由于客观情景的发展趋势明确，采取不同应对措施的效果是确定的。决策的任务在于对不同应对措施进行比较，选择投入产出率最高的方案。

以到车站接人为例。怎么才能既少用时间又准时接到要接的朋友呢？约束条件包括如下方面：有多少条到车站去的路线？每条路线的长度如何？走这条路线有哪些可行的交通工具？选择不同交通工具的可能性有多大？等等。把这些问题通通考虑在内，就能做出接人方式的最佳决策。也就是说，进行确定性决策时，虽然有多种可供选择的方案，但每种方案的结果是唯一的，因此选择不同方案的效果是确定的，可以通过对效果的比较直接做出决策。

因此，确定性问题具有如下特点：所要解决的问题清楚，相关的约束条件明确，可选择的处理办法有限，不同办法的效果可以预期。与此相应，确定性问题的决策方式，是在罗列所有可能办法的基础上，选择花费最小、收益最大的解决方案。

在上例中，就是选择花费时间最短、费用最小的准时接人方式。

（二）风险性决策

风险性决策相对于风险问题而言。所谓风险问题，是指问题具有多种发展可能性，每种发展方式的结果是确定的，但究竟哪种发展方式会出现不是确定的，只能做出概率估计。决策的任务，是对具有不同出现概率的不同发展方式进行分析比较，选择收益最大的行为方式。

进行风险决策时，由于不同发展方式出现的可能性大小不一，因此不能仅以每种方式的收益为依据，还要考虑发生的概率，并承担对未来发展趋势判断不准的风险。在实际工作中，风险性决策比确定性决策困难得多。为此，人们总结了不少具有针对性的风险决策方法。这里对决策树分析法做简单介绍。

1. 决策树构成

所谓决策树分析法，即用树状图描述各种方案在不同情况下的收益，据此计算每种方案的期望收益，从而做出决策。

决策树由决策点、方案枝、状态结点、概率枝和期望值等构成。决策点为决策出发点，用“□”表示。决策点引出若干决策枝，每一条决策枝都代表一个方案。决策枝末端为状态结点，用“○”表示。状态结点又引出概率枝，每一条概率枝都代表一种自然状态。在概率枝末端标出每种自然状态的收益或损失值。

2. 决策树分析

绘制决策树图：先分析所有决策条件，然后自左向右展开绘制决策树。

计算期望值：自右向左计算。以每种自然状态的收益值乘以各自概率枝上的概率，然后将各概率枝的值相加，减去投资值后，标于状态结点上。

选择最佳方案：比较选出价值最大的方案，并将最大值标记于决策点上；未被选用的方案用两条平行短线截断，称为“剪枝”。

下面以一个企业的市场开发决策树来说明决策树的原理和应用。

某企业为了扩大产品生产，拟建设新厂。据市场预测，产品销路好的概率为 0.7，销路差的概率为 0.3。有三种方案可供企业选择：

方案 1：新建大厂，需投资 300 万元。据初步估计，销路好时，每年可获利 100 万元；销路差时，每年亏损 20 万元。服务期为 10 年。

方案 2：新建小厂，需投资 140 万元。销路好时，每年可获利 40 万元；销路差时，每年仍可获利 30 万元。服务期为 10 年。

方案 3：先建小厂，3 年后销路好时再扩建，需追加投资 200 万元，服务期为 7 年，估计每年获利 95 万元。

问哪种方案最好？

画出该问题的决策树，如图 4－3 所示。

图 4－3 中有两种自然状态：销路好和销路差。自然状态后面的数字表示该种自然状态出现的概率。位于状态枝末端的是各种方案在不同状态下的收益或损失。据此可以算出各种方案的期望收益。

方案 1：期望收益为：$[0.7\times100+0.3\times(-20)]\times10-300=340$（万元）

方案 2：期望收益为：$(0.7\times40+0.3\times30)\times10-140=230$（万元）

方案 3：由于结点④的期望收益 465（$=95\times7-200$）万元大于结点⑤的期望收益 280（$=40\times7$）万元，所以销路好时，扩建比不扩建好。方案 3（结点③）的期望收益为：$(0.7\times40\times3+0.7\times465+0.3\times30\times10)-140=359.5$（万元）

计算结果表明，在三种方案中，方案 3 最好。

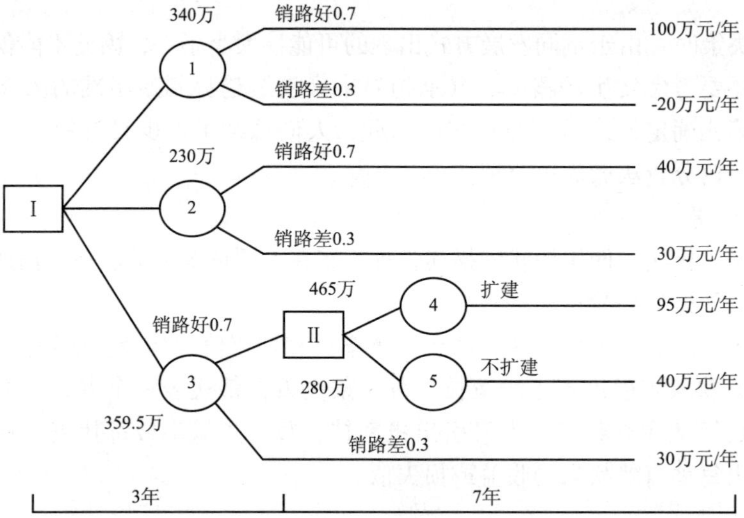

图4-3 决策过程

（三）不确定性决策

不确定性决策是相对于不确定性问题而言的。

不确定性问题比风险问题更加复杂。其特点是，未来发展的趋势不止一种，而且不同发展方式的出现概率不知道。因此，只能在未来状态不确定的情况下进行决策。这时候，仅仅依靠投入产出计算和比较就不够了，还要依靠决策者的经验、智慧和习惯。与此相应的决策方法也有很多，其中与决策者习惯和偏好相关的方法具有典型性。这里介绍大中取大法、小中取大法、机会均等法和大中取小法等。

例：某企业打算生产某产品。据市场预测，产品需求量有四种情况：需求量较高、需求量一般、需求量较低、需求量很低。每种情况出现的概率均无法预测。现有三种方案：A方案是自己动手，改造原有设备；B方案是全部更新购进新设备；C方案是购进关键设备，其余自己制造。该产品计划生产5年。据估计，各方案在各种自然状态下5年内的预期损益如表4-1所示。

表4-1 各方案损益值表

万元

自然状态 / 方案	需求量较高	需求量一般	需求量较低	需求量很低
A方案	70	50	30	20
B方案	100	80	20	-20
C方案	85	60	25	5

对于上述三种方案，可以采取四种决策方式：

大中取大法。比较各方案产生的最大收益，选取最大的方案。采用这种方法的管理者对未来持乐观的看法，认为未来会出现最好的自然状态，因此不论采取哪种方案，都能获取该方案的最大收益。采用大中取大法时，首先找出各方案能带来的最大收益，即在最好自然状态下的收益，然后进行比较，选择在最好状态下收益最大的方案作为决策方案。上例中，A 方案的最大收益为 70 万元，B 方案的最大收益为 100 万元，C 方案的最大收益为 85 万元，经过比较，B 方案的最大收益最大，所以选择 B 方案。这种方法有时是危险的，因为它忽视了可能发生的不利局面。

小中取大法。比较各方案产生的最小收益，选取最大的方案。采用这种方法的管理者对未来持悲观的看法，认为未来会出现最差的自然状态，因此不论采取哪种方法，都只能获取该方案的最小收益。采用小中取大法进行决策时，首先找出各方案所带来的最小收益，即在最差自然状态下的收益，然后进行比较，选择在最差自然状态下收益最大的方案作为所要的方案。在上例中，A 方案的最小收益为 20 万元，B 方案的最小收益为 -20 万元，C 方案的最小收益为 5 万元，经过比较，A 方案的最小收益最大，所以选择 A 方案。这种方法有时是保守的，因为它忽视了可能发生的有利局面。

机会均等法。对每种可能发生的状态设定相等概率，假设所有自然状态都有同等出现的可能性。

A 方案的期望值 = （70 + 50 + 30 + 20）/4 = 42.5（万元）

B 方案的期望值 = [100 + 80 + 20 + （-20）]/4 = 45（万元）

C 方案的期望值 = （85 + 60 + 25 + 5）/4 = 43.75（万元）

经过比较，B 方案的收益最大，所以选择 B 方案。

大中取小法。把决策者的可能遗憾极小化。这是因为，管理者在选择某方案后，如果将来发生的状况与自己的估计不符，选择其他方案的收益更大，那么他会为此而后悔。大中取小法就是使后悔值最小的方法。采用这种方法进行决策时，首先计算各方案在各状态下的后悔值，并找出各方案的最大后悔值，然后进行比较，选择后悔值最小的方案为所要的方案。如表 4-2 所示，三个方案的最大后悔值分别为 30、40、20。因为 C 方案的最大后悔值最小（20），故选中该方案。

表 4-2　最大后悔值比较表

万元

方案	需求量较高	需求量一致	需求量较低	需求量很低	最大后悔值
A 方案	30（100-70）	30（80-50）	0（30-30）	0（20-20）	30
B 方案	0（100-100）	0（80-80）	10（30-20）	40（20+20）	40
C 方案	15（100-85）	20（80-60）	5（30-25）	15（20-5）	20

上述四种方法的选择方式，不是取决于决策者的信息和能力，而是取决于决策者的性格与决策偏好。因此，在同样的不确定情况下，依据相同的资源条件，不同性格的决策者会选择不同的方案，这体现了决策方法的个性差异。

本章思考题

1. 什么是计划？计划的性质和作用有哪些？
2. 如何制订计划？一般有哪些方法？

3. 简述企战略的含义与特征。

4. 什么是决策？包括哪些类型？

5. 请分别解释确定性决策、风险性决策和不确定性决策。

6. 回答程序化决策和非程序化决策的区别。

案例讨论

东芝公司的目标管理

1. 案例简介

读到土光敏夫的时代，不能不涉及东芝公司独具特色的目标管理方式，目标管理作为一种科学的管理方式，并非由日本人首创，但是东芝公司接受和借鉴了德鲁克的“目标管理”的管理理念，并应用到实践，有效地提升了企业的绩效。东芝公司的目标管理主要包括以下四个部分：

（1）制定目标。在目标管理实施中，东芝公司首先把目标的制定放在首位。在制定目标时要求两点：员工的目标和企业的目标保持一致，每个人都要制定切实的目标。另外在制定目标时还遵守了以下原则：目标数量不宜过多、目标的内容具体明确、目标难度以略高于本人能力为准、不能失去长远的观点等。

（2）东芝目标管理的特征。东芝目标管理的特征主要包括两点：直接结合经营需要的一贯性，即目标管理必须从企业的整个经营体制出发，保持完整的一贯性；以个人为中心提高能力，具体来说，每个人的目标，是按照本人的能力、适应性和性格等特点来确定的。

（3）目标管理的结构。东芝公司的目标管理，重要的前提就是相信每个人的能力和积极性，恰如其分地明确每个人的工作和任务，然后通过权力下放和自我控制，确立好整体的目标体系以及每个人的目标体系。在目标管理的最后阶段，实施成果评价并与绩效考核挂钩，配合相应的奖惩措施，提高员工的积极性。

（4）目标管理的实施。在东芝目标管理的实施过程中，坚持少而精主义和能力主义。此外在实施过程中还坚持“信任下级”原则，适当下放权限，上下级之间建立信任；最后，依据达到程度、困难程度、努力程度三个要素进行成果评价，进行相应的奖励，保证目标管理的有效性。

2. 成功之处

（1）具备一套完善的管理流程。东芝公司的目标管理之所以成功，离不开与之相匹配的一整套管理流程。首先，高层管理人员确定公司未来的战略和目标。其次，由上至下，逐级确立各级的任务和目标。其中，下级的目标是多次和上级进行沟通，双方商定一致之后，最终确立下来的是最终目标，这也是下级员工接受和认可的。在执行过程中，东芝组织的高层领导密切关注和参与，同时让所有员工都参与到目标管理体系中，达到了全员认可、全员参与的效果。最后，将绩效与目标管理的成果评价结合起来，确保员工能从中受到激励，让员工更有积极性。

（2）对细节的注意。东芝公司严格遵循了目标管理的四个要素，设置的目标要明确、让员工参与决策、规定了目标管理的一定时限、将成果评价与人事安排结合起来。此外，东芝还特别注意营造平等的氛围，让上下级之间多沟通，建立身后的信任。通过实行目标卡片制，让员工做出承诺，并确保员工能从中受到激励，让员工更有积极性和实现目标的可能性。

(3) 高层管理人员和基层员工共同参与。东芝公司的目标管理，就是高层人员亲自关注和参与，从而提高了目标管理被重视的程度。让员工参与决策，让他们产生了主人翁意识。在日本东芝公司编写的《目标管理实践》中指出，每一个职工，由于亲自参加了制定目标的过程，所以会感到自己为达到目标负有责任，于是会以极大的热情投入工作。

(4) 基于 Y 理论，充分信任员工。东芝公司的目标管理基于 Y 理论，认为“人，就其本性而言，有劳动的欲望、自我提高的欲望和承担责任的能力”。本着这种思想，东芝公司形成了信任员工的氛围，对他们抱有积极的期望，激发员工的工作热情，同时上级下放权力，但无权过分干涉员工达到目标的具体措施。甚至一定程度上为这种员工承担风险，允许员工失败，认为这是对员工的教育投资。

(5) 以员工为中心提高员工能力。东芝公司的目标管理的一个重要特点就是以员工为核心提高员工能力。东芝公司把重点放在“提高能力”上，就是要使目标连锁体系中不能充分展开的下级也能实行目标管理。东芝让员工制定略高于自己能力的目标，保证了员工能力的提高。从目标管理的心理功能解析来看，目标管理对人的心理具有定向、控制、激励、凝聚、反馈五个功能，一旦成功完成目标，还有助于提高个人的自信心，使员工获得成长。另外，为了保证每个人的努力方向与企业的总目标相一致，采取了“自上而下有组织地展开”和“以联合讨论为中心展开”这两项措施。要想使员工从“要我做”变为“我要做”，就必须借助目标管理这种管理原则。东芝公司通过让个人目标与集体目标相一致的方式，让员工自觉自愿地为了集体目标而努力。

(6) 与人事管理相结合，评价成果并适当奖惩。东芝公司的目标管理，最后的一个环节就是与人事考评、晋升、继任者培养等相结合，依照制定的标准对成果进行评价。有了激励制度，才能保证员工有动力更好地实现自己的目标。最后的成果评价，保证了员工的努力有一个被认可的流程，对员工的奖励可以成为下一阶段员工实现目标的巨大动力，从制度上构成了良性的循环。

（资料来源：王春莉．东芝公司目标管理的分析 [J]．中国市场，2011 (22)：25－26.）

第 5 章

组织设计与组织变革

章前引例

温特图书公司的组织改组

温特图书公司原是美国一家地方性的图书公司。近 10 年来，这家公司从一个中部小镇的书店发展成为一个跨越 7 个地区，拥有 47 家分店的图书公司。多年来，公司的经营管理基本上是成功的。下属各分店，除 7 个处于市镇的闹区以外，其余分店都位于僻静的地区。除了少数分店也兼营一些其他商品外，绝大多数的分店都专营图书。每个分店的年销售量为 26 万美元，纯盈利达 2 万美元。但是近 3 年来公司的利润开始下降。

2 个月前，公司新聘苏珊任该图书公司的总经理。经过一段时间对公司历史和现状的调查了解，苏珊与公司的 3 位副总经理和 6 个地区经理共同讨论公司的形势。苏珊认为，她首先要做的是对公司的组织进行改革。就目前来说，公司的 6 个地区经理都全权负责各自地区内的所有分店，并且掌握有关资金的借贷、各分店经理的任免、广告宣传和投资等权力。在阐述了自己的观点以后，苏珊便提出了改组的问题。

一位副总经理说道："我同意你改组的意见。但是，我认为我们需要的是分权而不是集权。就目前的情况来说，我们虽聘任了各分店的经理，但是我们却没有给他们进行控制指挥的权力，我们应该使他成为一个有职有权，名副其实的经理，而不是有名无实，只有经理的虚名，实际上却做销售员的工作。"

另一位副总经理抢着发言："你们认为应该对组织结构进行改革，这是对的。但是，在如何改的问题上。我认为你的看法是错误的。我认为，我们不需要设什么分店的业务经理。我们所需要的是更多的集权。我们公司的规模这么大，应该建立管理资讯系统。我们可以透过资讯系统由总部进行统一的控制指挥。广告工作也应由公司统一规划，而不是让各分店自行处理。如果统一集中的话，就用不着花这么多工夫去聘请这么多的分店经理了。"

"你们两位该不是忘记我们了吧？"一位地区经理插话说："如果我们采用第一种计划，那么所有的工作都推到了分店经理的身上；如果采用第二种方案，那么总部就要包揽一切。

我认为，如果不设立一些地区性的部门，要管理好这么多的分店是不可能的。”“我们并不是要让你们失业。”苏珊插话说：“我们只是想把公司的工作做得更好。我要对组织进行改革，并不是要增加人手或是裁员。我只是认为，如果公司某些部门的组织能安排得更好，工作的效率就会提高。”

（资料来源：世界经理人．温特图书公司的组织改组［EB/OL］. http：//www. ceconline-bbs. com/FORUM_BESTCOM_900001_900003_808488_0. HTM）

组织是管理的另一个基本职能，其主要作用是为了实施计划而进行组织结构的设计，如成立某些机构或对现有机构进行调整；为实现计划目标所进行的必要的组织手段和过程，如进行人员、设备、技术、物资等的调配，组织、监督计划的实施等。

第一节　组织的含义、职能、环境与类型

一、组织的含义

按照管理学中“结构论”的观点，对组织可以给出如下定义：为了某种特定的目标，经由分工合作、具有不同层次的权利和责任制度而构成的人的集合称为组织。例如，企业、行政机关、学校、医院、军队等实体都是组织。关于组织的含义可做如下说明：

（1）目标是组织存在的前提，没有目标的人的集合不能称为组织。组织所做的各种努力，都是为了维持自身的生存和发展，最终达到组织目标。例如，通过从事生产、流通和服务等活动而获得利润是大多数企业的目标之一；医院的目标是为患者提供诊疗服务；大学的目标是培养高级科技人才；国家各级政府的目标是做好国家相关领域的决策与管理。

（2）分工与合作是组织运营并发挥效率的基本手段。为了使组织有效运行，需根据组织目标的需要，按照某种原则设计出组织的层次结构，即将组织划分成不同层次的职能部门，这些部门都将承担组织的部分特定工作，这就是所谓的职能分工。这种分工可以使不同性质的任务同步进行，因而大大提高了工作效率。当然，仅强调分工是不够的，为了按时、高效、高质量地实现组织的总目标，各个层次的职能部门需协调工作、相互配合，即进行有效的合作。

（3）组织必须具有不同层次的权利和责任制度。与组织的不同层次结构相适应，组织需赋予不同层次权利和责任，为达成组织目标提供必要的保证。

按照管理学中“系统论”的观点，关于组织又可以给出另外的定义，即组织是由许多共同工作的子系统组成的开放的社会系统，各个子系统之间、子系统与总系统之间相互作用、互相影响。组织与环境之间有信息、物质、能量的交流，例如，可以将组织划分为传感子系统、信息子系统、决策子系统、加工子系统等。

二、组织职能

管理的组织职能就是通过建立、维护并不断改进组织结构以实现有效的分工、合作的过程。所谓组织结构就是组织中划分、组合和协调人们的活动和任务的一种正式框架。组织结

构体现了组织各部分的排列顺序、空间位置、集聚状态和相互关系。

组织职能的具体内容包括以下几点：

（1）部门划分。将实现目标所必需的各种活动加以分类，并进行组合以形成方便管理的部门；

（2）职位设计。根据不同任务的分类和组合，设置关键职位；

（3）权责配置。规定各个部门和职位所必需的权利和应尽的责任；

（4）人员配备。为组织中的职位配备适当的人员；

（5）结构维护。不断改进组织结构与职位权责，使组织形成一个高效的有机整体。

课堂案例 5－1

摩西携民逃荒

《圣经》里说，摩洛哥大旱，居民们为了活命，就跟着一个叫摩西的人去欧洲逃荒。一路上也是“扶老携幼”、“将男带女”、“乱乱纷纷”、“熙熙攘攘”，每天大约只走 10 里[①]路。人们大小事情都找摩西解决，搞得摩西狼狈不堪。他的老丈人看着不忍，给他出了个主意，让他在每 10 个人中选一个能干的当“小头儿”，“小头儿”们再选精明的人当“大头儿”，“大头儿”们再选更精明的人当“更大的头儿”，这些更大的头儿则由摩西指挥。居民有事，逐级处理或上报；摩西有令，逐级下达和执行。这样一来，居民们就成了有秩序的队伍，行进速度就会加快，摩西也有工夫考虑大事了。摩西听了老丈人的建议，对居民们进行了组织，果然行进速度加快了，提前到达了目的地。

三、组织环境

组织是在一定的环境下生存与发展的。组织环境包括组织的外部环境和内部环境。外部环境是指组织之外所有可能影响组织的因素构成的环境，包括一般环境和任务环境，其中一般环境包括社会文化环境、经济环境、政治法律环境和技术环境；任务环境的要素主要有供应商、战略伙伴、政府、竞争对手和顾客等。内部环境是指组织内部的条件和因素，其要素主要包括所有者、员工、资金、物质资源等。组织环境示意图如图 5－1 所示。

图 5－1　组织环境示意图

组织与它的环境是相互作用、相互影响的。组织依靠环境来获得资源和发展机会，而环境对组织的活动又有许多限制并决定是否接受组织的产出。如果组织能够不断地提供环境

① 1 里＝0.5 千米。

所能接受的产品和服务，则环境就会不断地为组织提供资源和机会，组织就会不断壮大、发展；否则，环境将拒绝提供组织所需要的资源和机会，这时组织将难以生存。所以环境对组织起着支持和约束的双重作用。例如，一个企业如果能够不断地提供顾客满意的产品，则顾客就会购买该企业的产品，通过产品的销售，企业将重新获得用于再生产的资源；反之，如果这个企业不能够提供顾客满意的产品，就会出现销售下降、企业亏损，严重时还会倒闭。

四、组织类型

（一）正式组织与非正式组织

正式组织是指在组织设计中，为了实现组织的总目标而设立的功能结构，这种功能结构或部门是组织的组成部分并有明确的职能。例如，企业中的销售部门、生产部门、财务部门等都是正式组织。组织设计主要任务就是规划设计正式组织，确定这些部门的功能及其相互关系。正式组织的基本特征是设立的程序化、解散的程序化、运作的程序化。

非正式组织是指在组织中由于地理位置关系、兴趣爱好关系、工作关系、亲朋好友关系而自然形成的群体，这种群体不是经过程序化而成立的。例如，企业中的业余足球队、业余合唱团等都是非正式组织。非正式组织的作用具有两面性，是现实中不可忽视的群体。它的优点是参加非正式组织的个人有表达思想的机会，能提高士气，可以促进人员的稳定，有利于沟通，有利于提升人员的自信心，能减少紧张感。如果利用得好，它可以对组织目标的实现发挥重要作用。但是，当组织中非正式组织的目标与组织的总目标不一致或发生冲突时，非正式组织又会成为组织目标实现的障碍，可能会出现集体抵制上级的政策或目标的情况。

（二）实体组织与虚拟组织

1. 实体组织

此处的实体组织就是一般意义上的组织，即为了某种特定的目标，经由分工合作、由不同层次的权利和责任制度而构成的人的集合。例如，企业、政府、学校、医院、军队等。实体组织的基本特点是：①功能化，即具有完成业务活动所需的全部功能；②内部化，即依靠自身的功能、资源来完成组织的活动；③集中化，即将各种功能和资源集中在一起，在地理和空间上具有连续性。

下面重点介绍一下营利组织和非营利组织。

营利组织是指组织的所有者或经营者能得到利益的组织。一般而言，营利组织即指企业。

非营利组织是指以公共服务为使命，不以营利为目的，组织的盈余不分配给内部成员并具有民间独立性质的组织。

广义的非营利组织是指除企业以外的全部其他组织，狭义的非营利组织是指除企业和政府部门以外的非营利组织。

在我国，非营利组织主要有两大类：一类是群众团体组织，如专业学术团体、业余爱好者协会、消费者协会、个体经济协会、妇女权益保护协会、退休人员协会、退伍军人协会、宗教协会、校友会、同乡会等。这类团体数量多、分布广、社会影响大。另一类是事业性组织，包括学校、医院、图书馆、新闻媒体、文艺团体、科研院所、体育机构等。

非营利组织虽然种类繁多，但有如下共同特征：

（1）正规性。有组织章程、组织运行规则、工作人员或其他相对持久的指标。

（2）独立性。狭义的非营利组织独立于政府部门之外，实行自我管理、自我控制。

（3）民间性。非营利性组织从组织上与政府组织分离，也不是政府的组成部分，往往由民间自发组建，设立不由政府官员控制的决策层。

（4）志愿性。在非营利组织的活动和管理中有显著的志愿参与成分，其成员从事服务通常是义务的、自觉的。

（5）非营利性。非营利组织不为其拥有者谋求利润。它可以在一定时期内积累盈余，但盈余不得在组织内成员之间分配，而是必须投入组织宗旨所规定的活动之中。

（6）公益性。非营利性组织服务于某些公共目的和为公众奉献的事务。

2. 虚拟组织

虚拟组织是一种没有或很少有正式机构的组织。其特征是以现代信息技术为依托，实现传统组织的结构功能及目标。在形式上，它没有固定的地理空间，也没有时间限制，其组织成员通过高度的自律和一致的价值取向实现共同目标。它不同于实体组织，主要体现在如下几个方面：

（1）组织结构的虚拟性。从企业组织的法人地位来看，实体组织具有经济法人资格，而虚拟组织则一般不具有法人资格。从企业组织的结构特征来看，传统意义上的实体组织结构呈金字塔形，管理跨度由于受人的能力的局限而不可能太大。相比之下，虚拟组织的结构是网络形的，其管理跨度较大并富有弹性。

（2）构成人员的虚拟性。实体组织的构成人员大多归属于该组织，而虚拟组织的构成人员则一般不归属于该组织。例如，某科研所的科研人员，主要归属于该科研所，但他们也有可能以个人身份在大学兼职。与此不同，实施虚拟经营的某管理顾问公司的咨询人员，大多不归属于该公司，而是归属于其他诸如大学、科研部门、企事业单位等实体组织。人员构成的虚拟性既有优点也有缺点：优点在于人力资源成本小，能够迅速招聘或辞退人员，流动性较强；缺点是人员不稳定，组织中的骨干人员很难尽全力为组织服务，人员的短期行为较多。相比之下，实体组织人力资源的成本较高，除负担固定数额的工资外，有条件的实体组织还会为员工提供福利等，但是其人员的稳定性较好，且骨干人员可以尽全力为组织服务。

（3）办公场所的虚拟性。实体组织一般都有固定且比较集中的办公场所，员工在统一的办公场所上下班。虚拟组织则相反，它基本上没有集中的办公场所，在保证工作绩效的前提下，员工的办公场所依员工自己的要求自行安排，比如在自己家中，甚至在旅途中。办公场所的虚拟化既增加了组织的弹性，又节省了配置办公设备的费用，但是组织中员工之间的沟通难以有效地进行。

（4）核心能力的虚拟性。企业的核心能力是获得竞争优势的决定因素。实体组织核心能力的培植及强化基本上是依靠内部的发展。相反，虚拟组织核心能力的形成除了依靠内部发展外，更多地通过电子信息网络来扩大和外部其他组织的联系，以形成网络核心能力，这种核心能力具有很大的弹性，易于重组，研制开发速度快、成本低。

与虚拟组织概念紧密相关的是“虚拟企业”的概念。虚拟企业是为了抓住某个市场机遇，若干企业在功能需要、互惠互利、自愿结合的原则下，利用现代信息沟通技术建立的一个合作网络。

虚拟企业的出现常常是因为参与联盟的企业追求一种单靠自身能力达不到的超常目标，必须突破自身的组织界限，与其他对此目标有共识的企业形成战略联盟，共建虚拟企业，才有可能实现这一目标。

（三）机械式组织与有机式组织

按照不同的设计原则，又可以将组织设计成机械式组织或有机式组织（见图 5－2）。

机械式组织是传统设计原则的产物，它具有严格的结构层次和固定的职责，强调高度的正规化，有正式的沟通渠道，决策常采用集权形式，每个员工都受直接上司的控制和监督。当组织顶层与底层距离扩大时，由于高层管理者不能通过直接监督控制组织底层的活动，也无法保证他们采用标准行为，因此，高层管理者转而采用更多的规则条例。

有机式组织是一种松散、灵活且只有高度适应性的组织形式，与机械式组织的严格和稳定形成鲜明对比。它强调纵向与横向的合作，职责常常根据需要进行不断的调整，更多依靠非正式渠道进行沟通，决策常采用分权形式。由于没有标准的工作和规则条例，有机式组织的松散结构使其可以根据需要迅速地变化。其员工多是职业人士，具有熟练的技能，经过训练已掌握了职业行为标准，能处理多种多样的问题，几乎不需要正式的规则和直接监督。

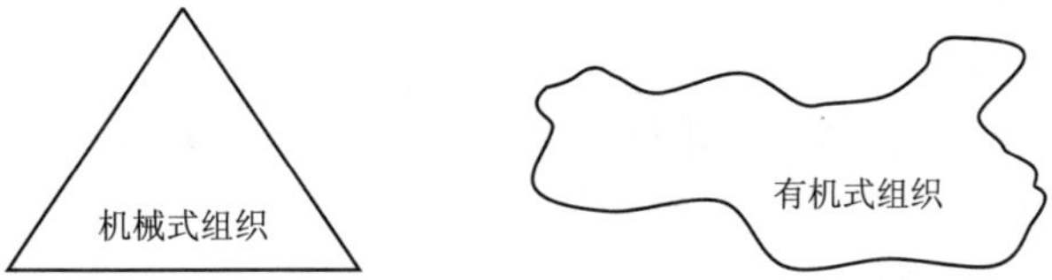

- 严格的层级关系
- 固定的职责
- 大量的规则
- 正式的沟通渠道
- 集权决策
- 金字塔结构

- 合作（纵向与横向）
- 不断调整的职责
- 最少的规则
- 非正式的沟通渠道
- 分权决策
- 扁平结构

图 5－2　机械式组织与有机式组织示意图

第二节　组织设计的目的与步骤

为什么要进行组织设计？组织设计的步骤如何？本节将围绕这两个问题进行讨论。

一、组织设计的目的

组织是为了实现某种特定的目标，经由分工合作、由不同层次的权利和责任制度而构成的人的集合。从组织的定义可以看出，合理地配置组织的人力和财力等资源，实行分工合作，建立相对稳定的工作秩序，对提高组织效率、实现组织目标是非常必要的。这正是组织设计的基本目的。

稍大的组织，单靠一个领导来管理是非常困难的。即使一个人有很宽广的知识面，有很强的管理能力和旺盛的精力，由于管理者面对的是复杂的管理对象和多变的组织环境，要真正驾驭一个庞大的组织也是难以做到的。对于企业，它要面对全球一体化的经济形势，面对日新月异的科学技术，面对复杂的市场环境和日趋激烈的竞争，需要决策的事情太多，必须通过群体的智慧和力量才能有效地控制自己的运营。因此，在组织目标确定之后，为了充分发挥群体的管理作用，有效地管理复杂多变的对象，必须进行合理的组织设计，即通过选择合适的组织结构形态、建立不同层次的部门、规定不同岗位的权责、配备部门的主要管理人员，实现组织的分工与协作，发挥整体大于部分之和的优势，使有限的人力资源形成最佳的综合效益。

二、组织设计的步骤

下面列出的是组织设计的基本步骤：

1. 根据组织目标进行任务划分、归类，选择合适的组织结构形态，建立不同层次的部门

组织目标确定之后，通过对组织目标的解剖和分析，确定出达成组织目标的总任务。根据任务的件质、工作量完成的途径和方式将总任务划分成若干子任务，然后将相近的或联系紧密的子任务归类。

根据需要和习惯，选择组织的结构形态，如直线职能型结构、事业部结构等（这些组织结构将在本章第三节加以介绍）。然后对应于每一类任务建立相应的不同层次的部门或机构，如对于企业，若选择直线职能型结构，则可以设置车间、营销、财务、计划、研究开发等部门，在车间之下可以设置班组等。

划分部门时，要注意避免部门之间职能的重复或遗漏，部门之间的工作量分配要尽量平衡。此外，还需对纵向与横向部门的相互关系、信息传递方式等做出规定，使组织机构形成一个严密而又具有活力的整体。

2. 确定管理跨度与关键管理职位

根据每一类任务的性质、工作量、完成的途径和方式，确定不同层次的管理跨度和不同部门的关键管理职位，并规定关键管理职位所需人员的任职条件和素质。

3. 规定职位权责

关键管理职位确定之后，需对每一个关键职位的权责做出详细的规定，如管理者任务的性质、具体工作范围与内容、需要承担的责任、拥有的决策权和管辖权、与上级和下级的关系、与横向部门管理者的关系、工作绩效的考核标准和奖惩条款等。

4. 配备部门主管人员

在完成了以上步骤之后，便需要按照关键职位的任职条件，选拔配备相关的管理人员，并对普通员工做出相应的分配和安排。

5. 组织结构的不断修正与完善

组织设计完成之后，便进入运行状态。在运行过程中，可能会暴露出许多漏洞和矛盾，因此，必须根据出现的情况对组织结构做出及时调整，使组织结构在运行过程中得到不断修正与完善。

课堂案例 5-2

擒贼先擒王

李老师是老教师了，新接手了一个班。这个班是学校最乱的班，原来的班主任被他们整得哭了几次鼻子，说什么也不干了，只好请他出马。

李老师经过几天观察，发现班上主要闹事的就是那么几个人，他们整天在一起，上课不好好听，不是发出怪声，就是揪女生辫子。班干部如果管他们，他们就集体起哄，或用拳头相威胁。前面的班主任训斥过他们几次，说他们搞小集团，要取缔，还开过几次会，他们不仅不收敛，反而越闹越厉害了。李老师学过管理学，知道这就是所谓非正式组织，要谨慎对待，不能简单从事。首先，他发现他们都喜欢游泳，而这也是他所喜欢的，于是找机会加入了他们的行列，使他们消除了对他的敌对心理。

后来，他观察到这个非正式组织的头是王小虎，他因为父母离异，所以自暴自弃，但因为讲义气，所以大家都听他的。一次，王小虎没来上课，李老师从他的同伴那里了解到，王小虎病了，于是下了课就提着水果去看他。王小虎和奶奶在一起，因为父母都推卸责任，所以没人管他们，家里很乱。李老师帮他们收拾房子，又分别找到王小虎的父母，努力做其工作，终于他父亲良心发现，经常回来看望儿子和母亲，这使王小虎很感动。王小虎的态度转变了，影响了他那一伙人。在李老师的正确引导下，原来挑头闹事的同学不闹了，班上恢复了正常的教学秩序，李老师也轻松了许多。

第三节　组织结构的类型

一个组织的结构类型是根据其目标的需要和组织环境的特点而选定的。随着社会发展和组织环境的变化，组织结构也在不断更新和发展。目前常见的组织结构形式有八种，即直线型结构、职能型结构、直线职能型结构、事业部结构、矩阵型结构、三维立体结构、委员会结构和团队结构。

一、直线型结构

对于小型组织，如生产规模较小、生产过程简单的企业，通常采用直线型结构。这种结构如图 5－3 所示。直线型结构即在组织最高管理者之下设若干中层管理部门，而每一个中层管理部门之下又设若干基层管理部门。组织的最高管理者是决策者，最低一级是执行者，从上至下执行单一的命令，形成一个单线系统，没有职能机构。

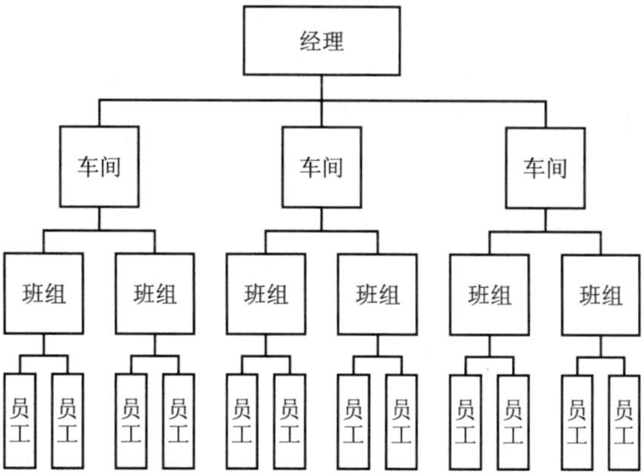

图 5－3　直线型组织结构示意图

这种结构的优点是结构简单，管理人员少，职责权利明确，上下级关系清楚；缺点是组织结构缺乏弹性，同一层次之间缺乏必要的联系，主管人员独揽大权、任务繁重，一旦决策失误将会给组织造成重大损失，因此，要求管理人员掌握多种专业知识和管理知识，能较好地处理多种业务。这种结构只适用于规模不大、员工较少、业务比较简单的组织。

二、职能型结构

职能型结构是在各级直线指挥人员或行政领导人员之下，按专业分工设置相应的职能机构，这些职能机构受上一级直线指挥人员的领导，并在各自的业务范围内有权向下级直线指挥人员下达命令。因此，下一级直线指挥人员或行政领导人员，除了要服从上级直线指挥人员的指挥外，还要服从上级职能机构的指挥。这种结构如图 5－4 所示。

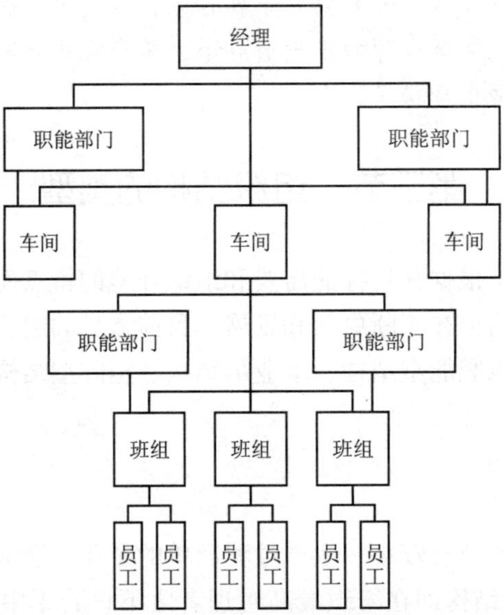

图 5－4　职能型结构示意图

以企业为例，总经理之下的职能机构可以是主管财务、销售、人事的部门，而中层车间一级的职能机构可以是主管生产、工艺、质量的部门。

职能型结构的主要优点是专业分工明确，每一个人都在相应的职能机构之下有自己的岗位，组织具有很强的稳定性，可以满足生产技术比较复杂和管理分工较细的组织要求，提高了管理的专业化程度，减轻了各级行政领导人员的工作负担。缺点是每一级直线指挥人员或行政领导人员都需服从多头领导，容易造成管理上的混乱，不利于划分各级行政领导人员和职能科室的责任权限。此外，这种组织结构的弹性较差，在调整、改革时易于出现自发的抗拒倾向。

三、直线职能型结构

直线职能型结构是综合了直线型结构和职能型结构的优缺点而设计的一种组织结构。这种结构是当前国内各类组织中最常见的一种组织结构，如企业、机关、学校、医院等。在各级线指挥人员或行政领导人员之下，按专业分工设置相应的职能机构。这种职能机构是行政领导的业务助手和参谋，他们不能直接向下级部门下达命令，而只能进行业务指导，职能部门拟订的计划、方案以及有关指令，统一由直线指挥人员批准下达，因此，下一级直线指挥人员或行政领导人员只会接受上级直线指挥人员的命令。这种结构如图 5－5 所示。

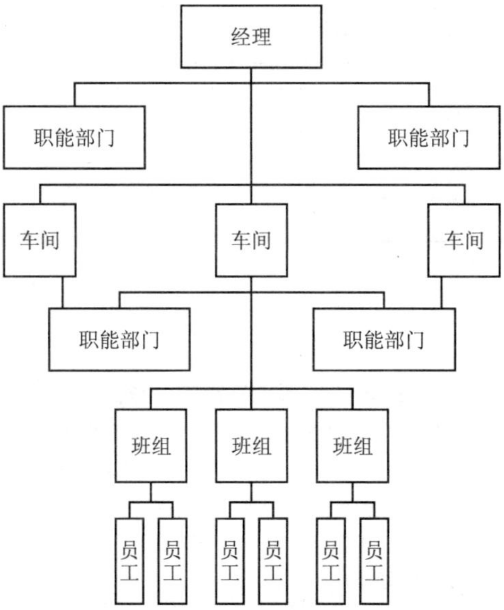

图 5－5　直线职能型结构示意图

直线职能型结构和职能型结构的主要区别在于各级职能机构是否对下级拥有直接指挥权。在直线职能型结构的系统中，管理人员相应地被分为两类：一类是直线指挥人员或行政领导人员，相当于军队中的各级指挥官，他们可以对下级发号施令；另一类是职能人员，相当于军队中的参谋、技术人员和后勤人员，他们只对下级机构进行业务指导，而不能直接对下级发号施令，除非上级直线人员授予他们某种权力。直线职能型结构既保持了直线型结构的集中统一指挥的优点，又吸收了职能型结构的专业分工管理的长处，从而大大提高了管理效率。它具有较高的稳定性，在外部环境变化不大的情况下，易于发挥组织的集团效率。这种结构的缺点是横向部门之间缺乏信息交流，各部门缺乏全局观点，职能机构之间、职能人员与直线指挥人员之间的目标不易统一，最高领导的协调工作量较大；由于分工较细，手续烦琐，当环境变化频繁时，这种结构的反应较为迟钝。

四、事业部结构

事业部结构是美国通用汽车公司在 20 世纪 20 年代首创的，是指大型公司按产品的类型、地区、经营部门或顾客类别设计建立若干自主经营的单位或事业部的组织结构。这种事业部具有三个特性：①具有独立的产品和市场，是产品责任或市场责任单位；②具有独立的利益，实行独立核算，是一个利润中心；③具有足够的权力，能自主经营，是一个分权单位。所以事业部结构是一个企业内对具有独立的产品和市场、独立的责任和利益的部门实行分权管理的一种组织形态。这种结构如图 5－6 所示。

事业部结构的组织形式的基本原则是，政策制定与行政管理分开，即集中决策，分散经营。企业的最高层是最高决策管理机构，负责研究和制定企业的总目标、总计划和各项方

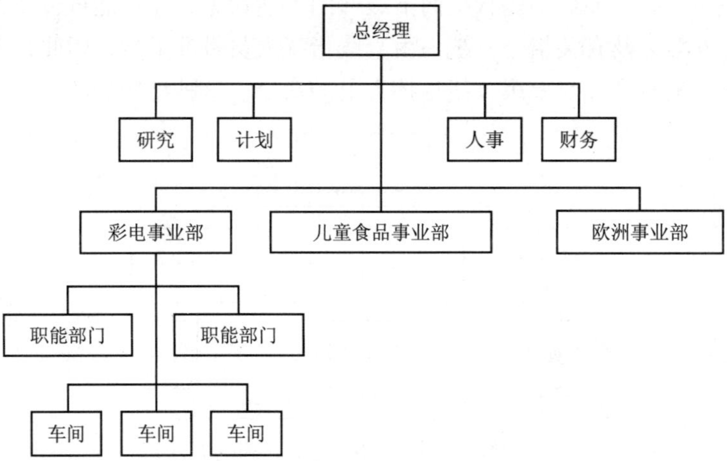

图 5－6　事业部结构示意图

注：事业部组织结构可以从消费者类型、产品类型、市场区域等几个角度进行事业部划分。例如，组织结构按不同产品类型可以划分为彩电事业部、冰箱事业部、洗衣机事业部等；按不同消费者类型可划分为儿童食品事业部、休闲食品事业部、速冻食品事业部等；按不同市场区域可以划分为欧洲事业部、亚太事业部等。

针政策，并保持以下三个方面的决策权：

（1）战略发展的决策权。决定企业采用技术的种类，制定企业的产品类型和发展方向，制定企业的市场战略，决定开辟或放弃相关的事业，制定企业的价格政策和经营方针，制定企业的竞争策略等。

（2）资金分配的决策权。企业的最高层控制资金的分配。

（3）人事安排权。所有事业部的管理人员和专业人员都是整个企业的资源，企业的用人政策和重要的人事安排都由总部的最高层决定。为了保持事业部的独立性，最高管理机关的人员一般不兼任事业部的经理。

企业总部控制以上三个方面的决策权，既保证了各个事业部的分散经营权，又维护了整个企业的完整性。事业部结构的优点有：使企业的最高层摆脱了日常的行政事务，可以集中精力决策规划企业的战略发展问题；便于组织专业化生产、采用先进的生产组织形式和技术，提高了企业管理的灵活性和适应性，有利于大公司开展多元化经营，从而大大地提高了企业的竞争力；通过各个事业部的管理和经营的实践和锻炼，为企业储备了宝贵的高级管理人才。其缺点是：增加了管理层次，机构重叠，使管理人员和管理费用大大增加；对事业部一级的管理人员的业务和管理水平要求较高，必须熟悉全面的业务和管理知识才能胜任工作；各事业部之间的相互交流和支援困难，它们容易忽略企业的总体利益而产生本位主义，引起总体协调的困难。

事业部设置的标准可根据企业的不同需要来选择。以跨国公司为例，制造业跨国公司、金融业跨国公司一般按照不同地区设置事业部，而贸易型跨国公司则多以产品划分事业部。

课堂案例 5－3

美的集团相关多元化与事业部组织

美的集团从创业到进入家电行业初期，一直沿用直线职能式的组织结构。1997 年前后，美的的规模得到了迅速扩张，产品类型急剧增多，在短短的几年间进入了电饭煲、空调电机、饮水机等领域。企业规模壮大了，1000 多种产品由总部统一销售，就造成了产品生产和销售脱节，体制性缺陷已经日益明显。

随着美的经营的产品和业务越来越多，直线职能制就不再适用了。终于，美的在 1997 年进行事业部改造，开始了全面的组织变革。当时成立了五个事业部：空调事业部、压缩机事业部（1998 年收购东芝压缩机）、家庭电器事业部（包括风扇、饮水机、电饭煲等）、厨具事业部、电机事业部。各个事业部拥有自己的产品和独立的市场，享有很大的经营自主权，实行独立经营、独立核算。既是受公司控制的利润中心，又是产品责任单位或市场责任单位，对“销、研、产”以及行政、人事等管理负有统一领导的职能。此外，各事业部内部的销售部门基本上设立了市场、计划、服务、财务、经营管理五大模块，将以上功能放到销售部门，形成了以市场为导向的组织架构。这次事业部改造给美的带来了活力，之后其业务发展迅速，规模扩张迅猛。同年，美的空调产销增长 80%；风扇高居全球销量冠军宝座；电饭煲稳坐行业龙头老大的地位；电机、小家电产品也名列前茅。

（资料来源：百度文库．美的集团的组织结构［EB/OL］. https：//wenku. baidu. com/view/478b9b27aaea998fcc220e59. html）

五、矩阵型结构

组织的矩阵型结构是从专门从事某项工作的工作小组形式发展起来的一种组织结构。这里的“矩阵”是从数学中移植过来的概念，即工作小组是由一群具有不同背景、不同技能、不同知识、分别选自不同部门（企业的不同职能部门或生产部门）的人员所组成。这种结构如图 5 –7 所示。

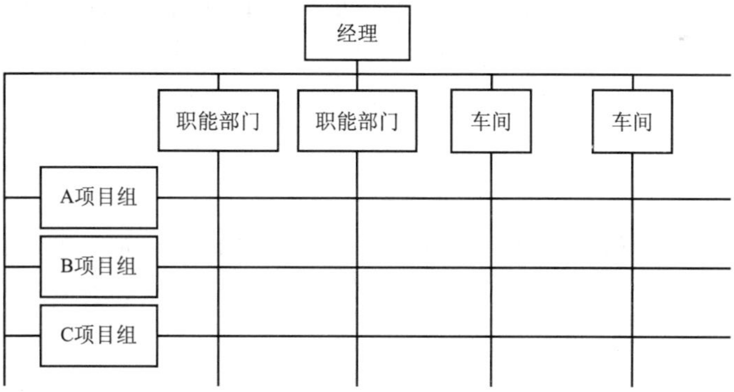

图 5 –7　矩阵型结构示意图

一个组织可以有多个项目组，每一个项目组由项目负责人负责，该项目所在矩阵的行的元素即为其组成人员，每一位成员完成自己的任务后，仍回到原来的部门工作，因此，项目组的成员在一般意义上需接受项目组负责人和原部门的双重领导。这里的项目组可以是按任务、产品、地区设置的部门，项目完成后项目组即可解散。矩阵型组织结构比较适用于项目攻关（如新技术的研发、新产品的研制、重大科研项目研究等）、企业、大学、科研所、影视摄制部门等。

这种结构的优点是：不同部门、具有不同专长的人员在一起，有利于互相启发、集思广益，提高了攻克项目的专业化程度和速度；由于一个人可以同时参加多个项目组，因此，加强了组织不同部门之间的配合和信息交流，实现了人才资源的共享；项目组可以根据需要随时成立和解散，对于刚性较强的组织来说，可以弥补它们柔性不足的缺陷，增强了组织的灵活性和适应性。这种结构的缺点是：首先，稳定性差，这主要是因为项目组的成员均是从不同部门抽调而来的，容易产生临时性的感觉，常常会对工作产生不利影响。其次，项目组的每一个成员都须接受项目组负责人和原部门负责人的双重领导，容易产生权责不清、管理混乱的现象。如人员的绩效评定和奖惩常常会因为这种双重领导而受到影响，因此，项目组的负责人必须与各个部门的负责人很好地配合，才能顺利地进行工作。

课堂案例 5－4

IBM 的矩阵型组织结构

1987 年，加州伯克利大学电子工程专业出身的叶成辉在美国加入 IBM 旧金山公司，成为一名程序员。因为不喜欢编程等技术类的工作，梦想着做生意，当经理（比较喜欢跟人沟通），他便主动请缨到销售部门，经过了差不多 5 年时间的努力，获得提升，成为一线的经理。随后，叶先生回到 IBM 香港公司，做产品经理。由于个人“斗志旺盛”，业绩不错，而且“官运亨通”，差不多每两年他都能够蹦一个台阶，如今，叶成辉已经是 IBM 大中华区服务器系统事业部 AS/400 产品的总经理。

从旧金山到中国香港，再到广州，再北京；从普通员工到一线经理，再提升到现在做三线经理；从一般的产品营销，到逐步专注到服务器产品，再到 AS/400 产品经理。10 多年来，叶成辉一直在 IBM 的“巨型多维矩阵”中不断移动，不断提升。他认为，IBM 的矩阵组织是一个很特别的环境，“在这个矩阵环境中，我学到了很多东西。”IBM 是一个巨大的公司，很自然地要划分部门。单一地按照区域地域、业务职能、客户群落、产品或产品系列等来划分部门，在企业里是非常普遍的现象，从前的 IBM 也不例外。近七八年以来，IBM 才真正做到了矩阵组织。这也就是说，IBM 公司把多种划分部门的方式有机地结合起来，其组织结构形成了“活着的”立体网络——多维矩阵。IBM 既按地域分区，如亚太区、中国区等，又按产品体系划分事业部，如 PC、服务器、软件等事业部；既按照银行、电信、中小企业等行业划分，也有销售、渠道、支持等不同的职能划分，等等，所有这些纵横交错的部门划分有机地结合成一体。对于这个矩阵中的某一位员工比如叶成辉经理而言，他既是 IBM 大中华区的一员，又是 IBM 公司 AS/400 产品体系中的一员，当然还可以按照另外的标准把他划分在其他的部门里。

（资料来源：MBALIB. IBM 矩阵式的组织结构［EB/OL］. http：//doc. mbalib. com/view/2c542642b2bd51d1cd6b8fb9115f2c4f. html）

六、三维立体结构

三维立体结构是矩阵型结构的进一步发展，若一个组织拥有三方面（三维）部门：一是按专业分工的职能部门；二是按产品划分的事业部门；三是按地区划分的地区管理机构（以这三方面为坐标轴，形成一个三维坐标系），将这三方面结合在一起，组成由不同职能部门、不同事业部和不同地区管理机构的人员参加的委员会，共同进行某种产品的开发、生产和销售等工作。这种结构如图 5－8 所示。

这种结构比较适用于跨国公司或大型企业，也适用于举行大型体育活动或攻关活动的组织。

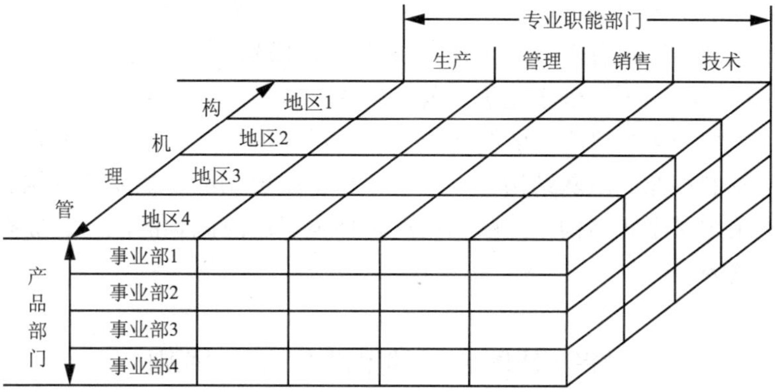

图5-8　三维立体结构示意图

七、委员会结构

委员会是由来自不同部门，具有不同经验、知识和背景的人员组成，跨越专业和职能界限，执行某方面管理职能的一种组织结构。它的作用是弥补个人管理的不足，并预防过分集权化，使各方的利益得到协调和均衡。大到国家，小到企业、大学等，委员会组织随处可见。例如，我国的全国人民代表大会常务委员会、国务院学位委员会、国家自然科学基金委员会、公司中的董事会和监事会、高等学校的学术委员会等。因此，委员会是一种重要的组织结构。各种委员会的运作方式会因组建的目的不同而有所不同。一般而言，它具有如下特点：

（1）委员在委员会中的权利和义务是平等的。根据委员会的章程，各个委员有权提出有关议案，有权就相关问题平等地发表意见，并具有投票权，有关决议的形成与通过以少数服从多数的原则通过投票的方式来进行。因而，委员会具有权利义务平等、民主、集体决策的特点。

（2）由于各个委员具有不同的经验、知识和背景，对所要决策的问题可以提出多方面的建议和看法，所以决策方案更合理、更有效，从而减少了决策失误。

（3）委员会的委员一般都是相关方面的优秀代表，如专家、技术人员、管理人员、基层代表等，因而组建委员会是吸收下级参与决策的好方式，它可以大大增强决策的民主性、代表性和权威性。

（4）委员会组织结构的缺点之一是责任不清。委员会的决议是集体做出的，当决策出现失误时，无法追究委员的个人责任。另一个缺点是通过的决议或方案折中调和的成分很多，有时实质性的内容难以在决议中保留。

一般认为，委员会在处理法律、政策、裁决等方面具有较好的效果，而在处理组织、执行和领导等问题方面效果较差，因为后者往往采取个人行动会更有效。

八、团队结构

团队是国外一些大公司（如丰田、通用、福特、沃尔沃等汽车公司）较早引入生产过程的一种结构，它是一种为了实现某一个目标而由相互协作的个体组成的正式群体。当企业将团队作为协调组织活动的主要方式时，便形成了组织的团队结构。这种结构的主要特点是：不受部门限制，可以快速地组合、重组、解散，形成相对独立的、高效的、自我管理的、可以完整地完成某种产品的制造或服务的团队。一个有效的团队应具有明确的目标、明确的角色与任务分派；应具有平等的责任和权利、非正式的气氛以及成员的自觉参与；组织中的每一个成员应虚心倾听、公平竞争、公开沟通。

一般而言，小型公司可以将团队结构作为整个组织的形式；而对大型企业，团队则可以作为原有组织结构的补充。团队结构在一些企业中是很成功的，如摩托罗拉、惠普、施乐等大公司都广泛地采用了团队结构。团队的优点是加强了解决问题的能力，提高了生产率，能够更有效地利用资源。

知识链接5－1

彼得·德鲁克关于组织工作的七项原则

（1）要明晰，不是简单。

（2）努力用经济来维持管理，并把摩擦降至最低。用于控制、监督、引导人们取得成绩的力量应该保持在最低限度。组织结构应该使人们能够自我控制，并鼓励人们自我激励。

（3）眼光直接投向产品，而不是投向生产过程；投向效果，而不投向所做的努力。可以把组织比作一种传输带，这种传输带越“直接”，各个活动取得成绩时的速度越快，方向的改变越小，组织就越有效率。

（4）每一个人都要理解他自己的任务，以及组织总体的任务。

（5）决策把注意力集中在正确问题上时要面向行动，而且尽可能使最底层的管理人员做出决策。

（6）要稳定，反对僵化，以求在动乱中生存下来；要有适应性，以从动乱中学到东西。

（7）要能永存和自我更新。一个组织必须能够从内部产生未来的领导者。为此一个基本条件是组织不应该有太多的层次；组织结构应该帮助每一个人在他担任的每一个职位上学习和发展，应该设计得使人能够继续学习；必须接受新思想并愿意和能够做新事情。

（资料来源：百度文库．组织职能［EB/OL］. https：//wenku. baidu. com/view/7b68ce7b-52ea551810a687e9. html）

第四节　组织设计的原则

组织设计的原则是人们经过长期的大量实践活动而总结出来的，其中包含了许多成功的经验和失败的教训。在组织设计时遵循这些原则，将会大大减少组织结构的不合理现象，为组织的生存与发展奠定良好的基础。本节对组织设计的传统原则和动态原则予以简要的介绍。

一、组织设计的传统原则

组织设计的传统原则主要适用于在一个比较稳定的环境中，从事重复、稳定、例行工作的组织。

（一）管理跨度原则

管理跨度是指一个领导者直接指挥的下级的数目。管理跨度原则就是要求一个领导人应有一个适当的管理跨度。与管理跨度密切相关的还有另外一个概念，即管理层次，它是指组织中职位等级的数目。在最底层操作人员一定的情况下，管理跨度越大，管理层次越少；反之，管理跨度越小，管理层次越多。图 5－9 给出了当最底层为 4096 人、管理跨度分别为 4 人和 8 人时的管理层次以及每一个层次人员的分布情况。

可以看出，在最底层作业人员为 4096 人时，管理跨度为 8 人的组织比管理跨度为 4 人的组织减少两个管理层次，而中间层的管理人员减少 780 人。但是，管理跨度的加大必然要增加管理者协调关系的数量，因而并非管理跨度越大越好。主管领导人需要协调的关系数 M 可以由下面的公式计算：

$$M = N\ (2^{N-1} + N - 1)$$

式中，N 是管理跨度；M 和 N 是几何级数的关系。

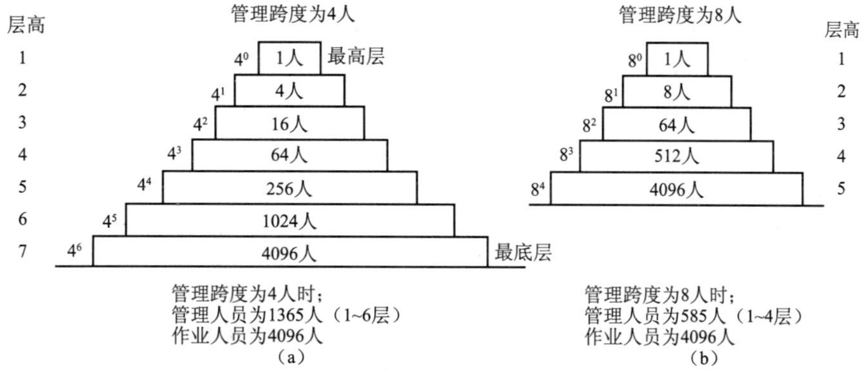

图 5－9　管理跨度与管理层次的关系

一个组织的各级管理究竟选择多大的管理跨度，应视实际情况而定。一般来讲，若主管人员的能力强、精力充沛，则管理跨度可以大些；反之，应小些。若下级人员的能力强、素质高，则管理跨度可以大些；反之，应小些。若组织中较高层次的管理人员需要处理的重要事务较多，则管理跨度可以小些。粗略地讲，上层的管理跨度以4～8 人为宜，下层的管理跨度以 8～15 人为宜。从发展趋势看，伴随着组织结构的扁平化，管理跨度有逐渐增大的趋势。

（二）统一指挥原则

统一指挥原则是指组织中每一个下级只能接受一个上级的指挥，并向这个上级负责。后来，人们又将这个原则发展为组织中每一个人只能接受同一个命令。如果有两个或两个以上领导人同时指挥，则必须在下达命令之前进行相互沟通，达成统一意见后再下达命令，以免下级无所适从。统一指挥原则排除了组织中更高级别的主管或其他部门的主管越级指挥或越权发布命令的现象，有利于组织的政令统一和高效率地做事。但是，在实践中这一原则有时过于刻板，使组织缺乏必要的灵活性，同层次不同部门之间的横向沟通困难，因此，在设计组织结构和沟通方式时应采取适当的措施予以弥补。

（三）责权一致原则

责权一致原则是指在赋予每一个职务责任的同时，必须赋予这个职务自主完成任务所需的权力，权力的大小需要与责任相适应。有责无权，无法保证完成所赋予的责任和任务；有权无责，将会导致权力滥用。组织赋予每一个职务的权力不能太小，也不能太大，一定要与所赋予的责任相适应。这是组织设计时必须注意的问题。

（四）分工与协作原则

分工是指按照不同专业和性质将组织的任务和目标分成不同层次的部门或个人的单项任务或目标，并规定出完成各自任务或目标的手段和方式。分工是提高组织工作效率的基本手段，可以使每一个部门或个人专心从事某一方面的工作，增加熟练程度和技巧，配备专业化的仪器设备。具体的分工方法很多，例如，企业按照管理职能专业化进行分工，可以分设销售处、供应处、生产处、人事处等部门；制造型企业按照生产过程专业化进行分工，可以分设铸造车间、锻压车间、机加工车间、装配车间、调试车间等；电视机企业按照不同产品进行分工时可以分设背投彩色电视机分厂、液晶彩色电视机分厂、等离子彩色电视机分厂等；还可以按照不同地区、不同顾客群等进行分工。

协作是指规定各个部门之间或部门内部的协调关系和配合方法。组织是一个系统，作为其子系统的各个部门不可能相互脱离而独立运行，必须相互协调才能高效率地完成各自的任务，最终实现组织的总目标，所以分工与协作是相辅相成的。

所谓分工与协作原则就是指在组织设计时，按照不同专业和性质进行合理的分工，并规定各个部门之间或部门内部的协调关系和配合方法。这是提高组织运行效率的有效手段。

（五）机构精简原则

所谓机构精简原则是指在能够保证组织业务活动正常开展的前提下，尽可能减少管理层次、简化部门机构，并配置少而精的主管人员。坚持这个原则的优点是非常明显的：①组织精干，反应敏捷，协调工作量小，工作效率高；②节省人员的费用和组织的管理费用。

二、组织设计的动态原则

组织设计的传统原则仅适用于在比较稳定的环境中，从事重复、稳定、例行工作的组织。当组织环境不稳定时，常常要求组织结构具有一定的弹性，能以较快的反应速度适应环境变化。这样，传统的组织设计原则便不适用了，而应使用下面将要介绍的组织设计的动态原则。

（一）弹性结构原则

弹性结构原则是指组织的部门结构、人员的职位和职责可以随着实际需要而变动，以便使组织能快速适应环境的变化。

为了使组织具有活力并快速适应环境的变化，在组织设计和结构维护过程中，应定期对已有部门机构进行功能审核，看它们在组织运行过程中是否起到了应有的作用，是否是实现组织目标所必需的机构，是否需要对这些部门机构进行改组、撤销或成立新的部门机构，而且必须建立一套对组织结构进行动态调整的保证机制，使得组织结构随时可以根据需要进行调整，保持弹性。

为了使职位保持弹性，应按任务和目标需要设立岗位，而不是以人设岗。人员的岗位职责要根据不同时期的组织目标和任务的特性进行调整。各级管理人员要定期更换，努力做到一专多能、一人多岗。此外，还可以通过实行多种用工制度使职位富有弹性。

（二）集权与分权相平衡原则

集权与分权相平衡原则就是根据组织的实际需要来决定集权和分权的程度。集权是指组织的大部分决策权都集中在上层；分权是指将组织的决定权根据各个层次职务上的需要进行分配。集权和分权的程度完全是根据组织在不同时期、不同环境下为了完成组织目标的需要而决定的。例如，当组织的外部环境比较稳定时宜采用集权，当外部环境变化激烈时宜采用适当程度的分权；当组织规模较小时宜采用集权，当组织规模较大时宜采用适当程度的分权。集权和分权的程度没有固定的尺度，关键是组织的决策者要高瞻远瞩，审时度势，根据需要把握好这个程度。

第五节　组织变革

组织变革是指各类组织对管理理念、工作方式、组织结构、人员配备、组织文化等多方面进行不断地调整、改进和革新的过程。当今，由于组织面对的是一个动态的、变化不定的环境，为了组织的生存和发展，适应环境的变化，组织必须不断地进行变革。本节将围绕组织变革这个主题，对组织的生命周期、组织老化的特征、组织变革的动因、组织变革的方式和组织变革的步骤进行讨论。

课堂案例 5－5

IBM 的组织变革

IBM 在人们的心中曾是一家专精于计算机领域的大型企业，由于长期忽视顾客关系，险些败给对手戴尔（DELL）及惠普科技（HP）。但自前执行董事长路·葛斯纳（Louis V. Gerstner）走马上任后，他运用策略性思考的原则，以改造 IBM 为一家客户导向的公司为前提，在此前提下进行了 3 项假设：统一的 IBM、高阶组织再造、官僚组织再造，试图在此三项假设上做一次有效的突破，以寻求解决之道。最后，经由和全体员工不断的讨论和归结，并获得共识后，找出了策略性的解决方向。

一、组织的生命周期

像任何机体一样，组织也有其生命周期。按照学者格林纳（Greiner）的观点，可以将一个组织的成长过程分为五个阶段，即创业阶段、聚合阶段、规范化阶段、成熟阶段和成熟后阶段，如图 5－10 所示。每一个阶段后期都会面临某种危机和管理问题，均需采取一定的管理策略化解这些危机才能达到成长的目的。

下面分别简述组织每一个发展阶段的特征：

（1）创业阶段。该阶段是组织的幼年期，组织规模小，反应灵活，人员心齐，工作关系简单，组织的大小事情均由创业者直接决策指挥。创业者一般技术业务很好，但不太重视管理，因此，组织的生存与成长完全取决于创业者的素质和创造力。然而，随着组织的壮大，管理对象越来越复杂，创业者常常感觉到难以驾驭整个组织。到了创业后期会出现领导危机，并直接导致组织的成长危机。

（2）聚合阶段。该阶段是组织的青年期，组织人员迅速增多，组织规模不断壮大并具有很强的凝聚力，获得了成功的经营业绩。在这个过程中创业者不断得到磨炼，已具有丰富

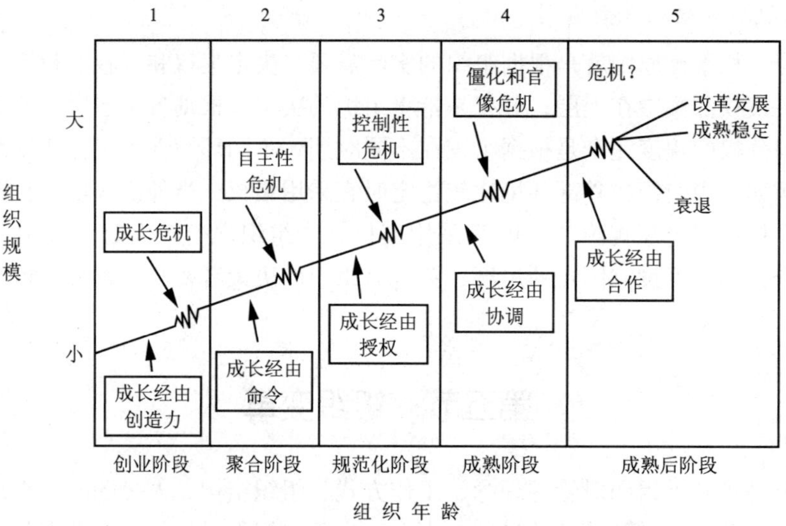

图 5－10　组织成长的 5 个阶段

的管理经验和领导才能。为了适应组织不断扩大的新形势，组织有计划地招聘了若干有经验的专门管理人才，主持组织中各个层次的管理工作。这个阶段，创业者基本上仍以集权方式指挥控制中下层管理者，严格控制着组织的各个部分，因而，组织的成长主要依靠高级主管的集权和命令。到了本阶段的后期，中下层管理人员由于长期无决策权和自主权，会产生不满情绪，这便产生了所谓的自主性危机。

（3）规范化阶段。该阶段是组织的中年期，此时组织已有相当的规模，基本形成了跨不同地区、跨不同产品领域的多元化经营格局。为了使组织继续成长，必须采取分权式的组织结构，允许各级管理者拥有较大的决策权。换句话说，就是组织的最高管理层必须向下授权。但是，随着各种决策权、自治权的下放，各个部门常常会出现各自为政、仅考虑本部门利益的现象，组织又会出现控制性危机。

（4）成熟阶段。组织走过前面三个阶段之后，经过逐渐完善组织制度而趋于成熟。为了防止控制性危机，组织将许多原属于中层和基层的管理决策权重新收归到最高决策层，出现了重新集权的趋势。然而，由于下授的权力难以完全收回，不可能恢复到第二阶段的命令式管理，所以只能采取其他组织方式予以弥补，如建立管理信息系统、成立协调委员会等，在高层主管的监督下，加强各个部门之间的协调与配合，制定新的规章制度和工作程序。这样既加强了高层管理者对整个组织的控制和监管，又充分发挥了中基层的能动作用。因此，在该阶段，组织的成长更多依赖于组织各部门上下左右的协调。然而，该阶段后期，随着职能部门的增多、关系的复杂化，以及各种规章制度的制定，在某种程度上组织的运营效率和灵活性降低了，这样便产生了僵化和官僚危机。

（5）成熟后阶段。该阶段组织已处于中年后期并逐渐进入老年期，因而具有很大的不确定性。通过组织的变革与创新，组织可能重新再获得发展，也可能趋向于更成熟、更稳定，也可能由于环境的变化而走向衰退。为了使组织继续保持成熟、稳定，并避免出现危机，人员和各个部门的相互合作特别重要。在可能的条件下，要努力进行组织变革，更新组织成员的经营观念，开拓新的经营领域。

二、组织老化的特征

组织和人一样，经过若干年以后必然会老化，特别是在组织环境变化剧烈的情况下，组织的寿命将大大缩短。据有关资料显示，进入 20 世纪 70 年代以后，在美国平均有 62% 的公司存活不到 5 年，寿命超过 20 年的公司只占公司总数的 10%，只有 2% 的公司能存活 50 年，其中中小型企业平均寿命不足 7 年，大企业的平均寿命也不到 40 年。按照组织的生命周期理论，组织从成立走过几个阶段后逐渐趋于老化，如不及时变革就可能会陷入困境。下面列举一些组织老化的特征，以便于对组织老化进行识别。

（1）机构臃肿。当组织的机构越来越多时，机关的管理人员越来越多，上级的协调工作量明显增大，整天忙碌却没有效果，这说明该组织已呈现老化的特征。

（2）反应迟钝。组织对环境的变化和内部的各种信息反应迟钝，办事效率低下，经常出现渎职、推诿等现象，很多重要的事情决策困难、执行不力，也说明该组织已具有老化的特征。

（3）文山会海。随着机构的增多，需要协调的工作量也越来越大，突出表现在经常举行各种会议，下发的文件也越来越多，各级领导整天陷于文山会海之中，苦不堪言，这也说明该组织已具有老化的特征。

（4）模式僵化。组织模式难以改变，对环境的变化缺乏弹性，决策管理层的思维和行为模式僵化，墨守成规，缺乏新的思路，这说明组织已具有老化的特征。

（5）经营思路保守，技术设备落后。对于老企业，如果经营思路保守，技术设备落后，所生产的产品缺乏竞争力，市场份额逐步减少，这也说明该企业已具有老化的特征。

三、组织变革的动因

当今，由于组织面对的是一个动态的、变化不定的环境，故为了生存和发展，组织必须设法适应这样的环境。从这个意义上讲，不仅老化的组织需要变革，实际上处于每一个成长阶段的组织都需要考虑变革的问题。促使组织变革的动因可分为外部动因和内部动因两个方面。

（一）组织变革的外部动因

以系统的观点看，任何组织都是一个开放系统，它通过与其所在的环境不断地进行物质、能量、信息的交换而生存与发展。因此，外部环境的变化是组织变革的重要动因。确切地讲，外部动因是指市场、资源、技术和社会环境的变化。具体来看，影响变革的外部因素主要有如下几个方面：

1. 行业环境的变化

（1）市场的变化。市场的变化是非常复杂的，如顾客的收入、价值观念、偏好发生变化，或竞争者推出新产品、加强了广告宣传、降低了价格、改进了服务等，这些市场因素都会使本企业的产品失去吸引力，因此，市场的变化是组织变革的重要外部动因之一。

（2）资源的变化。资源的变化主要是指人力资源、能源、资金、原材料供应的质量、数量以及价格的变化，这些因素的变化将会对组织管理水平和效率、运营成本、生产规模与产品质量产生直接影响，因此，资源的变化也是组织变革的外部动因之一。

(3) 技术的变化。技术的变化主要是指新技术、新工艺、新材料、新设备的出现。这些因素的变化将会对组织的产品开发、设计、制造、质量、工艺流程、生产方式与效率等产生重大影响；同时，若竞争者率先采用了新技术、新工艺、新材料、新设备，则将对组织的运管产生极大的冲击。因此，技术的变化也是组织变革的重要外部动因之一。

2. 社会环境的变化

社会环境的变化主要是指政治形势的变化、经济形势的变化，投资、贸易、税收、产业政策与企业政策的变化等，这些环境因素的变化有时会给组织带来良好的机遇，有时会给组织带来极大的风险，因此，社会环境的变化同样是组织变革的重要外部动因之一。

近年来，我国经济与企业遇到了前所未有的外部动因的挑战。经济的全球化模糊了国与国经济的界限，国际上实力雄厚的跨国公司纷纷争夺中国市场，它们的产品在中国逐渐实现了本土化，在中国市场上与中国企业展开了激烈的市场竞争。同时，随着中国企业产品出口机会的增加，中国企业的产品与国外企业的产品发生碰撞的机会也在增多。为了应对这些挑战，中国企业加快了体制改革、结构重组、技术创新的步伐，涌现出了一批优秀的企业和名牌产品，如海尔、创维、联想、奇瑞、华为等。为了扩大市场、开展国际化经营，也涌现出一部分走出国门的优秀企业。例如海尔集团，提出了市场全球化的三个 1/3 战略，即 1/3 的产品国内生产国内销售，1/3 的产品国内生产国外销售，1/3 的产品国外生产国外销售。经过几年的努力，海尔逐渐建立起全球范围的营销网络，并聘用了一批外语好、业务精、观念新、勇于在国际市场上拼杀的优秀人才。

科学技术的进步与信息化也对我国的经济和企业构成了结构变革的压力。一方面，信息技术、激光技术、空间技术、微电子技术、数据传输技术、生物工程技术等高新技术不仅推动了一系列相关的新兴产业的发展，而且造就了一大批生产高科技产品的高新技术企业，传统的、在工业化阶段发展起来的层级式组织结构对这些企业已不再适用，必须采用全新的，适合研究、开发、创新的组织结构；另一方面，现代高新技术、先进的仪器设备在传统产业中的扩展与应用，也对传统企业的变革产生了压力。因此，我国企业必须更新观念，跟上科学技术与信息化发展的步伐，借助于这种推力，致力于组织变革。比较庆幸的是，我国已提出了要依靠体制创新和科技创新，以信息化带动工业化，大力推进经济结构的战略性调整的重大举措，这对提升我国经济发展水平、参与经济全球化进程具有重大而深远的意义。

(二) 组织变革的内部动因

组织内部环境因素主要包括组织的内部条件变化、组织生命周期等，这些因素是组织变革的内部动因。

1. 组织内部条件的变化

(1) 人员思想和行为的变化。若组织中人员的思想和行为是积极向上、创新开拓的，则这些思想和行为会成为促进组织变革的原动力。例如，新的领导上任后采用了新的经营理念、制定了新的目标和战略；由于引进了一批科技人才和管理人才，所以员工队伍的技术水平和思想观念发生了变化等。这些变化将极大地推进组织变革的进程。相反，组织中人员的思想和行为若变为消极、不满、怠工、冲突，则往往从反向迫使组织不得不进行变革。因此，组织中人员的思想和行为的变化是组织变革的重要内部动因之一。

（2）经营方向的变化。随着组织的发展、产品与服务市场的变化，组织的经营方向也会发生变化。企业为了适应这种变化，必须对原有组织结构进行调整。

（3）生产技术的变化。当企业引进新设备、新工艺、新标准时，为了适应这种新的生产技术的要求，企业必须进行人员培训、岗位和部门调整，这样就引起了组织的变革。

2. 组织生命周期中的矛盾

组织在运行和成长中，会出现各种矛盾，如组织结构庞大臃肿、运行机制僵化缺乏弹性；对外界环境的变化反应迟钝、决策缓慢或决策失误；组织内部不协调、指挥失灵等，伴随着这些矛盾的解决，组织的结构也将被调整。

四、组织变革的方式

组织变革可以通过三种主要方式进行，即以组织为中心的变革、以技术为中心的变革、以人员为中心的变革。

（1）以组织为中心的变革就是通过改变组织结构形态、信息沟通渠道和方式、管理的规章制度、员工的工作环境等途径来实现组织变革。在这种变革过程中，人员的态度和行为方式是随着以上几个方面的改变而加以调整的，并且这种调整是渐进的，组织的变革常常会遭受来自人员态度和行为方面的阻力。以组织为中心的变革是人们采用较多的变革方式，其优点是操作起来相对容易，且效果比较明显。

（2）以技术为中心的变革就是通过引进新设备、新材料、新技术、新工艺，改变运营程序和标准等途径来实现组织变革。采用这种变革方式，要求组织必须具有现代的经营理念和雄厚的资金基础，否则难以实行。这种变革会对人员的素质、态度和行为方式等方面产生巨大影响，主要表现在岗位的重新调配、新岗位对技术和技能的要求、工作程序和工作时间的改变等方面。以技术为中心的变革也是采用较多的变革方式，其优点是可以在较短的时间内快速改变现有的产品结构和运营状态，在产品系列、产品质量、市场竞争力等方面实现跳跃式的发展。

（3）以人为中心的变革就是通过改变员工的态度、价值观念、需求层次和种类、行为方式等途径实现组织变革。这种方式的变革，要求组织的管理者针对员工的不同特点和所处的不同状态，有目标、有计划、有步骤地进行深入细致的教育、引导、示范和培训，改变他们看问题的角度与方式、对工作和人生的态度，激发他们的工作热情，引导其需求的偏好兴趣，提高他们的岗位技术和技能，鼓励他们大胆创新、提升工作效率。因此，这种变革一般需要较长的时间，并对组织的管理者具有极高的素质要求，其效果迟缓但具有持久性，与前两种组织变革方式相比有更大的难度。

实际上，对于一个具体组织而言，应视其具体情况来选择变革方式，其组织变革常常是上述三种方式交替与混合的过程。在这个过程中选好变革的突破口至关重要，只有将这些变革方式很好地结合起来使用，循序渐进，才能收到好的效果。

课堂案例 5－6

世界上唯一不变的就是“变化”

有个关于奶酪的故事。

故事说，迷宫里住着两只小老鼠和两个小矮人，他们在迷宫里历经艰险找到奶酪站，并在附近安居，建立起他们的生活圈子。

有一天，两只小老鼠突然发现原来赖以生存的奶酪不见了，他们想也没想就穿起跑鞋，立即去迷宫深处寻找，终于找到了新奶酪。

两个小矮人却没有那样做，他们最初以为是别人开玩笑把奶酪藏起来了。当确信找不到时，他们又认为是别人移走了他们的奶酪，应该有人给他们补偿。

很多天过去了，奶酪依然没出现。

这时，其中一个小矮人意识到不能再等下去，他克服心理压力，不听同伴的劝阻，开始寻找新的奶酪，并且也像小老鼠那样找到了新的奶酪，他还因此悟出一个道理："应该随着奶酪的变化而变化。"的确，变化十分重要，如果你不变化，你将被时时刻刻都在变化的世界抛弃。并且，你还不能变得太慢，太慢了就会被对手超越。世界唯一不变的就是变化。

（资料来源：豆丁网．谁动了我的奶酪［EB/OL］. http：//www. docin. com/p-821763034. html）

五、组织变革的步骤

组织变革一般说来经过如下几个步骤得以实现：

（一）诊断组织状态

组织变革的第一个步骤是根据组织的表现和运营现状，准确地确定组织所处的生命周期阶段，依据组织的生命周期理论和现实情况，认真寻找组织在运行和发展过程中存在的问题，要特别注意组织外部的政治环境、社会环境、市场环境所发生的新变化和发展趋势，同时也要重视组织内部日常活动的一些反馈信息，全方位地诊断组织的目标、组织结构、信息沟通渠道和方式、组织对环境变化的适用状况、组织的运营状态、资源配置情况、员工的士气与情绪等方面存在的问题。将这些问题按其属性进行分类，按其重要性和急迫性进行排序，从中挑选出若干相对重要的、对组织全局影响较大的问题，逐个认真分析、研究，找出产生这些问题的根源和解决这些问题需要改变的因素，并初步确定组织变革的具体目标。

（二）选择变革方法

根据确定的组织变革目标，结合本组织的实际情况，确定变革的突破口和重点。如果组织的结构存在重大缺陷，则可选择以组织为中心的变革方式；如果组织结构本身没有太大问题而技术方面存在重大缺陷，则在资金条件具备的情况下，可选择以技术为中心的变革方式；如果组织中的人员结构存在重大缺陷，则可选择以人为中心的变革方式；也可以混合使用三种方式，循序渐进地推进组织变革。

（三）分析限制条件

为了使组织变革获得成功，还应该认真分析变革的限制条件，即组织变革有哪些制约因素、需要具备什么条件。变革的限制条件，对于不同时期、不同组织将有较大的差异，然而，上级主管部门是否支持以及组织内部是否具备变革的基础条件是两个必须考虑的限制条件。因为变革将会打破被变革的组织的结构体系，实际上它是资源和利益的重新分配与组合，动作大、影响面宽。在变革的过程中可能出现许多预想不到的问题和负面后果，风险性很大。如果没有上级主管部门的支持和认可，那么变革是很难成功的。因此要详细向上级主管部门汇报情况，说明目前组织存在的严重问题、变革的必要性和将要实施的变革方案，努力争取他们的支持和理解。组织内部所具备的变革基础条件包括的方面较多、较复杂，不论采取哪一种变革方式，群众的支持都是必需的，所以组织者首先要开展广泛的宣传活动，在深入基层调查研究的基础上，尽可能多地让员工了解变革的必要性、困难和变革成功之后组织的新形态，鼓励他们献计献策、积极参与，尽可能地减小来自人员对组织变革的阻力。其次，还要分析组织是否能够承受变革的成本和代价，如企业要考虑是否能够承受变革所需要的资金成本、变革引起的因暂时不稳定而出现的损失等。特别是进行以技术为中心的变革，在引进技术、设备或开发新项目时应做好充分的论证和市场前景分析，决不能盲目行事，以免造成不可挽回的重大损失。最后，还要分析、选择组织实施变革的时机。组织变革应选在组织内部相对稳定和对组织运营影响较小的时机进行；变革的周期不宜太长，但也尽量避免操之过急、突击完成，要循序渐进，讲求实际效果。在条件允许的情况下，要尽量把变革引起的阵痛减至最小。

（四）制订变革计划

在进行了以上步骤之后，重要的工作就是制订组织变革计划。该计划应包括变革的目标、组织现存的严重问题和根源、变革的方式、变革的步骤和完成这些步骤的详细时间表等内容。变革的目标要具体、明确；现存的问题及其根源分析要透彻；改变方式的选择要适合于组织的具体情况；变革的步骤要明确，特别是要列出相应的配套措施、管理制度和岗位职责制、实施的时间表；最后还应该有变革的验收标准和程序。可以在总的计划下制订若干子计划或实施细则，便于实施操作。计划的制订要理由充分、思考周密、便于实施，要广泛征求各方面的意见并对计划进行反复的论证和修改，尽可能多地得到组织中员工的支持与理解。

（五）实施变革计划

组织变革的最后一个步骤就是实施组织变革计划。依据变革计划，从变革的突破口开始，逐渐进入组织的变革实施过程。以组织为中心的变革重点是组织结构的重新划分或重大调整。根据变革目标和组织总目标的要求，选择组织结构类型，设计每一个部门机构的规模、职能、岗位以及相互沟通的方式，按照岗位职责的要求选配部门管理人员和一般职员，按照新的组织结构体系进行运行调试，最终完成组织变革。以技术为中心的变革要点是按照计划分步骤实施新设备、新材料、新技术、新工艺的引进，进行相应的工作岗位配置，选配工作人员进行培训、上岗。此时组织结构也可能需要按照新的生产、运营流程进行适当的调整。以人为中心的变革重点是按照计划分步骤进行人员引进、调配、培训，直至变革计划完全实施。在变革计划的实施过程中，如发现变革计划和实际情况有较大出入，则可对其做出相应的调整，以保证变革的顺利实施。

本章思考题

1. 组织的含义是什么？组织的职能有哪些？
2. 什么是非正式组织？有哪些特征？

3. 直线型组织结构的优缺点有哪些?
4. 职能结构的含义是什么? 优缺点有哪些?
5. 举例说明事业部制结构的特点和优缺点。
6. 矩阵式结构的特点和适用的领域有哪些?
7. 组织设计的原则有哪些? 请举例说明。
8. 组织变革的内外原因有哪些?

案例讨论

案例1:

阿里巴巴的组织结构变革

阿里巴巴集团自1999年创立以来最大的一次组织结构变革在2013年上演。2013年1月，阿里巴巴精神领袖马云宣布，将集团分拆为25个事业部，新体系由战略决策委员会和战略管理执行委员会构成，分别由董事局和CEO负责。在集团分拆后，1月15日马云又把削权之刀指向自己，再度称，5月10日自己将辞去CEO职务，主要负责阿里巴巴董事局的战略决策，他本人将退出经营第一线。

马云称:“从心底里，我佩服今天的年轻人。互联网是年轻人的天下。配合好比我强的人的工作，是今天的我最应该做的正确的事。”“阿里立志发展102年，我们还有88年要走。没有健康、良好的年轻人接班制度，很难想象我们会走到那一天。”马云最近的两个大动作的理由就是，想让阿里年轻人更好地成长，有更好的发展机会。但一个优秀的组织除了要让年轻人能更好成长，有更大的发展空间，同时也不能忽视经验丰富的老员工利益。马云大力起用年轻人，培养年轻人，但如果不能平衡老员工的利益，不能让老员工的利益得到合理的保障，那么培养接班人的目标就会很难达到，这个组织队伍的稳定也就会很难得到保障，从而也就会很难建立起一个有凝聚力的组织、一个有稳定发展前途的组织。

上述事例说明，马云先分拆集团，准备辞掉CEO职务面临的最大风险就是保证组织队伍的稳定，让新老员工和谐发展。在知天命的年龄，中国互联网传奇人物马云再次高举“组织员工年轻化”的大旗，削去别人权力的同时，也削去了自己的权力，马云这次探索无论成败都将在互联网发展史上留下浓墨重彩的一笔。

思考题:

请你谈谈对于像阿里这样的互联公司组织结构的特点，另外，再思考一下信息技术的发展对于传统企业组织变革将产生怎样的影响。

案例2

更多的加班时间

查理·特里卡斯卡（Charlie Trikowsky）是“试对照明”（Try Right Lighting）的一名机器操作工，这家公司为美国三大汽车制造商生产汽车前灯。他所在的这家公司原先是由三大汽车公司制造商中的一家所有，但三年前易主给了一家独立的公司。在“试对照明”公司被出售的时候，公司有600名员工，他们一周工作5天，每天工作8小时，实行三班倒。在公司特别辉煌的时候，员工需要加班一个或者一个半小时，加班费按照平时的工作标准发放。然而，加班情况发生的次数很少，查理每月大约平均有六个小时的加班时间。

这个行业的竞争是激烈的，越来越多的公司将它们的工厂转移到劳动力更加廉价的其他国家，一些公司为了提高效率和产量正在应用机器人以及其他的一些新技术。查理的雇主为了保持公司的竞争力，已经决定缩减公司的规模。过去的三班倒缩减为两班，而且大约 150 名员工被裁减或者被辞掉。

查理很幸运，没有被公司辞掉，公司裁员所依据的是员工的资历，那些资历浅的员工会被辞退，而查理 12 年的工龄使他免于被裁掉。由于公司规模的缩减和裁员，剩下的员工不得不迫于压力，工作时间超过 8 小时，且工作量比过去更大。两班倒的生产方式远远不能有效地满足客户的要求。查理发现，与公司规模缩小和减少轮班之前相比，他现在的工作时间一周大约比过去多了 15 个小时。

查理喜欢每周拿到加班费，但是他发现取得更高的工作绩效和增加的加班时间的压力是非常大的。自从公司规模缩小以来，查理的工作不仅缺乏效率并且错误增多。然而，查理最不能容忍的是这种经常加班的工作方式已经影响了他的个人生活。他有三个孩子，而现在由于加班他不能自由地与他的家庭待在一起。他不得不辞掉小联盟教练的工作，而且他现在只能每个月钓一次鱼。总而言之，他的工作和家庭生活不再令他像以前那样满意。

根据以上案例所提供的资料，结合所学的知识分析回答如下问题：

1. 什么原因和压力使公司缩减规模？

2. 查理和其他的员工是在什么时候首次听到公司缩减规模计划的？你认为他们会有怎样的反应？他们会有什么忧虑？

3. 那些在公司规模缩减后能够在公司继续工作的员工一般会有什么感受？

4. 哪些因素造成查理的不满情绪（可能其他剩下的员工也有同样的感受）？

5. 你对公司的管理层有什么建议和解决措施？

第6章

人力资源管理

章前引例

联想集团的人力资源管理经验

联想集团是我国IT业的一面旗帜，从1984年创业时的11个人、20万元资金起步，到2012年位列全球第370位，已发展成为一家极富创新性的国际化科技公司。当外界纷纷探索“联想为什么如此成功”的时候，当一大批优秀的年轻人被联想的外部光环吸引来的时候，我们不妨走入联想内部，去看看联想的人力资源管理。

1. 观念的转变：从“蜡烛”到“蓄电池”

和每一个企业的成长历史相类似，联想也经历了初创、成长到成熟几个阶段。在企业成长过程中，随着企业规模扩大，企业领导层越来越认识到人的作用。1995年，集团“人事部”改名为“人力资源部”，这种改变不仅是名称变化，更是一种观念的更新。

蒋北麒先生说：“过去的人才管理把人视作蜡烛，不停地燃烧直至告别社会舞台。而现在，把人才看作是资源，人好比蓄电池，可以不断地充电、放电。现在的管理强调人和岗位适配，强调人才的二次开发。对人才的管理不仅是让他为企业创造财富，同时也要让他寻找到最适合的岗位，最大地发挥自身潜能，体现个人价值，有利于自我成长。”

中关村是人才争夺“重地”，贝尔实验室、微软研究院、IBM研究中心等外资研发机构纷纷在此安营扎寨。在这场人才抢夺战中，联想并不是被动挨打，而是主动迎战。他们认为这些跨国公司的进入，刺激了中国的人才市场，同时也给国内企业提供了一个更新人才观念、改变管理机制的学习机会。为此，联想提出了自己的崭新理论：项链理论。就是说：人才竞争不在于把最大最好的珠子买回，而是要先理好自己的一条线，形成完善的管理机制，把一颗颗珍珠串起来，串成一条精美的项链。没有这条线，珠子即使再大再多，它还是一盘“散沙”。即如果没有好的管理形成强有力的企业凝聚力，那么仅仅依赖高薪是很难留住人才的。

2. 在赛马中识别好马

联想为那些肯努力、肯上进并肯为之奋斗的年轻人提供了很多机会。今天，联想集团管理层的平均年龄只有31.5岁。联想电脑公司的总经理杨元庆、联想科技发展公司总经理郭为、联想科技园区的总经理陈国栋……都是没有超过35岁的年轻人，他们各自掌握着几个亿，甚至几十亿营业额的决策权。从1990年起，联想就开始大量提拔和使用年轻人，几乎每年都有数十名年轻人受到提拔和重用。联想对管理者提出的口号是：你不会授权，你将不会被授权；你不会提拔人，你将不被提拔，从制度上保证了年轻人的脱颖而出。

联想起用年轻人时采取的策略是“在赛马中识别好马”。这包括三个方面的含义：

（1）要有“赛场”，即为人才提供合适的岗位；

（2）要有“跑道”划分，不能乱哄哄挤作一团，必须引导他们有秩序地竞争；

（3）要制订比赛规则，即建立一套较为科学的绩效考核和奖励评估系统。

媒体评论说联想“爱折腾”。从1994年开始，每到新年度的3—4月都会进行组织机构、业务结构的调整。在这些调整中，管理模式、人员变动都极大。通过“折腾”，联想给员工提供尽可能多的竞争机会，在工作中崭露头角的年轻人脱颖而出，而那些故步自封、跟不上时代变化的人就会被淘汰——这就是“在赛马中识别好马”。

3. 善于学习者善于进步

联想创始人之一、公司副总裁李勤总结自己时说过一句话：办公司是小学毕业教中学。其含义是：办企业对他是一项全新的挑战，需要学习的知识太多。不仅是李勤一个人，不仅仅是联想一家企业，可以说中国整个企业界尚处于少年期，需要学习的地方太多，善于学习者善于进步。联想注重向世界知名的大公司请教。在人力资源管理上，IBM、HP等都是他们的老师，联想一直都和这些公司的人力资源部保持着亲密的关系。同时，他们与国际上一些知名的顾问咨询公司合作，引入先进的管理方法与观念。他们和CRG咨询公司合作，参照该公司的“国际职位评估体系”在联想集团开展了岗位评估，统一工薪项目，推行“适才适岗、适岗适酬”的管理方针。蒋北麒经理介绍说：“适才适岗，要求首先对岗位进行分析评估，岗位职责明确并有量化考核指标；其次对员工的技能素质、心理素质和潜质等进行分析。同时，还必须有一套机制来保证适才适岗。通过建立企业内劳动力市场，通过轮岗制度，来实现人和岗位的最佳配置。”

（资料来源：百度文库．联想集团人力资源管理案例分析报告［EB/OL］. https：//wenku. baidu. com/view/4df3e4a6bcd126fff6050b05. html）

在当代社会，具有知识和技能的劳动力已经成为推动社会经济发展的核心力量，成为国家与国家、企业与企业之间竞争的最重要因素。可以说，在所有资源中，人力资源是第一资源。人力资源管理是现代管理的基本职能之一，人力资源管理对企业管理具有重要意义，它是企业发展的动力源泉，是企业可持续发展的根本保障。

第一节　人力资源管理过程

一、人力资源管理过程概述

传统人事管理多为“被动反应型”的操作式管理，现代人力资源管理多为“主动开发型”的策略式管理。传统的人事管理主要是按照上级决策进行组织分配和处理，多为事中和事后，是被动反应型的“管家”式管理，表现为一种操作式的管理模式。而人力资源管理是实现社会人力资源开发战略的重要环节，因此其呈现出主动开发的特点，表现为一种策略式的管理模式。人力资源开发的依据是行为科学的公式：

$$工作绩效 = F（能力 \times 激励）$$

这个公式表明工作绩效是能力（一个人能够做什么）和激励（他想要做什么的积极性）的乘积的函数。人力资源开发的总目标是提高人的工作绩效。为此，其有二元具体目标：一为开发人的能力；二为激发人的活力。人力资源管理则围绕这二元目标开展活动，从而呈现出区别于传统人事管理的如下特征：

（一）建立起科学严谨的员工培训体系

做好职前教育、新员工培训、在职员工的职业教育工作，从而提高员工的素质和能力。

（二）建立起多维交叉的员工激励体系

根据员工的各种需要，采用物质激励与精神激励相结合的种种措施，改善员工的工作和生活质量，以提高其满意度，从而创造性地完成工作。

传统人事管理是孤立的静态管理，而现代人力资源管理是全过程的动态管理。在对员工工作全过程的纵向管理方面，传统人事管理往往把互相联系的几个阶段——录用、培训、考核、调动、退休等人为地分割开，孤立地进行管理，造成录用与使用相脱节，使用与培训相脱节，培训与晋升、奖励相脱节等。从横向看，传统人事管理把互相联系的“人”划归各单位、各部门，从各自的管辖范围出发，进行分口切块式的管理，搞所谓人员的“部门所有制”，视人为部门之财产，只重拥有而不重使用。人才闲置、人才压制或人才压抑成为普遍现象。就流动而言，进来不易而出亦难。而现代人力资源管理克服了上述弊端，它把人员的录用、培训、考核、使用、调动、升降、奖惩和退休有机地联系起来，进行全过程管理。同时，它的视角跨越了部门分割的局限，将全部人员作为一个整体进行统一管理。

传统人事管理的一大特点是稳定性极高，一个人一旦被安置在一个单位工作，常常一干就是一辈子，甚至一辈子就在一个岗位上。随着市场经济的发展，这种静态管理远远满足不了企业生存和发展的需要。现代人力资源管理注重对人的动态管理，培训、就业、失业、再培训、再就业，人力的选聘、淘汰、再选聘都是正常的不间断的事。

人力资源的动态管理有利于企业获得急需人才，以求得人力资源投资的最佳效益。同时也使员工有危机感，促使员工自觉加强学习，力求不断发展。对于失业的人，也会刺激他们重新充实自我，掌握应有的知识技能，以求再次获得就业上岗的机会。

人力资源管理的过程是指在人力资源战略的指导下，运用科学的方法，以人力资源规划和工作分析为基础，对组织所需的人力资源进行招聘、培训与开发，对员工的绩效、薪酬等环节进行管理，实现人力资源的合理配置，并最终实现组织目标和员工价值的过程。

二、人力资源管理过程的内容

（一）工作分析

为了实现企业的战略目标，人力资源管理部门要根据企业结构确定各职务说明书与员工素质要求，并结合企业、员工及工作的要求，为员工设计激励性的工作。

工作分析是收集、分析和整理关于工作信息的一个系统性程序。工作分析的信息被用来规划和协调几乎所有的人力资源活动，如决定员工的挑选标准，制定培训方案，确定绩效评估标准等。

（二）人力资源规划

根据企业的发展战略和经营计划，评估企业的人力资源现状及发展趋势，收集和分析人力资源供给和需求方面的信息和资料，利用科学的方法预测人力资源供给。

（三）招聘与选拔

招聘与选拔是指根据组织战略和人力资源规划的要求，从组织内部和外部通过各种途径识别、选取、发掘有价值的员工，并进行组织内部人力资源配置的过程。该职能是人力资源“选人”和“用人”功能的体现。

（四）绩效考评

企业通过绩效考核工作衡量其员工的工作绩效，并把这些评估传达给他们。其目的在于激励员工们继续恰当的行为并改正不恰当的行为。绩效评估结果可以给管理部门提供有关决策的依据，如晋级、降级、解职和提薪等。

（五）薪酬设计

薪酬设计是企业吸引和保留人才的关键，其主要职能体现为通过具有内部一致性、外部竞争性和激励性的薪酬体系设计，为企业的“留人”提供重要支撑。

（六）员工培训和开发

培训和开发是训练员工的过程。它主要是根据不同员工的技术水平和素质差异采用不同的训练方式和训练内容，提供他们完成任务所需要的知识、技术、能力和工作态度，进一步开发员工的潜能，从而帮助他们胜任现任工作和将来的职务。培训与开发的主要目的在于通过提高员工们的知识和技能水平去提高企业的绩效。

以上六大内容，除工作分析和人力资源规划作为人力资源管理系统的基础和根本以外，其他四大内容对应现代人力资源管理的四大核心职能：人力资源配置（招聘与选拔）、人力资源评价（绩效考评）、人力资源激励（薪酬设计）以及人力资源开发（培训与开发）。

第二节 人员招聘与选拔

招聘是一个组织补充新鲜血液的主渠道，它通过招募、选拔和录用，使组织获取必需的人力资源，实现组织人力资源的合理配置。招聘直接关系到组织人力资源的获取，并影响人力资源管理过程中其他环节工作的开展。因此，能否获取合格和优质的人力资源，已经成为增强组织核心竞争力的必要前提。

一、招聘的含义

招聘是组织根据人力资源规划和工作分析的要求，通过发布招聘信息和科学的选拔，使组织获取所需的合格人选，并把他们安排到合适岗位工作的过程。人力资源招聘是一个复杂、完整、连续的程序化操作过程，包括了从招聘、选拔、录用到评估的完整过程。在理解招聘的含义时，我们必须把握招聘工作以下几个方面的特点。

（一）招聘必须以人力资源规划和工作分析为前提

人力资源招聘是以人力资源规划和工作分析这两项基础性工作为前提的。人力资源规划决定了组织预计要招聘的岗位、部门、数量、时限、类型等要求；工作分析则对组织中各个岗位的职责、所需的资质进行分析，为招聘工作提供了主要的参考依据，同时也为应聘者提供了有关岗位的详细信息。招聘工作对于组织人力资源的合理形成、管理及开发具有至关重要的作用。

（二）招聘是组织与应聘者的互动选择

组织与应聘者之间的双向选择，是招聘工作的一个重要特征。应聘者根据组织发布的招聘信息，对照所聘岗位的条件和标准，进行自我分析、衡量，并了解组织的整体情况，从而选择合适的组织和合适的岗位作为应聘目标。而组织则从应聘者中，根据岗位要求择优录用。组织要尽量避免“人才高消费”的现象，尽量使录用人员的能力与岗位的职责要求相匹配。

（三）招聘必须考虑成本问题

招聘应该同时考虑三个方面的成本：一是直接成本，包括招聘过程中广告费、工作人员的工资和差旅费、考核费用、办公费用及聘请专家费用等；二是重置成本，重置成本是指因招聘不慎，须重新再招聘时所花费的费用：三是机会成本，机会成本是指因离职及新员工尚未胜任工作造成的费用支出。一般来说，招聘的职位越高，招聘成本就越大。招聘时必须考虑成本和效益，既要将成本降低到最低限度，又要保证录用人员的素质要求，这是招聘的最终目标。

二、招聘的原则

人力资源部要有计划、有目标、有步骤地开展日常的人员招聘工作，严格掌握对应聘人员的基本要求，把任人唯贤、择优录用的基本原则贯穿在整个招聘工作的过程中，选拔出德才兼备的优良人选，不断满足组织发展的需要，使组织在激烈的竞争中保持人力资源的优势。具体来讲，招聘工作应该遵循下列原则：

（一）计划性

应该在组织的人力资源规划的基础上，具体制订人员招聘计划。人员招聘计划作为组织人力的资源规划的重要组成部分，为人员招聘录用工作提供了客观的依据。

（二）公开性

组织应该把空缺的职位种类、数量、应聘资格和条件、应聘方法等信息，通过公开的途径，向组织内外的应聘者发布，使招聘工作置于组织内外公开监督下，防止暗箱操作，唯有如此，才能给予组织内外的申请者以公平竞争的机会，达到广揽人才的目的。

（三）公平性

公平性原则要求通过考核和公平竞争，确定人员的优劣和取舍。为达到公平竞争的目的，既要吸引较多的应聘者，又要严格甄选程序，用科学的手段进行考核、筛选，减少选拔工作中的主观随意性。

公平性还要求组织对所有申请者一视同仁，为组织内外的申请者提供平等的竞争机会。不能人为地制造各种不公平的限制（如性别歧视、年龄歧视、籍贯歧视等），也不能人为地制造不平等的优先优惠政策。

（四）标准性

招聘工作应该按照工作分析所提供的职位说明书进行。组织在进行招聘决策时要做好充分的准备，明确招聘的标准和条件。一个岗位宁可暂时空缺，也不要让不合适的人选占据，尽量不要降低标准来录用人员，如果是因为标准定得太高，以致所有的候选人都无法达到招聘标准时，则组织可以适当地重新考虑招聘标准。在降低标准时，一定要谨慎，否则会导致标准的混乱，对其他员工造成不公平，同时也影响今后的工作。

（五）全面性

全面性与标准性原则相联系。对应聘者的资格、条件与所招聘职位的匹配性方面要进行全面的考查，不能只考查其中的某一突出方面就简单地做出录用或拒绝的判断，避免以偏概全。

（六）合适性

合适性原则要求做到既广开才路，又人事相宜。招聘的对象不一定是最优秀的，但应该是最合适的。招聘时要量才录用，做到人尽其才、人事相宜，尽量避免大材小用，造成浪费。这里的标准是职位的要求，如果应聘者的条件远远超过职位的要求，那么今后他的工作稳定性就不会太高。

知识链接6－1

企业在进行招聘的时候往往会分为两种方式：

（1）外聘：内部员工推荐、面向社会登报招聘、到学校招聘、参加人才交流会、现场招聘会、委托专业猎头公司或行业协会、网络招聘、与专业培训机构合作等。

（2）内聘：公司内部员工可以根据所需岗位要求并结合自身能力参与竞聘，但需要参与公司组织的面试和考核。

三、选拔的程序和方法

人力资源的获取工作是一个完整的流程，选拔和录用是整个招聘系统的组成部分。为了对应聘者的知识水平、能力、专业兴趣和个性特征等多方面的内容有比较全面和深入的了解，组织应该借助于不同的方式来选拔出合适的人选，选拔已经成为招聘工作最重要的一个阶段。录用则是组织经过选拔之后的决定，并作为一种契约将组织与应聘者紧密地联系起来。

（一）选拔的程序

选拔过程应该由人力资源部门和用人部门经理共同完成，其步骤如下：

1. 评价求职申请表和简历

评价求职申请表和简历是对应聘者进行初步的筛选。无论是由个人提交的申请表和简历，还是由组织统一设计的登记表，总会存在着许多不可靠的成分。初步筛选的目的在于透过申请表和简历的表面现象观察分析其潜在的危险信号。对显示出危险信号的申请者，应该在初步筛选中予以剔除。对于有希望的候选人，可以将发现的疑问记录下来，以备面试时提问。一般来说，有下列情况的，可以视作“危险信号”：①申请表信息不完全；②就业经历存在间断；③在某职位上短期任职，且没有合乎逻辑的原因；④在某一工作岗位上缺乏所期望的成绩；⑤缺乏有效的离职原因；⑥所描述的职责与原任职岗位不一致；⑦过去的经验与申请的职位不一致；⑧不合逻辑地提供申请职位所必需的经验或技能。

2. 进行面试、测试和考核

对于初选合格的人选进行面试，必要的话还要进行测试和考核，它的一般步骤如下：

确定参加面试的人选，发出书面通知。通知书上应该注明面试的时间、地点、联系方式等内容。

进行面试准备。面试准备包括确定面试主持者和参加人员、选择合适的面试方法、设计评价表和面试提问提纲、布置面试的场所和环境控制。

面试过程的实施。面试是获取求职者信息最常用的方法，在各个层次的选择中被广泛使用。它依靠面试考官的技巧，有效地控制面试的实际操作，面试过程的操作质量直接影响着人员招聘与录用工作的质量。关于面试的方法和技巧，下面将会有专题说明。

进行必要的测试和考核。选择性测试被视为最可靠、最准确的选择方法，通过对应聘者施以不同的考核和测试，可以就他们的知识、能力、技能等，以及个性品质、职业性向、动机和需求等方面加以评定，从中选出组织所需要的人选。

分析评价结果。这个阶段的工作主要是针对应聘者在面试、测试和考核中的实际表现做出结论性的评价，为录用取舍提供建议。

（二）选拔的技术与方法

选拔工作对组织绩效和成本有重要的影响，决定了组织能否最终获取适合工作岗位的理想人选，因此，选拔已经成为招聘过程的一个最重要的阶段，在选拔过程中要用到多种评价技术和方法。

1. 面试

面试是组织的面试人员与应聘者之间进行信息沟通的过程。作为一种评价求职者的主要方法，面试可以使管理者获取并验证一些重要信息，有机会评价应聘者的主观方面——面部表情、仪表、紧张程度等。

面试的过程：面试的过程包括准备阶段、实施阶段和反馈阶段。

（1）准备阶段。面试前的准备工作对于面试的成功具有至关重要的作用。准备阶段的基本工作大体有：

其一，研究工作说明书。工作说明书对职位的说明信息是面试测验的依据，面试时应该围绕工作说明书进行问题的设计。

其二，约定面试时间，准备面试场地。面试者要安排好面试时间，并提早通知被面试者，面试的时间不要与其他重要工作的时间相冲突。在场地安排时要注意两个问题：一是环境的布置和座位的安排；二是环境气氛。

其三，准备提问提纲。

其四，设计面试记录表和面试评分表。面试评分表的主要内容是列出评价要素和评价等级，综合评语以及录用意见等。

（2）实施阶段。面试实施的具体过程包括以下三个基本阶段：

第一，导入阶段。导入阶段主要是面试者和被面试者通过自我介绍与对方认识，通过寒暄一些与工作无关的问题，创造一种轻松、友好的面试氛围。

第二，核心阶段。核心阶段是整个面试过程最为重要的阶段，通过提问、倾听和观察，面试者着重收集被面试者能够胜任应聘岗位能力方面的关键信息，并依据这些信息对被面试者做出基本的判断。这一阶段费时最多，面试者除了要运用提问技巧外，还要注意倾听的艺术，并且观察被面试者的非语言信息。提问时不必拘泥于准备好的提纲，要随时根据被面试者的回答情况，做出适当追问，以获取并验证更为全面的信息。

第三，确认阶段。面试者回顾检查是否遗漏了能够反映胜任应聘岗位的核心问题，并进一步确认这些关键问题。结束阶段也可以提一些旁敲侧击的问题，了解被面试者的一些潜在的信息。

（3）反馈阶段。面试结果的反馈有两条线路：一是由人事部门将人员录用结果反馈到组织的上级和用人部门；二是逐一将面试结果通知应聘者本人，对录用人员发布“试录用通知”，对没有被接受的应聘者发布“辞谢书”。另外要注意将面试资料存档备案，以备查询。至此面试工作全部完成，重新回到人员招聘与录用的程序之中。

面试的技巧。面试的技巧涉及多个方面：如陈述的技巧、提问和倾听的技巧、如何捕捉非语言信息的技巧、如何面对不同个性的被面试者的技巧、如何进行现场控制的技巧，等等。这些技巧与作为管理者的素养和技能有关。在此我们只介绍面试提问的 STAR 步骤。

STAR 是背景（Situation）、任务（Task）、行动（Action）和结果（Result）四个英文单词的首字母组合。通常，应聘者求职材料上写的都是一些结果，描述自己做过什么，成绩怎样，比较简单和宽泛。而面试者则需要了解应聘者如何取得这些业绩的。通过 STAR 提问，面试者可以全面了解该应聘者的知识、经验、技能的掌握程度以及工作风格、性格特点等的信息。

背景。面试者要了解该应聘者所述业绩是在一个什么样的背景之下取得的，通过不断地提问，可以全面了解该应聘者取得所述业绩的前提，从而获知所取得的业绩有多少是与应聘者个人有关，多少是和环境因素有关。

任务。面试者要了解的是应聘者为了取得所述业绩，都完成了哪些工作任务，每项任务的具体内容是什么样。通过这些可以了解他的工作经历和工作经验，以确定他所从事的工作与获得的经验是否适合现在所空缺的职位。

行动。面试者还要继续了解应聘者为了完成上述任务所采取的行动，即了解他是如何完成工作的，工作中采取了哪些行动，所采取的行动是如何帮助他完成工作的。通过对应聘者“行动”方面信息的提问，面试者可以进一步了解他的工作方式、思维方式和行为方式。

结果。最后面试者要关注结果，即应聘者在采取行动完成每项任务的结果是什么，以及造成这种结果的原因又是什么。

通过上述四个步骤，面试者可以逐步将应聘者的陈述引向深入，从而挖掘出应聘者潜在的信息，为组织的录用决策提供正确和全面的参考。STAR 步骤既有利于组织招聘到合适的人才，也为应聘者提供了一个尽可能全面展现自我、推销自我的平台。

2. 心理测试

心理测试是根据被测评者对一组标准问题的回答方式，测量其心理特征，并据以预测被测评者与拟任职位符合程度的方法，以达到选拔的目的。

面试方法存在的最大局限是难以获取应聘者的内在个性和实际工作能力方面的信息。心理测试作为一种间接的测量手段，则能够在一定的程度上测评出应聘者的人格特征、能力特征（包括能力倾向）、基础知识和专业知识、基本技能和特殊技能等。但即便如此，测试也只能作为选拔录用时的一种辅助性的方法，测试和考核并不是万能的，许多信息是不能通过测试和考核来获取的。

心理测试的标准：测试的标准是衡量测评工具的测量学指标，这些标准能够衡量测试方法对选拔录用的合宜程度。

（1）效度与信度。测试的效度就是测试的有效性，也就是测试的准确性。有效性和准确性是科学测试最重要的必备条件。保证较高效度的基础是有较高的信度。信度是测试的稳定性和可靠性的指标，所谓的稳定可靠是指测试的结果不能随着测试者、测试时间、测试地点的变化而变化。

（2）公平性。公平性是指测试工具对不同的人来说，没有功能的差异性，在设计测评工具时要排除与工作职位无关的因素的影响；同时，一种测评方法应该能够保证平等地对待所有的应聘者，不能因为他们的性别、年龄、出身等方面的不同而有所偏颇。

（3）客观性。测试是一种客观的测试，测试工具必须是经过标准化的。在测试工具的编制、测试的具体实施以及评分和解释方面都要依据一套系统的程序，以降低无关因素对测试结果的影响，便于对不同人的测试结果进行比较和交流。在注意客观性时，也要考虑适用程度，即测试方法的适用范围。适用程度越高、适用范围越大，则其针对性会越少。

（4）经济性。经济性涉及的是成本和效益的关系。成本是指用于测试的全部成本支出，一般来说，测试的精确程度与成本成正比。因此，在具体进行测试时，应该根据企业甄选录用的实际需要，在测试的精确性和成本之间做出正确的权衡，从而决定所用的测试方法。

心理测试的类别。根据测试的具体对象划分，心理测试有认知测试和人格测试两种。

其一，认知测试。认知测试测评的是认知行为，如成就测试（主要测评对象的成就需要）、智力测试（主要测评认知活动中较为稳定的行为特征）、能力倾向测试（主要测试人的一般性向和特殊性向）。

其二，人格测试。人格测试测评的是社会行为，如态度、兴趣、性格与品德等，心理学家开发了各种问卷，它们被用来进行人格测试。

心理测试的方法。心理测试有两种基本的测试方法：一种是问卷法；另一种是投射法。

其一，问卷法。问卷法往往是由一系列问题组成的结构化量表，其编制形式可以是“是非式”、“选择式”和“等级排列式”几种。问卷有自陈量表和非自陈量表，心理测试一般运用的是自陈量表。

其二，投射法。投射法提供了结构不明确的刺激情景——投射物，投射物通常是刺激意义不明确的各种图形、墨迹、词语，也可以是实物。让被测试者在不受限制的情景下自由地做出反应，不自觉地将自己的意愿、态度和情感等特性投射于其中，从中来推测测验的结果。常用的有罗夏的墨迹测验、默里和摩根的主题统觉测验（简称 TAT）。

心理测试的注意方面。心理测试必须谨慎进行，在进行心理测试时必须注意：

①心理测试必须由心理专家主持和实施。一些计分性的测试要由专业人员掌握，不能公开，计分方法更要保密。

②实事求是地看待测试的结果和作用。一般来说，心理测试的结果只反映了被测试者某一方面的特质和水平，不能反映他的整体状况，不能迷信心理测试的结果，在解释心理测试的结果时要与拟聘的工作性质相联系；同时要明确的是，对心理测试的作用也不能过高估计，即便是一个信度与效度都很高的测试，当它应用到具体的个人时，其准确性也不一定很高。因此，心理测试的方法只能作为选拔、录用的辅助方法。

③心理测试工具设计的标准化和科学化。测试工具的设计要遵守科学的原则，必须由专门机构评审。对一些“常模”（反映众多样本共性的特征值）指标，需要经过实践的探索和检验而不断地修正和完善。

3. 评价中心法

评价中心法是一种综合运用多种评价技术对被评价人员进行全面了解的程序，由这种方法得出的评价结果适用于人力资源管理的各项工作。

（1）评价中心法的特点。评价中心法有其自身的优势和缺陷。

评价中心法的优点表现在：

①可靠性。评价中心法综合使用了多种测评技术，如心理测验、能力测验、面试等，由多个评价者进行评价。运用各种技术从不同的角度对被评价者的目标行为进行观察和评价，各种手段之间可以相互验证，因此能够对被评价者进行较为可靠的观察和评价。

②动态性。评价中心法的组成部分以及它最突出的特点是它使用了情景性的测验方法，通常，它将被评价者置于一个模拟的工作情境中，了解被评价者与其他人员进行交往和解决问题过程中的行为。因此，评价中心法是一种动态的测评方法，这种对实际行动的观察往往比被评价者的自我陈述更为准确有效。

③现实性。评价中心法注重发现被评价者对新工作岗位的适应能力，而不太看中其以往的工作经历；更多地测量被评价者实际解决问题的能力，而不是他们的观念和知识，这对被评价人员和企业来说，都极具现实意义。

④客观性。评价中心法所采取的手段很多是真实情景的模拟，因此，这种方法有时又被称为情景模拟法。人们在评价中心的活动表现都与拟任的工作岗位有关，被评价者的表现比较接近于真实情况，被评价人作伪的可能性极低，便于评价人得出更为客观和可信的评价结果。

当然，评价中心法也存在一些明显的不足，它的主要缺点表现在：

①成本较高。实施评价中心法的时间成本和费用成本都比较高，一般只适用于选拔和物色较高层次的管理者。

②主观性程度较高。在评价中心技术所采用的情景性测验中，制定统一的评价标准比较困难，因此，评价的主观性程度较高。

③实施较为困难。评价中心法由于模拟情景的复杂程度较高，对任务的设计和实施中的要求也比较高。

（2）评价中心法的主要形式。评价中心的主要形式有：

①无领导小组讨论。无领导小组讨论是评价中心法中经常采用的一种测评技术。无领导

小组模拟了日常工作中重要的管理沟通情景。其操作方法是给被评价者（一般来说是 5 ~ 7 人）一个有待解决的问题，让他们在 1 个小时左右的时间里展开讨论以解决这个问题。所谓“无领导”是指参加这一组讨论的被评价者之间是平等的，由他们自行安排发言次序并进行讨论，评价者的任务是观察和评估被测评者在讨论中的表现，但并不参加讨论，也不事先在被测评者中间指定小组的领导者。

②文件筐测验。文件筐模拟了管理人员日常进行的公文处理情景，因此，也被称为文件处理练习。被评价者通常扮演某一管理人员的角色，他们被要求在规定的时间内处理来自企业内部上下左右的文稿，如通知、报告、请示、来信，等等。这些文稿涉及的问题可能是惯例性的，也可能是非常规性的；可能是琐事，也可能是大事。被测评者要独立地对这些文稿进行处理，做出决定。

③角色扮演。角色扮演是一种比较复杂的测评方法，它再现了组织中的真实情景，要求被测评者扮演一定的角色，模拟实际工作情景中的一些活动。角色扮演通常采用一些非结构化的情景，在被评价者之间交互作用。“模拟面谈”是通常采用的一种角色扮演形式。即由一名经过训练的人员充当可能与拟任职位在工作中发生关系的各种角色与被评价者谈话，被评价者被要求回答所要解决的问题，由评价者对面谈的过程进行观察和评价。

④工作样本法。工作样本法是选取一些工作任务作为拟聘职位的一个“工作样本”，然后请被测评者现场操作，根据被测评者的实际表现来测评其管理效率。工作样本法从被测评者一个样本的工作绩效预测其整体绩效，减少了许多推论环节，因此是一种比较直接、自然的测验方法。这种方法还有一个更大的特点是能够使被测评者对拟任的管理工作有一个更加现实和感性的认识。

除此之外，演讲、管理博弈、案例分析等也是经常被用到的评价中心技术。各种方法应结合使用，仅仅以某一种特殊的评价技术来测评是不足以称为评价中心法的；同时，必须由多名评价人主持评价工作，仅仅由一个人主持评价工作或者仅仅是每个评价人各自写出评价报告而没有经过评价小组成员讨论的情况，也不足以称为评价中心法。

四、人员录用

（一）人员录用的含义

当应聘者经过了各种筛选关后，最后一个步骤就是录用与就职。这项工作看上去似乎无关紧要。实际上它是能否唤起新员工工作热情的关键，有不少企业由于不重视录用与就职工作，新员工在录用后对企业和本职工作连起码的认识都没有就直接走上了工作岗位。这不仅会给员工今后的工作造成一定的困难，而且会使员工产生一种人生地不熟的感觉，难以唤起新员工的工作热情，这对企业是不利的。为此，企业应认真做好这项工作。

（二）录用决策的主体

在许多企业中，录用是由人力资源管理部具体负责的，他们常常为部门经理提供经过筛选的候选人名单，由部门经理进行录用决策工作。另外，那些没有单独的人力资源部门的小企业或小公司，可能会把录用工作直接委派给部门主管经理。

那么，在企业中究竟谁对录用负最终责任？随着经理和主管受到的训练越来越多，在企业中，经理对录用决策所负的责任也越来越大。实际上，录用最终取决于经理和主管。但是，在企业中，录用工作是由人力资源管理部门从头到尾具体进行的，在整个过程中他们会提供很重要的参考意见。

许多雇主在录用决策中也让员工有一定的发言权。例如，让员工去对求职者进行面谈，员工可以表达他们愿意选择谁。在大学招聘教师的时候，就常常是学生和教师共同对应聘教师的人进行筛选。在工作团队越来越普及的今天，由工作团队来共同筛选并决定录用谁已经很流行了。

第三节　绩效考评与薪酬设计

一、绩效考评的含义

绩效考评是考核和评估的总称。绩效考核是为评价提供事实依据，考核是用一定的方法对员工绩效进行客观的描述过程。绩效评估是通过确定的标准比照员工的行为，并对员工的行为给予评估，这种评估的标准是以员工对组织目的实现的程度为依据的，通过这种反复的评价、修正过程，最终促进员工的行为能够得以改善，以更好地为实现组织目标服务。

由于绩效考评本身不是目的，而是手段，因此其概念的外延和内涵应该随经营管理的需要而变化。从内涵上说，就是对人与事的评估，有两层含义：一是对员工的工作状况进行评估；二是对员工的工作结果，即人在组织中的相对价值或贡献程度进行评估。从外延上说，就是有目的、有组织地对日常工作中的人进行观察、记录、分析和评估。有三层含义：

第一，从企业经营目标出发进行评估，并使评估以及评估之后的人事待遇有助于企业经营目标的实现。

第二，作为人力资源管理系统的组成部分，运用一套系统的制度性规范、程序和方法进行评估。

第三，对组织成员在日常工作中所显示出来的工作能力、工作态度和工作成绩进行以事实为依据的评估。

在传统的人事管理中，绩效考评只停留在获取员工的工作绩效的相关信息这一层次上，只注重于个人评价和奖励的分配过程，这是“立足现在看过去”的一种考核方法。而在现代人力资源管理中，绩效考核中的工作信息收集只是评估过程的一个步骤，关键在于信息如何以企业需求为衡量标准来及时反馈给员工，不断改进绩效才是最重要的。所以现代人力资源管理的绩效考评是“立足于现在看将来”的一种考核方法。它在注重数量的同时更注重工作的质量，在注重个人成就的同时更注重团队合作，在注重工作结果的同时更注重工作过程。现代人力资源管理理论将绩效考评上升为一种重要的管理系统，提出了绩效管理这一概念。

二、绩效考评的作用

绩效考评的作用主要在于两个方面：评价和开发。评价的目的在于正确估价员工的行为和绩效，以便适时给予奖惩，如提薪、发奖金、晋升等。开发的目的在于提高员工的素质，如更新员工知识结构与技能、激发创造力等，最终提高员工的绩效。

一般来说，绩效考评可以发挥促进职业发展、改善人际沟通、做好用人决策、完善激励机制、增强员工满意度、引导员工行为、实现组织战略等作用。

课堂案例 6－1

如何降低运送犯人的死亡率

十九世纪，英国将澳洲变成殖民地。由于地广人稀，尚未开发，政府鼓励国民移民到澳洲。但当时澳洲非常落后，没有人愿意去。英国政府想出一个办法，把罪犯送到澳洲去。这样一方面解决了英国本土监狱人满为患的问题，另一方面也解决了澳洲的劳动力问题，还有就是他们以为把坏家伙们都送走了，英国就会变得更美好了。

英国政府雇用私人船只运送犯人，按照装船的人数付费，多运多赚钱。政府很快发现这样做有很大的弊端，就是罪犯的死亡率非常高，平均超过了10%，最严重的一艘船的死亡率达到了惊人的30%。政府官员绞尽脑汁想降低罪犯运输过程中的死亡率，包括派官员上船监督，限制装船数量，等等，却都实施不下去。

最后，他们终于找到了一劳永逸的办法，就是将付款方式变换了一下：由根据上船的人数付费改为根据下船的人数付费。船东只有将人活着送达澳洲，才能赚到运送费用。新政策一出炉，罪犯死亡率立竿见影地降到了1%左右。后来，船东为了提高生存率还在船上配备了医生。

（注：资料来源：https：//club. 1688. com/article/50825281. htm）

三、绩效管理

（一）绩效管理的含义

绩效管理是指为了实现组织的目标，通过制订绩效计划，定期对企业员工工作行为和工作结果进行评估与反馈，实施激励与调控，并改善员工工作绩效，进而提高企业组织绩效的管理过程。那么，绩效考评是绩效管理的一个组成部分，也是完整的绩效管理过程中的一个重要环节。成功的绩效考评不仅取决于评估本身，而且很大程度上取决于与评估相关联的整个绩效管理过程，绩效考评与绩效管理有着密切的关系，但不能简单地将绩效考评等同于绩效管理，两者还是有区别的。

因此，为改善企业的绩效而进行的管理活动都属于绩效管理的范围，绩效管理不仅作为一种管理手段或工具，更是作为一种管理思想和管理意识，贯穿在企业经营管理活动的整个过程中。企业运用绩效管理，不仅能够有效控制企业各个环节的活动，更重要的是通过持续不断地改进绩效，逐步提高企业的经营效益和市场的竞争能力。

（二）绩效管理的必要性

企业进行绩效管理，不论从企业的角度，还是从管理者或者员工的角度，都可以解决我们所需解决的一些问题，并给企业的运营和人力资源的管理带来益处。

首先，从企业角度看，绩效目标的设定与绩效计划的制订过程，使企业目标被分解到各个业务单元以及个人；其次，通过对团队和个人绩效目标的监控过程以及对绩效结果的评估，可以有效了解各个环节上的工作产出，及时发现问题并予以解决；最后，绩效考核的结果可以为人员调配和培训发展提供信息。

从人力资源的角度来看，对于管理人员而言，绩效管理提供给管理者一个将目标分解给员工的机会，并且使管理者能够向员工说明自己对工作的期望和工作的衡量标准，绩效管理也使管理者能够对绩效计划的实施情况进行监控。就员工而言，绩效管理也是他们成长过程中所必需的。根据马斯洛的需要层次理论，员工在生理需要得到满足之后，更多的高级需要有待于满足，每个员工都希望了解自己的绩效和在别人心中的评价。因为首先员工出于对安全和稳定的需要，以避免因不了解自己的绩效而带来的焦虑；其次，员工希望自己的成绩得到他人的认可与尊重；最后，员工需要了解自己目前有待于提高的地方，使自己的能力得到提升，技能更加完善。

综上所述，绩效管理系统使绩效考评的内涵更丰富，实施过程更全面、更系统，从而使绩效考评在企业管理中发挥出更强大的功能。

（三）绩效评估指标

绩效目标由绩效指标和绩效标准组成。绩效指标是指绩效的维度，也就是说要从哪些方面来对员工的绩效进行考评，也就是对绩效内容的界定。绩效标准明确了员工的工作要求，界定员工应当怎样做或者做到什么样的程度，例如，“产品的合格率到达 90%”、“接到投诉后两天内给客户以满意的答复”等。

1. 绩效评估指标定义

所谓绩效评估指标就是指评估因子或评估项目。绩效本身是工作的成绩和效果，只有需要评估时，才考虑如何将能够反映绩效的要素设计为一个个项目（即指标），然后给每一个项目确定标准值，最后再与工作实际情况对比，给出成绩。在评估过程中，人们要对被评估对象的各个方面或各个要素进行评估，而指向这些方面或要素的概念就是评估指标。只有通过评估指标的设计才能使评估工作具有可操作性。总的评估结果是各个评估指标结果的综合体现。

2. 绩效考评的内容

对员工绩效考评，按照绩效考核的内容可分为面向工作结果的考核、面向员工行为表现的考核和面向素质技能的考核。

（1）面向工作结果。

面向工作结果着眼于“干出了什么”，而不是“干了什么”，其考评的重点在于产出和结果，而不在于行为和过程。考评的标准易制定、易操作。目标管理的考评方法是面向工作结果的考核。这种考评比较适合进行具体生产的蓝领操作工人、推销员等。这种考评最大的问题是不能提供有助于员工提高绩效的明确信息，易导致“短期行为”，对员工长期发展不利。

（2）面向行为表现。

面向行为表现着眼于员工在工作中的行为表现，即“干了什么”，“如何去干的”，重在工作过程，而非工作结果。较适合于那些绩效难以量化考评或需要以某种规范行为来完成工作任务的员工，比如售货员、服务员、文秘人员、管理人员、技术人员等。这种考评的难度在于开发出能够反映组织要求的工作行为指标体系和相应的标准体系。

（3）面向素质技能。

面向素质技能主要用于评价员工的个性、特征、能力、性格、态度、创造性等。重点着眼于“这个人怎么样”，忽视了工作的最终结果的考评，较难操作，但常用于对管理人员的考评。

在实际考绩中，要针对具体情况慎重选择这三种类型指标。一般来说，将这三种基本类型进行有效组合，并精心设计才能使绩效考评具有可操作性和有效性。

3. 绩效指标与绩效标准

标准是事先确定的标尺。员工不仅要知道自己应该做什么，还应该知道工作的要求（即标准）。在设定每一指标标准时，首先要确定基准值，如果我们把评估指标的标准分为5个等级，那么处于中间层次的标准就应当视为基准，也就是在正常情况下多数人员都可以达到的水平。

一个完整的绩效指标与其标准一般包括四个构成要素，这四个要素是指标名称、指标操作性定义、等级标志、等级定义。其中，等级标志和等级定义往往合二为一，形成了与绩效指标对应的绩效标准。等级标志是用于区分各个等级的标志性符号；等级定义规定了与等级标志对应的各等级的具体范围，用于揭示各等级之间的差异。

4. 绩效考评指标的基本要求

绩效评估指标是绩效评估制度中的关键内容。在设计绩效评估指标时应注意满足下面的基本要求。

（1）内涵明确清晰。

应对每一个绩效评估指标规定出明确的含义，以避免不同的评估者对评估指标内容产生不同的理解，从而减少评估误差的产生。绩效评估指标的表达应明确清晰，用于定义评估指标的名词应准确、没有歧义，使评估者能够轻松地理解它的含义。在必要的时候可通过不同的方式对评估指标做出详细的定义，以统一评估者对每一个评估指标的理解。

（2）具有独立性。

虽然评估指标之间有相互作用、相互影响或相互交叉的内容，但一定要有独立的内容、独立的含义和界定。

（3）具有针对性。

评估指标应针对某个特定的绩效因子，并反映出相应的绩效标准。因此，应根据岗位职能所要求的各项工作内容及相应的绩效目标和标准来设定每一个绩效评估指标。

（四）制定绩效考评标准

确定了绩效考评指标，还必须确定绩效考核标准。绩效考评标准在整个考核过程中是非常重要的环节，它能帮助考核者克服考核中的主观随意性，但在实践中，由于考核标准制定的复杂性和认识的模糊，人们常常忽略这一工作内容，这就给绩效考核工作的操作带来障碍。因此，在制定绩效考核的标准前，要有明确的绩效目标，并对目标隐含的意义有充分的了解和沟通，以免因不同的解释而误导，使绩效考核的工作效果大打折扣。因此，设定绩效考核的标准是一件很重要的工作。

1. 绩效考评标准的含义

所谓的绩效考评标准，也称绩效评判标准，就是在绩效考评过程中，对员工的业绩进行评价的标准和尺度，也就是说明在各个指标项目上分别应达到什么样的水平，给出数量标准和程度标准。标准应具有完整性、协调性和比例性等特点。

2. 绩效考评标准的类型

按绩效考评的手段可分为：定性标准、定量标准。

（1）定性标准，可用评语或字符作为尺度的标准。

（2）定量标准，可用分数作为尺度的标准。

按绩效考核标准的属性可分为：主观标准、客观标准、绝对标准、相对标准。

（1）主观标准，是以考核者的个人价值观、看法为标准。

（2）客观标准，是以对客观事实描述和观察为标准。

（3）绝对标准，是以一个统一的标准进行考核评价，不分对象、目的、条件、地点等。

（4）相对标准，是依据不同的对象、目的、条件、地点，采用不同的考核评价标准。

（五）绩效评估的方法

1. 排序法

所谓排序法是指按被考核员工绩效相对的优劣程度，通过直接比较，确定每人的相对等级或名次的方法，又可以称为分级法，即排出全体被考评员工的绩效优劣顺序。在具体操作中又可分为直接排序法、交替排序法、配对比较法和强制分布法。

（1）直接排序法。

直接排序法是评价者经过通盘考虑后，以自己对评价对象工作绩效的整体印象为依据进行评价，将本部门或一定范围内需要评价的所有员工从绩效最高者到最低者排出一个顺序来。这种方法所需要的时间成本很少，简便易行，一般适合员工数量比较少的评价需求。

（2）交替排序法。

交替排序法是将需要进行评价的所有被评价者名单列举出来，然后将不是很熟悉的人的名字划去；用表格显示在被评价的某一特定点上，哪位雇员的表现是最好的，哪位雇员的表现是最差的，将他们分别列为第一名和最后一名；然后在余下的员工中再选择出最好的员工作为整个序列的第二名，选择出最差的员工作为整个序列的倒数第二名。依此类推，直到将所有员工排列完毕，就可以得到对所有员工的一个完整的排序。人们在知觉上相信这种交错排序法是优于简单排序法的。

例如，对公司财务部的员工进行考核。首先，把财务部员工的名单罗列出来，总共 10 个人。先从罗列出来的名单中找出最差的员工 A，在姓名旁边写上“10”。再从剩余的 9 个人的名单中找出最好的员工 F，在姓名旁边写上“1”。接着从剩下的 8 个人的名单中找出最差的员工 G，记上“9”。这样不断反复，直到全部姓名都打上阿拉伯数字。这时，财务部员工的优劣顺序就排列出来了。

2. 配对比较法

配对比较法是考评者根据某一标准将每一员工与其他员工进行逐一比较，并将每一次比较中的优胜者选出。最后，根据每一员工净胜次数的多少进行排序。例如，某一车间内被考评者有 10 人，每一位被考评者都必须经过 9 次配对，即与其他 9 人进行配对比较，比出优劣。

3. 强制分布法

强制分布法是按事物“两头小、中间大”的正态分布规律，先确定好各等级在总数中所占的比例。例如，若划分为优、中、劣三等，则可以分别占 30%、40% 和 30%；若分成优、良、中、差、劣五个等级，则每个等级可以分别占10%、20%、40%、20%和10%。然后，按照每人绩效的相对优劣程度，强制列入其中的某一等级。

强制分布实际上也是将员工进行相互比较的一种员工排序方法，只不过它是对员工按照组别进行排序，而不是将员工个人进行排序。这一方法的理论依据是数据统计中的正态分布概念，假定员工的业绩水平遵从了正态分布。

4. 量表法

量表法是最简单和运用最普遍的工作绩效评价技术之一：它通过一些图尺度或表格列举出绩效构成要素和跨度范围很宽的工作绩效等级。

量表法就是将评价指标的定义、尺度、权重等设计成表格用于评价的一种方法。

在进行评价的时候，首先要设计出每一项指标和相应的权重，针对每一位被评价者从每一项评价要素中找出最能符合其绩效状况的分数，然后将每一位被评价者所得到的所有分值加总，即得到其最终的工作绩效评价结果。量表的形式多种多样，下面简要介绍平级量表法。

平级量表法是考核中最普遍的方法，是由考核者根据量表，对员工每次考核基础上的表现做出评价和记分，常用5点量表。

使用量表法的程序：

（1）确定可量化的考核指标，即列举评价指标（评价什么）；

（2）确定评价标准（图尺度），列举绩效等级（如五等级），并对评价等级进行说明；

（3）确定每一标准的赋分值，对每一等级的评价标准的界定授予评价者。

5. 关键事件法

所谓关键事件法是负责评价的主管人员把员工在完成工作任务时所表现出来的特别有效的行为和特别无效的行为记录下来，形成一份书面报告，每隔一段时间（通常为6个月），主管人员和其下属人员面谈一次，根据记录的特殊事件来讨论后者的工作绩效。

需要注意的是，所记载的事件必须是较突出的、与工作绩效直接相关的事（即关键事件），而不是一般的、琐碎的、生活细节方面的事；所记载的应是具体的事件与行为，而不是对某种品质的评判（如“此人是认真负责的”）。

关键事件法往往是对其他评价方法，特别是各种量表法的补充，一般不能单独运用。

6. 行为对照表法

在运用行为对照表法考评员工时，考评者要先设计一份描述员工规范的工作行为的表格，考评者将员工的工作行为与表中的描述进行对照，找出准确描述了员工行为的陈述，即成为现成的评语。

这样的对照表可以很长，工作的主要方面的好、中、差都列入。有了这一现成的清单，考评者只要照单勾出，便捷易行。

另外，行为对照表法的一个改进方法是所谓的强制选择法，即设计一个行为对照表，其中的评价项目分组排列，但是每个项目并不列出对应的分数。考评者从行为对照表中挑选出他认为最能够描述和最不能够描述员工工作的陈述，然后汇总到人事部门，由人事部门根据不公开的评分标准计算每位员工的总分。这种方法可以减少考评者对员工的宽容成分，建立更客观的评价体系。但由于考评者自己也不知道他所选择的项目代表什么样的工作水平，因此强制选择法无助于在评价鉴定的面谈过程中为员工指出改进工作绩效的具体建议。

7. 行为锚定等级评价法

行为锚定等级评价法实际上是把对特定行为特征的描述作为一个统一的度量标准，考评者根据给定的行为锚定等级的标准来对员工实际表现出的能力、技能、价值观等进行评价的一种方法。

行为锚定评价法实质上是把量表法和关键事件法结合起来，使其兼具两者之长。它为每一职务的各考评维度都设计出一个评分量表，并有一系列典型的行为描述句与量表上的一定等级尺度（评分标准）相对应和联系（即所谓锚定），供考评者在给被考评者实际表现评分时作为依据参考。尽管这些典型行为描述句数量有限（一般不会多于10条），不可能涵盖员工工作表现的方方面面，被考评者的实际表现也很难与描述句所描述的完全吻合，但有了量表上的这些典型行为锚定点，考评者打分时便有了分寸感。

（六）绩效考评方法的选择

绩效考评的每一种方法都有其优点和不足，每一种方法都有其不同的适用性。实际上，企业在选择员工绩效考评方法时，必须考虑多种因素，比如企业的战略、企业所处的不同发展阶段、企业绩效考评的目的、员工的工作性质与特点、员工的素质、绩效考评方法的特点、绩效考评的成本费用等。

1. 企业绩效考评的目的

企业绩效考评的目的对企业绩效考评方法的选择起着决定性作用。处于不同发展阶段的企业，其人力资源管理的策略也是不同的，在不同时期对员工进行绩效考评的目的也不尽相同，选择适合的绩效考评方法对于实现绩效考评的目的能够起到事半功倍的效果。例如，如果绩效考评是以员工发展为主要目的，则选择标准工作考评方法中的关键事件法、行为锚定等级考评法、行为观察考评法等会比较有效，而选择员工之间相互比较的方法就难以达到目标。

2. 员工工作性质与特点

不同工作岗位的员工，其工作性质与特点也有很大差异。在进行绩效考评方法的选择时，应根据不同的工作性质与特点选择不同的绩效考评方法。有的工作岗位要求员工工作独立完成，目标比较明确并且容易量化，比如销售人员，可以选择用目标管理法进行考评；而有些岗位的员工的绩效目标则难以量化，比如行政人员、一般管理人员等，其适宜运用关键事件法或行为锚定等级法。

3. 绩效考评方法本身的特点

因为每一种考评方法都有其局限性，也有其适宜性，每一种考评方法在企业的运用中要考虑它的一致性、信度、效度、可操作性、开发和实施成本等。企业必须根据考评的目的、员工工作的性质并结合方法本身的特点，选择某种绩效考评方法或某几种方法组合运用。

4. 成本费用

在选择绩效考评方法时，成本费用也是必须考虑的一个重要因素，这里的成本费用既包括资金方面的成本，也包括花费的时间方面的成本。有些方法，开发成本不高，但有些方法的实施却需要花费大量的人力、物力、财力。所以当企业财力有限时，对非核心岗位员工进行考评就不适宜选择比较复杂的方法。

（七）绩效考评实施

1. 考评主体选择与培训

绩效考评实施的成功与否与评估者的选择密切相关，在设计绩效评估体系时，应明确评估的执行关系。事实上，不同的评估内容、不同的被评估者，其选择的评估人也是有所差别的。

无论是哪一类评估者，都应是了解员工工作和表现的人。合格的评估主体应当满足的理想条件是：熟悉被评估者的工作表现，了解被评估者的工作内容和工作性质，能将观察结果转化为有用的评估信息，能公正客观地提供评估结果。

一般来说，参与评估的人员可以是上司、同事、员工自己、下属、客户、专业评估专家、专业顾问等，具体到每一次或对某一岗位员工的评估来说，评估的主体也可以是其中一位或几位。

2. 各级管理者在考评中的职责

实施绩效管理，就是要让企业中的每一个员工都在其中扮演一个角色，承担一些责任。这个问题必须明确，否则绩效考评流于形式将不可避免。通常，一个组织有四个层面的角色，即总经理、人力资源经理、直线经理和员工。根据分工的不同，每个人在绩效管理中所承担的责任是不同的。

总经理的主要责任是为绩效管理体系的建设和发展提供支持，推动绩效管理的开展和深入。人力资源经理的主要责任是设计绩效管理体系的整体方案，组织、协调各级直线经理，使其能有效地执行方案，推动方案得到落实，并为直线经理提供实施咨询，帮助他们不断提高能力。

这里有两个关键点，首先是如何获得企业总经理的认可。绩效管理是企业的重要管理活动，其一举一动都牵动整个企业，总经理的态度和支持的力度在很大程度上决定着绩效管理实施的成败。因此，绩效管理方案必须首先获得总经理的支持，人力资源管理必须与总经理的认识达成一致，并请总经理参与其中，获得他们持续的关心和推动，才能使绩效管理方案得到逐步的落实。

直线经理们则是绩效管理的中坚力量，是连接和落实企业战略目标的纽带和桥梁，上对企业的战略负责，下对员工的发展负责，其重要性非同一般。显然，绩效考核中起主要作用的是直线经理们。因为一个评估系统无论设计得多好，如果不能有效地实施，显然不会有效。在考核中，考核者与被考核者是伙伴关系，是双赢关系。考核对于考核者与被考核者而言是一个共同提高的过程。直接上级是其下级的主要考核者，是一级考核者，是考核的主要责任人，下级对上司的考核拥有签名权和申诉权。再上一级主管是二级考核者，对一级考核者的工作进行监督、审核。如有疑问，与一级考核者进行商议；商议不行，一并交上一级或人力资源部协调。

在绩效考评中，员工是自己绩效的主人，拥有并产生绩效，他们在直线经理的辅导下不断获得成长和进步。

人力资源部在考核工作中是组织者和指导者，负责制定考核原则、方针和政策；拟订考核制度和考核工作计划；组织协调各部门的考核工作；协助、统筹各部门设计符合自身特点的考核办法。同时人力资源部还需要向直线经理们提供考核培训，接受考核投诉，保存考核记录；承担监督和评价考核系统的责任，制订人力资源开发计划等。

3. 绩效考评的基本原则

为了更好地实现绩效考评的目的，在建立考核制度及实施人力资源考核时，必须遵循一些基本原则。这些原则既是人力资源考核制度建立的重要理论依据，同时又是良好的、行之有效的人力资源考核体系应满足的基本条件。

4. 公平与开放

公平是确立和推行人员考绩制度的前提。不公平，就不可能发挥考绩应有的作用。在考绩中，各级领导和人事部要排除一切干扰，本着实事求是的精神，客观、全面、真实地考查和评价工作人员，要摒弃个人的好恶恩怨，防止用感情和偏见来代替政策。

开放式的人力资源考评制度首先必须具备公开性和绝对性，借此而取得上下认同，推行考核；其次考核标准必须是客观的，并且其数据是便于获得的，考核的指标和标准一定是上下之间可以直接对话、面对面沟通共同认可的。考绩的结论应对本人公开，这是保证考绩民主的重要手段。

5. 反馈和修改

把考核后的结果及时反馈，好的东西坚持下来发扬光大，不足之处加以纠正和弥补。在现代人力资源管理系统中，缺少反馈的人事考核没有多少意义，既不能发挥能力开发功能，也没有必要作为人事管理系统的一部分独立出来。顺应人事管理系统变革的需要，必须构建起反馈系统。

6. 定期化和制度化

考绩不严格，就会流于形式，形同虚设。考绩不严，不仅不能全面地反映员工的真实情况，而且会产生消极的后果。人力资源考核是一种连续性的管理过程，因而必须定期化、制度化。人事考核既是对员工能力、工作绩效、工作态度的评价，也是对他们未来行为表现的一种预测，因此只有程序化、制度化地进行人事考核，才能真正了解员工的潜能，发现组织中的问题，利于组织的有效管理。

7. 信度与效度

信度是指某项预测的一致性和稳定性。人事考核的信度是指人事考核方法保证收集到的人员能力、工作绩效、工作态度等信息的稳定性和一致性，它强调不同评价者之间对同一个人或一组人评价的一致性。如果考核因素和考核尺度是明确的，那么测评者在同样的基础上评价员工，就有助于提高信度。

效度是指某测量有效地反映其所测量内容的程度。人事考核的效度是指人事考核方法测量人的能力与绩效内容的准确性程度，它强调的是内容效度，即测评反映特定工作内容（行为、结果和责任）的程度。

信度与效度是保证人事考核有效性的充分必要条件，所以一种人力资源考核体系要想获得成功，就必须具备良好的信度和效度。

8. 可行性与适用性

可行性是指任何一次考核方案所需的时间、物力、财力要为使用者的客观环境条件所允许。制订考核方案时，应根据考核目标，合理设计方案，并对其进行可行性分析。

适用性包括两个方面的含义：一是指考核工具和方法应适合不同测评目的的要求；二是

指所设计的考核方案应适应不同行业、不同部门、不同岗位的人员素质的特点和要求。

9. 结合奖惩原则

依据考绩的结果，应根据工作成绩的大小、好坏，有赏有罚、有升有降，而且这种赏罚、升降不仅与精神激励相联系，而且必须通过工资、奖金等方式同物质利益相联系，这样才能达到考绩的真正目的。

四、绩效结果的应用

（一）绩效反馈面谈

绩效反馈是绩效管理过程中的一个重要环节。绩效反馈就是将绩效评估的结果反馈给被评估对象，并对被评估对象的行为产生影响的过程。它主要通过考核者与被考核者之间沟通，就被考核者在考核周期内的绩效情况进行面谈，将绩效考核结果告诉被考核者并让其确认，在肯定成绩的同时，找出工作中的不足并加以改进，双方共同制定改进的目标与计划。

由于绩效反馈是在绩效考核结束后实施，而且是考核者和被考核者之间的直接对话，因此有效绩效反馈对绩效管理起着至关重要的作用。有效的反馈可以使员工认识到自己的潜能，从而知道如何发展自我。反馈还可以使员工相信绩效考核的公平、公正和客观，否则员工就有可能怀疑绩效考核的真实性。反馈的另一个重要作用是可以促使考评者认真对待考核工作，而不是仅凭个人的好恶来进行考核。

（二）绩效改进指导

对员工业绩的考核，不仅仅是发现问题、解决问题，更重要的是让员工有一种持续改进绩效的信心。尽管绩效考核突出的是“业绩”，是以“事”为中心。但是，如何从“就事论事”转变到“论事励人”，这是最值得关注的问题。一个具体有效的做法就是和员工一起制订绩效改进计划书。

绩效改进计划书是指根据员工有待发展提高的方面所制订的一定时期内有关工作绩效或工作能力改进和提高的系统计划。通常，在绩效反馈面谈过程中双方就已确定了下一阶段改进的重点和计划，在这里主要是对存在的问题提出针对性的措施，包括具体的改进措施、建议接受的培训内容，例如参加在职培训、自我学习、他人帮助改进等。可能的情况下，还应该针对特殊问题提出分阶段的改进意见，帮助员工有步骤地提高绩效。同时，还应该明确责任部门和责任人，以便更好地帮助员工并跟踪其改进的效果。绩效改进计划书还应该有明确清晰的改进之后的绩效目标等。

（三）绩效考评结果的运用

绩效评估本身不是目的，而是一种手段，应该重视考核结果的运用。它是考评目标达成的过程，同时也是检验考评活动有效性的一块试金石。考核结果的运用可以从以下几个方面来考虑。

1. 绩效考核结果运用于利益分配

绩效考核结果必须与薪酬等激励机制挂钩才能体现其价值。如何根据员工的绩效考核结果确定合理的薪酬奖励，是保证绩效考核激励作用的主要手段和核心问题。薪酬调整主要体现对员工长期地激励。这表现在两个方面：一是考核用于年度薪酬额度的调整；二是薪酬的定期调整。绩效考核结果用于奖金分配体现了对员工的短期激励。业绩的考核结果为年度奖金的确定提供了很好的依据。

2. 绩效考核结果运用于职位管理、岗位调整。

连续的考核结果记录用于职位调整和职级调整，为职务晋升和选拔提供了依据。通过对员工在一定时期的连续绩效的分析，调整培养计划，选择出连续绩效比较好和稳定的人员，并将其纳入调整和晋升名单。

通过分析累积考核结果的记录，发现员工工作表现与其职位的不适应问题，查找原因并及时进行岗位调整。无论是哪一种的人岗不适都应该有组织、有计划地将其置换到新的岗位，真正做到人适其事，事得其人，人岗相宜。

3. 绩效考核结果运用于员工培养

企业的培训开发活动并不是盲目的，而是一种有明确目标的活动。这种目标的确定主要有两个依据：一是工作分析的结果；二是员工绩效评估的结果。通过分析累积考核结果的记录，发现员工群体或个体与组织要求的差距，通过绩效评估我们会发现员工身上存在的不足之处，从而设计出有针对性的员工培训计划。同时，还能发现员工在特定方面的需要，实现适才适所，才尽所用，在实现组织目标的同时，帮助员工发展和实现他们的职业生涯规划。

4. 考核与组织调整

绩效考评的结果为组织提供了总体人力资源质量优劣程度的确切数据，获得了包括组织结构调整、部门设置、人员配置等组织优化和发展的依据，也为组织未来制订人力资源规划提供了参考。

总之，绩效评估的结果可以应用在诸多方面。一个有效的绩效管理，无论对组织还是对员工本人，它的益处是显而易见的。

五、薪酬设计

（一）薪酬概述

什么是薪酬？薪酬仅仅是每月支付给员工的报酬，为业绩突出的员工颁发的奖金，或是提供给员工的住房补贴吗？薪酬管理仅仅是定期分发薪酬或奖金吗？

广义上讲，薪酬分为经济类报酬和非经济类报酬两种，经济类报酬是指员工的工资、津贴、奖金等，非经济类报酬是指员工获得的成就感、满足感或良好的工作氛围等，本书使用的是薪酬狭义的概念，仅指经济类报酬。

在现代市场经济中薪酬管理是人力资源管理的一个重要方面，对企业的竞争能力有很大的影响，对我国企业来说，这方面的意义更为突出。

当企业真正获得生产经营自主权之后，如何搞好企业利润在自我积累与员工分配之间的关系，如何客观、公正、公平、合理地报偿为企业做出贡献的劳动者，如何吸引和留住关键人才，从而既有利于企业的发展，又能保证员工从薪酬上获得经济上和心理上的满足，就成为企业自身必须解决的问题。只有在了解和掌握薪酬理论和激励理论的基础上，把握薪酬管理的发展前沿，才有可能做好薪酬管理工作，促进企业的发展。

（二）薪酬体系设计的目标和原则

一个科学合理的薪酬体系设计，要能够达到以下目标：

①吸引和留住优秀员工；

②激励员工高效率地工作，积极提高工作技术和能力；

③创造或强化组织希望的企业文化；

④控制或降低成本。

为了达到上述目标，在薪酬体系设计时要遵循以下五个原则：

1. 自我公平原则

自我公平原则即自我比较时所获薪酬与其自身贡献相比是公平的。

2. 内部公平原则

内部公平原则即指以体现薪酬的内部公平为导向，在确定员工薪酬时考虑岗位特点（工作责任、劳动强度、环境、技能）、工作业绩、个人能力、工作态度等各种因素。

3. 外部公平或竞争性原则

以提高企业的市场竞争力和对人才的吸引力为导向，在充分调查竞争对手、本地区不同层次企业收入水平的基础上确定薪酬水平，使薪酬水平对外具有竞争力。

4. 经济性原则

经济性原则强调企业薪酬设计时必须充分考虑企业自身发展的支付能力，把人力成本控制在一个合理的范围内。从短期来看，企业的销售收入扣除各项非人工费用和成本后，要能够支付起企业所有员工的薪酬；从长期来看，企业在支付所有员工的薪酬，即支付所用非人工费用和成本后，要有盈余，这样才能支撑自己追加和扩大投资，从而获得可持续发展。

5. 合法原则

薪酬制度要符合法律法规和政府的有关政策。这包括国家劳动法、地方劳动法规、劳动行政部门颁布的管理规定等。例如关于最低工资标准的规定、反薪酬歧视等方面的法规。

据此，设计基本薪酬制度时应注意以下问题：

薪酬应确保员工的基本生活需要。为了确保员工的生活需要，并使他们安心工作，无论是刚参加工作员工的薪酬还是平均薪酬，都要达到社会公认的标准。

薪酬应有助于提高员工的工作积极性。合理、公平的薪酬制度应具有激励作用，努力做到员工报酬的多少完全由本人的能力和绩效决定。能力越高，工作越出色，得到的报酬应越多。

注意薪酬要求的水平与人际和谐、归属意识的关系。如果把员工对工资的要求水平同马斯洛的需要层次论对应，就可表现为下列五个层次：

①对满足生存的薪酬的需要；

②对增加工资体系中的固定收入部分的需要；

③对取得同事间的公平薪酬需要；

④作为与自己的能力和工作相称的地位的象征，要求取得高于别人薪酬的需要；

⑤要求能过更富裕生活的需要。

确定基本薪酬水平的考虑因素：

（1）生活费用。组织在制订薪酬时，必须考虑当时的生活水平，确保员工及其家庭能获得维持生活费用的薪酬以保证员工生活安全。

（2）组织的负担能力。薪酬和组织的生产能力有关，如果组织担负的薪酬超出其负担能力，那么组织就会破产或解体，所以薪酬总额需以组织的负担能力为上限。

（3）当地通行的薪酬水平。组织所在地区与所属行业，对于薪酬的制订有种自然一致的趋势，顺从这种行情制定薪酬制度就不会使员工不满。所以制定薪酬制度时，一定要进行薪酬调查，了解当地的薪酬水平。

（4）劳动市场。劳动力的供给与商品相似，总是物以稀为贵，尤其是技术人员的多少，对薪酬的影响很大。可能某一地方的非熟练工的工资比其他地方的技术工工资还要高。

（5）工会的力量。西方国家中，工资是由工会和资方协商而定的，强有力的工会在协商工资时比无组织的劳工要有力得多。

（三）基本薪酬制度的设计程序和方法

薪酬调查：一般而言，薪酬调查应由企业组织的人力主管负责。其调查程序如下：

（1）选择调查对象。选择薪酬调查对象应依以下原则：

①同行业中同一类型的其他公司：

②其他行业中有相似工作的公司；

③录用同类工人，可构成竞争对象的公司；

④工作环境、经营政策、薪酬与信誉均符合一般标准的公司；

⑤与本公司距离较近，在同一劳动力市场上录用员工的公司；

⑥根据本公司的人力、物力、财务状况，确定调查公司的数目。

（2）争取其他公司的合作。公司总经理一般应亲函其他公司总经理，说明调查目的、资料保密方法、研究成果分享等，以求得对方的合作。或者由人力主管出面，直接与其他公司人力主管接洽，提出调查计划，以获得对方支持，再进行调查。

（3）选择代表性的工作，以便比较。代表性的工作是指其职责可明确区分、稳定而少变化的工作。

（4）决定资料内容。主要有：

①薪酬内容。各组织薪酬内容差别很大，一般薪酬应包括本薪、津贴、奖金、红利和各种福利等；

②调查各组织本薪情况；

③除本薪外还应调查其他各种福利；

④调查各组织每周的上班时数；

⑤调查其他各组织每周的上班时数；

（5）收集资料。或是派代表到某组织去访问，在访问中去搜集资料；或是将调查表邮寄给其他公司索取资料。

第一种方法获得的资料较为准确，而且若对方缺乏工作说明书，还可直接在访谈中获得对比资料。第二种方法运用范围广，所需条件较少，较为方便，但一般公司不会合作。

（6）资料的整理与统计。调查完毕后，应写出调查报告，一般包括资料概述和个别职位资料分析内容。就个别职位薪酬资料统计来说，这部分资料应包括：

①调查公司的编号；

②各公司现职人数；

③各公司本薪或薪酬范围（薪酬上限及下限）；

④由平均数或中位数决定的平均本薪数；

⑤全部所调查职位的薪酬总表；

⑥各公司薪酬总额统计。

通过薪酬调查，可以了解当地通过的薪酬水平，将本企业的薪酬水平与之对比，并进行调整，以决定本组织采用高薪政策、低薪政策还是维持现状。

（7）薪酬总额的计算方法。

薪酬总额的计算，通常考虑三方面的因素：组织的支付能力、员工的基本生活费用、一般的市场行情。其中衡量员工基本生活的费用应把握两点：

第一，用于员工基本生活的费用是组织必须支付的薪酬。

第二，用于员工基本生活的费用应随物价和生活水平的变动而变动。变动时应注意：及时了解政策发布的物价指数情况；注意地区间的差异；生活水平的确定要有客观的基准，不能无限制地上升。

（8）选择合适的薪酬体系。

薪酬体系的定义。一般来说是指支付薪酬的基准，即决定本薪（基本工资）的根据是什么，按其差异可区分薪酬性质和特征。

本薪（基本工资）应是薪酬的核心部分。它既能作为核定其他薪酬的基础，又能具体表现该组织的薪酬性质。基本工资是薪酬体系的中心课题。薪酬体系的选择实质就是本薪（基本工资）的选择。

几种常见的薪酬体系。

年功工资体系。该工资体系的基本工资是由年龄、工龄、学历，或生活保障要素决定的。日本企业大部分实行这种工资制度。我国企业实行的工资制度也基本属于这一类型。

职能工资。它的基本工资是由工种和履行职务的能力（由技能高低、熟练程度等所代表的）决定的。

职务工资。它的基本工资是由职务的相对困难程度、重要程度决定的。

综合以上，选择合适的薪酬结构。所谓薪酬结构就是指薪酬由哪些项目构成，以及它们的构成比率如何。目前薪酬的主要项目有本薪、津贴、奖金和各种福利费用。组织应根据自身的特点和实际状况决定这几部分的比例。

（9）成果汇总。

通过上面几个程序，确定组织薪酬的基本管理方法，将这些方法规范化、制度化，最后形成的一个文件，就是薪酬制度。

第四节　员工培训与开发

员工培训与开发是企业人力资源管理的重要职能之一，是提高员工素质、培养高素质人才队伍、帮助企业获得竞争优势的重要方面，同时也是开发企业人力资源潜能，帮助员工实现自身价值，提高工作满意度，增强对企业责任感、使命感和归属感的重要内容。因此，企业在任何时候都要十分重视员工的培训与开发工作。

一、员工培训与开发的基本概念

（一）什么是员工培训与开发

培训（Trainin）与开发（Development）这两个术语有时可以混用，但实际上两者是有差异的。

员工培训是指企业有计划地实施有助于员工提升学习与工作相关能力的活动。这些能力包括知识、技能和对工作绩效起关键作用的行为。培训是使员工在自己现在或未来工作岗位上的工作表现达到组织的要求而进行的培养及训练。

员工开发是指为员工未来发展而开展的正规教育、在职体验、人际互动及个性和能力的测评等活动。开发活动以未来为导向，要求员工学习与当前从事的工作不直接相关的内容。

员工培训与开发是一个为组织员工灌输组织文化、道德，提供思路、理念、信息和技能，帮助他们提高素质和能力，提高工作效率，发挥内在潜力的过程。从管理角度看，培训主要是使员工学习并掌握如何干好所承担工作的相关信息和技能；开发则是指通过教育活动使员工掌握目前和未来工作所需要的思路、知识及技巧。充分发挥自身的潜能（积极性、创造性），能不断适应新情况、新环境的需要，从而卓有成效地完成组织任务和目标，所以开发又称为发展。其实，员工培训与开发就是组织正式员工的综合发展工作，从教育和管理角度来看，是一种在组织目标和岗位任务规定下，对员工实施继续教育、终身教育，促使人的素质不断提高，持续开发人力资源的活动。

广义的员工培训与开发，包括组织一般员工的教育与培训（岗前与在岗两种）、管理人员的培训与发展（管理开发计划）、员工职业生涯管理等内容。狭义的员工培训与开发，则指普通员工教育培训及管理人员开发。

（二）员工培训与开发的区分

传统观点认为，培训侧重于帮助员工完成好当前的工作，开发则是以未来为导向的，侧重于帮助员工实现个人发展，为胜任组织的其他职位做准备，提高其向未来岗位流动或更高职位升迁的能力。因此，开发过程中所学习接受的内容并不一定与员工当前的本职工作直接相关。

也有不少专家和学者对培训与开发两者加以区分，赋予不同的含义而分别进行阐述和应用。有的人认为培训与开发是有差异的：培训是关注现在，有短期目标，目的在于使员工掌握当前工作中所需要的知识和技能，为提高员工工作的绩效而激发员工的技术性技巧，使其掌握基本的工作知识、方法、步骤和过程；而开发是着眼于未来，具有长期目标，目的在于挖掘和激励员工潜在的能力和素质，提高其面向未来职业的能力，使其更好地适应由新技术、工作设计、顾客或产品市场所带来的变化。

培训针对的是员工现在的工作，主要是指企业等组织有计划地帮助员工掌握与工作相关的有用能力的活动。员工培训的目的是使员工掌握培训计划中强调的知识、技能、行为等对工作绩效起关键作用的工作能力，并能够在日常工作中加以运用，从而提高工作绩效。员工培训包括对员工的基本技能培训（完成本职工作所需的技术）、高级技能培训（例如怎样运用技术与他人共享信息）、对工作系统的了解和自我激发创造力培训，以及与组织经营的战略目标和宗旨联系在一起的高层次培训等内容。

而开发针对的是员工对未来工作的准备，主要是指有助于员工为未来工作做好准备，更好地适应新技术、工作设计、顾客或市场的新变化，为促进个人职业发展而开展的正规教育、在职体验、人际互动，以及个性和能力的测评等各种活动。

需要指出的是，随着人们对培训工作认识的日趋深化，员工培训与员工开发之间的界限日益模糊。对于企业组织而言，培训与开发都是注重与员工个人与组织当前和未来发展需要相匹配的重要的人力资源开发工作，都是企业为了使员工获得与工作有关的知识和技能，或改善员工工作动机、态度和行为，提高员工的绩效及员工对企业目标的贡献所做的有计划、系统性的工作。因此，员工的培训与开发是同样必要且同样重要的。正因如此，人们在使用这两个术语时，有时加以区分，有时则不做严格区别，毕竟两者的最终目的都在于通过提升员工的能力，实现员工与企业的同步成长。

二、员工培训与开发的必要性

员工培训对企业发展的重要性已经被越来越多的企业认识。对企业来说，最重要的资产是人，而不是机器、设备和资金。被誉为“经营之王”的松下幸之助认为：“松下是制造人的，兼之制造电器。”三洋电器公司也有这样的信条：“三洋首先是生产优质的人，其次再由优质的人生产优质的产品。”由此可以看出，员工培训对企业是非常重要且必要的。

（一）有助于促进企业绩效和激励员工

企业整体绩效提升的实现是以员工个人绩效提升的实现为前提和基础的，有效的员工培训与开发能够帮助员工提高自身的知识技能，改变他们对工作的态度，增进企业员工对企业战略、经营目标、规章制度、工作标准等的理解和接受，不断提高员工的工作积极性，从而改善他们的工作业绩，进而促进企业整体绩效的提高。培训还可以增强员工的责任感、成就感和自信心。当员工通过企业组织的职业培训感受到自己的价值和组织的重用时，就会对工作满腔热情，对自己充满信心。从这个角度来看，培训本身就是一种重要的激励方式。在很多国际性的大公司里，公司不仅提供大量的培训，同时也支持员工个人进行适合自己职业道路的或自己需要的培训，即使这些培训并不在公司的计划之内，或不那么符合公司的既定目标。

（二）可以使企业适应环境的变化，满足市场竞争的需要

企业所处的环境在急剧变化，原来合格的员工，如果不经常培训，就会不合格。市场竞争，从产品竞争到销售竞争，到资本竞争，再到知识竞争，可以说竞争不断升级，但最终是人力资源的竞争。企业要在激烈的市场竞争中取胜，必须重视员工培训，这是市场竞争的需要。因此，构筑自己的竞争优势，是企业在现在及将来的激烈竞争中谋求生存、发展和壮大的关键。通过员工培训与开发，一方面可以使员工及时掌握新的知识和技术，确保企业在现在及将来都能拥有高素质的人才队伍；另一方面可以营造出鼓励知识学习和技能创新的良好氛围，更有助于提高企业的学习能力，增进企业的竞争优势。

（三）可以提高组织运作的质量和能力，提高劳动效率

接受过职业培训的员工，不仅能够更好更快地掌握新技术和新方法，正确理解技术指标的含义，从而提高整个组织的工作水平和质量，减少浪费，提高劳动效率，而且能够更彻底

地理解企业的方针、政策和管理要求，对企业进行的监督、指挥和协调工作有更好的认识。

（四）可以促使员工接受变革

任何企业在受到社会、市场、竞争对手及企业内部的压力时，不可避免地会发生不同程度的变化，而且这种变化是经常性的。实践证明，受训练不多的人，掌握一门新技术比较吃力，因而对上述的变化就会持反对或拒绝的态度，导致消极情绪和不合作的态度产生，并影响工作的效率和质量。而经常接受培训的人，对新的东西已不难适应。因此，员工培训一方面促进企业的变革，另一方面也促使企业员工更容易接受变革的事实。

（五）可以促使员工认同企业文化

良好的企业文化对员工具有强大的凝聚、规范、导向和激励作用，在企业文化的构建过程中，要使员工拥有共同的价值观念和道德准则，员工培训与开发中的教育和宣传是一种非常有效的手段。对新成员进行职业培训，一方面，可以使他们了解本企业的文化，引导他们的思想文化与企业的思想文化统一起来；另一方面，培训本身就是企业文化的一部分。例如，IBM 公司认为："教育和培训是 IBM 文化的一部分，而且不应该看作是与其他的人力资源政策和管理相互独立的。"很多注重自身发展的人，就是看中了 IBM 公司能够和乐意提供高质量的培训才愿意到 IBM 公司工作的。

（六）有助于企业建立学习型组织

学习型组织是现代企业管理理论与实践的创新，是企业员工培训与开发理论与实践的创新。企业要想尽快建立学习型组织，除了有效开展各类培训外，更主要的是贯穿"以人为本"提高员工素质的培训思路，建立一个能够充分激发员工活力的人才培训机制。成功的企业会将员工培训作为自己不断获得效益的源泉。学习型企业与一般企业最大的区别，就是永不满足地提高产品和服务的质量，通过不断学习和创新来提高效率，每个员工都有一种追求自身发展的欲望。这种欲望如不能满足，员工就会觉得工作没劲、生活乏味，最终导致员工尤其是优秀员工的流失。对一般员工来说，几乎每个人都希望在企业中有成长晋升的机会，这就需要不断学习。员工不但要熟悉自己的工作，还要了解本专业的最新动态，掌握有关的新技术和新方法，使自己有比较宽的知识面和合理的知识结构。一般来说，对自己的职业道路有长远规划和打算的人，到了一定时期都渴望能有学习的机会，以便有利于下一步的发展。而且培训对担负一定责任的各级领导者来说更为重要。他们知识面的扩大、视野的开阔、领导水平的提高和决策能力的增强，都需要通过有效的培训来获得。

课堂案例 6－2

IBM：培养"将军"的地方

不想当元帅的士兵不是好士兵，而只有能为士兵成长为元帅提供帮助的军队才是好军队。IBM 就是这样一个能够培养"将军"和"元帅"的地方，这个企业的"人才新干线"就是为了全方位打造企业领导力的后备军而设的。在质和量上均衡发展的 IBM 接班人队伍，人才生命周期生生不息，成就 IBM 百年不变的辉煌。

IBM 后备力量的发展是从两个基本层面着手的。一个是从 IBMChina 四千多人的员工队伍中选出 15% ~20% 的有突出表现和发展潜力的顶尖人才。一个是领导梯队，通过"长板凳接班人计划"确认每一个关键性职位的未来 3 ~5 年的接班人，并有针对性地制订培养计划。

从人才生命周期规划、识别、吸引到雇用、融入、培育、激励、保留，不合格的则放弃，IBM 人才新干线计划是一个超越执行层面的单点计划，全面地应对企业对人才的全盘需求，并实现人才发展的每个环节的连贯性。

“无论你进 IBM 时是什么颜色，经过培训，最后都会变成蓝色。”这是在 IBM 内部流传最广的一句话。

但是细看会发现，IBM 人的蓝色深浅不一，职位越高，蓝色越深越纯，人数越少，形成了一个规则的分层的“金字塔”。这个塔层结构造成一个自然的竞争机制，工作时间越长，员工和公司都越了解对方，最终使员工的生涯发展与公司的业务发展成为一个互动和优化的状态。

IBM 相信员工都要从塔底往上走，其严谨的流程能把不同深浅的人配置到“调色板”最准确的位置上。

IBM 人才新干线从人才战略的高度，通过大量的创新实践，打造出人才快速发展的体系架构，为企业持续发展输送源源不断的后备军，提高了企业核心竞争力。

（注：资料来源：http：//www. jobeasy. cn/art/ArticleShow. aspx？ArticleID = 30106）

三、员工培训与开发的原则

员工培训与开发作为企业人力资源开发的一项重要手段，可以为企业创造价值，但这种价值的实现，还要求企业在实施过程中遵循以下几个基本的原则。遵循这些原则也是培训任务完成和培训目标实现的重要保证。

（一）应该服务于企业战略规划

在企业活动中，员工培训与开发的实施应当从企业战略的高度出发，服务于企业的战略规划，这就要求我们不仅要关注眼前问题，更要立足于企业的长远发展。从未来发展的角度出发进行员工培训与开发，这样才能保证员工培训与开发工作的积极性、主动性。

（二）树立清晰的目标

目标对人们的行为具有明确的导向作用，在培训之前为参加培训的人员设置明确的目标，使受训人员在参加培训与开发的活动中具有明确的方向并具有一定的压力，不仅有助于在培训结束之后进行效果衡量，而且有助于提高培训活动的效果。

（三）讲究实效原则

员工培训与开发的目的在于通过员工个人绩效的提高来提升企业整体绩效，因此，应结合员工的年龄、知识、能力、思想等实际情况进行具有明确目标的培训，注重培训迁移，学以致用，将培训和工作集合起来，确保培训收到预想的效果。

四、培训需求分析

培训需求分析是培训活动全流程的首要环节，是制订培训计划、设计培训方案、培训活动实施和培训效果评估的基础。因此，正确的培训需求分析十分重要。

（一）培训需求分析

培训需求分析是指在规划与设计每项培训活动之前，由培训部门、主管负责人、培训工作人员等采用各种方法与技术，对参与培训的所有组织及其员工的培训目标、知识结构、技能状况等方面进行系统的鉴别与分析，以确定这些组织和员工是否需要培训，以及需要如何培训的一种活动或过程。培训需求分析具有很强的指导性，是确定培训目标、设计培训计划、有效地实施培训的前提，是现代培训活动的首要环节，是进行培训评估的基础，对企业的培训工作至关重要，是使培训工作准确、及时和有效的重要保证。

（二）培训需求分析的目的

培训需求分析的重要性及意义，即培训需求分析的目的有：

1. 确认差距

培训需求分析的基本目标是确认差距。它主要包括两个方面：一是绩效差距，即组织及其成员绩效的实际水平与绩效应有水平之间的差距，它主要是通过绩效评估的方式来完成的。二是完成一定绩效所需的知识、能力和技能的差距。

2. 提供可供选择的解决问题的方法

培训需求分析可以提供一些与培训无关的选择，如人员变动、工资增长、新员工吸收、组织变革，或是几个方法的综合。选择的方式不同，培训的分类也不一样。现实中，最好是把几种可供选择的方法综合起来，使其包含多样性的培训策略，形成一个信息资料库。培训需求分析实际上是一个通过各种方法技术搜集与培训有关的各种信息资料的过程，经由这一过程，可以形成一个人力资源开发与培训的信息资料库。

3. 决定培训的成本与价值

如果进行了系统的培训需求分析，并且找到了存在的问题，分析人员就能够把成本因素引入培训需求分析中去。

4. 为获得组织对培训的支持

创造有利条件获得组织支持贯穿于培训的全过程。没有组织支持，任何培训活动都不可能顺利进行，也不可能获得成功。通过培训需求分析，可以使有关人员认识到组织存在的问题，发现组织成员知识、能力和技能的差距，了解培训的成本和价值，从而为获得组织支持创造条件。

（三）培训需求分析的内容

（1）战略层次分析。这是对未来的分析，由人力部门发起，考虑改变组织优先权的因素。

（2）组织层次分析。通过这种分析可以找出企业存在的问题并确定是否需要培训，考查企业目标和对目标发生影响的因素。

（3）员工个人层次分析。这是个人实际绩效与绩效标准对员工技能要求的差距分析，依据员工业绩、技能测试和个人需求调查问卷进行分析。

五、员工培训的实施

（一）职前培训、在职培训与脱产培训

1. 职前培训

所谓员工职前培训，主要包括新员工岗前培训——新员工导向培训，主要是以组织新进员工或走上新岗位员工为对象，以岗前教育为主体的组织社会化过程。

有效的新员工导向培训与组织社会化工作，可大大减少新加入组织者上岗初期的紧张不安，以及可能感受的现实冲击，从而使其能安下心来投身工作，尽快进入职位角色，创造佳绩。

在雇员的组织社会化进程中，新员工导向培训有着举足轻重的作用。不同的企业，新员工岗前培训的内容存在很大的差异。这主要由企业的生产经营特点、企业文化及新员工的素质决定。岗前培训可分为公司职前培训与部门职前培训，也可称为岗前集中培训、岗后分散培训两个阶段。其目的是把培训部与员工所在部门各自在职前培训上的原则明确下来。此外，岗前培训可能也包括为新员工提供关于公司、雇员未来的工作部门和其他各种有关的信息。

一般地说，培训部负责总体性的培训，即负责新员工对公司的认同、了解及对整个公司都适用的方面的培训。而部门则负责培训在自己部门内所需要了解、认同的方面。各个公司的具体做法是随着具体情况、要达到的具体目标及需要解决的具体问题等决定的。但是，各个公司的岗前培训还是有着一些共同规律的。

总之，新员工导向培训应为本组织和新员工做好两件事：

第一，使新员工感到他们是受欢迎的，他们为自己加入本组织的决定感到满意。可利用在和谐气氛中的与人相识，有帮助、有指导地熟悉工作环境等，轻松愉快地成为组织中的一员。

第二，使新员工认识必要的人，了解必要的事，尤其要让其了解必要的知识和技能，了解组织运转程序，熟悉组织的设施环境和自己的岗位责任。可开展各种活动请一些人来做介绍，不一定复杂而花费大，只要能保证在温暖友好的气氛中让新员工认识和了解组织、工作、人员（同事、上级）即可。

2. 在职培训

在职培训（On the Job Training，OJT），又称不脱产培训，是指企业为了使员工具备有效完成工作所需要的知识、技能和态度，在不离开工作岗位的情况下对员工进行的培训。这种培训方式有许多优点：①能够提供现成经验。②与工作的相关性高。③边生产边学习，学以致用。④可以利用组织内的设施和有关条件。⑤易于与师傅和其他员工交流。⑥实践性强。正是这些优点使在职培训得到了很广泛的应用。

3. 脱产培训

脱产培训即员工脱离工作岗位，专门去各类培训机构或院校接受培训。这种培训形式的优点主要是员工的时间和精力集中，没有工作压力；可以进行更专业化和系统化的学习，尤其是理论知识学习，因而知识和技能水平会提高较快；学生来自不同组织或单位，可以相互交流，了解更多的信息；有利于学生能力的全面发展。但在针对性、实践应用性、培训成本等方面往往存在缺陷。

（二）内部培训与外包培训

1. 内部培训

内部培训是指企业自己拥有培训中心和相应的管理和培训队伍，可以自主举办培训，一般由企业人力资源部门设计课程，确定讲师和授课对象。一般而言，有关企业内部规章制度及产品和技术知识、业务流程、行销技巧、工作知识等，大都以该种培训形式为主。

企业培训的最终目的主要是满足企业自身发展的需要，而且某些特殊需要只能以企业自身组织的培训来满足。企业内部培训满足了这样一种需要，而且针对性强，方便适用。但由于大多数中小企业的人力有限，受投入限制、时间限制及企业面临内部变革等因素的影响，对要求多、层次广的培训需求，绝大多数企业无法有效应对，特别是当企业自身对存在的问题还缺乏准确的把握时，更应该借助外部力量解决问题。因此，以内部培训为主的培训模式，主要适用于培训力量强、专业培训多的大企业和部分成熟外企。

此外，应注意的是，企业内部培训往往也存在问题，即企业培训模式陈旧，观念不新，不利于受训人员开拓思路、全方位地接受新知识。

2. 外包培训

外包培训是由社会上的培训机构来实施培训，主要是各种专业管理领域，例如生产管理、现场管理、采购管理、品质和体系管理、财务和设备等专项管理，这些基本上以外包培训为主。

外包培训专业化水平较高，技术手段先进，宏观视野开阔，但是无论培训机构具有多么丰富的经验，由于和企业接触较短，很难在培训中提供非常富有针对性的培训课程。需要在深入细致地了解企业的状况和培训需求后，才有可能提供量身定做的培训服务，协助企业通过提升人员素质和管理方法的实战性、可操作性，提升自身的竞争力。

需要指出的是，在当今国际化市场竞争的大环境下，分工和合作都日益明显，很难想象一个工作由一个人独立完成，既要有精细化的分工，更要有广泛的合作。培训也是同样，企业应该确定以内部自主培训为主、外包培训为辅的方针，先进行内部培训，再根据需要，把本企业难以独立完成的培训外包出去。通过外包培训来加长木桶理论中的短板，使内外培训有效结合，优势互补，真正达成良好的培训效果，通过培训改进和解决现存问题，确保企业的可持续发展。

六、培训效果评估

许多公司在培训项目上投入大量的经费，想以此获得竞争优势。因此，了解公司在培训上投入的时间、资金和努力是否真正发挥了作用是非常重要的一环。而收集培训成果以衡量培训是否有效的过程，称为培训效果评估。

培训效果是指公司和受训者从培训当中获得的收益。对受训者来说，培训收益使他们可以学习各种新的技能和行为方式；而公司则可获得销售额上升及顾客满意度增加的益处。培训效果评估不仅要在培训结束后进行，在培训过程中也要做，经常性的评估可以极大减少劳而无功的危险性。从更积极的意义上来看，假如在培训过程中能进行多次检查，那么就能随时了解工作进展情况，随时做出必要的调整，培训工作就能做得更好一些。

（一）评估的内容

培训效果可能是积极的，这时工作绩效得到提高；也可能是消极的，这时工作绩效恶化；还可能是中性的，即培训对工作绩效没有产生明显的影响，这种情况下的损失是培训经费和时间的浪费。因此，对培训效果的评估非常有意义，其评估的内容一般包含以下三方面。

对受训者的评估：培训效果最终体现在受训者身上无非三种情况：积极的、消极的和中性的。如果是后两种情况，则培训是失败的，而且浪费了时间和金钱。对受训者的评估主要有两种方法：一是定性的方法，从受训者的反应、行为和态度三个方面进行，这也是最常用的方法；二是定量的方法，一般采用成本—收益评价法、机会成本法、边际分析法和假设检验法等。

对培训者的评估：对培训者进行评估，一方面可以说明培训者的水平；另一方面可以帮助培训者在以后的培训中不断发展自己。对培训者的评估主要通过培训者自评和受训者对培训者的评估两种方式进行。主要内容为培训者能否调动受训者的学习积极性，能否活跃课堂气氛，能否让受训者在很短的时间内获得更多的知识和信息。

对培训本身的评估：对培训本身的评估，一般综合应用培训者的自我评估、受训者的评估和结业考试三种方式。主要考查培训能否让受训者视野得到开拓、思维得到创新、知识得到更新、技能得到提高。

（二）评估的项目

一般来说，由于培训内容不同，培训效果评估的项目也不同，一般来讲，培训效果评估的项目设置分为以下四个层次。

反应：即受训者对这一培训项目的反应，受训者是否感到培训项目有好处，包括受训者对培训科目、培训教员和自己收获的感觉。这个层面的评估易于进行，是最基本、最普遍的评估方式。但它的缺点显而易见，例如，因为对老师有好感而给课程全部高分；或者因为对某个因素不满而全盘否定课程。以下解决办法值得尝试：强调评价的目的，请求大家配合；鼓励大家写意见、建议；与历史数据或其他公司数据比较；对大公司来讲，在全面铺开某个课程之前应先试讲；结合使用问卷、面谈、座谈等方式；不同主题的课一起进行时，要及时反馈，马上填问卷等。

学习效果：即受训者对教授内容的掌握程度，受训者是否能够回忆和理解对他们进行培训的概念和技能。这可以用培训后的闭卷考试或实际操作测试来考查。需要牢牢记住的是，如果受训者没有学会，那么培训者就没有发挥作用。

行为变化：即员工由于参加这一培训所引起的与工作有关的行为发生的变化，受训者是否在行为上应用了学习到的这些概念和技能。需要注意的是，工作经历的逐渐丰富、监督和工作奖励方式的变化都可能对员工的行为产生影响。为了排除这种干扰，可以使用控制组方法，即将员工分为训练组和未受训练的控制组。在实施训练之前，衡量各组的工作绩效；在实施训练之后，再衡量各组的工作绩效，通过比较发现训练的效果。在这个问题上，应该注意培训组的绩效变化要在培训结束后，经过一段时间的实践才能体现出来，了解这一性质对正确评价培训项目的效果很重要。

培训后果：即受训者行为的变化是否积极地影响了组织的绩效，有多少与成本有关的积极后果（如生产率的提高、质量的改进、离职率的下降和事故的减少）是由培训所引起的，受训者在经过培训之后是否对组织或他们的工作产生了更加积极的态度。

需要指出的是，这四个方面的内容是培训效果评估的四个层次，实施从易到难，费用从低到高。一般最常见的是对第一层次的评估，而最有用的数据是培训对组织的影响。其中，对反应和学习效果的衡量主要是主观感受，所以有时称为内部标准；而对行为和培训后果的衡量主要是客观结果，所以有时称为外部标准。是否评估，评估到第几个阶段，应根据培训的重要性决定。

（三）评估的注意事项

在培训效果评估中应注意以下内容：

培训效果评估的起点应是培训和组织战略目标之间的联系。换句话说，培训不仅应与战略目标相一致，而且应是战略目标的组成部分。

及时反馈。评估并不仅仅只是向主管人员递交一份报告，最重要的是要将评估获取的信息用于改善目前的培训设计和效果，因此，必须建立一个良好的反馈沟通渠道，以使信息在有关各方之间的交流畅通无阻。

应尽可能多地把评估放到培训过程中去进行，这样可适当降低事后评估的重复性。

应按照培训内容对实现学习目标的重要程度来确定评估的优先次序。

评估应是长期的和连续的。唯有如此，才能给管理者、受训者、培训者以持续的动力和压力，从而发挥更大的作用。否则，易使人认为培训受重视不够或仅在搞形式主义，这样就极易诱发消极行为。

本章思考题

1. 人力资源管理过程内容有哪些？
2. 选拔的步骤有哪些？
3. 解释绩效评估的含义和作用。
4. 简述绩效评估的方法和原则。
5. 企业为什么要进行员工培训与开发？

案例讨论

当 HR 遭遇“准逃兵”

肯基是一家外资企业的人事经理，在一次搜索招聘网人才简历库时，他无意中发现了销售部某员工的简历，并且有强烈的跳槽愿望。销售部上月已有一名员工因对销售经理不满而辞职。为了减少员工流失，肯基立即向总经理汇报了这件事，并对改善销售部的管理提出了建议。但事后，肯基逐渐发现，总经理只是和销售经理开了个会，并没有采纳自己的建议。销售部的这名员工果然提出了辞职，销售经理不但没有留人，反而打了紧急招聘申请，限人事部在 15 天内把人员招聘到岗。另外，肯基的下属因错算了当月销售员的奖金被销售经理投诉到总经理办公室。一切都在往对于肯基不利的方向发展，肯基疲于招架，却还不知道问题出在哪里。

在开始对这个案例讨论之前，我们先来看一下中国历史上汉朝相国萧何的故事。楚汉相争时期，刘邦和项羽对峙，刘邦几次被项羽打得全军覆没。但是，由于萧何提前做好了征兵计划，所以总是能源源不断地向前线输送兵源。还有一次，也就是在史上被传为佳话的萧何月下追韩信。在楚汉相争最困难的时期，刘邦手下很多人都对刘邦失去信心，纷纷开小差逃跑，光将军级别的就跑了有数十人，但萧何都没当一回事。直到听说韩信（当时只是一个下级军官）也跑了，他知道韩信是个不可多得的将才，顾不得和领导（刘邦）打招呼，连夜骑马追上韩信，经过一番说服，终于让韩信回心转意，后来辅佐刘邦奠定汉朝的基业。

我认为以上汉朝相国萧何的故事和人事经理肯基的案例都是讲在招聘过程中如何处理员

工流失的问题，是有可比性的。

下面我们将通过人事经理肯基和总经理两个方面展开对这个案例的讨论：

首先，对于人事经理肯基来说，有以下几点需要改进：第一，积极地为企业管理层出谋划策本身没有错，但你出的主意一定要能解决问题。发现有员工流失，人事经理第一要做的事就是马上招聘到合适的候选人。肯基在保证不了人员供给的情况下还要去总经理处参销售经理一本，你要总经理怎么解决问题？换掉销售经理还是干涉销售经理的日常管理？相反，萧何的工作就做得很好，不管刘邦打多少次败仗，萧何都有本事征到兵，而萧何从来不问刘邦："你就不能总结一下为什么老打败仗吗？害得我老是给你找人。"第二，其实每个人去一家企业工作，说穿了都是为了寻求个人的发展，因此，企业中出现人员流动的状况是很正常的事，如能未雨绸缪、及时补充新鲜血液，对于公司的发展未尝不是一件好事。既然肯基无意中发现这个员工有离职倾向，但他又不是影响企业发展的关键先生，何不学一下汉朝萧何，协助部门经理及时做好后备梯队的储备计划？第三，每个部门的经理都有权以自己的方式管理本部门的事务和员工，作为人事经理肯基对部门经理的工作应起到支持和协助的作用，而不是到总经理处妄加点评，使部门经理颜面尽失。子曰："来而不往非礼也。"任何人都保证不了自己的工作不会出纰漏，被部门经理找到碴而打击报复是早晚的事，长此以往，既不利于企业员工关系的和谐发展，也不利于今后人事经理工作的开展。肯基也应当学一下萧何，做好自己分内的事，不要干涉其他部门的"内政"。

其次，对于企业的总经理来说，这个案例也是一个很好的启示：第一，不应简单地将"降低员工流失率"作为考核人事经理的KPI之一。如前所述，既然每个人去一家企业工作都是为了寻求个人发展（如优厚的薪资福利、职位发展的空间、和谐稳定的氛围、交通的便利等），那么，当企业没有条件满足他的需要的时候，他到其他企业继续寻求个人发展是很正常的一件事。如果企业不能提供在市场上具有竞争力的薪酬、不能给予人才晋升或换岗的机会，或者部门经理不能公正地评估、提拔下属等，在这种前提下，苛求人事经理降低员工流失率岂不是"Mission Impossible"？第二，把握好处理公司内部事务的"度"。一个训练有素的足球裁判，为了不影响比赛的观赏性，他知道对于赛场上何种行为的犯规应当放过，何种行为的犯规应及时喊停；而一个平庸的裁判往往凭自己的感觉吹哨，要么吹得过严被观众嘘，要么吹得过松让参加比赛的两队都不买账。作为总经理，常常也在企业中充当"裁判"的角色。像本案中部门经理之间出于工作或其他原因互相议论、排挤的现象在企业中比比皆是，一个称职的领导，他知道有些事应当装看不见，他要做的只是在关键时刻吹哨、掏牌、警告，而且让双方心服口服。

案例思考题：

从这个案例中领悟，当我们在工作中遇到类似问题的时候如何去思考问题、做出决定？

第7章

领导概论

章前引例

领导的驭人之术

牧羊犬笑话一只猎狗追不上兔子。猎狗说："兔子是为了逃命，而我追不到兔子也有骨头吃，何必卖力呢?"主人于是多招了几只狗，并规定追不到兔子不给骨头吃，致使大家争先恐后，互相竞争。但好景不长，后来发现狗只抓小兔子，因为小兔子好抓。于是主人规定：按重量考核每只狗抓兔子数量的多少，如果累计超过一定数量，这只狗老了后也可享受吃骨头的待遇。

当主人为兔子数量大增而高兴时，有的猎狗说："我们抓了那么多兔子，却只得到几根骨头，不如让捉来的兔子全部归自己。"结果，有的"狗才"流失了。

组织的竞争归根结底是人才的竞争。从这个角度说，人才是组织之本。这则寓言恰巧反映了人力资源管理的一个方面，即作为领导，一个管理者，怎样管理自己的下属，使他们充分发挥自己的才能，这是一个领导应该研究的驭人之术。

（资料来源：道客巴巴．听管理学家讲故事［EB/OL］. http：//www.doc88.com/p-496273476409.html）

管理的组织职能，是对组织的资源进行配置。组织的运作，则需要通过领导职能去完成。领导职能是指通过管理者影响下属的领导行为，把组织成员的个体目标和组织目标进行有效的匹配，以完成组织目标的过程。

第一节　领导的内涵

一、领导的含义

领导的含义这一问题已经困扰着人类长达数千年之久。柏拉图、孙子、诸葛亮、斯隆都曾试图给出答案。最近几十年来，也出版了大量的专著和论文来讨论这个问题。

泰勒认为，领导是影响人们自愿努力以达到群体目标所采取的行动。

韦伯认为，有效的领导有一种魅力，即某种精神力量和个人特征，能够对许多人施加个人影响。

德鲁克认为，有效的领导应能完成管理的职能，即计划、组织、指导、度量。

孔茨认为，领导是一门促使其下属充满信心、满怀热情地完成他们任务的艺术。

戴维斯认为，领导是一种说服他人热心于一定目标的能力。

里查德斯和格林洛尔认为，领导是一种影响过程，即领导者与被领导者的个人作用与特定环境相互作用的动态过程。

对于领导的含义，至少有下列几种解释：

①领导是解决问题的初始行为；

②领导是对制定和完成组织目标的各种活动施加影响的过程；

③领导是指挥部下的过程；

④领导是在机械地服从组织的常规指令以外所增加的影响力；

⑤领导是一个动态的过程，该过程是领导者个人品质、追随者个人品质和某种特定环境的函数。

从以上关于领导含义的解释可以看出：所谓领导是指领导者在一定的环境中，为实现组织目标，对被领导者进行指导、协调和激励的行为过程。这一定义包括以下三个要素：

①领导者必须有下属或追随者；

②领导者必须拥有影响下属或追随者的能力；

③领导行为具有明确的目的，并可通过影响下属来实现组织目标。

课堂案例 7－1

杰克·韦尔奇努力为员工解决问题

杰克·韦尔奇是世界上最伟大的管理者之一。他总是专注于带领部下去解决实际问题，而不是高高在上地指挥员工干活。

通用电气公司旗下 CNBC 频道的《商务中心》节目原来一直在晚上 6:30 到 7:30 播出，这个节目受到了观众们的欢迎，收视率也很不错。可是到了 2001 年 4 月底，出现了一些意外情况。

原来，CNBC 频道强有力的竞争对手 CNN 电视台的《货币之线》节目主持人多布斯（美国著名主持人，曾经离开了 CNN 电视台）又回来了，而观众非常欣赏他的主持风格，他所主持的《货币之线》收视率也很高，而且这个节目和《商务中心》的播出时间完全重叠。因此，他们担心多布斯重新主持《货币之线》后会对《商务中心》的收视率产生消极的影响。《商务中心》节目的女主持人苏·埃雷拉马上给韦尔奇打了一个电话，她把情况都告诉了韦尔奇，并希望韦尔奇能给他们的节目组发一个鼓励的邮件，以鼓舞团队成员。

当韦尔奇得知苏为这件事已经放弃了休假的时候，马上意识到这件事对公司的重要性，他觉得只是简单地发去一个邮件不足以表达自己的诚意，于是他对苏说：“我看不用发邮件了，为什么我不能亲自到你的工作室，去看看有什么事可以做呢？”

结果，在接下来一个星期的时间里，韦尔奇和《商务中心》节目组的 15 个人在一起认真地讨论了几十种应对方案，之后，CNBC 的所有人都参与了进来，大家在一起热情地讨论，最终在韦尔奇的直接参与和影响下，CNBC 采取了最合适的并且行之有效的对策。这个时候，作为通用电气公司总裁的韦尔奇先生就好像只是 CNBC 的一位项目经理，他对 CNBC 的员工说："多布斯的复出无疑会夺走一部分观众，但是绝对不能让他轻易做到这一点。这无疑将是一场持久战，但是我们肯定能够赢得第一场战斗。"

结果，当天《商务中心》和《货币之线》打了个平手，又过了几天《商务中心》的收视率大大超过了《货币之线》。

二、领导与管理

领导与管理是两个不同的概念。从本质上说，管理是建立在合法的、有报酬的和强制性的权力基础上对下属命令的行为。下属必须遵循管理者的指示。在这个过程中，下属可能尽自己最大的努力去完成任务，也可能只尽一部分努力去完成工作。在企业的实践中，后者是客观存在的。领导则不同，领导可能建立在合法的、有报酬的和强制性的权力基础上。但是，领导更多的是建立在个人影响权和专长权的基础之上。

一个人可能既是管理者也是领导者。但是，管理者和领导者两者分离的情况也是有的，一个人可能是领导者但并不是管理者。非正式组织中最具影响力的人就是典型的例子，组织没有赋予他们职位和权力，他们也没有义务去负责组织的计划和组织工作，但他们却能引导和激励，甚至命令自己的成员。一个人可能是个管理者，但并不是个领导者。领导的本质就是被领导者的追随和服从，它不是由组织赋予的职位和权力所决定的，而是取决于追随者的意愿，因此，有些具有职权的管理者可能没有部下的服从，也就谈不上是真正意义上的领导者。从企业的工作效果来看，应该选择好的领导者从事企业的管理工作。非正式组织中有影响力的人参加企业正式组织的管理，会大大有益于管理的成效。对不具备领导才能的人应该从管理人员队伍中剔除。

知识链接 7-1

"鱼缸"法则

鱼缸是玻璃做的，透明度很高，不论从哪个角度观察，里面的情况都一清二楚。将"鱼缸"法则运用到管理中，就是要求领导者增加各项工作的透明度。各项工作有了透明度，领导者的行为就会置于全体下属的监督之下，就会有效地防止领导者滥用权力，从而强化领导者的自我约束机制。

三、领导的作用

在带领、引导和鼓舞部下为实现组织目标而努力的过程中，领导主要发挥如下几个方面的作用：

（一）制定并落实组织目标

组织的存在离不开特定的目标，各种管理活动都是围绕有效实现组织目标进行的。毋庸置疑，只有领导者才是制定和落实组织目标的唯一主体。

（二）指导组织设计并从事人员配备

机构是组织运行的基础条件，组织机构既是领导机构，又是通过领导职能来形成的。只有领导者才有人事权，组织的人员配备也是领导活动的结果。

（三）保证组织维系和正常运行

领导者通过影响和号召其下属，使组织各部门、个人共同行动，相互协调，共同实现组织目标。领导系统是组织的神经中枢，领导者是组织的首领，没有领导的组织是难以生存的，更谈不上正常运转。“国不可一日无君”尽管说的是封建帝王的重要性，若以此比喻组织中领导的重要性同样贴切。一个组织中的领导者在某一时期因故不能行使职权时，要将其职权暂时移交给指定的代理人，以保持领导职能的连续性。

（四）领导职能是其他管理职能的集中体现

管理与领导的含义，从某种意义上说是一致的，都是通过他人行为以有效实现组织目标的活动。计划决策因其为管理的逻辑起点而被称为管理的首要职能，而计划决策同时也是领导者领导工作的首要职能，它确定领导者影响下属的方向。组织与人事是领导者为自己构筑的领导基础和环境；控制、协调、激励等管理职能更是领导职能的体现形式。

四、领导权

领导是领导者向下属施加影响的行为，领导的实质在于影响，领导的核心在于权力。正式组织中的领导权由法定权力和非法定权力两个方面构成。

（一）法定权

1. 法定权的含义

法定权（又称正式权、职权、制度权）是组织赋予领导者的岗位权力，它以服从为前提，具有明显的强制性，所以又称强制性影响力。法定权只与特定的职务有关，而与特定的个人无关，它随职务的授予而开始，以职务的免除而终止。它既受法律、规章制度的保护，又受法律、规章制度的制约，在领导者的权力构成中居主导地位，是领导者开展领导活动的前提和基础。

2. 法定权的构成

组织机构的性质不同，组织层次不同，法定权的构成因素也不同。一般来说，法定权包括以下几个方面：

（1）决策权。从某种意义上说，领导过程就是制定决策和实施决策的过程，决策正确与否是领导者成功的关键因素之一。如果领导者无决策权或者缺乏决策能力，将直接影响组织目标的实现，会造成组织生存危机。

（2）组织权。所谓组织权，就是指领导者在其领导活动中，根据事业或工作的需要，对机构设置、权力分配、岗位分工和人员使用等做出安排的权力。它主要包括，设计合理的组织机构，规定必要的组织纪律，确定适宜的人员编制和配备恰当的人员等。这是领导意图得以实现的组织保证。建立合理的组织机构，就是要把领导提出的总任务，科学地分解为若干个层次和方面，设置相应的单位和部门，规定相应的职责，授予相应的权力，从而使领导的指挥、调控等其他职能得以顺利地发挥。

（3）指挥权。指挥权就是指领导者为实现组织目标而对其下属部门或个人下达命令或指示等的权力。指挥权是领导者实施领导职能的必要保障，如果没有这种保障，领导者便无法完成自己应有的职责和使命。

（4）人事权。所谓人事权是指领导者对工作人员的培养、调配、任免等权力。这种权力把下属的工作和前途与领导者直接联系起来，这样就形成领导者的一种重要影响力。从心理学的角度说，人们常常乐意接受与个人发展、满足需求联系密切的人的领导，这是职权发生作用的客观基础。现实生活中的大量事实证明，如果人事权不与主管领导发生直接联系，必然要削弱领导者的权力基础。

（5）奖惩权。奖惩权是领导者根据下属的功过表现进行奖励或惩罚的权力。奖励权建立在期望之上，它使被领导者认识到服从领导将受到奖励，从而增加其物质利益或提高其社会地位；惩罚权建立在惧怕之上，它使下属认识到不服从领导将会受到惩罚，减少自己的物质利益或降低其社会声誉。可见，奖惩权是领导者统驭被领导者的必要保证。

3. 影响法定权的因素

（1）传统因素。这是一种观念性的因素，它使人产生服从感。如领导人不是普通人，他有一定的权力，能指挥别人的工作。

（2）职位因素。这是一种社会性的因素，它使人产生敬畏感。如领导人可以左右下属的前途和命运，职位越高，这种能力就越强。

（3）资历因素。这是一种历史性的因素，它使人产生敬重感。资历是领导者的财富。资历越深，阅历越丰富，有过各种失败与成功的经历，对事件的预测和决策就越具有可行性和准确性，领导者就越能令下属信服。

（二）非法定权力

1. 非法定权力的含义

非法定权力即指自然影响力，是领导者以自身的威信影响或改变被领导者的心理和行为的力量。它只与特定的个人有关而与特定的职务无关。与强制性的法定权不同，影响力不具有法定性质，而是由领导者个人的品质、道德、学识、才能等方面的修养在被领导者心目中形成的形象与地位决定的，它取决于领导者本人的素质和修养，无法由组织“赋予”。

2. 影响非法定权力的因素

（1）品格因素。这是一种本质性的因素，它使人产生敬爱感。如领导者的廉洁奉公、不以权谋私；作风正派、行为端正；以身作则、平易近人；诚实坦率、言而有信等，都能使人产生认同，并吸引人去模仿。

（2）知识因素。这是一种科学性的因素，它使人产生信赖感。若领导者对某方面知识有专长或有特殊表现，便会对下属产生专长权力，令下属信赖。

（3）才能因素。这是一种实践性的因素，它使人产生敬佩感。如若领导者具有较强的预测和决策能力、分析判断能力、组织能力和知人善任能力，且成果显著，那么他就能令下属敬佩，从而吸引下属自觉地接受其影响。

（4）情感因素。这是一种精神性的因素，它使人产生亲切感。如良好的人际关系是形成领导者自然影响力的基础条件，而感情交流又是通往良好人际关系的桥梁。所以，领导者只有具备了情感，“动之以情”，才能赢得下属的追随。“将心比心”就是这个道理。

因此，领导者的自然影响力不是由组织赋予的，而是靠领导者高超的领导艺术、卓越的领导成就、务实的工作作风、宽大的胸怀、广博的知识等来获得的。

第二节　领导风格类型

领导风格指领导者与被领导者之间发生影响和作用的方式。研究领导者采取何种风格方式开展领导活动，以何种风格方式对下属施加影响，以及该方式对实现领导目标的有效性，是进行有效领导的重要课题。按照不同的标准可对领导类型做不同的划分。

一、按权力运用方式划分

（一）集权式领导

集权式的特征是权力高度集中，突出领导者的中心地位。表现为工作任务、方针、政策及方法都由领导者决定，然后布置给下属执行。这种类型的领导偏重于运用权力推行工作，强调统一指挥，而不注意向下属宣传组织的目标等，因而会发生抑制下属积极性、创造性和责任感的弊端。

（二）参与式领导

参与式的特征是大权独揽，小权分散，表现为领导者握有重大问题的处置权，其余的权力则按职责范围分授下属，让下属在职权范围内有自主权。

（三）放权式领导

放权式领导往往取“垂拱而治”，表现为领导者只决定目标、政策、任务，对下属在完成目标和任务各个阶段上日常活动不加干预。这种领导方式对于自觉的、有能力的、从事比较复杂工作的下属，有特殊的积极意义。但若使用不当，容易出现涣散、各自为政、自行其是等弊端。

二、按工作重心方式划分

（一）以事为中心的领导

这种领导是以工作为中心，强调工作效率，强调以最经济的手段取得最大工作成果，以工作的数量与质量及达到目标的程度作为评价成绩的指标。这种领导方式对工作抓得紧，但对下属关心不够，感情不深。

（二）以人为中心的领导

这种领导方式的领导者认为，只有下属是愉快的、愿意工作的，才会产生最高的效率、最好的效果。因此，领导者尊重下属的人格，十分重视下属的需要、态度、情绪等，不滥施惩罚，注重积极的鼓励和奖赏。注意授权下属独立处理职权范围内的工作，发挥下属的主动性和积极性；注意改善工作环境，给予下属合理的物质待遇，从而保持其身心健康和精神愉快。

（三）人事并重式的领导

这种领导者认为，既要关心人，也要关心工作，做到关心人和关心工作两方面的辩证统一。关心人，才能调动人的积极性；关心工作，才能使每个人都有明确的责任和奋斗目标。

采用这种领导方式有利于按时、保质、保量地完成工作计划，创造出最佳成果。

三、按领导者思维方式划分

按领导者在领导过程中的思维方式，可以将领导者分为两类：事务型领导者和战略型领导者。

（一）事务型领导者

事务型领导者也可称为维持型领导者。这种领导者通过明确角色和任务要求，激励下属向着既定的目标活动，并且尽量考虑和满足下属的社会需要，通过协作活动提高下属的生产率水平。他们对组织的管理职能和程序推崇备至，勤奋、谦和而且公正。他们以把事情理顺、工作有条不紊地进行为豪。这种领导者重视非人格的绩效内容，如计划、日程和预算，对组织有使命感，并且严格遵守组织的规范和价值观。

（二）战略型领导者

战略型领导者的特征是用战略思维进行决策。战略本质上是一种动态的决策和计划过程，战略追求的是长期目标，行动过程是以战略意图为指南，以战略使命为目标基础。因此，战略的基本特征是行动的长期性、整体性和前瞻性。对战略领导者而言，他们的任务是将领导的权力与全面调动组织的内外资源相结合，实现组织长远目标，把组织的价值活动进行动态调整，在市场竞争中站稳脚跟的同时，积极竞争，抢占未来商机领域的制高点。战略领导者认为组织的资源由有形资源、无形资源和有目的地整合资源的能力构成。他们的焦点经常超越传统的组织边界范围中的活动，进入组织之间的相互关联区，并将这种区域视为组织潜在的利润基地。

战略型领导力指拥有预见性、洞察力和保持灵活性并向他人授权，以创造所必需的战略变革的能力。战略领导是多功能的，涉及通过他人进行管理，包含整个企业的管理，并帮助组织处理随着竞争环境的巨变带来的变化。管理人力资本的能力是战略领导者最重要的技能。能干的战略领导者有能力创造产生知识资本的社会结构，能提出组织创新的思想。对企业来说，更为重要的是组织的管理人员的思维方式之间和管理框架之间的竞争。战略领导者行为的有效性，取决于他们是否愿意制定坦荡的、鼓舞人心的，却很务实的决策。他们强调同行、上级和员工对决策价值的反馈信息，讲究面对面的沟通方式。

知识链接 7－2

哪种领导类型最有效?

ABC 公司是一家中等规模的汽车配件生产集团。最近，对该公司的三个重要部门经理进行了一次有关领导类型的调查。

1. 安西尔

安西尔对他本部门的产出感到自豪。他总是强调对生产过程、出产量控制的必要性，坚持下属人员必须很好地理解生产指令以得到迅速、完整、准确的反馈。安西尔当遇到小问题时，会放手交给下级去处理，当问题很严重时，他则委派几个有能力的下属人员去解决问题。通常情况下，他只是大致规定下属人员的工作方针、完成情况的报告及完成期限。安西尔认为只有这样才能获得更好的合作，避免重复工作。

安西尔认为对下属人员采取敬而远之的态度对一个经理来说是最好的行为方式，所谓的“亲密无间”会松懈纪律。他不主张公开谴责或表扬某个员工，相信他的每一个下属人员都有自知之明。

据安西尔说，在管理中的最大问题是下级不愿意接受责任。他讲到，他的下属人员可以有机会做许多事情，但他们并不是很努力地去做。他表示不能理解在以前他的下属人员如何能与一个毫无能力的前任经理相处，他说，他的上司对他们现在的工作运转情况非常满意。

2. 鲍勃

鲍勃认为每个员工都有人权，他偏重于管理者有义务和责任去满足员工需要的学说，他说，他常为他的员工做一些小事，如给员工两张下个月在伽利略城举行的艺术展览的入场券。他认为，每张门票才 15 美元，但对员工和他的妻子来说，其价值却远远超过 15 美元。通过这种方式，也对员工过去几个月的工作进行了肯定。

鲍勃说，他每天都要到工厂去一趟，与至少 25% 的员工交谈。鲍勃不愿意为难别人，他认为如果管理方式过于死板，有的员工也许并不那么满意，但他们除了忍耐别无他法。鲍勃说，他已经意识到在管理中有不利因素，但大都是由于生产压力造成的。他的想法是以一个友好、粗线条的管理方式对待员工。他承认尽管在生产率上不如其他单位，但他相信他的雇员有高度的忠诚与士气，并坚信他们会因他的开明领导而努力工作。

3. 查里

查里说他面临的基本问题是与其他部门的职责分工不清。他认为不论是否属于他们的任务都安排在他的部门，似乎上级并不清楚这些工作应该谁做。查里承认他没有提出异议，他说这样做会使其他部门的经理产生反感。他们把查里看成是朋友，而查里却不这样认为。查里说过去在不平等的分工会议上，他感到很窘迫，但现在适应了，其他部门的领导也不以为然了。

查里认为纪律就是使每个员工不停地工作，预测各种问题的发生。他认为作为一个好的管理者，没有时间像鲍勃那样握紧每一个员工的手，告诉他们正在从事一项伟大的工作。他相信如果一个经理声称为了决定将来的提薪与晋职而对员工的工作进行考核，那么，员工则会更多地考虑他们自己，由此而产生很多问题。

他主张，一旦给一个员工分配了工作，就让他以自己的方式去做，取消工作检查。他相信大多数员工知道自己把工作做得怎么样。

如果说存在问题，那就是他的工作范围和职责在生产过程中发生的混淆。查理的确想过，希望公司领导叫他到办公室听听他对某些工作的意见。然而，他并不能保证这样做不会引起风波而使情况有所改变。他说他正在考虑这些问题。

（资料来源：朱友友．管理学基础［M］．第 13 版，北京：中国原子能出版社，2015.）

第三节　领导理论

领导理论是研究领导本质及其行为规律的科学。自 20 世纪 30 年代以来，人们对有关领导问题的研究大体上说主要集中在三个方面：研究领导者的性格特征、研究领导者的行为、研究领导环境对领导方式的作用。领导的理论也因此可以分为以下三大类：

一、性格理论

（一）性格理论含义

领导的性格理论即研究领导者的性格特征的理论，也就是研究怎样的人才能成为有效的领导者的理论。这个研究首先考虑的是领导者的特征，即关于领导者的个人特性。长期以来，西方国家的管理学者们，一直把领导者的各种个人性格特征作为描述和预测其领导成效的标准，认为这是与领导的有效性密切关联的。这种研究试图区分领导者和一般人的不同特点，并以此来解释他们成为领导者的原因。研究人员列举了领导者所应具有的多种个性特征，这些特征大致可以分成以下几类：

①身体特征：包括体力、年龄、身高等。

②背景特征：包括教育、经历、社会地位、社会关系等。

③智力特征：包括知识、智商、判断分析能力等。

④个性特征：包括热情、自信、独立性、外向、机警、果断、责任感、首创性、强烈的事业心等。

⑤社会特征：包括指挥能力、合作、声誉、人际关系等。

（二）性格理论代表性研究

1. 吉赛利的性格特征理论

美国管理学家吉赛利在其《管理才能探索》一书中指出的八种个性特征和五种激励特征是：

（1）个性特征。

①才智：语言与文辞方面的才能；

②首创精神：开拓新方向、创新的愿望；

③督察能力：指导别人的能力；

④自信心：自我评价较高；

⑤适应性：为下属所亲近；

⑥决断能力；

⑦性别：男性或女性；

⑧成熟程度。

（2）激励特征。

①对工作稳定的追求；

②对金钱奖励的需求；

③对指挥别人的权力需求；

④对自我实现的需求；

⑤对事业成就的需求。

吉赛利的这些性格的研究，由于有严密的科学性而受到尊重。他的研究结果指出了这些个性特征的相对重要性。

2. 博伊斯的领导技能理论

美国管理学家博伊斯提出具有“改革精神”的领导者必须具备五种新的领导技能：

（1）预见技能。对经常不断变化的内外部环境能深谋远虑。

（2）想象技能。运用说服和榜样引导下属按领导者或整个组织的意图行事。

（3）价值观综合技能。把员工在经济、安全、伦理、精神和物质等方面的需求结合起来，以便使人们有共同的动机、价值观和目标。

（4）授权技能。乐意并且有效地与下属分享权力。

（5）自知或反省技能。既明白自己的需求与目标，也了解下属的需求与目标。

博伊斯理论的一个重要观点是：上述这些新的领导技能并不是生来就具备的，而是要在实践中锻炼、培养、学习和提高的。

事实上，性格理论所涉及的身体特征、才智和个性对管理成功的影响不是绝对的。实际上大多数是人们对某一个领导者，特别是上层领导者的期望。这项理论研究的缺陷主要表现在以下几个方面：

（1）它们忽略了被领导者的地位和影响作用。事实上，一个领导者能否发挥其领导技能，会因被领导者的不同而不同。

（2）没有考虑环境对个性的影响，包括改变个性与否及其改变的程度。

（3）领导者的性格特征内容过于繁杂，且随情况的不同而发生变化。难以探索领导者所有性格特征的相对重要性，难以寻求由此获得成功的真正因素。

（4）这些特征难以度量。

（5）与各种有关实证研究所显示的结果相当不一致。

二、行为方式理论

（一）领导行为三分理论

此理论研究的是领导方式的类型及不同领导方式对职工的影响，目的是寻求良好的领导风格。这一理论的创始人是美国社会心理学家勒温。他认为，仅有良好的领导素质还不能足以保证领导者的工作效率，要进行有效的领导，领导者必须充分利用自身素质，同时还必须选择恰当的领导方式。从领导者对权力的运用角度，把领导方式分为专权型、民主型和放任型。

领导方式是领导者从事领导活动所遵循的比较稳定的领导模式，是领导职能与管理效益之间的转换媒介。领导方式是由领导的组织结构、沟通渠道、工作程序和领导者个人的学识、才能、气质素养等因素决定的。

（1）专权型领导方式。它是指领导者个人决定一切，然后命令下属执行，要求下属绝对服从，并认为决策是领导者一个人的事，其他人不能参与。具体特点有：独断专行，从不考虑别人意见；从不把任何信息告诉下级，只能察言观色，奉命行事；主要依靠行政命令、纪律约束、训斥和惩罚，只有偶尔的奖励；领导者很少参加集体的社会活动，与下级保持相当大的心理距离，下级也畏而远之。

（2）民主型领导方式。它是指领导者发动下属讨论，共同商量、集思广益，然后决策，上下级关系融洽、合作一致地开展工作。具体特点有：所有的政策在领导者的鼓励和协调下由群体讨论来决定；分配工作时尽量照顾到个人的能力、兴趣和爱好；给下属工作创造较大的自由空间，有较多的选择性和灵活性；主要用非职位权力进行管理，谈话时多用商量、建议的口气；领导者积极参加团体活动，与下属无心理距离。

（3）放任型领导方式。它是指领导者很少运用职权，给下属以极大的自由度，下属愿意怎么做就怎么做，一切悉听尊便。领导职责仅仅是为下属提供信息并与组织外部环境联系，以利于下属工作。

领导者要根据所处的管理层次、所担负的工作的性质以及下属的特点，在不同时空处理不同问题，选择合适的领导方式。但勒温根据试验得出结论，总体上讲，放任型领导方式工作效率最低，不能完成工作目标；专权型领导方式虽然通过严格管理达到了工作目标，但群体成员的情绪消极、士气低落、争吵较多；民主型领导方式工作效率最高，不但能完成工作目标，而且群体成员关系融洽，工作积极主动，有创造性。

（二）领导行为四分图理论

此理论又称为二元理论或“俄亥俄四分图”理论。1945 年，美国的俄亥俄州州立大学的研究人员以斯托格狄尔和沙特尔两位教授为首就领导行为进行了深入的调查研究。他们列出了 1000 多种刻画领导行为的因素，通过逐步概括，最后把领导行为归纳为两大类。一类为“抓组织”或称“主动结构型”，这种行为是以工作为中心的，强调的是组织的需要。领导者主要依靠给职工提供组织方面的条件使之取得令人满意的成绩。领导者主抓组织设计、明确各部门职责和关系，通过制订任务、确定工作目标和工作程序来引导和控制下属的行为。另一类为“关心人”或称“体贴型”，这种行为以人际关系为中心，关心和强调职工个人的需要，尊重下属意见，注意建立同事之间、上下级之间的互相信任的良好气氛。

研究表明，两种领导行为在一个领导者身上有时一致，有时不一致，单一的领导行为不能产生高效率的领导。这两个因素可以任意组合，结果产生 4 种领导行为，如图 7－1 所示，即领导行为四分图。一是低工作低关系，工作效率低，群众满意度差；二是高工作低关系，工作效率较高，群众满意度差；三是高关系低工作，工作效率较低，群众满意度高；四是高关系高工作，工作效率高，群众满意度也高。

图 7－1　领导行为四分图

斯托格狄尔等人的这项研究工作有重要的意义，为以后的许多类似研究奠定了基础。如“管理方格理论”就是以此为基础发展起来的。

（三）管理方格理论

此理论是由美国的行为科学家罗伯特·布莱克和简·莫顿在领导行为四分图理论基础上提出来的，倡导用方格图表示和研究领导方式。他们认为，在领导工作中，往往出现一些极端的方式，或者以生产为中心，或者以人为中心，或者以 X 理论为依据而强调加强监督，或者以 Y 理论为依据而强调相信人。为避免趋于极端的领导方式，他们于 1964 年发表《管理方格》一书，就领导方式问题，提出了管理方格法。纵轴表示对人的关心，自下而上，关心的程度由低到高；横轴表示对生产的关系，自左而右，关心的程度由低到高。图 7－2 中共有 81 个小方格，代表着 81 种"对生产的关心"和"对人的关心"这两个基本因素以不同的比例相结合的领导方式。

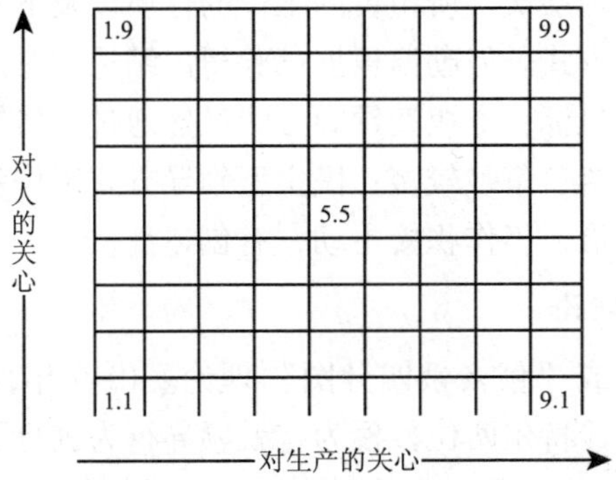

图 7－2　管理方格图

图 7－2 中 1.1 表示关心程度最低，9.9 表示关心程度最高，其中有以下几种基本领导方式类型。

（1）1.1 称为贫乏型管理。即对生产和对人的关心程度都很低，这种领导者实质上已经放弃了他的职责，是一种很少见的极端情况。

（2）1.9 称为一团和气的管理。即特别关心职工，重视同下属的关系，但对生产漠不关心，有这种行为的领导者认为良好的人际关系是第一位的，只要职工精神愉快，生产效率自然会高。

（3）9.1 称为任务型管理。即领导对生产任务的关心程度极高，努力创造和安排最佳的工作条件，把个人因素的干扰减少到最低限度，以提高工作效率，但对人漠不关心，下属的积极性、创造性得不到充分发挥。

（4）9.9 称理想型管理。即对生产和对人都极为关心，生产效率高，任务完成得好，职工关系和谐、士气旺盛，职工个人目标和组织目标协调一致，全体成员齐心协力。

（5）5.5 称中间型管理。即领导对生产和对人都有一定程度的关心，既不偏重人，也不偏重事，保持工作效率与满足人的需要两者的平衡。领导者安于现状，缺乏进取精神。

除了以上 5 种基本领导方式外，还有 9.5 的以生产为中心的准理想型管理，5.9 的以人为中心的准理想型管理，5.1 的准任务型管理，1.5 的准一团和气的管理，当然还有其他一些结合的类型。

布莱克和莫顿认为，9.9 型管理表明，在对生产的关心和对人的关心这两个因素之间，并没有必然的冲突。领导者应该客观分析组织内外情况，把自己的领导方式改造成为 9.9 理想型管理方式，以达到最高的效率。作为一个领导者，既要发扬民主，又要善于集中，既要关心组织任务的完成，又要关心职工的正当利益。只有这样，才能使领导工作卓有成效。

（四）领导行为连续统一体理论

早期的研究者认为，领导者或者是独裁的，或者是放任的。美国的行为科学家罗伯特·坦南鲍姆和沃伦·施密特 1958 年在《怎样选择一种领导模式》一文中，提出了领导行为连续统一体理论。他们认为，从专权型领导方式到放任型领导方式之间还有许多种领导方式，其中典型的领导方式有以下 7 种，如图 7－3 所示。

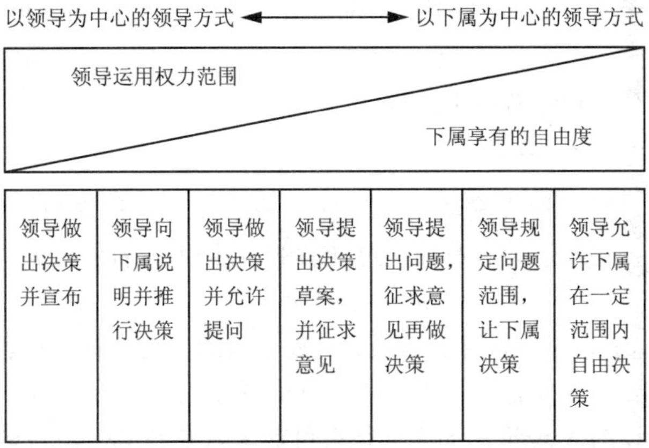

图 7－3　领导行为连续带模式

（1）领导做出并宣布决策。领导者确认一个问题，从各种可行的方案中选择一个，然后向下属宣布，以便执行。下属无权参与决策，只能无条件接受并不折不扣地执行。

（2）领导向下属说明并推行决策。在这种方式中，决策仍然由领导者做出，但不是简单的宣布决策，而是要说服下属接受决策，并很好地执行决策。

（3）领导做出决策并允许下属提问。领导做出决策，并允许下属在局部问题上提出问题，这样，下属能更好地了解他们的意图和计划，明确决策的意义和影响。

（4）领导提出决策草案并征求意见。领导提出一个暂时的方案，然后让下属讨论，广泛听取意见后，再完善决策方案，决策权仍在领导者手中。

（5）领导提出问题，征求意见再做决策。在这种方式中，领导提出要解决的问题，然后让下属广开言论，把大家提出的各种方案进行综合，从中选择一个比较满意的方案。

（6）领导规定问题范围，让下属决策。领导把决策权交给下属，只是向下属解释需要解决的问题，至于如何解决则由下属集体讨论决定。

（7）领导允许下属在一定范围内自由决策。在这种方式中，下属有极大的自由，领导只对界限做出了规定。

通过上述分析可以看出，图的左端是专权型的领导方式，图的右端是放任型的领导方式，即一个是以领导为中心的领导方式，一个是以下属为中心的领导方式。在两种领导方式之间还有许多种领导方式。坦南鲍姆和施密特认为，无法说明究竟哪一种领导方式好，哪一种领导方式差。成功的领导者不一定是专权型的，也不一定是放任型的，领导者应根据实际情况，考虑各种因素后选择恰当的领导方式。

三、权变理论

权变理论是 20 世纪 60 年代末 70 年代初在经验主义学派基础上进一步发展起来的管理理论。权变（或情境）理论是研究领导环境对领导方式的作用的理论。这一理论强调领导无固定模式，领导效果因领导者、被领导者和工作环境的不同而不同。

权变理论是从研究环境角度出发，观察环境对个性、行为的影响。强调领导环境的作用，但并不是否认领导者个性和行为的作用，而是强调这三个方面或三种因素都影响一个领导者的领导效率。换句话讲，有效地领导是三种因素共同作用的结果，绝不能以为某一种领导方式可以普遍应用于所有的情况和所有的人群。这就是研究领导问题的权变（或情境）理论的基本观点。

其中影响较大的权变理论有以下几种：

（一）菲德勒的领导权变理论

权变理论认为不存在一种普遍适用的最好的领导方式，有效的领导方式是因环境而变的。具体地说，领导方式是领导者特征、追随者的特征和环境的函数。

即
$$S=f\ (L,\ F,\ E)$$

式中，S 表示领导方式；L 表示领导者特征；F 表示追随者的特征；E 表示环境。

领导者的特征主要指领导者的个人品质、价值观和工作经历。如果一个领导者决断力很强，并且信奉人性假设的 X 理论，那么他很有可能采取专制型的领导方式。

追随者的特征主要指追随者的个人品质、工作能力、价值观等。如果一个追随者的独立性较强，工作水平较高，那么采取民主型或放任型的领导方式比较适合。

环境主要指工作特性、组织特征、社会状况、文化影响、心理因素等。工作是具有创造性还是简单重复，组织的规章制度是严密的还是宽松的，社会时尚是倾向于追随服从还是推崇个人能力等，都对领导方式产生了强烈的影响。

菲德勒的领导权变理论是比较具有代表性的一种权变理论。该理论认为各种领导方式都可能在一定的环境内有效，这种环境是多种外部和内部因素的综合作用体。

菲德勒将领导环境具体化为三个方面，即上下级关系、任务结构和职位权力。

（1）上下级关系。上下级关系（即领导者同组织成员的相互关系）是指组织成员对领导者的尊敬、信任、喜爱和愿意追随的程度。如果下级对上级越尊重，群众和下属越乐于追随，则上下级关系越好，领导环境也越好；反之，则越差。研究表明，这是最重要的因素。

（2）任务结构。任务结构是指任务的明确程度和部下对这些任务的负责程度。这些任务性质越清晰明确而且例行化，并且下属责任心越强，则领导环境越好，反之，则越差。例如，如果实行目标管理，对下级的工作有明确的要求和规定，则领导者的影响力就大。

（3）职位权力。所谓职位权力是指领导者所处的职位具有的权力与权威的大小，或者说领导的法定权、强制权、奖励权的大小。例如，如果一个基层单位的工长被赋予了雇用或开除工人的权力，那么他在那个组织中就比企业董事长在某种意义上有更大的职位权力，因为董事长一般并不能直接来雇用或开除一个工人。权力越大，群体成员遵从指导的程度越高，领导环境也就越好；反之，则越差。

菲德勒设计了一种问卷来测定领导者的领导方式。该问卷的主要内容是询问领导者对最不与自己合作的同事（LPC）的评价。如果领导者对这种同事的评价大多用以敌意的词语，则该种领导趋向于工作任务型的领导方式（低 LPC 型）；如果评价大多用以善意的词语，则该种领导趋向于人际关系型的领导方式（高 LPC 型）。

菲德勒认为，环境的好坏对领导的目标有重大影响。对低 LPC 型领导来说，他比较重视工作任务的完成。如果环境较差，那么他将首先保证完成任务；当环境较好时，任务能够确保完成，这时他的目标将是搞好人际关系。对高 LPC 型领导来说，他比较重视人际关系。

如果环境较差，他将首先将人际关系放在首位；如果环境较好，人际关系也比较融洽，这时他将追求完成工作任务。

菲德勒还将三个环境变数任意组合成八种群体工作环境，对 1200 个团体进行调查，得出如下结论（见表 7 – 1）。

表 7 – 1　菲德勒模型

环境因素	好			中等			差	
上下级关系	好	好	好	好	差	差	差	差
任务结构	明确	明确	不明确	不明确	明确	明确	不明确	不明确
职位权力	强	弱	强	弱	强	弱	强	弱
领导方式	低 LPC			高 LPC			低 LPC	

领导环境决定了领导方式。在环境较好和环境较差的情况下，采用低 LPC 领导方式，即工作任务型的领导方式比较有效。在环境中等的情况下，采用高 LPC 领导方式，即人际关系型的领导方式比较有效。

（二）路径—目标理论

这一理论是由美国管理学家罗伯特·豪斯发展的一种领导权变理论。他认为，最富有成效的领导方式是领导者采取种种步骤去设计一种环境，使群体成员潜在地或明显地受到动机的激励，并能对它做出有效的响应。

从本质上讲，路径—目标理论要求最有效的领导者应能帮助其下属实现组织目标和个人目标，特别是一些成就与报酬目标。领导者要做到这一点，就要明确规定职位与工作职责，消除工作中的障碍，在制定目标时谋求群体成员的帮助，促进群体内部的团结和协作，增加个人在工作中得到满足的机会，减少不必要的紧张与外部控制，使酬劳的期望得以实现，以及做其他一些能够满足人们期望的事情。

研究结果表明，路径—目标法对于高层职位和专业性工作特别有用，因为在这些岗位上的领导者的行为，能对工作环境的设计施加相当大的影响。但对于日常生产工作，领导者的影响和贡献不大，因此这种方法就不太适用。

（三）领导生命周期理论

领导生命周期理论是由保罗·赫塞与布兰查德提出来的。该理论认为，成功的领导要根据下属的成熟度水平选择领导风格，下属成熟度指个体对自己的直接行为负责的能力和意愿，它包括工作成熟度与心理成熟度。前者包括个人的知识和技能，即工作成熟度高的个体拥有足够的知识、能力和经验完成其工作任务。后者指一个人做某事的意愿和动机，即心理成熟度高的个体主要靠内部动机的激励。领导生命周期理论将领导风格分为以下四类：

（1）指导式。表现为高工作、低关系型领导方式。领导者告诉下属做什么、怎么做及何时做。

（2）说服式。表现为高工作、高关系型领导方式。领导者既提供指导性行为又提供支持性行为。

（3）参与式。表现为低工作、高关系型领导方式。领导者与下属共同决策，领导者主要是提供便利条件。

（4）授权式。表现为低工作、低关系型领导方式。领导者提供较少的指导和支持，主要由下属独立地开展工作，完成任务。

该理论将成熟度分为四个阶段：

第一阶段，下属既不能胜任工作也不能被信任；

第二阶段，下属虽有积极性但缺乏足够的技能；

第三阶段，下属有能力却不愿干领导希望他们干的工作；

第四阶段，下属既有能力又愿接受工作安排。

该理论还认为，随着下属成熟度的提高，领导者可不断减少对其活动的控制，还可不断减少关系行为。在成熟度的第一阶段，下属需要得到明确具体的指导；在第二阶段，领导者需采取高工作—高关系行为，高工作能弥补下属能力的欠缺，高关系则试图使下属领会领导者的意图；第三阶段可采用支持性、非指导性的参与式领导风格；第四阶段领导者可享“清闲”，因为下属既愿意又有能力担负责任。

课堂案例 7－2

领导的管理艺术

斯特松公司是美国最古老的制帽厂之一，有一段时间公司的情况非常糟糕：产量低、品质差、劳资关系极度紧张。此时，当地的一位管理顾问薛尔曼应聘进厂调查。他的调查结果显示：员工对管理层、工会缺乏信任，员工彼此间也如此。公司内的沟通渠道全然堵塞，员工们对基层领导更是极度不满，指责他们存在作风偏激、言语辱骂、不关心员工的情绪等问题。通过倾听员工的心声。认清问题所在后，薛尔曼开始实施一套全面的协调措施，加上有所觉悟的管理层的支持，4 个月后，员工憎恨责难的心态瓦解了，同时也展现出了团队精神，生产能力也有所提高。

（四）阿吉利斯的不成熟—成熟理论

不成熟—成熟理论由美国哈佛大学著名学者克利斯·阿吉利斯提出。在探索领导方式对个人行为和下属在工作环境中成长的影响这一问题中，克利斯·阿吉利斯认为：一个人由不成熟转变为成熟需要一个过程，这个过程会使人依次发生七个方面的变化，如表 7－2 所示。

表 7－2　不成熟—成熟连续流

不成熟的特点		成熟的特点
被动性		能动性
依赖性		独立性
办起事来方法少		办起事来方法多
兴趣淡漠		兴趣浓厚
目光短浅		目光长远
从属的职位		显要的职位
缺乏自知之明		有自知之明，能自我控制

上述变化过程是持续的，大多数正常人随着年龄的增长，都有日益成熟的倾向，但能够达到完全成熟的只是极少数人。阿吉利斯还认为，领导的方式会影响人的成熟过程。例如，职工若长期从事简单的重复性工作，会造成依赖心理而阻碍其向成熟的方向发展。他主张有效的领导者应该帮助人们从不成熟或依赖状态转变到成熟状态。他认为如果一个组织不为人们提供使他们成熟起来的机会，或不提供把他们作为已经成熟的个人来对待的机会，那么人们就会变得忧虑、沮丧，并且还会以违背组织目标的方式行事。

要促进人从不成熟到成熟的转变，领导者应当采取对不同成熟度的人进行不同的分类指导与领导。对成熟度较低的人适当采用传统领导方式，对成熟度较高的人采取扩大责任，并给予下属在工作中成长和成熟的机会。这对于领导者到底采取何种领导方式最有效，可以提供一个较有启发性的参考。

本章思考题

1. 回答领导的含义和作用。
2. 解释领导权的构成。
3. 领导风格都包括哪些内容?
4. 领导行为的三分理论包括哪些内容?
5. 简述管理方格理论。
6. 解释三个权变理论的主要内容。

案例讨论

案例 1

领导者的角色

多年前，波尔是公司唯一的一名工程师。随着业务的发展，公司又雇用了几名工程师，于是波尔就成为主管人员。由于自己并没有领导工作的经验，所以各种烦恼接踵而来。

波尔所在的部门规模不大，因此他虽然是主管人员，可仍同工程师们一起干活。后来因实在没办法处理繁多的文书和日常事务，于是雇用了休伊担任秘书。渐渐地，波尔发现，自己越来越依靠休伊处理诸如订购原料、确定任命、制订项目进展计划等办公室事务。而自己则仍然把大部分时间都花在了具体业务上，如遇到工程项目难度大时，甚至亲自动手操作。

长此以往，休伊把本来应该由波尔负责的工作都揽了过去。包括分配任务、处理工程师提出的问题等。事实上休伊安排的工作远比波尔在百忙之中费好大的劲排出的计划井井有条。

这天，休伊去找波尔商量采用新方法规划工作进度并监测工程进展的问题。

波尔听后说：“你这个想法很好，但你的工作是当好秘书。我是经理，监测工程是我的责任。”

休伊回答：“你怎样称呼自己与我无关，但为了把部门的工作组织得有条不紊，我干的工作比你都多。与其说你是部门经理，倒不如说你更像个工程师。”

“你在开玩笑吧。”波尔回答。“我是这个部门的经理，你是秘书。”

“我在这里担负的责任越来越多，一直盼望您能提拔我当行政助理。”休伊回答。

“工程师们是因为我的缘故才接受了你的进度安排。要是没有我在，你什么也别想干成。他们完成了任务，因为他们知道我是经理，是他们的领导！”波尔大声地说。

“我们用不着争论。如果你要我安心做秘书的本职工作，那好，对管理工作我一概不插手。”

休伊回答说：“假如我那么做了，你将不得不放弃业务工作，全力以赴搞管理。”

波尔承担的研究与开发工作不断增加，他感到有必要再任命一个工程主管人员。他挑选了彼得——他手下最能干的工程师之一。彼得很勉强地接受了委任，因为他并不喜欢搞管理。

不过既然接受了这一职务，彼得就一心想干出点成绩来。他是一个出色的工程师，从不甘心落在别人后面。他记得一本管理学书上曾讲过，新上任的技术经理最大的弱点就是埋头继续干技术工作，而不可轻易授权给别人。彼得暗下决心，自己决不能那么做。

不久彼得就发现事情并不像书上说得那么简单。向工程师委派任务的事使他进退两难、伤透脑筋。他们完成的工作，自己必须逐项检查，有时还得返工、重干，但如果不授权给他们干，就会出现窝工现象，任务完不成，结果是拖延工期，士气低落。面对手下技术过硬的工程师们，彼得也不知道自己究竟错在哪里，他考虑是不是找波尔谈一谈。

沃克是波尔手下一个工程组织的头儿。他是个友善、健谈的人，喜欢讲故事，经常使全组的工程师们哈哈大笑。本来这也无所谓，但问题是其他的工程师在沃克的带动下也开始讲故事，于是产生了混乱。更令波尔难以容忍的是，沃克到其他组的工程师那里了解情况时，他总要讲几个故事，结果使那个组也乱了起来。

不过，沃克是位刻苦而有效率的工作者，接到的任务，总是能保质保量地按时完成。然而，波尔还是发现有几个问题因为沃克的讲故事而被耽搁了，不禁有些恼火。他把沃克叫到办公室，对他说：

“沃克先生，我很清楚你每天给你们组和其他愿意听的人讲故事，浪费了很多时间。如果不是你搅乱部门的工作，你和你的小组都会得到更高的奖励。”

“是的，波尔先生，你认为金钱是唯一的好东西。但是我们已经花费了我们生命的25%～35%的时间去工作，我想应该在其间找到一些乐趣，只有这样，生命才不会显得短促。”

不过，沃克最后还是同意减少混乱，但他坚持了几天后，一切又恢复了老样子。

讨论：

1. 你认为波尔是一位什么类型的领导者？试评述他的领导方式。
2. 如果你是波尔，面对如同沃克一样类型的下属，该如何处理所出现的问题？
3. 结合案例分析：一位新任领导者如何做好角色的转换？

案例2

苏兰的职业生涯规划

苏兰，今年22岁，就读于某名牌大学人力资源管理学院，即将获得学士学位。在过去的两年里，她每年暑假都在保险公司打工，因此她在这里做过许多不同类型的工作。目前，她已接受该公司的聘请，毕业之后加入该保险公司，担任保险单更换部的主管。

苏兰所在的保险公司有5000多名员工。公司奉行员工的个人开发，自上而下都对所有员工十分信任，这已成为公司的经营哲学。苏兰将要承担的工作要求她直接管理 25 名职员。他们的工作不需要什么培训而且具有高度的程序化，但员工的责任感十分重要，因为更换通知要先送到原保险单所在处，要列表显示保险费用与标准表格中的任何变化；如果某份保险单因无更换通知的答复而将被取消，则还需要通知销售部。

苏兰工作的群体成员全部为女性，年龄跨度 19 ~ 62 岁，平均年龄为 25 岁。其中大部分人是高中学历，以前没有过工作经验，她们的薪金水平为每月 800 ~ 1000 元。苏兰将接替梅芬的职位。梅芬为保险公司工作了 37 年，并在保险单更换部做了 17 年的主管工作，现在她退休了。苏兰去年夏天曾在梅芬的群体里工作过几周，因此比较熟悉她的工作风格，并认识大多数群体成员。她预计除了王芳之外，其他将成为她下属的成员都不会有什么问题。王芳今年 50 多岁，在保险单更换部工作了 10 多年，而且作为一个"老太太"，她在员工群体中很有分量。苏兰断定，如果她的工作得不到王芳的支持，那么将会十分困难。

苏兰决心以正确的步调开始她的职业生涯。因此，她一直在思考一名有效的领导者应具有什么样的素质？

（资料来源：安妮特·威驰．管理沟通策略［M］．毕香玲，译．北京：中国人民大学出版社，2012.）

分析讨论：

1. 影响苏兰成功地成为领导者的关键因素是什么？

2. 你认为苏兰能够选择领导风格吗？如果可以，请为她描述一个你认为有效的风格。如果不可以，说明原因。

第8章

激励员工

章前引例

西门子中国本土化员工的激励

西门子（中国）公司在开发本土化人才的战略中充分运用多种激励方式激励本土员工，为其在中国的良好运营奠定了坚实的基础。

西门子中国本土化的员工激励主要包括以下几个方面。

首先，西门子为员工提供富有挑战性的工作机会，既可以保持本公司的技术领先性，也可以使员工得到锻炼，进而使公司的凝聚力得到增强。西门子的人力资源部门致力于根据员工兴趣与特长为员工设计工作岗位，帮助企业员工实现自身的价值；适当增加压力，使其工作更具挑战性，激发员工的潜力。当员工觉得现有工作已不再具有挑战性时，管理者可以通过工作轮换的方式把他轮换到同一水平、技术相近的另一个更具挑战性的岗位上去，并在工作中积极引导员工开拓创新。这样，由工作轮换所带来的丰富工作内容因为富有挑战感，所以也就提高了员工的工作积极性和对企业的忠诚度。

其次，西门子采用业绩、市场导向的薪酬制度。西门子全球总部人事副总裁说："我们西门子这么大的公司能在中国大地上凝聚在一起，其中一个重要的原因就是诱人的薪酬。"公司的薪酬具有市场竞争力，确保其薪酬水平与员工创造的价值相应，甚至不能低于意欲挖角的竞争对手的出价。公司严格根据员工业绩表现"按劳取酬"、"不能致功，虽有贤名，不予之赏"。他们坚信只有支付了具有绝对竞争力的薪酬，核心人才才不可能被竞争对手挖走。

再次，卓越领导为员工提供愉快和谐的工作环境。西门子认为：企业要想从根本上具备留住优秀人才的优势，必须有一个非常好的领导机制和愉快和谐的工作环境，他们深信，领导层的素质已经成为一个企业最具有竞争力的因素。西门子公司的管理者大多具备技术背景或具有超脱于技术之外的才能。他们具有敏锐的商业嗅觉，并且能在企业内部营造一种冒险和创新的氛围，激发员工的工作热情。此外，西门子公司通过 CPD 圆桌会议及 CPD 员工对话等讨论帮助员工制订职业生涯规划，同时管理阶层积极给员工营造一种宽松和谐的工作环境，如上班穿便装、优良的办公设备、舒适的就餐和体育锻炼空间等。他们深信和谐的工作环境有助于激发员工的创造性，有助于消除员工的工作压力和工作枯燥感。

最后，西门子为员工提供众多的发展机会和量身定做的职业发展规划。西门子认为公司不仅仅依赖于用高薪留住人才。对于员工，发展机会才是最重要的，为此，公司为本土员工提供了尽可能多的领域及性质各异的发展机会，帮助员工实现职业目标。为了确保每位员工都拥有公平的发展机会，西门子每年对全体员工进行一次发展评估，人力资源部门致力于根据员工兴趣与特长为每一位员工设计工作岗位与良好的职业发展前景。员工可不受限制地扩大自己的知识面，在不断学习专业知识的同时，完善自身的气质。西门子雇用本土员工时更多地考虑他们的长期规划，给予他们更多的发展机会和空间，希望员工与公司一起成长。

除了共有的激励形式外，西门子（中国）公司还针对不同的部门制订适合本部门的激励措施。例如，在销售部门，要使销售人员充分意识到工作业绩突出便有受到奖励的机会。在研发部门，西门子根据研发人员工作性质的不同，激励措施重在给研发人员提供更多的成长空间，如公司常常采取提供高级技术培训、参加高级技术论坛的机会来奖励员工，以激起他们的工作热情。

西门子公平的考核制度保证奖励的公平性。其设计激励制度的基本目的是提高本土员工的生产效率，从而获得更有竞争力的优势。为了这个目标，西门子公司在设计奖励制度时以本土员工的需要和公司的经营目标为中心，争取双方共赢。公司的考核部门根据员工上一年度的出色业绩确定晋资人员名单，并予以及时的奖励。奖励内容包括晋升、奖金和福利待遇。

西门子为员工提供了多样的职业晋升途径。公司规定企业内部员工晋升采用行政管理职位系列和专业技术职位系列进行。有晋升意愿的员工可根据自己的兴趣与特长选择晋升岗位。如可申请行政管理职位的员工包括：高级管理人员、各级经理、市场研究人员、销售人员、财务人员、物资采购人员、质量检验人员、行政管理及支持人员等。

西门子鼓励员工参与企业的管理。西门子公司积极主张吸纳员工对公司发展有利的建议，让员工参与企业的管理和发展规划设计。为此，公司经常采取组织员工会谈等方式鼓励员工参与决策过程。对员工提出的管理建议，由公司、部门经理或战略研究中心主任直接确认并给予奖励。为保证提议渠道的畅通性，每位员工都可以以书面或 E-mail 形式直接向战略研究中心提交合理化建议方案。总经理对上述每一个提案有追加奖励权。对于技术（产品）开发类的建议，能被量化评估其价值的，公司将成立专门的创新评估小组，对其价值评估并实施奖励。

（资料来源：贺秋硕．人力资源管理案例引导教程［M］．北京：人民邮电出版社，2010年）

通过这个案例我们可以看出，对企业员工的激励，在企业发展进程中具有非常重要和不可替代的作用。因此，任何企业管理者都要结合本企业发展的实际情况，因地制宜地搞好对企业员工的激励工作。要将企业的各项工作做好，企业的管理者就要学习有关激励的内涵、原理、理论及有效的方法，提高企业的工作效率。尤其在今天建立创新社会、提高企业自主创新能力的发展期，做好企业激励工作更有其非常重要的意义。

第一节　激励原理

激励是一门科学，也是一门艺术。组织中员工的创造性和积极性是组织生命力得以保持的源泉。作为管理者，懂得如何运用激励的方法和艺术，更加有效地激发和鼓励员工是管理者所必须解决的重要问题。

一、激励的定义

所谓激励就是激发和鼓励。从现代管理学的角度可以将其定义为：通过满足人的需要，激发人的动机，将其内在潜力转化为实现目标的行为过程。所谓需要是指人们对某种目标的渴求和欲望，它既包括基本需要，如生理需要，也包括高层次的需要，如社交、成就需要。所谓动机，是指驱使人们产生某种行为的内在力量，是引起个人行为、维持该行为并将此行为导向满足某种需要的欲望、愿望、信念等心理因素。动机具有复杂性和多样性的特性。行为动机的形成有两个条件：一是人的内在需要和愿望，二是外部诱导和刺激。激励主要是激发人的动机，使人有一股内在的动力，朝着所期望的目标前进的心理活动过程。简而言之，激励是调动人的积极性的过程。

二、激励的作用

美国哈佛大学教授威廉·詹姆士曾做过一次试验，通过研究发现，在按时计酬的制度下，一个人如果没有受到激励，仅能发挥其能力的20%～30%；如果受到正确的激励，就能发挥其能力的80%～90%，甚至更高。激励的目的就在于寻求个人与组织在目标和行为上的一致性和协调性，引导员工发挥其最大的工作积极性。激励的最主要的作用在于能借此激发、鼓励、调动人的积极性，从而使员工工作时更有效率，取得更大的业绩。员工的工作成效取决于他的能力和积极性，以及环境的影响。

在能力、激励和环境三个因素中，能力是基本的前提，但是能力的提高非一朝一夕之功，而且人的能力也总有限度，不可能任何能力都具备。激励的重要作用在于可使人的能力充分发挥出来，使人努力地谋求上进，并不断提高自己的能力。环境对能力的发挥、激励的形成都有很大的影响。从管理的角度来说，就是要通过激励来发挥和提高能力，通过激励来克服或利用环境影响。具体表现为：

1. 通过激励来挖掘人的潜力

人的潜在能力与平时所表现出来的能力有时存在很大差别，前者会大大超出后者。人的工作积极性越高，潜在能力就越容易发挥出来，所以，挖掘人的潜在能力，关键就在于有效的激励制度和激励方法。

2. 通过激励可以为组织吸引优秀人才

有效的激励制度不仅可以充分调动组织内现有的人力资源，而且有助于吸引组织外的人才流向组织内部。因为人人都愿意自己的才能得到充分的发挥，并得到公正的满足。有效激励的实质就是能够合理地满足人们的需要，这样的激励制度自然会吸引那些才能难以得到充分发挥的人才。

3. 通过激励可以激发员工的创造性

有效的激励不仅可以调动职工的劳动积极性，而且会促进职工在工作中发挥自己的创造能力，去努力克服工作中的困难，完成任务。这种创造性的工作态度和热情对组织任务的完成和组织的发展具有重大意义。

课堂案例8-1

顽皮的小孩

一位老人在一个小乡村里休养，但是附近却住着一些十分顽皮的孩子，他们天天互相追逐打闹，喧哗的吵闹声使得老人无法好好休息，在屡禁不止的情况下，老人想出了一个办法。他把孩子们都叫到一起，告诉他们谁叫的声音越大，谁得到的报酬就越多，他每次都根据孩子们吵闹的情况给予不同的奖励，当孩子们已经习惯于获取奖励的时候，老人开始逐渐减少所给的奖励，最后无论孩子们怎么吵，老人一分钱也不给。结果，孩子们认为受到的待遇越来越不公正，认为“不给钱了谁还给你叫”，再也不到老人居住的房子附近大声吵闹了。

（资料来源：李爱梅，凌文辁．组织行为学［M］．北京：机械工业出版社，2011.）

第二节 人性假设理论

管理者在对人进行管理时，必然会有意无意地形成对人本质的看法，管理学和组织行为学的一个基础课题就是关于人性假设的认识。中国传统文化中早就有“性善论”、“性恶论”和“人无善无恶论”等几种对人性认识的观点。对人性“善”或“恶”的假设深刻地影响着组织中管理者的行为，他们基于自身对人性的不同认识会制定不同的管理者制度，采取不同的领导方式，给予不同的激励措施，并最终得到不同的管理结果。

与中国一样，西方很久以前就开始关注人性的假设问题。1965年，美国心理学家薛恩把流行于西方的各种人性理论概括为：“经济人”假设、“社会人”假设、“自我实现人”假设和“复杂人”假设。

一、“经济人”假设

“经济人”意思为理性经济人，也可称“实利人”。这是古典管理理论对人的看法，即把人当作“经济动物”来看待，认为人的一切行为都是为了最大限度满足自己的私利，工作目的只是获得经济报酬。

“经济人”的假设，起源于享受主义哲学和英国经济学家亚当·斯密（Adam Smith）的关于劳动交换的经济理论。亚当·斯密认为：人的本性是懒惰的，必须加以鞭策；人的行为动机源于经济和权力维持员工的效力和服从。

美国工业心理学家麦格雷戈在他的《企业中的人性方面》（1960）一书中，提出了两种对立的管理理论：X理论和Y理论。麦格雷戈主张Y理论，反对X理论。而X理论就是对“经济人”假设的概括。X理论的基本观点如下：①多数人天生是懒惰的，他们都尽可能逃避工作；②多数人都没有雄心大志，不愿负任何责任，而心甘情愿受别人的指导；③多数人的个人目标都是与组织目标相矛盾的，必须用强制、惩罚的办法，才能迫使他们为达到组织的目标而工作；④多数人干工作都是为满足基本的生理需要和安全需要，因此，只有金钱和地位才能鼓励他们努力工作；⑤人大致可分为两类，多数人都是符合于上述设想的人，另一类是能够自己鼓励自己，能够克制感情冲动的人，这些人应负起管理的责任。

根据“经济人”的假设而采取相应的管理策略，可以归纳为以下三点：

第一，管理工作重点在于提高生产率、完成生产任务，而对于人的感情和道义上应负的责任则是无关紧要的。简单地说，就是重视完成任务，而不考虑人的情感、需要、动机、人际交往等社会心理因素。从这种观点来看，管理就是计划、组织、经营、指导、监督。这种管理方式叫作任务管理。

第二，管理工作只是少数人的事，与广大工人群众无关。工人的主要任务是听从管理者的指挥，拼命干活。

第三，在奖励制度方面，主要是用金钱来刺激工人生产积极性，同时对消极怠工者采用严厉的惩罚措施，即“胡萝卜加大棒”的政策。

泰勒是“经济人”观点的典型代表。泰勒主张把管理者与生产工人严格分开，反对工人参加企业管理。他写道：“一切计划工作，在旧制度下都是由劳动者来做的，它是凭个人经验办事的结果；在新制度下则必须由管理部门按照科学规律来做，这是因为，即使劳动者熟悉工作进展情况并善于利用科学资料，要一个人既在机器旁劳动，同时又在办公桌上工作，事实上是不可能的。显然，在多数情况下，需要有一类人先去制订计划，另一类完全不同的人去实施计划。”泰勒所提倡的“时间—动作”分析，虽然有其科学的一面，但其基本出发点是考虑如何提高生产率，而不考虑工人的思想感情。他认为，如果工人能按照他所设计的标准动作进行工作，工作效率就会提高。

“经济人”假设及其相应的 X 理论曾风行于 20 世纪初到 30 年代的欧美企业管理界。这种理论改变了当时放任自流的管理状态，加强了社会上对消除浪费和提高效率的关心，促进了科学管理体制的建立。这对我国目前的管理实践，有一定借鉴作用。但“经济人”假设及 X 理论，也有很大局限性。

首先，“经济人”假设是以享乐主义哲学为基础的，它把人看成是非理性的、天生懒惰而不喜欢工作的“自然人”。这是 20 世纪初个人主义价值观点统治思想的反映，泰勒从企业家与工人都有的盈利心来寻求提高效率的根源，把人看成机器。这是与马克思主义的“人是社会的人，人的本质就是社会关系总和”的观点相对立的。

其次，“经济人”假设的管理是以金钱为主的机械的管理模式，否认了人的主人翁精神，否认了人的自觉性、主动性、创造性与责任心。他们认为由于人是天性懒惰的，因此必须用强迫、控制、奖励与惩罚等措施，以便促使他们达到组织目标。

最后，“经济人”假设认为大多数人缺少雄心壮志，只有少数人起统治作用。因而把管理者与被管理者绝对对立起来，反对工人参与管理，否认工人在生产中的地位与作用，其人性观是完全错误的。

二、“社会人”假设

“社会人”假设的理论基础是人际关系学说。这一学说是由霍桑试验的主持者梅奥提出来的，之后又经英国塔维斯托克学院煤矿研究所再度验证。后者发现，在煤矿采用长壁开采法的先进技术后，生产力理应提高，但由于破坏了原来的工人之间的社会组合，产量反而下降了。后来吸收社会科学的知识，重新调整了生产组织，产量就开始上升。这两项研究的共同结论是，人除了物质外还有社会需要，人们要从社会关系中寻找乐趣。1933 年梅奥总结了霍桑试验以及其他试验的结果，概括得出了下述结论：

（1）传统管理认为，生产效率主要决定于工作方法和工作条件。霍桑试验认为，生产效率的提高和降低主要取决于职工的“士气”，而士气取决于家庭和社会生活，以及企业中人与人之间的关系。

（2）传统管理只重视“正式群体”问题，诸如组织结构、职权划分、规章制度等，霍桑试验还注意到存在着某种“非正式群体”。这种无形的组织有其特殊的规范，影响着群体成员的行为。

（3）霍桑试验还提出新型领导的必要性。领导者在了解人们的合乎逻辑的行为的同时，还必须了解不合乎逻辑的行为，要善于倾听和沟通职工的意见，使正式组织的经济需要与非正式组织的社会需要取得平衡。

从“社会人”的假设出发，采取不同于“经济人”假设的管理措施，主要有以下几点：

（1）管理人员不应只注意完成生产任务，而应把注意的重点放在关心人和满足人的需要上。

（2）管理人员不能只注意指挥、监督、计划、控制和组织等，而更应重视职工之间的关系，培养和形成职工的归属感和整体感。

（3）在实际奖励时，提倡集体的奖励制度，而不主张个人奖励制度。

（4）管理人员的职能也应有所改变，他们不应只限于制订计划、组织工序、检验产品，而应在职工与上级之间起联络人的作用。一方面，要倾听职工的意见和了解职工的思想感情；另一方面，要向上级呼吁、反映。

（5）提出“参与管理”的新型管理方式，即让职工和下级不同程度地参加企业决策的研究和讨论。

“社会人”假设虽然较“经济人”假设在对人性方面有了一定进步，适应了社会化的需要，但仍存在一些局限性：

首先，随着社会生产力的发展，企业之间竞争的加剧和企业劳资关系的紧张，使得管理者开始重新认识“人性”问题。从“经济人”的假设到“社会人”的假设，从以工作任务中心的管理到以职工为中心的管理无疑是在管理思想与管理方法上进了一步。资本家实行参与管理，满足工人的一些需要，在企业中确实起到了缓和劳资矛盾的效果。在这方面，西方尤其是许多企业都收到了显著的效果。尽管如此，“社会人”假设也存在不可摆脱的局限性。

其次，假设中的人际关系，并未改变资本主义社会的雇佣关系、剥削关系，也没涉及社会生产关系的改变，因此它不能解决资本主主义社会的阶级矛盾与冲突。如我国企业实行民主管理的目的是发展生产力，不断提高人民群众物质和文化生活水平，资本主义企业让职工参与管理的目的是提高企业效益，追求“资本”利润；我国企业普遍有职工代表大会，保证工人行使民主权利，企业领导和工人在政治、经济地位上是平等的同志式的关系，而资本主义社会的职工参与管理并不能保证劳动者的合法权益，资本家和劳动者之间是剥削与被剥削的雇佣关系。

最后，“社会人”的假设认为人与人之间的关系对于激发动机、调动职工积极性是比物质奖励更为重要的。因此，这一点对于我们企业制定奖励制度有一定参考意义。但它过于偏重非正式组织的作用，对正式组织有放松研究的趋向。这是一种依赖性的人性假设，对人的积极主动性及其动机研究还缺乏深度。

三、“自我实现人”假设

“自我实现人”（Self-actualizing Man）也叫“自动人”，这一概念是马斯洛提出来的。马斯洛认为：“人类需要的最高层次就是自我实现，每个人都必须成为自己所希望的那种人，能力要求被运用，只有潜力发挥出来，才会停止吵闹。”这种自我实现的需要就是“人希望越变越完美的欲望，人要实现他所能实现的一切欲望”。具有这种强烈的自我实现需要的人，就叫“自我实现人”，或者说最理想的人就是“自我实现人”。

“自我实现人”的假设是20世纪50年代末，由马斯洛、阿基里斯、麦格雷戈等人提出的。这种假设认为：人有好逸恶劳的天性，人的潜力要充分挖掘，才能得以发挥，人才能感受到最大的满足。马斯洛通过对社会知名人士和一些大学生的调查，指出自我实现的人具有15种特征：主要有敏锐的观察力，思想高度集中，有创造性，不受环境偶然因素的影响，只跟少数志趣相投的人来往，喜欢独居，等等。但马斯洛也承认，在现实中这种人极少，多数人不能达到自我实现人的水平，原因是社会环境的束缚，没有为人们自我实现创造适当的条件。

麦格雷戈总结并归纳了马斯洛等人的观点，结合管理问题，提出了Y理论。其基本内容如下：

（1）工作中的体力和脑力的消耗就像游戏休息一样自然。厌恶工作并不是普通人的本性。工作可能是一种满足（因而自愿去执行），也可能是一种处罚（因而只要可能就想逃避），到底怎样，要看可控制的条件而定。

（2）外来的控制和处罚的威胁是促使人们努力达到组织目标的唯一手段。人们愿意实行自我管理和自我控制完成应当完成的目标任务。

（3）致力于实现目标是由于与实现目标联系在一起的报酬在起作用。报酬是各种各样的，其中最大的报酬是通过实现组织目标而获得个人自我满足、自我实现的需求。

（4）普通人在适当条件下，不仅学会了接受职责，而且学会了谋求职责。逃避责任，缺乏抱负以及强调安全感，通常是经验的结果，而不是人的本性。

（5）大多数人，而不是少数人，在解决组织的困难问题时都能发挥较高想象力、聪明才智和创造性。

（6）在现代工业化社会的条件下，普通人的智能潜力只得到了部分的发挥。

“自我实现人”假设内含的管理策略：

（1）管理重点的改变。“经济人”的假设只重视物质因素，重视工作任务，轻视人的作用和人际关系。“社会人”的假设正相反，重视人的作用和人与人的关系，而把物质因素放在次要地位。“自我实现人”的假设又把注意的重点从人的身上转移到工作环境上，但重视环境因素与“经济人”假设的重视工作任务不同，重点不是放在计划、组织、指导、监督、控制上，而是要创造一种适宜的工作环境、工作条件，使人们能在这种环境下充分挖掘自己的潜力，充分发挥自己的才能，也就是说能够充分地自我实现。

（2）管理人员职能的改变。从“自我实现人”的假设出发，管理者的主要职能既不是生产的指导者，也不是人际关系的调节者，而只是一个采访者。他们的主要任务在于如何为发挥人的智力创造适宜的条件，减少和消除职工在自我实现过程中所遇到的障碍。

（3）奖励方式的改变。“经济人”的假设依靠物质刺激调动职工的积极性，“社会人”的假设依靠搞好人际关系来调动职工的积极性，这都是从外部来满足人的需要，而且主要满足人的生理、安全和归属（交往）需要。麦格雷戈等人认为，对人的奖励可划分为两大类：一类是外在奖励，如工资、提升、良好的人际关系；另一类是内在的奖励，指人们在工作中能获得知识、增长才干、充分发挥自己的潜力等。只有内在奖励才能满足人们的自尊和自我实现的需要，从而极大地调动起职工的积极性。正如麦格雷戈所说：“管理的任务只是在于创造一个适当的工作环境——一个可以允许和鼓励每一位职工都能从工作中得到‘内在奖励’的环境。”

（4）管理制度的改变。从自我实现人的假设来看，管理制度也要做相应的改变。总的来说，管理制度应保证职工能充分地表露自己的才能，达到自己所希望的成就。阿基里斯在一个厂里进行了这方面的制度改革的试验，该厂的一个班组从事收音机装配工作。改革之前，组内的 12 名女工按照工业工程师的设计，有明确的分工，如领班、包装、检验等。试验开始时让这些女工按照她们自己的想法组织生产，产量下降就扣工资，产量提高则增加工资。试验后开始第一个月，产量下降 70%，六个星期后情况更糟，但八个星期后产量开始回升，十五个星期后超过试验前的产量，而且成本下降，质量提高，用户对质量的批评信件比试验前减少 96%。

对“自我实现人”假设的评价：

首先，“自我实现人”的假设是资本主义高度发展的产物。机械化生产条件下，工人的工作日益专业化，特别是传送带工艺的普遍运用，把工人束缚在狭窄的工作范围内。工人只是重复简单、单调的动作，看不到自己的工作与整个组织任务的联系，工作的“士气”很低，影响产量和质量的提高。正是在这种情况下，才提出了“自我实现人”假设和 Y 理论，并采取了相应的管理措施，如工作扩大化、工作丰富化等。

其次，从理论上来看，“自我实现人”的理论基础是错误的。人既不是天生懒惰的，也不是天生勤奋的，此外，人的发展也不是自然成熟的过程。“自我实现人”的假设认为人的自我实现是一个自然发展的过程，人之所以不能充分地自我实现（马斯洛自己也承认，现实社会中真正达到自我实现的人是极少数），是由于受到环境的束缚和限制。实际上，人的发展主要是受社会影响，特别是受社会关系影响的结果。

最后，当然，我们在批判其错误观点的同时，也绝不能忽视借鉴其中有益的部分。例如，如何在不违反集体利益的原则下为职工和技术人员创造较适当的客观条件，以利于充分发挥个人的才能。又如，把奖励划分为外在奖励和内在奖励，与我们所说的物质奖励和精神奖励有一定的类似，可以吸取其中对我们有用的奖励形式。再如，这种假设中包含着企业领导人要相信职工的独立性、创造性的含义，对我们也不无启发，等等。

四、“复杂人”假设

“复杂人”的含义有以下两个方面：其一，就个体人而言，其需要和潜力会随着年龄的增长、知识的增加、地位的改变、环境的改变以及人与人之间关系的改变而各不相同；其二，就群体的人而言，人与人是有差异的。因此，无论是“经济人”、“社会人”，还是“自我实现人”的假设，虽然各有其合理性的一面，但并不适用于一切人。

“复杂人”假设是20世纪60年代末至70年代初由沙因提出的。根据这一假设，提出了一种新的管理理论，与之相应的是超Y理论。

超Y理论具有权变理论的性质，是由摩尔斯、洛斯奇分别对X、Y理论的真实性进行试验研究后提出来的。他们认为，X理论并非一无是处，Y理论也不是普遍适用，应该针对不同的情况，选择或交替使用X、Y理论，这就是超Y理论。

(1) 人怀着各种不同的需要和动机加入工作组织，但最主要的需要仍是实现其胜任感。

(2) 胜任感人人都有，它可能被不同的人用不同的方法去满足。

(3) 当工作性质和组织形态适当配合时，胜任感是能被满足的（工作、组织和人员间的最好配合能引发个人强烈的胜任动机）。

(4) 当一个目标达到时，胜任感可以继续被激励起来。目标已达到，新的更高的目标就又产生了。

根据超Y理论分析企业中职工需要的复杂性，可分为以下五点：

(1) 人的需要是多种多样的，而且这些需要随着人的发展和生活条件的变化而发生变化。每个人的需要都各不相同，需要的层次也因人而异。

(2) 人在同一时间内有各种需要和动机，它们会发生相互作用并结合为统一整体，形成错综复杂的动机模式。例如，两个人都想得到高额奖金，但他们的动机可能很不相同。一个可能是要改善家庭的生活条件，另一个可能把高额奖金看成是达到技术熟练的标志。

(3) 人在组织中的工作和生活条件是不断变化的，因此会不断产生新的需要和动机。这就是说，在人生活的某一特定时期，动机模式的形式是内部需要与外界环境相互作用的结果。

(4) 一个人在不同单位或同一单位的不同部门工作，会产生不同的需要。例如，一个人在工作单位可能落落寡欢，但在业余活动或非正式群体中却可以使自己的交往需求得到满足。

(5) 由于人的需要不同，能力各异，对不同的管理方式会有不同的反应。因此，没有一套适合于任何时代、任何组织和任何个人的普遍行之有效的管理方法。对不同的人，在不同的时间、地点和条件下，管理者应采取因人而异的权变式管理方法。

西方对人性的研究从最初的重视金钱的“经济人”假设，发展到重视人际关系的“社会人”假设，然后又提出“自我实现人”假设，注重人的高层次的自我实现，并最终形成“复杂人”假设，强调根据个人的自身特点和个人所处的环境确定人性需求。这一过程与西方管理学理论的发展相并行，两者互为补充，相互促进。

第三节　激励理论

一、激励理论体系

经过世界有关管理和心理学专家近百年的不懈努力，激励理论已经形成了相对比较完善的体系。相信在社会不断发展的今天，还会有新的理论诞生，推动激励理念、激励方法和激励效果不断改善。

（一）内容型激励理论

内容型激励理论是着重研究激发动机的各种因素及其内涵关系的有关理论。这些理论认为激励的内容对激励的结果是十分重要的。具体包括：

①需要层次理论（马斯洛）；

②双因素理论（赫茨伯格）；

③成就需要理论（麦克莱兰）；

④ERG 理论（奥尔德弗）。

（二）过程型激励理论

过程型激励理论关注具体激励过程及激励因素的相互关联性。具体包括：

①期望理论（弗鲁姆）；

②公平理论（亚当斯）；

③综合激励模式理论（波特和劳勒）；

④目标理论（德鲁克）。

（三）行为修正型激励理论

行为修正型激励理论重点关注影响人行为改变的各类因素及其相互间的关联性。具体包括：

①强化理论（斯金纳）；

②力场理论（勒温）；

③挫折理论（亚当斯）；

④归因理论（海特等）。

二、内容型激励理论

（一）马斯洛的需要层次理论

既然激励的实质在于满足人们的需要，促使其按照组织所需要的方式行事，那么要激发动机，调动人们的积极性，就必须研究人们的需要。需要有多少种？人们需要的一般规律是什么？许多人曾对此进行过研究。有人将需要分为存在需要、关系需要和成长需要；还有人按照需要的起源把它分为自然需要和文化需要，按照对象把它分为物质需要和精神需要。但是影响最大的还是美国心理学家马斯洛。1943 年他在代表作《人类激励理论》里提出了需要层次理论。这一理论是提出最早、影响最大的一种需要激励理论，流传甚广，是行为科学家试图揭示需要规律的主要理论。该理论将人的需要分为五个层次：生理的需要、安全的需要、社交的需要、尊重的需要和自我实现的需要。

需要层次理论的内容

（1）生理的需要。这是人类维持自身生存最基本的需要，也是需要层次的基础。包括饥、渴、衣、食、住、行等方面的需要。如果以上这些要求得不到满足，人类的生存就成了问题。从这个意义上来说，这些基本的物质条件是人们行为最强大的动力。马斯洛认为，当这些需要还未达到足以维持人们生命之时，其他需要将不能激励他们。他说：“一个人如果同时缺少食物、安全、爱情及价值时，则其最强烈渴求当推对食物的需要。”

（2）安全的需要。基本生活条件具备后，生理需要就不再是推动人们工作的最强烈力量，取而代之的是安全的需要。这种需要不仅考虑到眼前，而且考虑到未来，考虑到自己身体免遭危险，考虑到已获的基本生理需要及其他的一切不再丧失和被剥夺。比如，要求摆脱失业的威胁，要求在生病及年老时生活有保障，要求工作安全并免除职业病的危害，希望解除严格的监督以及不公正的待遇，希望干净和有序的环境，希望免除战争和意外的灾害，等等。

（3）社交的需要。社交需求包括对友谊、爱情以及隶属关系的需求。当生理需求和安全需求得到满足后，社交需求就会突显出来。马斯洛认为，人是一种社会动物，人们的生活和工作都不是独立进行的。因此，人们常希望在一种被接受或属于的情况下工作，也就是说，人们希望在社会生活中受到别人的注意、接纳、关心、友爱和同情，在感情上有所归属，属于某一个群体。社交的需要比生理的需要和安全的需要来得细致，需要的程度将因每个人的性格、经历、受教育程度不同而有所不同。

（4）尊重的需要。尊重的需要包括自尊和受别人尊重。当一个人开始满足归属感的需要以后，他通常不只是满足做群体中的一员，而且要产生自尊和受别人尊重的需要。即希望别人尊重自己的人格和劳动，对自己的工作、人品、能力和才干给予承认并给予公开的评价，这是自尊，希望自己在同事之间有较高的地位、声誉和威望，从而得到别人的尊重、信赖和高度评价，并发挥一定的影响力。

（5）自我实现的需要。马斯洛认为这是最高层次的需要。自我实现的需要就是要实现个人理想和抱负，最大限度地发挥个人潜力并获得成就，实现自我价值。这种需要往往是通过胜任感和成就感来获得满足的。所谓胜任感是指希望自己担当的工作与自己的知识能力相适应，工作带有挑战性，负有更多的责任，工作能取得好的结果，自己的知识与能力在工作中也能得到完善和提高。而所谓成就感表现为进行创造性的活动并取得成功。一般情况下，具有这种特点的人一般给自己设立相当困难但又可以达成的目标，而且往往把工作中取得的成就本身看得比成功以后所得到的报酬更为重要。

一般而言，生存和安全需要属于较低层次的、物质方面的需要；社交、尊重和自我实现的需要，则属于较高层次的、精神方面的需要。马斯洛认为，人的需要遵循递进规律，在个人的基本需求（食物和安全）得到满足之前，参与社会活动、学习新东西的机会或者晋升都不会对个人起到激励作用。根据马斯洛的理论，只有当需求层次中的某一需求得到充分满足之后，个人才会被激励着向更高层次的需求攀升。

需要层次理论的基本观点：

人类有五种需要，生理需要、安全需要、社交需要、尊重需要和自我实现需要。

这五种需要不是并列的，而是以从低到高的层次形式排列的，但次序不是完全固定的，可以变化，也有例外情况。

需要的产生是有规律的，需要是由低层次向高层次逐渐得到满足的。相应地，已满足的需要不再起激励作用，未满足的需要才起激励作用，才能影响人的行为。

同一时期，一个人可能有几种需要，但每一时期总有一种需要占支配地位，对行为起决定作用。任何一种需要都不会因为更高层次的要求获得满足而自行消失。各层次的需要相互依赖和重叠，高层次的需要发展后，低层次的需要仍然存在，只是对行为影响的程度大大减少。

对马斯洛需要层次理论的评价：

1. 马斯洛需要层次理论的巨大贡献

马斯洛的需要层次理论为我们研究人的行为提供了一个比较科学的理论框架，成为激励理论的基础。他从人的需要出发来研究人的行为，这个思路是正确的。他将人类千差万别的需要归为 5 类，揭示了一般人在通常情况下的需要与行为规律，指出了人们的需要从低级向高级发展的趋势，这符合心理发展的过程，对我们的研究有很大的实用价值。

马斯洛将各类需要研究得很细，指出了每一类需要的具体内容。它告诉我们人的需要是多种多样的，激励方式也是多种多样的。不仅要给人以物质的满足，而且要给人以精神的满足。特别是基本生理需要得到一定的满足以后，精神需要更为重要。因为，满足人的高级需要将具有更持久的动力。

马斯洛将自我实现作为人的需要的最高层次，这对我国的管理者同样具有积极的意义。

第一，人有自我实现的需要，这是一种客观的事实，应该承认我们过去对这种需要的认识、研究、重视、开发和利用不够。

第二，自我实现的需要有其一定的含义和积极的一面。不要将自我实现和组织目标简单地对立起来，自我实现应当理解为充分发挥潜力、实现理想、多做贡献的愿望。但是个人的理想不一定就是以个人为中心，更不等于个人主义。只要这种理想有利于社会进步和现代化建设，我们就应当鼓励支持。在我们国家中具有自我实现需要的人越多，即希望发挥自己潜力取得成就的人越多，对社会主义建设越有利。国外一些专家认为，一个国家有成就感的人越多，这个国家就越兴旺。

2. 马斯洛需要层次理论的缺陷

对于马斯洛需要层次理论国内外都有不同的意见。这些意见大致可以归纳为下面几种。

（1）对需要层次的分析简单、机械。人类需要的发展不带有自然成熟的色彩，往往不是非经过某一需要层次才能有下一层的需要，而是随着环境和个体情况的变化同时存在着若干种需要。在顺序上，特别是在后 3 种需要顺序上，有些人看重社会需要；有些人自我实现的需要最强烈；有些人则只停留在前两种需要上，而后 3 种需要很少。实际上人同时存在几种需要，这几种需要同时产生动机，动机之间不仅有强弱之分，而且是斗争的，不讲多种需要和动机的斗争是一个缺陷。中国古代流传至今的名句，如：“贫贱不能移，富贵不能淫，威武不能屈”，“不为五斗米折腰”等，都是“递进规律”所无法解释的。

（2）马斯洛需要层次论的理论前提——人都是自私的，不是一种科学的假设。需要层次理论是以人本主义为其理论基础的。马斯洛认为人的需要都是本能的活动，都是生而具有的，生理需要是为了维护自己的生存，安全需要是出于趋利避害的本能，社交的需要是为了自己享受生活的乐趣，自尊和自我实现的需要是为了出人头地。总之，人的一切行为都是出于人的利己本能。马斯洛把无私解释成“以健康的方式自私”，否认无私行为的真实性，这种看法不符合社会实际，是十分有害的。

（3）把人的基本需要归结为 5 个层次，也不尽完善。事实上，马斯洛越研究越发现 5

个层次是不够的，诸如：爱美的需要、求知的需要、劳动的需要，等等，都是人的普通需要。最后，他把需要层次归结为13层，但都无法得到世人的认同。我们认为，5个层次统统是“我”的需要，而人都有一种“超越自我”的需要，亦即人们往往追求高尚的社会理想，愿意为民族、为国家牺牲个人的一切，这种需要层次远远超出了“自我实现”的境界。在各个民族、各个国家都有自己的英雄和伟人，他们都是“超越自我”需要占主导的人。我们不妨在自我实现之上，加上一个“超越自我”的层次。这个6层次论，也许可以弥补5层次论的不足。

课堂案例8-2

为何高薪不高效

G公司在创业初期，依靠一批志同道合的朋友，大家不怕苦不怕累，从早到晚拼命干，公司发展迅速。几年之后，员工由原来的十几人发展到几百人，业务收入由原来的每月十来万发展到每月上千万。企业大了，人也多了，但公司领导明显感觉到，大家的工作积极性越来越低，也越来越计较。

G公司的老总黄明裁一贯注重思考和学习，为此特别到书店买了一些有关成功企业经营管理方面的书籍来研究，他在介绍松下幸之助的用人之道一文中看到这样一段话：“经营的原则自然是希望能做到‘高效率、高薪资’，效率提高了，公司才可能支付高薪资。但松下先生提倡‘高薪资、高效率’时，却不把高效率摆在第一个努力的目标，而是借着提高薪资，来提高员工的工作意愿，然后再达到高效率。”他想，公司发展了，确实应该考虑提高员工的待遇，一方面是对老员工为公司辛勤工作的回报，另一方面是吸引高素质人才加盟公司的需要。为此，G公司重新制定了报酬制度，大幅提高了员工的工资，并且对办公环境进行了重新装修。

高薪的效果立竿见影，G公司很快就聚集了一大批有才华、有能力的人。所有的员工都很满意，大家的热情高，工作十分卖力，公司的精神面貌也焕然一新。但这种好势头维持不到两个月，大家就慢慢恢复了懒洋洋、慢吞吞的状态。这是怎么了？

我们很多企业把金钱作为唯一的激励手段，在一些老板的意识里，花高价钱就能打动人才的心。因此，报上的招聘就会出现这样的文字：“位子加权力，高薪加福利。你还要什么？你还等什么？”言外之意是给你高薪水、高福利，你就该满意了，该知足了。这代表了不少企业的想法。

可事实上，G公司的高工资却没有换来员工工作的高效率，公司领导陷入两难困惑的境地，既苦恼又彷徨，不知所措。那么症结到底出在哪儿呢？

（二）双因素理论

双因素理论（Two Factor Theory）又叫激励保健理论（Motivator-Hygiene Theory），是美国的行为科学家弗雷德里克·赫茨伯格（Fredrick Herzberg）提出来的，也叫“双因素激励理论”。

20世纪50年代末期，赫茨伯格和他的助手们在美国匹兹堡地区对9个企业中的203名工程师和会计师进行了1844人次的调查访问，访问主要围绕两个问题：第一，在工作中，哪些事项是让他们感到满意的，并估计这种积极情绪持续的时间；第二，在工作中，有哪些事项是让他们感到不满意的，并估计这种消极情绪持续的时间。赫茨伯格以这些问题的回答为材料，着手研究哪些事情使人们在工作中快乐和满足，哪些事情造成不愉快和不满足。结果他发现，使职工感到满意的，都是属于工作本身或工作内容方面的；使职工感到不满的，都是属于工作环境或工作关系方面的，他把前者叫作激励因素，后者叫作保健因素。

保健因素的满足对职工产生的效果类似于卫生保健对身体健康所起的作用。保健是从人的环境中消除有害于健康的事物，它不能直接提高健康水平，但有预防疾病的效果；它不是治疗性的，而是预防性的。保健因素包括公司政策、管理措施、监督、人际关系、物质工作条件、工资、福利等。当这些因素恶化到超出人们认为的可以接受的水平时，就会产生对工作的不满意。但是，当人们认为这些因素很好时，它只是消除了不满意，并不会导致积极的态度，这就形成了某种既不是满意又不是不满意的中性状态。

那些能带来积极态度、满意和激励作用的因素就叫作“激励因素”，这是那些能满足个人自我实现需要的因素，包括成就、赏识、挑战性的工作、增加的工作责任，以及成长和发展的机会。如果这些因素具备了，就能对人们产生更大的激励。从这个意义出发，赫茨伯格认为，传统的激励假设，如工资刺激、人际关系的改善、良好的工作条件的提供等，都不会产生更大的激励；它们能消除不满意、防止产生问题，但这些传统的“激励因素”即使达到最佳程度，也不会产生积极的激励。按照赫茨伯格的意见，管理当局应该认识到保健因素是必需的，不过它一旦被不满意中和以后，就不能产生更积极的效果。只有“激励因素”才能使人们有更好的工作成绩。

赫茨伯格及其同事以后又对各种专业性和非专业性的工业组织进行了多次调查，他们发现由于调查对象和条件的不同，各种因素的归属有些差别。但总的来看，激励因素基本上都是属于工作本身或工作内容的，保健因素基本都是属于工作环境和工作关系的。

赫茨伯格的“双因素理论”提出以后，曾经受到过许多非议。有人认为，人是非常复杂的，当他们对工作感到满意的时候，并不等于生产效率就得到提高；反之，当他们对工作感到不满意的时候，也并不等于生产效率降低，因为人们会由于种种原因，在不满意的条件下达到很高的生产效率。仅仅以满意或不满意作为指标，并不能证实满意感与生产效率的关系，因而对“双因素理论”的可信度提出怀疑。

但是，自 20 世纪 60 年代以来，双因素理论的研究越来越受到人们的重视，据 1973—1974 年美国全国民意研究中心公布，有 50% 的男性员工认为，工作的首要条件是能够提供成就感，而把有意义的工作列为首位的，比把缩短工作时间列为首位的人要多七倍。

赫茨伯格的双因素理论实际上是针对满足的目标而言的。所谓保健因素，实质上是人们对外部条件的要求；所谓激励因素，实质上是人们对工作本身的要求。根据赫茨伯格的理论，要调动人的积极性，就要在“满足”二字上做文章。满足人们对外部条件的要求，称为间接满足，它可以使人们受到外在激励；满足人们对工作本身的要求，称为直接满足，它可以使人们受到内在激励。

（三）成就需要理论

成就需要理论，又称“三种需要理论”，是由哈佛大学教授戴维·麦克莱兰（David Mc Clelland）通过对人的需求和动机进行研究，于 20 世纪 50 年代在一系列文章中提出的。麦克莱兰认为，马斯洛过分强调个人的自我意识和内在价值，却忽略了人的社会属性，因而，他在马斯洛的基础上，从管理的社会性特征角度进行研究，提出了成就需要理论。

成就需要理论认为，人在生存需要基本得到满足的前提下，最主要的需要有成就需要、权利需要、归属需要三种，其中，成就需要的高低对人的成长和发展起着特别重要的作用。

1. 成就需要

成就需要指追求成就感、寻求成功的欲望。成就需要高的人具有以下几个特点：①有较强的责任感。他们不仅把工作看作是对组织的贡献，而且希望从工作中来实现和体现个人的价值，因此对工作有较高的投人。②希望能够得到及时的反馈，看到自己工作的绩效和评价结果，因为这是产生成就感的重要方式。③倾向于选择适度的风险。他们既不甘于去做那些过于轻松、简单而无价值的事，也不愿意冒太大的风险去做不太可能做到的事，因为如果失败就无法体验到成就感。

成就需要高的人大都属于中产阶层，高成就需要对于一名管理者来说是非常重要的，成就感可以通过后天的训练和开发来获得。但是只有高成就需要，对于一名管理者来讲是不够的，因为成就需要高的人通常只关注自己的工作业绩，而不关心如何影响他人使其干出优秀的业绩。所以，作为管理者，他还需要同时具有较强的权力需要和一定的归属需要。

2. 权力需要

权力需要指促使别人顺从自己意志的欲望。权力需要较高的人喜欢支配、影响别人，喜欢对人“发号施令”，十分重视争取地位与影响力。这些人喜欢具有竞争性和能体现较高地位的场合或情境。

研究表明，杰出的经理们往往都有较高的权力欲望，而且一个人在组织中的地位越高，其权力需要也越强，越希望得到更高的职位。高权力需要是高管理效能的一个条件，甚至是必要的条件。

如果权力需要强的人获得权力是为了使整个组织获得利益，那么他们会成为优秀的管理者。具有这种需要的人如果是通过正常手段获取权力，通过成功的表现被提升到领导岗位，那么他们就能够得到别人的认可。但是，如果其目的仅仅是获得个人权力，则难以成为成功的组织领导者。

3. 归属需要

归属需要是指寻求与别人建立友善且亲近的人际关系的欲望。归属需要强的人往往重视被别人接受与喜欢，追求友谊与合作。这样的人在组织中容易与他人形成良好的人际关系，易被别人影响，因而在组织中往往充当被管理的角色。

许多出色的经理的归属需要相对较弱，因为归属需要强的管理者虽然可以建立合作的工作环境，能与员工真诚、愉快地工作，但是在管理上过分强调良好关系的维持通常会干扰正常的工作程序。因此在激励约束的实施中，要充分考虑三种需要的综合运用。

成就需要理论的一些结论：

（1）具有高成就需要的人更喜欢能承担责任、能够获得工作反馈和具有适度的冒险性的环境。当工作具备了这样的特征时，对具有高成就需要的人而言，工作的激励作用会很高。

（2）高成就需要者不一定是一个优秀的管理者，尤其是在一个大的组织中。高成就需要者追求个人如何把工作做得更加完美和有效率。而不是如何影响他人把工作做好。

（3）归属需要和权力需要与管理者的成功有密切关系。最优秀的管理者有高权力需要和低归属需要。实际上，高权力需要可能是管理有效性的一个必要条件，两者之间的因果关系待定。

麦克莱兰需要理论对我们把握管理人员的高层次需要具有积极的意义。例如，成就需要强调了精神的作用、榜样的作用、教育和培训的意义等。但是，麦克莱兰的研究也有一定的局限性。比如，他把一个国家经济发展的驱动力归结为一批高成就追求者的成就需要，抹杀了其他重要的物质基础。

（四）奥尔德弗的 ERG 理论

1. ERG 理论的主要内容

奥尔德弗于 1969 年提出了对马斯洛需要层次理论的修正理论，称为“生存、关系、成长论”，也称为 ERG 理论。这是在奥尔德弗大量实证研究的基础上，对马斯洛的需要层次理论加以修改而形成的。奥尔德弗认为人有三种基本的需要，分别是生存的需要（Existence）、相互关系的需要（Relatedness）和成长发展的需要（Growth）。

（1）生存的需要。生存的需要是最基本的需要，即对一个人基本物质生存条件的需要。例如，对衣、食、住、行等的需要。生存需要大致相当于马斯洛的生理需要和安全需要。

（2）关系需要。这是人际关系的需要。这种需要通过工作中或工作以外与其他人的接触和交往得到满足。实际上这种需要相当于马斯洛需要层次理论中的社交需要和尊重需要。

（3）成长需要。这是个人自我发展和自我完善的需要。这种需要通过发展个人的潜力和才能而得到满足。这相当于马斯洛需要层次理论中的尊重需要和自我实现需要。

2. ERG 理论的基本观点

（1）这三种需要并不是与生俱来的。马斯洛认为他的五种需要都是人类先天的一种特殊生物遗传，是一种类似本能的东西。奥尔德弗对此有修正，他认为生存的需要是先天具有的，而相互关系的需要和成长发展的需要则是通过后天学习才形成的。

（2）这三种需要也不是按照严格的由低到高的次序发展的。可以越级发展，人们可能在低级需要未满足的情况下，就先发展较高一级的需要。

（3）各个层次的需要获得的满足越少，则人们对这种需要越是渴望。例如，当人们生存的需要和成长发展的需要都获得了较充分的满足，而相互关系的需要没有得到满足时，人们就渴望与人交往，获得理解。

（4）当较低层次需要得到满足后，人们就渴望向高层次发展，这一点与马斯洛理论基本相同。奥尔德弗称之为“满足—上升”的趋势。

（5）若较高层次的需要不能满足，人们就会转而追求较低层次的需要。例如，有人在事业上或没有追求或受到挫折，就会更加注重追求物质享受，这一点与马斯洛理论有很大区别。奥尔德弗称之为“受挫—回归”的发展方向。

3. 对 ERG 理论的评价

（1）基本思想简明扼要。ERG 理论对需要的论述简明扼要，容易理解。ERG 理论将人的需要分为三种，其中包括了马斯洛理论中的生理需要和安全需要；关系需要包括了马斯洛理论中的社交需要和尊重需要；成长需要相当于马斯洛理论中的自我实现的需要。

（2）实用性强。ERG 理论指出，个体在同一时间内，可以受到一种以上需要的激励。

另外，“回归—前进”概念很好地解释了人类个体的动机。

（3）过于简单化。人类的需要多种多样，虽然可以分为三大类，但是在激励个体行为方面，有许多复杂的关系，ERG 模型过于简单化了。

应用 ERG 理论，主要是掌握个体需要的“满足前进”律和“受挫回归”律，以正确对待员工的个人需要，设法为员工提供能满足其高层次需要的环境和条件。如果忽视或压抑个体高层次的合理需要，就会使其倒退回追求低层次需要的满足。

三、过程型激励理论

（一）期望理论

期望理论的基本模型最早是由托马斯（K. W. Thomas）和列文（K. Lewin）在 1932 年提出的，但将期望理论用于说明工作激励问题是从弗鲁姆（V. H. Vroom）开始的。1964 年弗鲁姆在其《工作激励》一书中提出了他的期望理论。它是一种通过考查人们的努力行为与其所获得的最终奖酬之间的因果关系，来说明激励过程并选择合适的行为目标以实现激励的理论。弗鲁姆认为，期望理论很好地解释了为什么在管理中同一事物对甲有激励作用，而对乙没有激励作用。激励作用主要取决于个体对结果的喜欢程度，以及达到目标可能性大小。

1. 期望理论的公式

期望理论的公式由激励强度、效价和期望值组成，用公式表示如下：

$$P = V \times E$$

式中，P 为激励强度，V 为效价，E 为期望值。

（1）效价。是指个人对某种结果效用价值的主观判断，即对某种目标、某种结果对于满足个人需要的价值判断，或者说，效价是指某种结果对个人的吸引力。同一种目标、同一种结果对于不同的人来说，其效用价值各不相同。有人认为该目标、该结果对自己很重要，因此效价为正值；有人认为对自己无意义，效价就为零值；有人认为对自己不利，效价为负值。比如，有一个人希望通过努力工作得到提升的机会，就是说，他对提升的欲望很高，于是提升在他心目中的效价也高；如果一个人安于现状，对是否提升漠不关心，那么提升对他来说，其效价为零；相反，如果一个人不但没有提升的要求，而且很害怕提升，这时提升的效价就是负值。只有效价为正值时，才能对人起激励作用，使其为达成目标和结果而努力。效价的正值越高，对人的激励作用越大。

（2）期望值。是指个体对某项目标能够实现的概率的估计，也可理解为被激励对象对目标能够实现的可能性大小的估计。期望是一种主观概率，它的数值为 0 ~ 1；主观概率为 0 是指个人肯定某种行为将不会得到预期的结果；主观概率为 1 则指个人肯定这一行动一定会得到预期的结果，而其他的概率水平则介于两者之间；概率越接近于 1，则对人的激励水平也越高。期望值使人们相信，在某一特定行为之后，必定有某一特定结果接踵而至。这种相信的程度变化可以很大，从行为与结果之间全无关系，一直到行为与结果之间有必然的联系。在日常生活中，一个人往往根据过去的经验来判断一定行为能够导致某种结果或满足某种需要的概率。

（3）激励强度。是指通过效价和期望值的相互作用，某一事物对个体起到的激励作用的大小。

根据期望公式，由于效价和期望值不同，会产生不同的激励程度：

效价高 × 期望值高 = 激励程度高；

效价中 × 期望值中 = 激励程度中；

效价低 × 期望值低 = 激励程度低；

效价高 × 期望值低 = 激励程度低；

效价低 × 期望值高 = 激励程度低。

由此可见，要使激励强度达到最大，效价和期望值都应该很高，如果在效价和期望值中有一个很低，就达不到激励员工的目的。

2. 期望理论在管理中应用

（1）确定适宜的目标。人的行为总是指向一定的目标。管理者要增加目标的吸引力，必须设立适宜的目标。所设立的目标既要有一定的挑战性，又要让人觉得有实现的可能性，经过努力能够达到。要让员工正确认识组织目标与个人目标之间的关系，提高目标的效价。同时，要随主客观条件的变化，对不合理的目标进行必要的调整，如果没有特殊情况，就不要轻易地、频繁地调整，否则，将会失去可信度而降低目标的效价和期望值。

（2）提高员工的期望值。根据期望理论，人们对自己的行为能否导致工作绩效和最终实现目标的期望值越大，他们所受的激励水平越高。因此，管理者可以通过指点、指导和培训的办法，明确提高下级对通过努力实现预期目标的期望，以充分调动他们的积极性。

（3）增强工作绩效与所得报酬之间的关联性。关联性强意味着员工的高工作绩效将导致报酬的提高，因此完成工作任务在员工心中的效价将会提高，进而提高激励水平。为此，首先要明确什么工作有什么奖励；其次，要使员工认识到这种奖励与工作绩效有联系；最后，要使员工相信只要努力工作，绩效就能提高。

（4）正确认识报酬在员工心中的效价。人们对其从工作中得到的报酬的评价是不同的，有的人重视薪金，有的人更重视挑战性的工作。因此，管理人员应重视组织特定报酬同员工的需要相符合。

效价和期望值都是个人的主观判断。期望理论启示管理者要认识人的心理因素的影响作用。领导者在激励工作中就必须注意，一方面应当明确员工个体的需要，设法了解某项报酬对员工到底具有多大的吸引力，并尽可能加大这种吸引力；另一方面要根据员工的能力合理地指派工作和设定目标，使其形成通过个人努力能达到预定结果的高期望值。管理者应确保每个员工都有能力和条件得到这些结果，即尽力发现员工在技能和能力方面与工作需求之间的匹配性。通常，要达到使工作的分配出现所希望的激励效果，应使工作的能力要求略高于执行者的实际能力。总之，管理者应使个人的努力程度和工作绩效与其所取得报酬奖励的大小紧密挂钩。

（二）亚当斯的公平理论

1. 公平理论的内涵

公平理论又称社会比较理论，它是美国行为科学家亚当斯（J. S. Adams）在《工人关于工资不公平的内心冲突同其生产率的关系》（1962，与罗森鲍姆合写）、《工资不公平对工作质量的影响》（1964，与雅各布森合写）、《社会交换中的不公平》（1965）等著作中提出来的一种激励理论。这种理论的基础在于，员工不是在真空中工作的，他们总是在进行比较，比较的结果对于他们在工作中的努力程度有影响。大量事实表明，员工经常将自己的付出和所得与他人进行比较，而由此产生的不公平感将影响到他们以后付出的努力。这种理论主要讨论报酬的公平性对人们工作积极性的影响。它将通过横向和纵向两个方面的比较来判断其所获报酬的公平性：

（1）纵向比较。即把自己目前投入的努力与目前所获得的报酬的比值，同自己过去投入的努力与过去所获报酬的比值进行比较，只有相等时，他才认为公平，如下式所示：

$$OP/IP = OH/IH$$

式中，OP——自己对现在所获报酬的感觉；

OH——自己对过去所获报酬的感觉；

IP——自己对个人现在投入的感觉；

IH——自己对个人过去投入的感觉。

当上式为不等式时，也可能出现以下两种情况：

①$OP/IP < OH/IH$。当出现这种情况时，人也会有不公平的感觉，这可能导致工作积极性下降。

②$OP/IP > OH/IH$。当出现这种情况时，人不会因此产生不公平的感觉，但也不会觉得自己多拿了报酬，从而主动多做些工作。

（2）横向比较。即员工将自己获得的报酬（包括工资、表彰、工作安排和升职等）与自己的投入（包括教育、经验、努力水平和能力等）的比值与组织内其他人做比较，只有相等时，他才认为公平，如下式所示：

$$OP/IP = OC/IC$$

式中，OP——自己对所获报酬的感觉；

OC——自己对他人所获报酬的感觉；

IP——自己对个人所做投入的感觉；

IC——自己对他人所做投入的感觉。

当上式为不等式时，可能出现以下两种情况：

①$OP/IP < OC/IC$。在这种情况下，他可能要求增加自己的收入或减少自己今后的努力程度，以便使左方增大，趋于相等；第二种办法是他可能要求组织减少比较对象的收入或者让其今后增大努力程度以便使右方减小，趋于相等。此外，他还可能另找别人作为比较对象，以便达到心理上的平衡。

②$OP/IP > OC/IC$，在这种情况下，他可能要求减少自己的报酬或在开始时自动多做些工作，但久而久之，他会重新估计自己的技术和工作情况，终于觉得他确实应当得到那么高的待遇，于是产量又会回到过去的水平了。

如果员工在组织中通过比较，认为不公平，就会产生一种动机来改变这种不公平。不公平感越强烈，这种动机也越强烈。人们一般采用六种方法来改变这种不公平：

（1）改变自己的投入。员工可能会消极怠工，想方设法偷懒等。

（2）改变自己的产出。个体可能会要求加工资或奖金，也可能要求晋升职务，甚至可能做出有损公司利益的事情。

（3）改变对自己的观念。这是一种较为复杂的反应，当个体感到不公平时，他可能改变原先的自我评价，认为实际上自己对组织的贡献并不大，而组织给自己的报酬并不少，从而感到公平。

（4）改变对他人的观念。员工可能改变对他人的投入和产出的看法，例如，他可能会觉得他人的工作时间更长，或者拿到的奖金并不多。

（5）改变比较对象。例如，个体可以认为，最近的比较对象是上司的亲朋好友；或者认为这个人有特殊的技能；或者认为大多数人都没有像他那样幸运。总之，应该换一个人比较才对。

（6）离职。这是对付不公平的最后一招。如果员工感到实在不公平，或者自己对改变不公平现状无能为力，可能会提出调离本部门，或者干脆提出辞职。

2. 公平理论在管理中的应用

（1）正确诱导，改变认知。公平理论告诉我们，公平与不公平是来源于个人的主观感受，易受个人偏见的影响。人们都有一种心理：易过高估计自己的绩效和别人的收入，过低估计别人的绩效和自己的收入，把实际合理的分配看成不合理，把本来公平的差别看成不公平。因此，管理者要及时体察员工的不公平心理，认真分析、诱导、教育员工正确认识和对待自己和他人。同时，员工应以大局为重，多比贡献，少比报酬，克服追求绝对公平，斤斤计较得失的思想。

（2）科学考评，合理奖励。人人都有一种寻求公平的需要，这种需要一旦受到挫折，即使其奖励的绝对值很高也会失去激励作用。为此，管理者要善于创造条件，坚持绩效与奖酬挂钩的分配奖励制度。首先，应打破“大锅饭”。“大锅饭”对贡献不等的员工实行平均奖励，必然会使员工产生不公平感而影响积极性。其次，管理者要克服偏见和个人感情因素，公平合理地处理员工升职、加薪、发奖金、分配住房等问题，做到一视同仁，尽量减少员工产生不公平感的客观因素。

（3）各有依据，适当分配。亚当斯的公平理论是建立在贡献律基础上的。除贡献律外，还存在着平均律、需要律等其他分配律，各有其一定的影响范围和市场，到底哪种分配律最公平，对这个问题的认识主要受分配者和接受者的个人特点和利害关系的影响。管理者应根据适当的条件适当地选取。例如，没有有效的绩效考核办法或者分配者认识能力差，就不能采用贡献律；不了解下级具体需要，也用不成需要律。管理者往往可以同时采用几种不同的分配规律，如在遵从贡献律的前提下，适当考虑年资的因素，兼顾平均律和需要律，以保证人们基本生活需要和对弱势群体的福利照顾。

知识链接 8－1

不患寡而患不均

“不患寡而患不均”出自《论语·季氏》第十六篇，意为不担心分得少，而是担心分配得不均匀。原文：“丘也闻有国有家者，不患寡而患不均，不患贫而患不安。盖均无贫，和无寡，安无倾，夫如是，故远人不服，则修文德以来之。既来之，则安之。”意思为：对于诸侯和大夫，不担心贫穷，而担心财富不均；不担心人口少，而担心不安定。由于财富均了，也就没有所谓贫穷；大家和睦，就不会感到人少；安定了，也就没有倾覆的危险了。因为这样，所以如果远方的人还不归服，就用仁、义、礼、乐招徕他们；已经来了，就让他们安心住下去。反映出孔子的反战思想。他不主张通过军事手段解决国际、国内的问题，而希望采用仁、义、礼、乐的方式解决问题，这是孔子的一贯思想。

四、行为修正型理论

（一）强化理论

强化理论的思想来源于学习理论，是美国当代著名心理学家、哈佛大学教授斯金纳（B. F. Skinner）在古典条件反射理论和操作条件反射理论的基础上提出的一种新行为主义理论。

1. 古典条件反射理论

俄国生理学家巴普洛夫在研究动物学习的试验中发现了条件反射现象，并于1927年提出了古典条件反射理论。古典条件反射是指原先的中性刺激通过与非条件刺激重复匹配呈现，获得了由非条件刺激引起的反应，又称刺激替代学习。

巴普洛夫的条件反射学习的经典试验具体描述如下：一定频率的节拍器声响（条件刺激）与肉粉（无条件刺激）多次结合，原先只由肉粉引起狗的唾液分泌反应，现在节拍器单独出现也可以引起类似的唾液分泌反应。这就是说，当节拍器声响和唾液分泌反应之间形成了巩固的联系时，学习出现了。

强化的概念最早是由巴普洛夫在研究条件反射时提出来的。在条件反射形成以后，为了防止条件反射消退，必须不时伴随以非条件刺激物（事物），这就是强化。但是在巴普洛夫古典条件反射学说中，强化仅仅是巩固条件反射的一种。

2. 操作条件反射理论

操作性条件反射理论又称强化理论，1953年由美国著名心理学家斯金纳提出，其研究成果在企业管理中被广泛应用，受到了良好的效果。

斯金纳在20世纪30年代发明了一种所谓斯金纳箱的学习装置。箱内装上一操纵杆，操纵杆与另一提供食丸的装置连接。把饥饿的白鼠置于箱内，白鼠偶然踏上操纵杆，供丸装置就会自动落下一粒食丸。白鼠经过几次尝试，会不断按压杠杆，直到吃饱为止。这时我们可以说，白鼠学会了按压杠杆以取得食物的反应，按压杠杆变成了取得食物的手段或工具。所以，操作条件反射也称为工具条件反射。

操作性条件反射理论认为：行为是结果的函数，个体的行为会随着结果的变化而变化。在任何情境中，个体会尝试各种可能的行为，前一次行为的结果会影响到后一次行为的选择。这与“刺激—反应”的古典管理理论有明显的区别，可以解释企业中许多用古典条件反射理论解释不了的现象。

斯金纳对强化的解释与巴普洛夫有些不同。巴普洛夫只是把强化看成是使条件反射避免消退和得以巩固的措施。而斯金纳则把强化看成是增强某种反应、某种行为概率的手段，是保持行为和塑造行为必不可少的关键因素。

强化过程包括三个要素：第一种要素是刺激，指的是所给定的工作环境；第二种要素是反应，也就是工作中表现出来的行为和绩效；第三种要素是后果，即奖惩等强化物。这三个要素的相互关系对被强化者未来的行为模式有显著的影响。

（二）强化的类型

利用强化手段塑造人的行为，一般有四种方法：

（1）正强化。正强化是指在期望的行为发生后提供令人快乐的结果，即对期望的行为进行奖励。正强化的刺激物有：表扬、加工资、发奖金、晋升、配车等。正强化有不同的方式：有的正强化是连续的、固定的正强化；另一种是间断的、时间和数量都不固定的正强化。管理者应根据组织的需要和个人行为在工作中的反映，不定期、不定量实施强化，使每次强化都能起到较大的效果。

（2）负强化。当某种不符合要求的行为有了改变时，减少或消除施加于其身的某种不愉快的刺激，如批评、惩罚等，从而使其改变后的行为再现和增加。要采取负强化，事先必须有不利的刺激存在，通过去除不利刺激来鼓励某一有利行为，要等到这一行为出现时再去除方能奏效，以使受强化者明确行为与后果的联结关系。

（3）惩罚。惩罚是指个体表现行为后出现一个不喜欢的令人讨厌的结果来减少不被要求的行为出现的频率。在企业中惩罚的典型例子有：批评、减工资、降级、辞退等。实施惩罚的方式与正强化有所差异，应以连续负强化为主，即对每一次不符合组织的行为都应及时予以负强化，消除人们的侥幸心理，减少直接消除这种行为重复出现的可能性。

（4）对于组织不希望发生的行为，除了直接的惩罚措施外，还可以“冷处理”或“无为而治”，使这种行为自然消退。如开会时，要是管理者不希望下属提出无关的或干扰性的问题，则可以冷处理方式来消除这种行为，即当这些员工举手要发言时，无视他们的表现，这样举手行为必然因得不到强化而自行消失。从某种意义上说，撤销原先的正强化也是一种冷处理，它至少表明，对原来提倡的行为，领导者不再予以重视了，慢慢地该行为就会弱化下来。

（三）强化时间

在何时施以强化从管理效果来看明显不同，主要有六种方法：

①连续强化是指每次行为后马上给予强化。

②间隔强化是指不是每一次行为后都给予强化。

③固定比例强化是指每几次行为后给予一次强化。例如，每三次行为后给予一次强化。

④变化比例强化是指若干次行为后给予一次强化。例如，有时是三次行为后给予一次强化，有时是八次行为后给予一次强化。

⑤固定间隔时间强化是指每隔若干时间给予一次强化。例如，每两个月发一次奖金。

⑥变化间隔时间强化是指每隔若干时间给予一次强化。例如，有时是一个月发一次奖金，有时是四个月发一次奖金。

以上六种方法的强化效果因人而异，因此，管理者要根据不同的对象灵活运用，才能收到良好的激励效果，使之为达成组织目标而努力工作。

（四）强化理论在管理中的应用

（1）分步实施目标，不断强化行为。强化理论的研究结果表明，当人的行为得到及时的奖励和肯定，该行为出现的频率就会增加。根据这一规律，管理者对员工的要求或指定的目标及奖励的标准要具体、客观、适宜。目标太低或过细，一点小事就奖励，就会变得庸俗烦琐，激励作用减弱；目标定得太高、太远或太空，既不能检测、反馈修正，又不能使员工的积极行为得到及时的强化。大量的研究表明，当目标较大时，应采取分步到位的方法，把复杂的目标行为过程，分解成许多小的阶段目标来完成，利用每步所取得的成功结果，强化员工向总目标奋斗的积极性。

（2）强化力度必须达到最小的临界值。奖惩的数量大小，要让接受者感到影响力。如奖金的数量太小，这样不如不给，既给员工提供了相互比较、易产生不公平感的机会，又不能产生激励作用。但数量过大，不但成本高，也失去进退的余地。另外，强化物要投其所好，满足不同人的不同需要，提高其效价。

（3）奖励要及时，方法要创新。当员工做出成绩时，如能给予及时的奖励，就可以使被强化者及时意识到强化与目标行为之间的联系，受到最佳激励效果。如果时过境迁再给予奖励，甚至受奖者都忘了奖励原因，其激励作用会大大减弱。另外，如果同种奖励多次重复，其作用也会减弱。因此，管理者要善于更新奖励方法和方式，利用新颖奇特的刺激来提高激励效果。

（4）奖惩结合，以奖为主。在对员工正面强化的同时，也要善于运用惩罚的手段削弱、改变、控制员工的不良行为。但是进行惩罚时应注意：惩罚要考虑员工行为的动机和他的情绪状态，对于一般错误，从轻处罚，给予教育，避免员工抵触情绪或逃避心理的产生；对顽劣成性者，则应从重处罚。

（5）奖酬机制的运用。奖酬机制按与工作本身的联系，可分为外在性奖励（Extrinsic Reward）与内在性奖励（Intrinsic Reward）两种。外在性奖酬是环境给予的，与工作本身关系不大，如上下级关系、工作条件、薪金、职务保障以及额外福利等；有些是人为的，需要成本，有些是自然的，无须成本。内在奖酬是由工作本身赋予，是行为更为自然的结果，如成就感、责任感、工作挑战性、职业发展机会等。研究表明，内在性奖酬较外在性奖酬更为有效，它能激发员工对工作本身的热情，而外在性奖酬可能会使人们将高绩效归因于外界刺激，从而降低对工作本身的兴趣。

第四节　激励理论的整合

一、激励综合模型

前面我们介绍了许多经典的激励理论，每一种理论论述了有关激励的某一方面的内容，我们发现，这些理论是可以相互补充的，下面的模型是管理学家罗宾斯提出来的综合激励模型。该模型以期望理论为基础，将我们介绍的一些激励理论进行了整合（见图 8－1）。

根据期望理论，如果一个人认为努力—绩效、绩效—奖励、奖励—个人目标的实现有密切的联系，那么他的努力程度就会很高，每一种关系都会受到一定因素的影响。我们可以清楚地看到，机会可能促进也可能妨碍个人的努力，个人的努力还受到其目标的影响；员工的能力和对绩效评估系统公平性的认知会影响努力—绩效的关系，在努力程度一定的情况下，员工的能力对取得高绩效具有重要的作用，并且员工认为组织的绩效评估系统是客观公正的，那么，个体的绩效就会通过获得高的绩效来争取组织的奖励；绩效—奖励关系受到个体知觉到的绩效评估标准的调节。如果组织奖励是根据个人绩效而非资历、评估、个人喜好或其他标准进行的，那么他的努力就会得到加强；奖励—个人目标实现之间对个人的努力也有

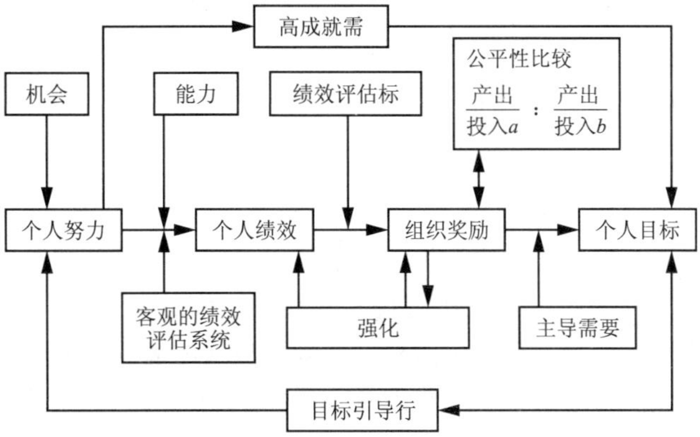

图 8－1　激励的综合模型

着关键的影响，奖励水平的高低取决于一个人由高绩效得到的奖励能够在多大程度上满足与他个人目标相一致的主导需求。

成就需要理论认为，高成就追求者的努力主要取决于个人目标实现本身带来的激励作用，而不是组织对他绩效的评估以及组织奖励的激励。工作给他们提供的个人责任、反馈以及适度的冒险，提供了高成就需要者的内部激励。

强化理论的观点也反映在整合后的激励模型中。如果管理层设计的奖励系统被员工看作对个人高绩效的报酬，那么奖励就会强化并鼓励持续的高绩效。奖励也是公平理论的关键部分，个人会比较自己与他人的付出与收获的公平性，察觉到的不公平会影响到个人的努力程度。

二、激励方法的新发展

将各种激励理论运用于实践是一个创造性的过程。理论所描述的只是一般性的原则和规律，而实践中所遇到的问题是千变万化的，这就需要灵活运用各种激励理论。在实践中结合组织特点进行大胆探索，摸索出行之有效的激励方法。下面介绍几种在实践中发展出来的比较新的激励方法。

（一）目标激励

制定目标是正规的组织及其内部协作的出发点，这也是一个组织存在的目的，没有明确的、精确的、可以传达的目标，就无法进行管理。制定目标不仅是企业发展和管理本身的需要，而且是激励员工的需要。高尔基说过："一个人追求的目标越高，他的才干就发展得越快，对社会就越有用。"可见，目标对个人发展有巨大的激励作用。员工参与目标的制定，可以看到自己的价值和责任，感到工作的乐趣，并从实现目标中获得满足感。目标制定还有利于上下左右之间沟通意见，减少完成目标的阻力，保证目标的完成，并使个人利益与企业目标得到统一。

激励理论认为，激励作用可以表示为：激励 = 目标意义 × 实现可能性。要使目标发挥最大的激励作用，就必须使目标本身具有重要的意义和实现的可能性，组织成员对目标的制定一般有三种需要：需要知道他们该干什么（对目标的理解清晰）；需要感到参与了工作标准的制定（对目标价值的认识）；需要对他们实际所做工作进行经常性的信息反馈（对目标实施的了解）。因此，用于激励的目标必须包含三大要素：①目标清楚明了，可以传达；②实施目标的组织成员要参与目标制定工作；③根据结果对履行职责的情况进行评估。

这些不仅是目标激励的要求，而且是目标管理的特征。

（二）危机激励

危机激励是指将组织面临的危难、不利条件和困难告诉组织成员，使之产生一种危机感，形成一种不进则退、置之死地而后生的竞争状况。使组织成员奋发进取，拼搏向上，勇往直前。中国古代“卧薪尝胆”、“破釜沉舟”的故事充分说明了危机激励的重大作用。

企业所面临的市场环境是一种竞争激烈、充满挑战的环境。这就要求企业领导人一方面要保持冷静的思维，注意市场的细微变化以及企业在市场中的竞争地位；另一方面要组织员工进行“SWOT”（企业面临的优势与劣势、机会与挑战）分析，找准自己的业务和真正的竞争对手，唤起员工的危机意识、忧患意识，并把这种意识化为行动的动力，保持对市场的灵敏反应和清醒头脑，不为一时的利益所动，不被暂时胜利的喜悦冲昏头脑。

（三）持股激励

持股激励是指企业管理者、员工持有本企业的股票，它是一种带有长期性质的激励方法，其具体方式有：购股、增股、转股、干股、期股。持股激励能够把企业员工的长期利益同企业的长期利益、长远发展结合起来，把个人利益同企业利益联系在一起，使员工关心企业的生产经营状况，把企业的事当作自己的事，为企业排忧解难，献计献策，形成利益共同体。

股票期权激励是持股激励的重要方式之一，股票期权包括股票期权合约和股票期权计划。它是企业给予员工尤其是高级管理人员的一种权利，拥有这种权利的人员可以在规定的时间内以股票期权的行业价格购买本公司股票。这种新型的激励机制将企业员工的薪酬与企业长期的业绩联系起来，鼓励员工不断创造和行为长期化，关注企业的持续发展，克服短期行为。

（四）组织文化激励

组织文化是组织成员统一意志的体现，这种意志可以形成自身的发展机制，并产生效应，使组织成员从内心产生一种情绪高昂、发奋进取的动力。企业文化把尊重人作为它的中心内容，在这种尊重人的价值观指导下，人们所受到的激励是传统的激励方法所不能比拟的。企业文化所起的激励作用不是被动消极地满足人们对自身价值实现的心理需求，而是通过企业文化的塑造，使企业成员从内心深处自觉产生为企业拼搏的献身精神。企业的价值观一旦被企业成员认同，就会成为一种黏合剂，从各方面把成员团结起来，产生一种巨大的向心力和凝聚力。同时，它使个体对外部异质体增强敏感性和竞争性，促使个体凝聚在群体之中，形成命运共同体，从而大大增强了群体内部的统一和团结，使企业在竞争中形成一股强大的力量。

成功的企业，必然是那些能够对环境的各种变化做出敏锐、准确反应的企业。要使企业在变化不定的环境中长久不衰，作为有远见卓识的企业领导人，就必须在企业中建立一种具有长久影响力的精神支柱。有了这一精神支柱的激励作用，企业就能够形成一种洞悉环境因素变化以及这种变化对企业影响的内在机制。加强组织文化建设是组织应对未来环境挑战、形成长久激励力的一种长期投资。

本章思考题

1. 什么是激励？为什么说激励对管理者具有十分重要的意义？
2. 简述人性假设理论。
3. 马斯洛需要层次理论的主要内容是什么？
4. 期望理论提出在进行激励时要处理好哪些关系？
5. 公平理论给管理实践带来哪些启示？
6. 强化的类型有哪些？应如何应用强化理论？
7. 假如你是一个公司的部门主管。你的下属有两类人员：一类是行辅人员，都是女性，她们经常上班时闲聊，工作效率不高；另一类是业务人员，业务能力都很强，但其中一些人不安心工作，老想着跳槽，另一些人则干脆打着公司的幌子干私活。

请问：你将如何对他们进行激励？

案例讨论

赛奇公司的员工管理

"赛奇"公司是一个历史悠久的老厂，老员工居多。公司总经理年薪 20 万元，职工的平均收入在当地也是居中偏上，引起一些不景气企业员工的羡慕。可是总经理发现公司的成本逐年递增，效率逐年下滑，扣除产品涨价因素，利润是停滞不前的，甚至有下滑趋势。分析原因是员工积极性没有发挥出来。经研究决定让员工分享公司发展的成果这一政策实施后，员工的积极性很快被调动起来了，公司利润有了可喜的增长，员工的工资也有了一定比例的增加。可是没几个月，员工的积极性又下降了。总经理不解，为什么前几个月有效的政策现在又失效了，于是让劳资部门调查原因。调查结果是：从这个政策表面看员工分享了公司的发展成果，开始对员工的确有激励作用，后来员工发现，这个政策以原有的工资为基数，按同一百分比增加，谁的工资高谁的工资就涨得多。由于历史原因，老员工的工资普遍比年轻工人高，而年轻人是公司的主力和骨干，虽然工资增幅相同，但增长额相差较大。老者以功臣自居，不出大力也能实现高增长，年轻人出大力却只能"喝汤"。总经理听后，不得不承认失败。

问题：请分析该公司激励失败的原因。

第9章

管理者与沟通

章前引例

沃尔玛公司的沟通管理

沃尔玛公司总部设在美国阿肯色州本顿维尔市，公司的行政管理人员每周花费大部分时间飞往各地的商店，通报公司所有业务情况，让所有员工共同掌握沃尔玛公司的业务指标。在任何一个沃尔玛商店里，都定时公布该店的利润、进货、销售和减价的情况，并且不只是向经理及其助理们公布，也向每个员工、计时工和兼职雇员公布，鼓励他们争取更好的成绩。

沃尔玛公司的股东大会是全美最大的股东大会，每次大会公司都尽可能让更多的商店经理和员工参加，让他们看到公司全貌，做到心中有数。山姆·沃尔顿在每次股东大会结束后，都和妻子邀请所有出席会议的员工约2500人到自己的家里举办野餐会，在野餐会上与众多员工聊天，大家一起畅所欲言，讨论公司的现在和未来。为保持整个组织信息渠道的通畅，他们还与各工作团队成员全面注重收集员工的想法和意见，通常还带领所有人参加“沃尔玛公司联欢会”等。

山姆·沃尔顿认为让员工们了解公司业务进展情况，与员工共享信息，是让员工最大限度地干好其本职工作的途径，是与员工沟通和联络感情的核心。而沃尔玛也正是借用共享信息和分担责任，满足了员工的沟通与交流需求，达到了自己的目的：使员工产生责任感和参与感，意识到自己的工作在公司的重要性，感觉自己得到了公司的尊重和信任，积极主动地努力争取更好的成绩。

沟通的管理意义是显而易见的。如同激励员工的每一个因素都必须与沟通结合起来一样，企业发展的整个过程也必须依靠沟通。可以说，没有沟通，企业管理者的领导就难以发挥积极作用，没有顺畅的沟通，企业就谈不上机敏的应变。

（资料来源：百度文库．组织行为学［EB/OL］. https：//wenku. baidu. com/view/b7915-0f30029bd64783e2c91. html）

第一节　沟通原理

美国著名学府普林斯顿大学对一万份人事档案进行分析，结果发现：“智慧”、“专业技术”和“经验”只占成功因素的 25%，其余 75% 决定于良好的人际沟通。

哈佛大学就业指导小组 1995 年的调查结果显示，在 500 名被解雇的男女中，因人际沟通不良导致工作不称职者占 82%。

“伟大的事业需要一颗真诚的心与人沟通。”——松下幸之助

“如果我能够知道他表达了些什么，如果我能知道他表达的东西是什么，如果我能知道他表达了以后的感受如何，那么我就敢信心十足地果断地说，我已经充分了解他了，也能够有足够的力量影响他了。”——卡特·罗古斯

一、沟通的含义

不同的学者从不同的角度对沟通进行不同的定义：

《大英百科全书》：沟通是用任何方法，彼此交换信息。即一个人与另一个人之间用视觉、符号、电话、电报、收音机、电视或其他工具为媒介，所从事交换信息的方法。

《韦氏大辞典》：沟通是文字、文句或消息之交流，思想或意见之交换。

斯蒂芬·罗宾斯：沟通是意义的传递和理解。

西蒙：沟通可视为一种程序，借此程序，组织中的成员将其所决定的意见或前提传达给其他有关成员。

沟通是指为了设定的目标，人们在互动过程中，发送者通过一定渠道（也称媒介或通道），以语言、文字、符号等表现形式为载体，与接受者进行信息（包括知识和情报）、思想和情感等交流、传递和交换，并寻求反馈，以达到相互理解的过程。它包括两层含义。

首先，沟通是意义上的传递。如果信息和想法没被传递到，这就意味沟通没发生。就像一个哲学问题：“树林中有一棵树倒了，却无人听到，它是否发出了声响?”如从沟通的角度出发，其答案是否定的。

其次，沟通还需要被理解。如果我们在交流时，使用的不是同一种语言，而我们又不懂彼此的语言，那么，不经翻译，我们将无法进行沟通。因为，沟通不仅仅是传递，它还需要相互理解。完美的沟通，如果存在的话，则应是经过传递后被接受者感知到信息与发送者完全一致。正是在这个意义上，德鲁克说：“沟通是接收者的行为。”

有效沟通是指发出的信息与对方收到的信息在内容上能够达到相互一致或基本接近。只有使信息接收者最终达成了正确的理解才能说信息沟通是有效的。

二、沟通的过程

沟通的过程是指发信息者从发出信息到接收者理解并反馈的整个环节。包括输出者、接受者、信息、渠道等 4 个主要因素。图 9－1 所示为沟通过程。

（一）输出者

信息的输出者（编码）就是信息的来源，他必须充分了解接受者的情况，以便选择合

适的沟通渠道以利于接受者（解码）的理解。要顺利地完成信息的输出，必须对编码和解码两个概念有一个基本的了解。编码是指将想法、认识及感觉转化成信息的过程。解码是指信息的接受者将信息转换为自己的想法或感觉。

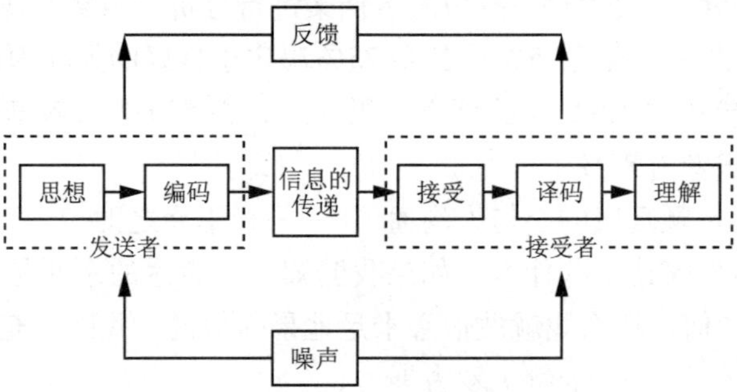

图 9－1　沟通过程

（二）接受者

接受者是指获得信息的人。接受者必须从事信息解码的工作，即将信息转化为他所能了解的想法和感受。这一过程要受到接受者的经验、知识、才能、个人素质以及对信息输出者的期望等因素的影响。

（三）信息

信息是指在沟通过程中传给接受者（包括口语和非口语）的消息，同样的信息，输出者和接受者可能有着不同的理解，这可能是由输出者和接受者的差异造成的，也可能是由于输出者传送了过多的不必要信息。

（四）沟通渠道

企业组织的沟通渠道是信息得以传送的载体，可分为正式或非正式的沟通渠道、向下沟通渠道、向上沟通渠道、水平沟通渠道。

三、沟通的作用

对于个体而言，沟通有助于人们表达思想感情，保障心理健康，建立良好的人际关系。对于组织而言，组织内部通过有效的沟通能营造信息畅通、和睦友好的气氛，充分调动人的积极性。在此主要从管理与沟通的关系的角度对沟通的作用加以剖析。

亨利·明兹伯格曾经对高级管理人员的时间安排做过调查，结果表明，管理人员的时间安排比较符合 2/8 法则：管理人员 78% 的时间用于从事与沟通有关的活动，而剩余 22% 的时间才用于桌面工作及各种活动的安排。从某种意义上说，整个管理工作都与沟通有关，如图 9－2 所示。管理者与企业外部人士的交流、组织者与被组织者的信息传递、领导者与下属的感情联络、控制者与控制对象的纠偏工作，无不与沟通有关。

沟通对达成组织目标发挥着如下的重要作用：

（一）沟通是正确决策的前提和基础

诚如赫伯特·西蒙所言："管理就是决策。"不同的管理职能中都包括了决策的环节，决策贯穿于组织的各方面的工作。理想而又理性的决策的前提之一是必须掌握尽可能充分的

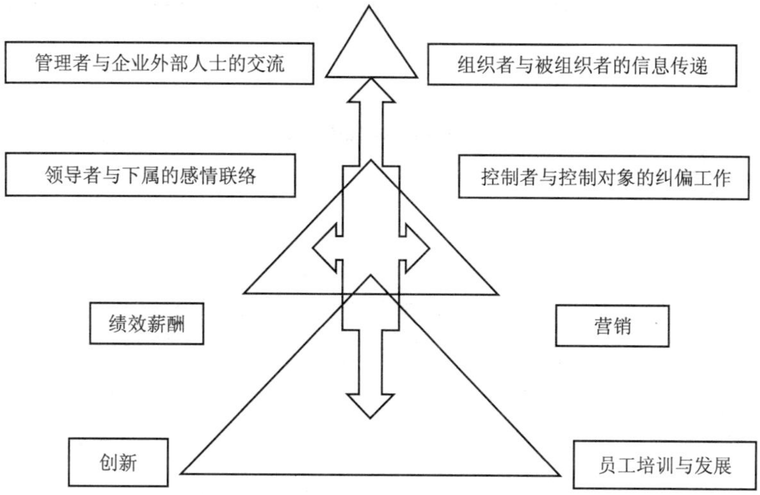

图 9－2　管理工作与沟通的关系

信息，正确的决策必须依靠准确而迅速地收集、处理、传递和使用情报信息。在市场环境变幻莫测的当今社会，决定一个企业的成败往往不在于一般日常生产管理，而在于重大经营方针的决策。事实证明，许多决策的失误都是由于资料不全、沟通不畅而造成的。因此，没有沟通或沟通不足就不可能有正确的决策。

（二）沟通是统一思想和行动的工具

组织是虚拟的主体，配备了所需人员的组织是一个有机体。每个组织都由数人、数十人甚至成千上万人组成，组织每天的活动也由许多具体的工作所构成。由于组织成员的地位、利益和能力不同，他们对组织目标的理解和所掌握的信息也不同，这使得组织成员个人的目标有可能偏离组织的总体目标，甚至完全背道而驰。如何保证上下一心、不折不扣地完成组织的总目标呢？就需要互相交流意见，统一思想认识，自觉地协调个体的行动，以确保组织目标的实现。因此，没有沟通就没有协调，也就不可能实现组织目标。

（三）沟通是领导者激励下属，实现领导职能的重要途径

一个领导者无论有多么高超的领导艺术水平、有多么灵验的管理方法，甚至不管他是一个多么不够民主的领导者，他都必须通过协调他人的工作来达到组织的目标。为此，他必须将自己的意图和想法告诉下属，并且了解下属的想法。领导者通过与下属进行交流和沟通，可以传递需要沟通的信息，加强互相理解，消除误解和内心的紧张与怨恨，使彼此感到心情舒畅，组织士气高涨，人际关系和谐顺畅，为实现共同的目标而努力工作。

（四）沟通是组织与外部环境相互联系的桥梁

任何组织都是在一定的环境下生存和发展的，都必须与外部环境不断进行物质、能量、信息的交换与流动。对企业而言，它必然要和顾客、政府、供应商、经销商、竞争对手、金融机构、公众、消费者组织等“利害相关者”发生各种各样的关系，它必须按照顾客的要求调整产品结构，了解国家经济发展的战略目标、政策，遵守政府的法律法规，担负起自己应尽的社会责任，获得适用且廉价的原材料，使得企业在激烈的竞争中占据一席之地，这些都离不开有效的沟通。此外，由于企业的外部环境总是处于不断的变化之中，所以企业与外

界的沟通是持续的。一个只知闭门造车而拒绝放眼企业围墙之外的企业是没有前途的，是行而不远的。

知识链接 9-1

沟通的 6 种技巧

在沟通管理过程中一定要善于运用非语言信号为语言的效果进行铺垫，真诚的微笑，热烈的握手，专注的神态，尊敬的寒暄，都能给对方带来好感，活跃沟通气氛，加重后面语言的分量。在工作过程中本人总结出了如下增进沟通效果的技巧：

（1）赞美对方：这个世界上的人，没有不吃表扬的，只要表扬的内容属实就没问题。领导与员工一样都是人，员工需要激励，领导同样需要激励。

（2）移情入境：即设计一个对现实有借鉴意义的场景，进行情景教育。

（3）轻松幽默：既是通向和谐对话的台阶和跳板，又是化解冲突、窘境、恶意挑衅的灵丹妙药。

（4）袒胸露怀：又被称为不设防战术，意在向人们明确表示放弃一切防备，胸襟坦荡，诚恳待人。

（5）求同存异：又被称为最大公约数战术。人们只有找到共同之处，才能解决冲突。无论人们的想法相距多么遥远，总是能够找到共性。有了共性，就有了建立沟通桥梁的支点。

（6）深入浅出：这是提高沟通效率的捷径。能够用很通俗的语言阐明一个很复杂深奥的道理是一种本事，是真正的高手。

（注：资料改编于百度百科 http：//baike. baidu. com/item/沟通管理）

四、沟通的类型

（一）单向沟通与双向沟通

根据沟通方向是否可逆，即信息发送后是否反馈回来，可以将沟通分为单向沟通和双向沟通，如图 9-3 所示。

图 9-3　单向沟通和双向沟通示意图

（a）单向沟通；（b）双向沟通

1. 单向沟通

单向沟通是指信息发送给信息接收者，但信息接收者没有把接收到的信息和用自己的思维理解的信息反馈给发送者。通知、报告、书面指示、讲座等形式就是单向沟通的典例。一般地讲，单向沟通具有许多不足之处，如无法及时判断信息接收者是否准确理解发送者的真实意图、沟通效果差等。

2. 双向沟通

双向沟通是指信息在沟通双方进行反馈的沟通方式。通常与人面谈交流、研发部门讨论研究会、各种座谈会、商务谈判等都属于双向沟通。它的最大优点就是能够及时知道沟通的效果，双方通过相互发送信息，理解对方的信息，比较容易达到沟通效果。

表 9－1　不同因素情况下沟通方式的差异

因　素	结　果
时间	双向沟通比单向沟通需要更多的时间
信息和理解的准确程度	在双向沟通中，接收者理解信息和发送者意图的准确程度大大提高
接受者和发送者的置信程度	在双向沟通中，接收者和发送者都比较相信自己对信息的理解
满意度	接收者比较满意双向沟通，发送者比较接受单向沟通
噪声	由于与问题无关的信息较容易进入沟通过程，双向沟通的噪声比单向沟通的要大得多

从表 9－1 可以获知，在组织管理中，双向沟通和单向沟通各有不同的作用。一般情况下，企业或者各个部门在处理重大问题或者做出重要决策时一般采用双向沟通。相比之下，双向沟通比单向沟通具有较大的优势，因而在管理中也越来越多地从单向沟通转为双向沟通，因为双向沟通更能激发员工参与管理的热情，有利于企业的发展。另外，在国际贸易中，各个企业都是为各自的利益而发送信息的，只有通过谈判等沟通才能实现双赢。

（二）口头沟通与书面沟通

按照沟通的表现形式，可将其分为口头沟通与书面沟通。

1. 口头沟通

口头沟通就是借助口头言语进行的沟通。口头沟通的形式很多，如会谈、演讲、讨论、电话、广播、对话等。其优点是简便易行，灵活迅速，尤其是伴有手势、体态、表情的口头沟通，有利于深入理解对方的想法，增强传递信息的效果；缺点是信息保留的时间较短，使用也受条件的局限。但是，随着科技的发展，如有必要可以通过录音、录像等技术来弥补其信息保留时间较短的缺陷。

2. 书面沟通

书面沟通则是借助于书面语言进行的沟通。其形式主要有通知、文件、布告、通报、报刊、备忘录、书面汇报等。其优点是信息可以长期保存，对一时辨别不清的信息可以反复研究，若有疑问可据以查阅；缺点是信息对语言文字的依赖性强，不容易随时修改，冗长不便阅读，沟通效果受文化修养的影响很大，对情况变化的适应性较差。

由于口头沟通与书面沟通各有千秋、各有利弊，故心理学家建议视具体情况将两者混合运用，这样效果较好。

（三）直接沟通与间接沟通

根据沟通是否需要经过中间环节，可以分为直接沟通与间接沟通。

1. 直接沟通

直接沟通是由信息的发送者和接收者直接交流，如当面谈话、电话交谈或会议等。这种方式较为迅速可靠，但受时间、地点、条件的限制，应用范围也较小。

2. 间接沟通

间接沟通是指信息的发送者同接收者之间有一个及一个以上的第三者作为中间环节。如在一个采用了传统的金字塔形式的层级结构的公司中，总经理的指示将经过部门经理、厂长、车间主任、工长等中间环节传达给工人。这种方式不受时间、地点、条件的限制，但层次较多会耽误时间且易失真。

课堂案例 9－1

书面沟通分析

2012 年 10 月 1 日亲爱的先生/女士： 我已经间接获悉您在寻找一家公司为贵公司所有部门安装新计算机。我确信我公司作为一家完全让人放心的公司，定能被指派。我们在贵公司业务方面经验有限，曾经为您服务过的人说我们能胜任此项工作。我是个非常热情的人，对于与您相会的可能性，除非另行通知，我在周一、周二和周五下午不能拜访您处，这是因为……	刘先生，您好： 这是来自××的信，继我们上周的电话谈话后，我很高兴再邮给您一本我公司的最新宣传册。 您曾表示过贵公司对安装本公司软件感兴趣，我相信我们的服务符合您的要求，会让您满意的。 期待您的回音，并期望很快能和您见面。 此致 敬礼 张经理 2012 年 10 月 1 日

请判断两封信的优劣，并说明原因，要求进行小组讨论，形成理由，代表陈述。

五、沟通渠道

（一）正式沟通

正式沟通是指由组织内部明确的规章制度所规定的进行信息传递和沟通的方式。它和组织的结构息息相关，主要包括由正式组织系统发布的命令、指示、文件、通知；组织召开的正式会议；组织各部门成员之间因为工作的需要而进行的沟通等。正式沟通所获得的信息通常称为“官方消息”。它是各行各业管理中传递信息最具权威的沟通方式，通常由组织管理者充当信息发送者。

根据沟通在组织内的运作方向，可以将正式沟通渠道分为上行沟通、下行沟通、平行沟通和斜向沟通四种。

1. 上行沟通（Upward Communication）。上行沟通是指信息从组织的下一层向组织的上一层进行沟通的方式。这种沟通方法多表现为：下级向上级汇报工作，反映部门业绩、反映市场销售情况等。有时由于层级之间的等级差别，往往会有“报喜不报忧”的情况发生。因此，这种沟通方式有可能隐瞒事实的真实性。例如，公司召开股东大会时，经理层往往会夸大业绩而隐瞒工作中的失误或过失等。

2. 下行沟通（Downward Communication）。下行沟通是指组织中信息从较高层传到较低层的沟通方式。在组织管理中通常表现为：员工大会、通知、学习相关文件等。它是一种较为传统的沟通方式，一般以命令方式传达上级组织所做出的决策、计划之类的信息，如开会传达公司政策。下行沟通带有很强的指令性、强制性、权威性。

3. 平行沟通（Horizontal Communication）。平行沟通是指组织中同一层次之间的信息交流沟通。在组织管理中，平行沟通具有重要的地位，它是部门与部门之间沟通的捷径。由于平行沟通机制设置在企业管理中通常是不存在的，因此，促进平行沟通依赖于各部门的个体管理者。例如，生产设计部门与销售部门常常跨越上层管理而进行部门之间的沟通了解。

4. 斜向沟通（Diagonal Communication）。虽然斜向沟通在组织中可能是利用最少的沟通渠道，但在员工不能通过其他渠道进行有效沟通时，它也是重要的沟通方式，例如，一个大组织的审计员可能希望开展分销成本分析，这项任务的一部分内容需要让销售人员直接向审计员上交报告，而不是通过传统的渠道上交市场部。因此，沟通的流向是斜向的，不同于垂直（向上）和水平的流向。在这样的情况下，斜向沟通对于组织节省时间和提高效率是较好的方式。

正式沟通渠道是组织管理中的沟通主渠道，管理中的大量沟通活动都是通过这种方式进行的。它具有较强的命令性、权威性、强制性，同时比较规范，执行力强，沟通效果较好，保密性较强。但由于过多受限于组织的规章制度，所以正式沟通存在着速度慢、刻板、信息失真等缺点。

（二）非正式沟通

非正式沟通是指以社会关系为基础，与组织内部明文规章制度无关的沟通渠道。它的主要优点是不受组织明文规定的规章制度限制，沟通成本较低，没有层次结构上的限制，由员工自然、自由选择进行沟通，易于员工真实想法、感情等的表露。不过由于它的沟通过于随便、自由，沟通信息的可信性就难以保证。因此，通常人们把非正式沟通的信息称为“小道消息”。这些“小道消息”可能是组织内部成员思想的真实反应，也可能是谣言或是一小部分成员散布的虚假消息，容易扰乱组织的正常管理。这些均为组织管理决策提供了可参考的信息渠道，组织管理人员应予以重视。

据有关专家的研究统计，组织中 80% 的“小道消息”是正确的。但组织并不能过分依赖这种非正式沟通，因为这种信息遭到歪曲或发生错误的可能性较大，而且往往无法取证。因为这些消息往往带有较强的个人色彩，自利性较强，通常涉及员工的待遇、晋升等，这些谣言往往给企业带来较大的麻烦。

非正式沟通具有如下一些特征：

（1）非正式沟通的信息是不完善的，信息的发出是没有规律的，不能用于决策层作为决策依据，只能作为决策参考。

（2）非正式沟通带有较强的个人利益色彩，受员工个人情感和情绪的影响较大，易偏离组织目标，影响其他组织成员。

（3）非正式沟通不受组织规章制度的约束，打破层级的界线，信息发送者与接收者角色居于平等的地位，对话时不易感受压力的存在，容易使员工吐露心声。同时，非正式沟通不受层级影响，不受时空限制，随时随地都可以沟通，所以很难加以禁止。

（4）非正式沟通自发性强，正所谓“好事不出门，坏事传千里”，就是由于这个缘故。因此，信息的来源不是很可靠。

（5）非正式沟通的传播速度比正式沟通要快。特别是在非正式组织中传播或者涉及亲朋好友时，消息散布更快。

（三）沟通网络

组织中的沟通渠道纵横交错，构成组织的沟通网络。一般而言，组织中的沟通网络有链式、Y 式、轮式、环式和全通道式五种类型，如图 9－4 所示。

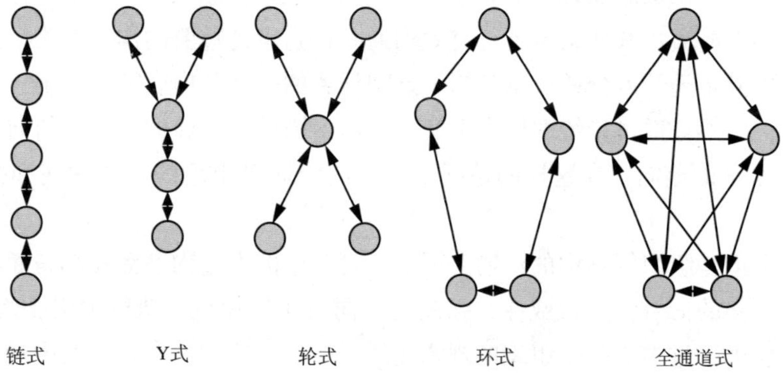

图 9－4　沟通网络的不同形态

（1）链式沟通网络是指在组织内，信息只能从一个人发送到另一个人，将信息进行逐级发送。在这种沟通模式中，信息要经过逐层传递、筛选，容易失真，各个信息发送者和接收者对信息的理解是不同的，影响的因素很多，如信息接收者和发送者的文化背景、沟通所处环境、时间等。等级链越长，信息发送的时间就越长，信息失真的可能性就越大；同时，各链条之间的长度也是重要的影响因素。

（2）Y 式沟通是指两个或多个链节之间存在的沟通渠道网络。这个沟通链节的搭建，弥补了链式沟通过于严格限制信息发送和接收的一些缺陷。它使得信息沟通在必要时可进行分渠道发送和接收，缩短了信息发送和接收时间，加快了管理沟通速度，减少了信息失真的可能性。

（3）轮式沟通是指在管理沟通中，存在一个信息接收和发送的中心管理者，即所有的信息经过一个中心组织层并进行筛选，然后再发送到其他层次。相对于前面两种沟通模式来说，其信息收集和传递速度都要快，但是对信息中心管理层要求较高，因为他们既要负责信息的解码、理解，又要编码发送到其他层。

（4）环式沟通是指组织允许其他成员与相邻的成员进行信息交流沟通，但不允许越级交流。这种沟通模式一般是在企业或组织内部沟通，相互交流的信息是很有限的，涉及面很窄，不过组织成员的凝聚力强。

（5）全通道式沟通是指在一个组织内成员之间相互进行沟通交流，每个成员与其他成员进行直接交流，在交流中成员地位是相互平等的，没有信息中心领导。在这种模式下，往往不太强调某一个人是信息中心，而是强调每一个人都应该是信息的中心，每个人都可以根据自己工作的需要构成适合自己、支持自己工作的信息交流。其信息传送速度较快，员工满意度较高。

由此可见，上述各种沟通各有优缺点。组织管理者应根据不同的沟通目的、沟通环境、沟通内容选择适当的沟通方式，以避弊取利，排除沟通障碍。不同沟通网络的比较如表 9－2 所示。

表9-2　不同沟通网络的比较

特点	链式	Y式沟通	轮式沟通	环式沟通	全通模式沟通
集中性	适中	较高	高	低	很低
速度	适中	快	快（任务简单）或慢（复命任务）	慢	快
正确性	高	较快	高（任务简单）或低（复杂任务）	低	适中
领导能力	适中	高	很高	低	很低
成员满意度	适中	较低	低	高	很高
示例	命令连锁	领导任务繁重	主管对四个部署	任务团队	“小道消息”

第二节　沟通的障碍及其策略

一、沟通的障碍

在信息沟通过程中，人们常常会受到各种因素的影响和干扰，使沟通受到阻碍。沟通障碍主要来自四个方面：发送者的问题、接收者的问题、信息传播通道的问题以及组织自身的问题。

（一）发送者的障碍

在沟通过程中，信息发送者的情绪、倾向、个人感受、表达能力、判断力等都会影响信息的完整传递。障碍主要表现在：

（1）表达能力不佳。发送信息方如果口齿不清、词不达意或者字体模糊，就难以把信息完整地、正确地表达出来；如果使用方言，就会使接收者无法理解。

（2）信息传送不全。发送者有时缩减信息，使信息变得模糊不全。

（3）信息传递不及时。信息传递过早或过晚，都会影响沟通效果。

（4）知识、经验的局限。信息发送者与接收者如果在知识和经验方面水平悬殊，发送者认为沟通的内容很简单，不考虑对方，只按自己的知识深度，在自己的经验范围内进行编码，而接收者却难以理解，从而影响沟通效果。

（4）对信息的过滤是指故意操纵信息，使信息显得对接收者更有利。例如，管理者向上级传递的信息都是对方想听到的东西，这位管理者就是在过滤信息。过滤的程度与组织结构层次、组织文化有关。组织纵向管理层次越多，过滤的机会也就越多。组织文化则通过奖励系统鼓励或抑制这类过滤行为。如果奖励只注重形式与外表，那么管理者便会有意识地按照上级的品位调整和改变信息内容，现实生活中的“报喜不报忧”就是典型的信息过滤行为。

（二）接收者的障碍

从信息接收者的角度看，影响信息沟通的因素主要有以下几个方面：

（1）信息译码不准确。接收者如果对发送者的编码不熟悉，就有可能误解信息，甚至理解得截然相反。

（2）对信息的筛选受知觉选择性的影响。接收者在接收信息时，会根据自己的知识、经验去理解，按照自己的需要对信息进行“选择”，从而可能会使许多信息内容被丢弃，造成信息的不完整甚至失真。

（4）对信息量的承受力。每个人在单位时间内接收和处理信息的能力不同，对于承受能力较低的人来说，如果信息过量，难以全部接收，就会造成信息丢失而产生误解。

（3）心理上的障碍。接收者对发送者不信任，敌视或者冷漠、厌烦，或者心理紧张、恐惧，都会歪曲或拒绝接收信息。

（4）过早地评价。在完整地接收一项信息之前就对信息做出评价，将有碍于对信息所包含的意义的接收。价值判断就是对一项信息所给予的总价值的估计，它是以信息的来源、可靠性或预期的意义为基础的。过于匆忙地做出评价，就会使接收者只能听到他所希望听到的那部分内容。

（5）情绪。在接收信息时，接收者的感觉会影响到他对信息的理解。不同的情绪感受会使个体对同一信息的解释截然不同。狂喜或悲伤等极端情绪体验都可能阻碍信息沟通，因为在此种情况下人们会出现“意识狭窄”现象，不能进行客观的、理性的思维活动，而代之以情绪性的判断。因此，应尽量避免在情绪很激动的时候进行沟通。

（三）沟通渠道的障碍

沟通通道的问题主要有以下几个方面：

（1）选择沟通媒介不当。例如，重要的事情用口头传达的方式进行传递的，效果就相对较差，因为接收者会因“口说无凭”、“随便说说”而不重视。

（2）几种媒介互相冲突。当信息用几种形式传送时，如果相互之间不协调，则会使接收者难以理解传递的信息内容。例如，若领导表扬下属时面部表情很严肃甚至皱眉头，就会让下属觉得迷惑。

（3）沟通渠道过长。组织机构庞大，内部层次多，从最高层传递信息到最底层，从低层汇总情况到最高层，中间环节太多，容易使信息损失较大。

（四）组织自身的障碍

组织因素的障碍主要包括：信息传递链、组织层级结构、地位与权力、时空范围、组织规模等。

在管理中，组织层级越多，信息传递速度越慢，信息失真的可能性就越大。据研究表明，地位的高低对沟通的方向和频率有很大的影响。地位越悬殊，下行沟通就越多，即信息趋向于从地位高的流向地位低的可能性越大。下行沟通带有很强的命令性、强制性、权威性。因此，这种地位因素往往造成单向沟通，没有信息反馈，不能形成良好的沟通氛围，制约沟通效果。

地位与权力差异的影响。地位与权力差异导致不同层次的组织成员对待信息的态度不同，这使得有些员工和主管人员忽视对自己不重要的信息，不关心组织目标、管理决策等信息，而是去重视和关心与他们切身利益相关的信息，从而使沟通产生障碍。同时，地位与权力的差异还往往会导致地位低的员工向上级报喜不报忧，从而人为地使信息扭曲，使组织上下沟通发生障碍；而上级管理者也往往会因官僚作风而忽视或无视下属的需要、意见和建议，或因对下属的不信任而不愿过多地向下属透露组织的有关信息，从而使组织的下行沟通发生障碍。

另外，时空对组织沟通的影响是非常大的。对于高层管理者来说，时间是非常有限的，他们没有时间与每一个员工进行交流沟通，有时在沟通中因为时空关系往往会带来不良后果。例如，在医院，突然来了一个生命垂危的病人，需要立即抢救。若按照医院正规渠道治疗，需要上报上层管理并进行讨论，才可做出医治的决定，那么这样对病人的生命安全会造成什么样的后果呢?

二、沟通障碍的克服

克服沟通障碍是提高沟通效果的前提，克服沟通障碍主要是要将形成沟通障碍各种因素消除或尽可能将这些因素的影响降到最低。

（一）明确沟通的目的

在沟通前，明确沟通目的是进行有效沟通的关键。确定了沟通的目的，沟通就有了一个明确的方向，可以根据要达到的效果准备信息、选择沟通方式等。

明确沟通目的对于信息发出者来说就是要明确为什么进行沟通的问题，通过沟通想要达到什么样的结果。而对于信息接收者来说，要明确自己所要接收的信息的主要内容才能收到预期的沟通效果。

（二）恰当地运用非语言提示

在沟通过程中，无论对于信息的发出者还是信息的接收者，都应该注意交流对象的非语言提示，全面理解对方的真实意图，同时，还需要注意接收者语言与行为产生矛盾的时候。积极的非语言提示，如正面注视、面带微笑、整洁的外表等；消极的非语言提示，如躲闪的目光、将头下垂、摆弄手中的东西等。

（三）灵活运用沟通方式

灵活运用沟通方式包括对沟通方式的选择和多种沟通方式的综合运用。例如，在语言沟通时可以加表情、手势等非语言提示信息，在进行书面沟通时可以加口头解释说明等。

（四）了解信息接收者

充分了解信息接收者的地位、原有的心理准备状态、对不同沟通方式的接收程度和接收者的个性特点等，可以帮助信息发出者考虑到接收者可能对沟通信息的反应与影响程度，更好地组织沟通信息和沟通重点，最大限度地避免沟通障碍。

课堂案例 9-2

哪种领导类型更有效

张健在某大型家电产品公司工作，前几年因为工作特别突出被从基层职员提拔为西区的大区经理。他现在管理着 10 个人。

张健认为自己是“富有人情味的人”，但他的下属工作效率并不高。张健的下属出现了分化，一部分人有能力而且积极地完成工作；而另一部分人则显得对工作漠不关心且难以完成工作。这有两个典型：王强和吴力。王强已工作四年，是个靠得住的人，平时关心顾客，工作有效率。张健与王强处得很好，而且他相信王强能在没有监督的情况下完成工作。

吴力的情况则完全不同，他在这个岗位上的时间不到一年。在张健看来，吴力在与同事的交往上花了太多的时间。每天吴力都是第一个下班的人，他几乎没有完成过规定的75%的工作量。张健经常找吴力谈话，明确地告诉他应该达到的目标和标准，但没有什么效果。

在一次沟通技巧培训课程结束后，张健决定对每个人更加友善和坦诚，尤其对于吴力和其他表现差的人，他要更关心他们的生活、理解他们的感受。因为从前他给了他们太多的压力，要求他们取得更高的绩效并建立有纪律的工作习惯。他希望吴力及其他人会逐渐成长并进入良好的工作状态。

两个星期后，张健坐在自己的办公室里，心情沮丧。他在自己领导风格方面所做的改变显然是不成功的，不仅吴力的绩效没有提高，而且其他雇员（包括王强在内）的工作业绩与以前相比，都出现了下滑。假日购物的黄金季节正处于关键时刻，张健的老板不断地向他施加压力，要求他马上进行改进。张健想知道到底哪里出了问题。

（资料来源：陈澎，郝黎明．管理学［M］．南京：南京大学出版社，2011）

三、有效沟通的策略

虽然沟通中我们会遇到很多障碍，但是问题总是可以避免和解决的。针对不同的沟通障碍，我们有不同的沟通策略来解决，这主要取决于个人或团队的能力。在此，我们应该从两方面考虑：一方面，有效沟通应该遵循哪些原则；另一方面，有效沟通有哪些策略。

（一）有效沟通的原则

（1）可靠性原则。信息是沟通的源泉，信息的可靠性直接关系到沟通的质量。在这个信息爆炸的时代，无论是信息发送者还是信息接收者，都必须具备很强的信息甄别能力。信息的来源和选择渠道一定要可靠，信息的可靠为沟通双方提供了良好的沟通基础，同时也为双方增强了信任感。

（2）价值性原则。沟通是因为信息而沟通，所以信息不仅要可靠，更重要的是要对沟通有价值。

（二）有效沟通的策略

有效的沟通不仅能够促使组织成员对组织愿景达成共识，了解组织成员在物质和精神方面的需求，提升组织管理效能与成员工作效率，促使组织成员积极参与管理，而且能激发全体成员的潜能和团队精神。同时，有效沟通还能够增强组织文化建设，增加竞争力，提升组织的综合竞争能力。为此，为了不同的沟通目的，组织要想提高沟通的效果，就必须根据组织的特点和具体的环境条件，选择、设计合理的沟通渠道，采用恰当的沟通技术，针对影响组织沟通的因素采取具体的对策。

（1）合理的沟通渠道。作为一个组织，要充分考虑组织的行业特点和人员的心理素质，结合正式沟通渠道和非正式沟通渠道的优缺点，设计一套包含正式沟通和非正式沟通的沟通通道，并结合组织结构形式选择恰当的沟通形式，以使组织内各种需求的沟通都能够准确、及时而有效地实现。另外，从某种程度上说，信息量与沟通渠道的多少成正相关关系，即信息越多，沟通渠道就越多。由于信息量大，失真性也就较大，为了减少失真性的发生，口头沟通和书面沟通要同时采用，这样既可以帮助解释编码，也可以为员工深入学习提供核查的资料。

（2）利用网络技术。现在是信息爆炸、经济全球化、信息网络化的时代。在这样的时代，谁优先掌握了信息，谁就处于竞争的优势地位，如果说信息是沟通的基础，那么网络就是信息沟通的桥梁。网络技术具有许多优点，值得我们好好利用，如传输信息速度快、表达方式多样化、成本较低、使用方便等。同时，网络还可以进行语言和非语言沟通，可以避免职位和组织层次的沟通障碍。

（3）反馈信息。信息反馈能很好地核实解码的正确性或理解的准确程度，更重要的是能够及时纠正错误、改变沟通策略等。信息反馈方式多种多样，有语言反馈和非语言反馈。语言反馈表现在文字上，而非语言反馈的表达方式就多了，有声调、肢体动作、眼神、面部表情等特征。沟通中要注意从信息接收者的一言一行来判断，及时了解他们对信息的理解程度，以免沟通失误导致不良后果。

（4）换位思考。换位思考主要是思考如何让信息接收者比较正确地解码或理解，通常信息发送者要考虑到信息接收者的文化背景和理解能力，这样才能使他们正确理解信息。在商务谈判中，更是要充分了解谈判对手，无论是对谈判人员还是谈判人员所处的组织环境都要了解，“知己知彼，百战不殆”就是很好的写照。换位思考是了解对方的很好方式，这样才能排除沟通受个人因素影响的障碍。

（5）提高语言表达能力。语言要简化、通俗易懂、言简意赅，同时表达要清楚、准确。良好的语言表达能力是沟通的有力保障。口头沟通与非语言沟通要合理配合使用，在沟通中缺一不可，声音或肢体动作赋予沟通身临其境之感。要提高语言表达能力，可按照以下几个方面要求自己：言真意明、话因人异、明白易懂、语伴境迁、条清理明、情真意切、引人入胜。

（6）有效倾听。倾听是有效沟通的一个重要组成部分。听与倾听是有较大差别的，倾听是一个主动参与的过程，听的人必须思考、接收、理解，并做出必要的反馈。良好的倾听具有三个方面的功能：首先，有助于沟通获得成功；其次，有助于改善人际关系；最后，有助于个人发展，“听君一席话，胜读十年书”。良好的倾听要做到：停止说话、让别人感到自在、让说话人感到你想听、去除干扰、强调说话人、耐心、控制住脾气、自由地争论和批评。只有听懂，才能准确理解他人的意思，才能反馈准确的信息，沟通才会畅通。

第三节　管理沟通

管理沟通对于每一位管理者而言，如影随形，无处不在，它是管理者职业生涯中的重要组成部分。

一、管理沟通的含义与作用

（一）管理沟通的含义与特性

1. 管理沟通的含义

管理沟通是指社会组织及其管理者为了实现组织目标，在履行管理职责，实现管理职能过程中的有计划的、规范性的职务沟通活动和过程。换言之，管理沟通是管理者履行管理职责，实现管理职能的基本活动方式，它以组织目标为主导，以管理职责、管理职能为基础，以计划性、规范性、职务活动性为基本特征。

2. 管理沟通的特殊性

首先，从管理沟通的性质看。虽然管理沟通是一种沟通，并且也一定是管理活动中的沟通，但正如沟通发生在任何其他情况下都会形成相应的沟通类型或形式一样，发生在管理活动中的沟通，必然会是一种独特类型或形式的沟通。这种类型的沟通是管理者在履行管理职责的过程中，为了有效地实现管理职能而进行的一种职务沟通活动。因此，管理沟通不仅是与管理有联系，其实它本身就是管理的内容。

其次，从管理沟通的内容看。作为管理活动内容的沟通也有别于任何随意的、私人的、无计划的、非规范的沟通。尽管管理沟通也可能是信息、思想、观点、感情、意见等任何内容的交流，但这些交流却与组织目标、任务和要求等密切相关。管理沟通的任何内容的实施和展开都是受组织目标导引的一种有计划的自觉的规范性的活动和过程。

最后，就管理沟通的形式看。管理沟通虽然也表现为诸如人际沟通、组织沟通、网络沟通等，但它更应该把现代组织信息活动与交流的一般管理要求和现代管理方式包括在内。这意味着管理沟通不仅是一种活动，同时也是一种制度或体制。具体说来，就是组织结构的选择和组织制度、体制的建设要成为为了有效沟通和有利于组织特定管理沟通要求的形式或模式。

此外，就其必要性来说，管理沟通是管理活动的本质要求。一般地讲，管理沟通就是组织大家共同完成某个任务，实现某种目标的活动过程。这个过程以持续的、复杂的、大量的沟通活动为基础，因此，管理沟通是管理者的基本职责之一，是管理行为的基本构成要素。不仅如此，管理沟通作为一种新兴的现代管理理念，在当代文化管理、软管理以及学习型组织、团队合作、忠诚、共赢、共同成长和复杂系统建构与运作等一系列新兴的管理理论与理念的支撑下，已经凸显为整个管理的核心内容。

课堂案例 9-3

“光明”的前途

早上 8 点整，光明照明设备制造厂总经理李涛准时来到了二楼的会议室，参加管理层每周一次的工作例会。刚走进会议室，就看见副经理们和部门经理一个个面无表情地坐在那里，似乎气氛有点紧张。开会时，李涛就近来企业效益持续滑坡的情况向各部门经理提出问题，希望大家找出解决的办法。但是让他再次失望的是这些部门经理一言不发，只是低着头，好像在思考着什么。李涛发现，最近几个星期的工作例会都是同样的情形，他今天再也忍不住了，拍着桌子站起来大发雷霆：“你们这是干什么！一言不发的，是抗议吗？你们到底还要不要在厂里继续干下去！”说完后一甩门就出去了。

李涛原以为下属们会被他镇住，私下会和他交流情况，使企业的现状有所改善。但是他万万没有料到，第二天却有两个部门经理和两个副总集体提出辞职，这简直就是雪上加霜！李涛毕竟当了多年的总经理，好说歹说总算让他们先回去了。同时他也察觉到了事情的严重性，他决定私下里找大家谈谈。

于是，李涛先找到和自己共事多年的销售部经理 A。李涛问：“近来销售状况持续下跌，上个月甚至降到了近三年的最低点，销售部有没有找到问题的所在呢？”A 张嘴后停了一下，欲言又止的样子。李涛说："我们共事那么多年，没有什么不能说的。"A 这才无可奈何地说道："李总啊，不是我们销售部不努力，实在是产品质量不过关啊！老客户一个个都撤退了，发展新客户更是难上加难啊！"

听了销售部经理 A 的抱怨，李涛又来到生产部经理 B 的办公室。生产部经理 B 是个说话直率的人，"质量问题？给你一块废铁，你能造出大炮吗？我们生产部门已经竭尽全力在维护产品质量了！暂时没出现产品质量导致事故的问题，已经是生产部的功劳了！看看那些所谓的原材料吧，都是一些垃圾！"

通过和上述两位部门主管的交谈，李总意识到问题的严重性。以前他也听到过类似的抱怨，只是没有太注意。他决定当天下午再找其他几个部门主管了解一下情况。午时间刚过，李总便分别找到了采购部经理 C、财务部经理 D 以及研发部经理 E。他们每个人都向李涛发了一通牢骚。采购部经理认为，财务部每年给采购部采购原材料的费用只减不增，而原材料市场价格又越来越高，遇到生产任务紧时就只好将就着用了。财务部经理 D 也反映自己有苦难言，每年就这么一块经费"蛋糕"，每个部门都希望分得大一点，况且为了支持新产品的开发，还需要给研发部切得大一点。只有研发部经理 E 没有太多的抱怨，他认为现在产品研发的周期越来越短，对经费的需求也越来越多，多拨点经费也是理所当然的。

听了各个部门经理的抱怨，李涛开始反思自己在这个公司的成长经历：当年国有企业改革，自己只是一个生产车间主任，毛遂自荐当上了总经理，带领着一班兄弟努力拼搏，使得企业在残酷的竞争环境中生存了下来，成为当时国企改革的成功例子，自己也得到了其他员工的极大信任和支持，厂里的大小事务他都参与，所有的决定都由自己拿主意。

起初确实提高了办事效率，解决问题也十分迅速。但是也使得各个部门之间基本上没有太多直接的交流，部门经理只是向李总报告本部门的情况！并非经理们不想交流，只是因为交流不交流都不会影响最终的决策。久而久之，部门之间很少往来，员工的关系也变得不那么和谐和密切了。

李涛了解了实际情况后一时感到束手无策。"光明"的前途到底会怎么样呢？李涛陷入了沉思……

（二）管理沟通的作用

沟通不仅是一个人获得他人思想、感情、见解、价值观的一种途径，而且是一种有效地影响他人的工具和改变他人的手段。在以人为本的管理中，沟通的地位越发重要，管理者所做的每一件事都需要沟通。

管理沟通的作用可以从信息、情绪表达、激励和控制四个方面去理解。

（1）收集信息，使决策能更加合理和有效。沟通的过程实际上就是信息双向交流的过程，主管人员需根据信息做出决策。任何组织的决策过程，都是把信息转变为行动的过程。准确可靠而迅速地收集、处理、传递和使用信息是决策的基础。

（2）改善人际关系，稳定员工的思想情绪，统一组织行动。沟通是人际交往的重要组成部分，它可以解除人们内心的紧张等不良情绪，使人感到愉悦。在相互沟通中，人们可以增进了解，改善关系，减少不必要的冲突。

（3）通过多种途径来激励员工。沟通就是要使组织成员明确目标是什么、如何实现目标、如何改进等。目标设置和实现过程中信息的持续反馈和沟通对员工都有激励作用。

（4）控制组织成员的行为。组织的规则、章程、政策等是组织每一个成员都必须遵守的，对成员的行为具有控制作用。成员则是通过不同形式的沟通来了解、领会这些规则、章程和政策的，因此，沟通对组织成员的行为具有控制作用。

二、管理沟通的基本过程

信息沟通必须具备四个要素：信息的发送者、信息的接收者、所传递的信息内容以及信息沟通渠道。图 9－5 所示为沟通的过程。

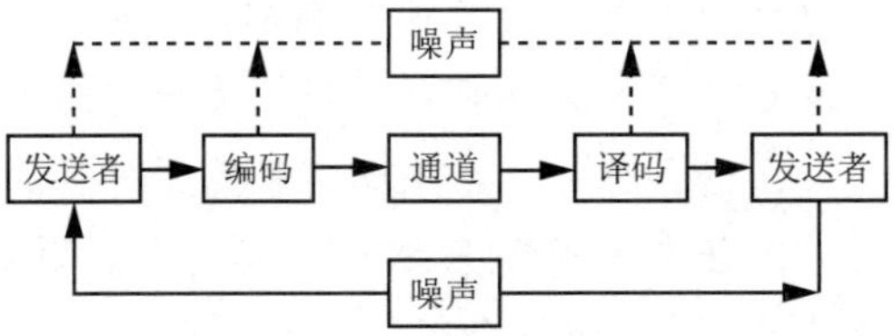

图 9－5　沟通的过程

沟通过程由发送者开始，发送者首先将头脑中的思想进行编码，形成信息，然后通过传递信息的媒介物——通道发送给接收者。接收者在接收信息之前，必须先将其翻译成可以理解的形式，即译码。发送者进行编码和接收者进行译码都要受到个人的知识、经验、文化背景和社会系统的影响。沟通的最后一环是反馈，是指接收者把信息返回给发送者，并对信息是否被理解进行检查，以纠正可能发生的某些偏差。整个沟通过程都有可能受到噪声的影响。所谓噪声是指信息传递过程中的干扰因素，包括内部的和外部的，它可能在沟通过程的任何环节上造成信息的失真，从而影响沟通的有效性。

管理沟通遵循沟通的过程模型，是管理者在履行管理职责的过程中，将管理内容通过各种方式和渠道发送给被管理者，被管理者在接收信息后，经过加工提炼，又将自己理解的管理内容发送给管理者，如此往复，达成共识，以实现管理目标的达成。在这个过程中，管理者的管理风格会影响沟通的往复，权威型的管理者倾向于单项沟通，民主型的管理者倾向于双项沟通，组织的制度、体制和文化会影响信息交流的过程，从而影响沟通的效果。

三、管理沟通的类型

（一）人际沟通

1. 人际沟通的定义

人际沟通是人与人之间在共同活动中彼此交流思想、感情和知识等信息的过程。它是沟通的一种主要形式，主要是通过言语、副言语、表情、手势、体态以及社会距离等来实现的，是信息的双向流动过程。

2. 人际沟通的特点

第一，在人际沟通中，沟通双方都有各自的动机、目的和立场，都设想和判定自己发出的信息会得到什么样的回答。因此，沟通的双方都处于积极主动的状态，在沟通过程中发生的不是简单的信息运动，而是信息的积极交流和理解。

第二，人际沟通借助言语和非言语两类符号，这两类符号往往被同时使用。二者可能一致，也可能矛盾。

第三，人际沟通是一种动态系统，沟通的双方都处于不断的相互作用中，刺激与反应互为因果，如乙的言语是对甲的言语的反应，同时也是对甲的刺激。

第四，在人际沟通中，沟通的双方应有统一的或近似的编码系统和译码系统。这不仅指双方应有相同的词汇和语法体系，而且要对语义有相同的理解。语义在很大程度上依赖于沟通情境和社会背景。沟通场合以及沟通者的社会、政治、宗教、职业和地位等的差异都会对语义的理解产生影响。

3. 人际沟通的功能

（1）心理功能。心理学认为人是一种社会的动物，人与他人相处就像需要食物、水、住所等一样重要。如果人与其他人失去了相处的机会与接触方式，就会产生一些症状，如产生幻觉、丧失运动机能、变得心理失调等。我们平常可与其他人闲聊琐事，即使是一些不重要的话，但我们却能因此满足了彼此互动的需求而感到愉快与满意。

（2）社会功能。人际关系提供了社会功能，且借助社会功能我们可以发展和维持与他人之间的关系。我们必须经由他人的沟通来了解他人。由沟通的历程，关系得以发展、改变或者维系下去。因此，在与某人做第一次的交谈后，可能会决定和此人保持距离，或者接近他，或者远离他。

（3）决策功能。人类除了是一种社会的动物之外，也是一种决策者。我们时时刻刻都在做决策，不论接下来是否要去看电视，明天要穿哪一套衣服，或者该给对方一个微笑与否，都是在做决策。但有时可能是靠自己就能决定的，有时候却是和别人商量后一起做的决定。而沟通满足了决策过程中的两个功能：一是促进资讯交换；二是影响他人。而正确和适时的资讯是做有效决策的前提。有时是经由自己的观察，有时是从阅读或者传播媒体得来的资讯，但也有时是经由与他人沟通而获得的许多资讯。借助沟通来影响他人的决策也很常见，如和朋友去买衣服，他的询问意见与你的传达意见之间的互动就可能会影响到结果。

（二）组织沟通

1. 组织沟通的定义

组织沟通就是在组织结构环境下的知识、信息以及情感的交流过程，它涉及战略控制及如何在创造力和约束力之间达到一种平衡。

组织沟通具有明确的目的性，即影响组织中每个人的行为，使之与实现组织的整体目标相适应，并最终实现组织目标。作为日常管理活动，组织沟通按照预先设定的方式，沿着既定的轨道、方向和顺序进行。

2. 组织沟通的类型

（1）组织纵向沟通。这是组织内规章制度所规定的沟通方式，遵循组织结构的设置路径。根据沟通的方向，又可分为自上而下与自下而上的沟通方式。

（2）组织横向沟通。组织横向沟通是指沟通信息在层级结构的同一水平上的流动，也称水平沟通。

（3）组织中的非正式沟通。纵向沟通和横向沟通都属于组织中的正式沟通，它们是通过组织中的正式渠道来进行的。在组织中，除了正式沟通之外，还存在大量的非正式沟通，这种无须经由管理层批准或认可，不受等级结构限制的交流往往比正式沟通更需引起关注。

这种非正式沟通方式最典型的表现形式就是“小道消息”。由于“小道消息”的传递都是非正式的，比较难以查询信息来源，组织中的每个人都有可能成为“小道消息”的发送者和接收者。

（三）网络沟通

1. 网络沟通的概念

网络沟通涉及管理沟通的外部技术环境，是随着信息技术、多媒体技术、网络技术等的不断发展，特别是20世纪70年代以来出现个人电脑后，组织广泛应用计算机系统协助解决组织内部问题，至20世纪80年代中后期形成的一种崭新的沟通方式。其主要形式有电子邮件、网络电话、网络传真、网络新闻发布和网络聊天工具（如BBS、MSN、QQ、微信）等。

2. 网络沟通的特点

网络沟通是一个集成性的名称，包括了全部通过网络完成的、以解决管理问题为目的的沟通形式。这种网络沟通具有以下特点：

（1）沟通便利，节约成本。人们只要把计算机连通到网络上，就可以进行沟通，与传统书面沟通相比，既节约了大量的成本，又大大提高了便捷性，具有很高的性价比。

（2）沟通信息立体、直观。人们可以利用MSN、QQ、手机微信等工具进行语音、文字和视频聊天，可以通过视觉、听觉等进行同一时间、不同空间的信息交流，使信息沟通的方式立体、直观、全面。

（3）超时间性和超地域性。通过互联网，一台电脑可以将任何时间、任何地点的需要沟通的双方联系起来，不受时间、空间的限制，让人感觉地球真的是“一个村”，这比以往任何沟通工具都更快捷方便。

（4）沟通双方互动性高。由于不受时间和空间的限制，沟通双方可以通过网络，在同一时间、不同空间直接进行面对面的信息交流；也可以在不同时间、不同空间进行留言互动。

3. 网络沟通的不足

尽管网络沟通存在着过去沟通工具不可比拟的特点，但也存在着一些问题。主要体现在以下几点：

（1）横向沟通扩张，纵向沟通弱化。网络超越时空限制，可在横向层面认识很多人，也可以使很多人认识你，因此，人们可以利用网络扩大人际关系交往面。但由于人的精力是有限的，人际横向沟通的快速扩张，会大大弱化人与人之间的纵向沟通，使人与人之间的交往流于表面而不深入。

（2）网络语言流行，口头沟通受限。随着信息技术的不断发展，20世纪八九十年代出生的“网上一代”，网络语言盛行，与父辈之间越来越缺乏口头沟通，甚至一些年轻人沉溺于网络，在现实中缺乏正常的人际沟通能力，出现了各种心理问题。

（3）传统价值观和道德观受到挑战。网络在给人们的工作、生活和社会交往带来极大便利的同时，也产生了很多社会问题。比如，上网时间过多、与异性相识的便利性，对婚姻造成极大威胁；网上暴力游戏、色情电影以及色情服务等，对传统道德观的冲击很大。

（4）合理的个人隐私权受到前所未有的挑战。在传统社会中，个人隐私容易保密，但在网络时代，人们的生活、娱乐、工作、交往都会留下数字化的痕迹。如个人详细信息要求在论坛注册或在聊天记录里反映，有时甚至被“人肉”搜索而公开；一些不法分子甚至还会利用网络获取他人的隐私，进行伪造、勒索等违法活动。

第四节　组织冲突与管理

一、组织冲突及原理

（一）冲突的基本类型

冲突对任何组织而言都是难免的，是发生于对稀缺资源分配方式的分歧以及不同的观点、信念、行为、个性的冲撞，一般认为是相互作用的主体之间存在着不相容的行为或目标。托马斯等人的一项调查表明：企业中的管理人员处理冲突的时间大约占他们工作时间的20%。这说明管理冲突的能力可以说是管理者的基本素质。

按冲突发生的层次，冲突可以分为以下几种基本类型：

1. 内心冲突

内心冲突发生在个体本身，常常涉及目标、认知和情感的冲突，一般发生于个人面临多种选择而犹豫不决时。有三种情形：其一，接近的冲突。个体在两个或两个以上的方案中做出选择，每个选择都有积极成果，即“鱼和熊掌不可兼得”，只能取其一；其二，接近—规避的冲突。个体在选择时，对选择的结果利弊难以权衡，使其内心冲突；其三，规避的冲突。个体在面对两个消极结果的选项时，只能二选一，即所谓“两害相权取其轻”。

2. 人际冲突

人际冲突是指两个或两个以上的个人在态度、行为或目标上存在分歧所产生的冲突。可以通过“囚徒困境”案例来解释这种冲突。

“囚徒困境”讲的是：两名嫌疑人被分别关押起来，当地的检察官知道他们犯有某种罪，却没有足够的证据判定他们有罪。在检察官面前，这两名嫌疑人必须做出选择：要么招供，要么不招供。现在的情况是：如果他们俩谁都不招供，将被指控犯非法拥有枪支罪，这样，两人所受的惩处都不会太重。如果他们俩都招供，那么两人都将依法受到严惩。如果一个人招供，另一个人不招供，招供者轻判，不招供者重判（具体量刑情况如表 9－3 所示）。这两名嫌疑人作案前曾商定守口如瓶，这样他们可以得到最轻的刑罚。但是，被逮捕后，他们俩左思右想，越想心里越不踏实：万一对方招供了，自己不招不就会被重判吗？于是，最终的结果是：两个人都招供了，并都被判 6 年监禁。

表 9－3　甲乙嫌疑人的选择及后果

甲的选择	乙的选择	甲的结局	乙的结局
招供	招供	判 6 监禁	判 6 监禁
招供	否认	判 1 年监禁	判 10 监禁
否认	招供	判 10 年监禁	判 1 年监禁
否认	否认	判 3 年监禁	判 3 年监禁

这种情形具有人际冲突的许多特征。首先，每个人的结果取决于他人做什么；其次，这

一困境强调了个人行为与联合行为的差异。对每个人来说，采取招供的态度对自己最为有利，然而，要想得到最好的结局，最佳的选择却是两个人都不招供。这一困境隐含了人际沟通中一个很重要的基础，即相互间的信任。

3. 团体之间的冲突

这是组织内团体之间由于各种原因而发生的对立情形。团体之间的冲突通常有垂直冲突、水平冲突、指挥系统与参谋系统的冲突、正式系统与非正式系统之间的冲突四种形式。它可能是同一团体内部成员之间的冲突，导致成员分化成两个或更多个小团体，从而把团体内的冲突转化为团体间的冲突；也可能是两个不同团体内的成员，由于个人冲突逐渐升级而成。

4. 组织层次的冲突

任何组织都不是孤立存在的，都与其他组织共存于一个更为广泛的环境系统中。为了生存和发展，组织必须与外界环境之间进行各种要素的交换，并在交换过程中求得一种动态平衡。但由于不同组织的性质、发展目标、利益诉求不一致，相互之间就会发生各种各样的冲突。如企业与其竞争对手之间的冲突，各个政党与其对手之间的竞争等。组织的外部冲突往往会影响组织的内部冲突。

二、冲突的管理

（一）人际冲突的管理

个体对待人际冲突大致分为五种不同的处理方式，即回避、对抗、妥协、迎合及合作。在处理人际冲突过程中，采取何种方式，主要取决于冲突个体本身的需求或目标。这五种冲突处理方式代表着自信与合作的不同程度的组合。

（1）回避。回避是一种消极对待冲突的方式。有些人在实现目标的过程中，由于害怕冲突的产生或是冲突让其不舒服，于是采取回避的方式。这种处理冲突的方式属于不自信且不合作型。人们运用这种方式来远离冲突，对不同意见者置之不理或保持中立，这种做法也许是为了让冲突自生自灭，也许是为了避免紧张与挫败感。有时候这种回避方式有利于避免冲突的升级，但对于重要问题采取回避态度，或置之不理，是不明智的做法。过多地运用这种方式，会导致他人对你的评价降低。

（2）对抗。有些人在面对冲突时采用针锋相对的处理方式。他们往往看重自己的目标或需求，并不考虑冲突中其他人的目标或需求。对抗者通常将冲突看成是一场胜负的较量，并且总认为自己是赢家，这种想法不利于较好地解决问题。这一冲突处理方式属于自信但不合作型。它是人际冲突中的“赢—输”处理模式，有时候能够帮助达成个人目标，与回避方式一样，这种方式也容易导致他人对你的评价降低。

（3）妥协。妥协者在面对冲突时，既不像回避者一样回避，也不像对抗者一样对抗，而是倾向于采取平衡不同观点、利益的“给予—获取”方式来解决冲突。在妥协过程中，由于各方可以将损失减少到最低限度，同时又能够有所收获，因此，这种方法往往能够奏效。这一冲突处理方式属于基本合作和较自信型，它涉及谈判和让步。妥协在冲突处理中被广泛运用，向他人妥协的人往往得到好评。

较之合作方式，妥协方式不追求双方的最佳满意度，而是取得各方适中的、部分的满足。在竞争过程中，应该根据具体情况采用妥协的方式，一味地妥协并不能真正解决问题。

（5）迎合。许多需要被人喜欢并有较高合群需要的人，以及那些真正关心他人需要的人，更愿意采取迎合方式来解决冲突。这种策略的特点是把对方的需求放在高于自己的位置，以求维持和谐的人际关系。这一冲突方式属于合作但不自信型，是对他人愿望的一种服从，往往会得到他人的好评，但容易给人软弱与顺从的印象。

（6）合作。以合作的姿态来处现冲突是一种十分理想的冲突处理方式，它代表了冲突解决中的“双赢”局面，即既考虑了自己的利益，也考虑了他人的利益。这一冲突处理方式属于合作且自信型，持合作态度的人通常有几个特点：一是认为冲突是客观的、利益的现象，处理得当会有利于一些问题的解决；二是相信对手；三是相信冲突双方在地位上是平等的，并认为双方的观点都有其合理性，不会为了局部利益而牺牲整体利益。

（二）工作冲突的管理

（1）工作冲突的避免。管理者在日常的管理工作中，许多冲突是可以避免的。要想避免管理过程中的冲突，管理者需要做到以下几点：一是承认下属在价值观、人生观、需求等方面的个体差异性，并尽量去了解；二是诚实做人，善待他人；三是学会倾听；四是学会换位思考；五是为下属发表看法和意见提供适当的渠道；六是善于从以往的冲突处理中总结经验教训。

（2）工作冲突的处理。在管理过程中冲突很难避免，一旦发生冲突，管理者就应该采取积极的措施处理冲突。根据不同情况，工作冲突处理的方式可以有以下几种：

一是否认或隐瞒。这种方法是通过“否认”工作中存在冲突来处理冲突，当冲突不大严重或冲突处于显露前的平静期时，此方法比较有效。

二是压制或缓解。掩盖矛盾，使组织重新恢复和谐，这种方法只有在冲突不太严重，或者冲突双方为了和谐不惜一切代价保持克制时才会有效。

三是支配。靠权威或地位来影响冲突的一方或双方，以调解冲突双方的矛盾，这种方法只有在冲突双方都同意采用时才会有效。

四是妥协。此种方法要求冲突双方都有和解的愿望，都愿意做出一定让步时才会有效。

五是合作。在承认差异前提下，通过坦诚交流、积极倾听、充分理解，以双赢的方式处理冲突，让冲突双方都觉得自己是受益者。这种方法要求有足够的时间做保证，使冲突双方能相互信任。

（三）通过谈判解决冲突

谈判是两个或两个以上的既有冲突又有一致利益的个体，相互交流沟通，就某些重大问题磋商以求达成可能协议的过程。谈判可分为零和谈判与双赢谈判。

零和谈判是有输有赢的谈判，一方所得就是另一方所失。零和谈判的成功，在于谈判的双方都有弹性并存在重叠区，重叠区就是双方和解达成协议的基础。谈判双方只进行谨慎的交流，不完全信任对方，甚至欺骗、威胁对方以达成目的。

双赢谈判是指谈判的双方都受益的谈判。这种谈判要求双方相互了解，相互信任，并在此基础上开诚布公，在了解对方需求、自己利益前提下达成共识，从而建立起牢固的长期合作的关系。

本章思考题

1. 沟通的含义是什么？
2. 解释沟通的过程。
3. 沟通的过程有哪些？
4. 正式沟通和非正式沟通有何差别？

案例讨论

亚通网络公司内部冲突

亚通网络公司是一家专门从事通信产品生产和电脑网络服务的中日合资企业。公司自1991年7月成立以来发展迅速，销售额每年增长50%以上。与此同时，公司内部存在着不少冲突，影响着公司绩效的继续提高。

因为是合资企业，尽管日方管理人员带来了许多先进的管理方法，但是日本式的管理模式未必完全适合中国员工，例如，在日本，加班加点不仅司空见惯，而且没有报酬，亚通公司经常让中国员工长时间加班，引起了大家的不满，一些优秀员工还因此离开了亚通公司。

由于亚通公司的组织结构是直线职能制，部门之间的协调非常困难。例如，销售部经常抱怨研发部开发的产品偏离顾客的需求，生产部的效率太低，使自己错过了销售时机；生产部则抱怨研发部的产品不符合生产标准，销售部门的订单无法达到成本要求。

研发部胡经理虽然技术水平首屈一指，但是心胸狭窄，总怕他人超过自己，因此，他常常压制其他工程师。这使得研发部人心涣散，士气低落。

问题：

1. 亚通公司的冲突有哪些？原因是什么？
2. 如何解决亚通公司存在的冲突？

第10章

控制的原理与方法

章前引例

中国快餐失败的原因

中国号称有博大精深的饮食文化，是个饮食王国，但是在快餐领域还是洋快餐占有绝对优势，而国内的快餐业却鲜有优秀的表现，为什么？其中的原因有许多，但主要原因就是管理问题，尤其是控制问题。以“麦当劳”为例，它实行的是特许经营，形成了一整套计划周密、有条不紊的筛选程序来选择特许经营者，而且经营者必须通过“汉堡包大学”的专门培训。一本几百页的操作手册规定了严格的标准，其中包括食物配方、烹饪程序、店堂布置甚至职员着装等；食品的制作完全是标准化的，一磅肉的脂肪含量必须少于19%，小面包的宽度只能是3.5英寸，每个汉堡包中的洋葱不能超过1/4盎司，等等；每种食品的制作时间都有明确的规定，而且食品出炉后的存放时间也有详细的规定，油炸食品7分钟，汉堡包10分钟，咖啡30分钟，超过规定时间，所有的食品都将扔掉，等等。所有这些标准都要严格执行，并有严密的监督体制，每家分店有审查员，公司有不定期的暗访调查，发现不符合规定的坚决查处。通过这一整套严密的控制体系，消费者能在世界各地坐在相同熟悉、洁净的店堂里吃到相同质量、口味的食品，享受到相同周到的服务。

控制是为了保证组织计划与实际作业动态相适应的管理职能。控制作为组织一项重要的管理职能，在实践中具有极强的不可替代性。在现代管理实践中，管理常常被视为多项管理职能的结合体。控制始终是一次管理循环过程的终点，同时又是新一轮管理循环过程的起点。控制是实现现阶段组织目标的有力保证，也是组织修正发展目标和制订下一轮计划的前提和基础。

控制工作的主要内容包括确立标准、衡量绩效和纠正偏差。有效的控制不仅要求选择关键的经营环节、确定恰当的控制频度、及时地收集信息，而且要求合理运用预算或非预算的控制手段。

第一节　控制概述

一、控制的概念及其作用

（一）控制的概念

控制是组织在动态变化的环境中，为了确保实现既定的组织目标而进行的检查、监督、纠偏等一系列管理活动的统称。控制既可以理解为一系列管理活动，也可以理解为实施检查、监督和纠偏的管理活动过程，即控制过程。在管理实践中，控制包括控制活动和控制过程。

（二）控制的作用

控制作为管理的重要职能，其主要作用可概括为如下几点。

（1）有效的控制可以保证组织计划与外部环境相适应。组织计划不可能是一成不变的，几乎所有的计划都不可能百分之百地得到顺利实施。因为任何目标和计划都是在特定的时间、特定的环境条件下制定的，一旦环境发生了变化，管理者必须通过控制活动来调整计划。特别是在复杂多变的市场环境中，很难准确地预测未来发展的变化情况，就更加需要根据目标标准随时对计划进行调整，以便使实际活动适应变化了的环境，执行新的计划要求，更好地达到目标。

（2）有效的控制可以保证计划与组织各部门的利益相协调。组织的总体目标是由各部门的目标组成的，管理者在进行总目标的分解和落实的过程中，还必须对各部门及其活动进行大量的协调工作，以避免本位主义，保证各部门都能服从全局的需要。如果没有一个有效的管理控制体系，就可能出现各自为政的局面，各部门的发展就可能偏离总体目标和计划，严重的会造成系统的混乱，使有限的人力、物力、财力资源不能合理分配和有效使用。

（3）有效的控制可以保证组织计划与各级人员的素质、能力和责任相匹配。即使有了正确的计划，仍然不能确定各项工作计划都能圆满地完成。工作要靠人去做，人有不同的才能、工作动机和态度，而计划任务的完成对相关责任人的能力、素质的要求也会有所不同，只有通过检查、监督，才能及时发现计划任务与责任人员之间匹配的失误，分析其原因，从而采取纠正失误的措施。有效控制系统的建立，最终的目的是使人们确切了解自己的职责，知道绩效评价标准，以便时刻对照自省。管理者因此也有了考查其下属工作成绩的参照，否则就可能失控。

课堂案例 10－1

穆罕默德·萨利姆的困境

穆罕默德·萨利姆（Mohamed Saleem）正面临着一个具有挑战性的控制问题。作为罕默德穆斯塔法—萨姆苏丹公司（Mohamed Mustafa Shamsuddin Company）——一家以价格低廉、产品齐全闻名全球的新加坡公司的电子资源计划部经理，他必须找出如何控制顾客在其公司网站上进行欺诈的方法。

控制顾客偷窃对穆斯塔法公司来说并不新鲜。为了控制顾客在其两个巨大的百货商场中的盗窃机会，穆斯塔法要求顾客将包存放在入口处；收款员确保每个购物袋上都装有塑料把手，因此顾客不可能滑落未支付的物品；身穿便服的保安和监视录像机监控着堆满丝绸纱丽、黄金首饰、电风扇、电饭锅等商品的走道。这两个商场并排坐落在新加坡的小印度区。除单纯的品种丰富外，商场还长期保持比许多竞争对手更低的价格，尤其是电子产品。穆斯塔法的顾客中大约有40%是旅游者。提高公司效率和有效性的希望在于控制顾客在砖混建造的商场中的偷窃，然而在当今这样的电子化世界中做到这一点又谈何容易。

在1994年，穆斯塔法建立了网上商店。网站上提供大约5000种商品，实际仓库中的库存达上万种商品。同时还伴以多项创新举措，如汇率定期变更。顾客订货数小时内送达。然而，欺诈问题几乎同时产生了。尽管公司的软件对每笔交易都进行加密来保证顾客的财务信息不被窃取，但是不要求顾客用信用卡进行在线支付时确认身份。非常不幸，穆斯塔法不能杜绝假信用卡交易，这也是所有网上交易所面临的问题。当顾客使用假信用卡购买商品时，只好由穆斯塔法来承担损失。萨利姆要求针对这个问题写出一份计划。如果你处在他的位置，你会采取怎样的步骤来解决信用卡欺诈问题？

（资料来源：［美］斯蒂芬·P·罗宾斯．管理学［M］．黄卫伟等，译．北京：中国人民大学出版社，2014.）

二、控制的必要性及前提

（一）控制的必要性

亨利·西斯克指出："如果计划从来不需要修改，而且是在一个全能的领导人的指导之下，由一个完全均衡的组织完美无缺地来执行的，那么就没有控制的必要了。"然而，这种理想的状态是不可能成为现实的。无论计划制订得如何周密，由于各种各样的原因，人们在执行计划的活动中总是会或多或少地出现与计划不一致的现象，这就需要控制。概括起来，控制的必要性主要由以下因素决定。

1. 环境的变化

如果企业面对的是一个完全静态的市场，市场供求条件永不发生变化，每年都以同样的费用取得同样性质和数量的资源，同时又能以同样的价格向同样的客户销售同样品种和数量的产品，那么，企业管理人员便可以年复一年、日复一日地以相同的方式组织企业经营，工人可以以相同的技术和方法进行生产作业，因而，不仅控制工作，甚至管理的计划职能都将成为完全多余的东西。事实上，这样的静态环境是不存在的，企业外部的一切每时每刻都在发生着变化。这些变化必然要求企业对原先制订的计划、对企业经营的内容做相应的调整。

2. 管理权力的分散

只要企业经营达到一定规模，企业主管就不可能直接地、面对面地组织和指挥全体员工的劳动。时间与精力的限制要求他委托一些助手代理部分管理事务。由于同样的原因，这些助手也会再委托其他人辅助自己的工作。这便是企业管理层次形成的原因。为了使助手有效地完成受托的部分管理事务，高一级的主管必然要授予他们相应的权限。因此，任何企业的管理权限都制度化或非制度化地分散在各个管理部门和层次。企业分权程度越高，控制就越有必要，每个层次的主管都必须定期或非定期地检查直接下属的工作，以保证授予他们的权力得到正确的利用，利用这些权力组织的业务活动符合计划与企业目的的要求。如果没有控制，没有为此而建立的相应控制系统，那么管理人员就不能检查下级的工作情况，即使出现权力不负责任的滥用或活动不符合计划要求等其他情况，管理人员也无法发现，更无法及时采取纠正行动。

3. 工作能力的差异

即使企业制订了全面完善的计划，经营环境在一定时期内也相对稳定，但对经营活动的控制也仍然是必要的。这是由不同组织成员的认识能力和工作能力的差异所造成的。完善计划的实现要求每个部门的工作严格按计划的要求来协调地进行。然而，由于组织成员是在不同的时空进行工作的，他们的认识能力不同，对计划要求的理解可能发生差异，即使每个员工都能完全正确地理解计划的要求，但由于工作能力的差异，他们的实际工作结果也可能在质和量上与计划要求不符。而某个环节可能产生的这种偏离计划的现象，会对整个企业活动的进行造成冲击。因此，加强对这些成员的工作控制是非常必要的。

（二）控制的前提

组织中任何形式的控制都必须具备一定的前提条件，这些前提条件是否充分直接影响到控制过程能否顺利开展。控制的前提条件是计划、组织和领导。

1. 计划——合理可行的计划

如前所述，控制的目的就是保证组织目标与计划的顺利实现。控制的整个目标体系都是以计划所确定的标准为依据的，计划就是控制用以衡量实际的尺度、标杆和参照物。组织在采取行动之前，制订出一个科学完善、现实可行的计划是十分必要的。“好的计划是成功的一半”，以此计划为参照标准来考量实际并纠正偏差，是控制工作取得成功的首要前提。反之，如果组织没有一个完善可行的好计划作为前提，那控制的尺度和标杆就错了，以错的参照标准去执行控制，工作做得越好，反而对组织的伤害越大，会使得组织走向失败的进程加快。因此，控制工作必须有完善可行的计划作为铺垫。

此外，控制工作本身也需要有一个科学合理的计划来指导其进程。在控制计划中，应明确控制的目的、控制的目标、控制的对象、控制的标准、控制所采用的方法、控制的执行人等内容，使得整个控制工作能够在计划的指引下有条不紊地进行。总之，无论是从控制的依据还是从控制的执行来看，切实可行、科学合理的计划都是必不可少的前提。

2. 组织——各司其职的组织

控制工作的核心是纠偏。为了确保能对计划执行中出现的偏差做到及时发现，及时纠正，就需要有专职的部门来从事这项工作，即在进行组织结构设计时，要根据计划所确定的目标，设置专门从事监督职责的组织机构、部门或岗位，并为这些机构部门和岗位制定规范的工作程序和规章制度，把责任明确落实到岗和人。设置专门的控制机构是出于提高控制的准确性、客观性目的。因为“当局者迷，旁观者清”，虽然各部门对自己的本职工作相当熟悉，可以进行自我监督和控制，但“又做球员又当裁判”的做法使得他们缺乏旁观者的冷静和客观，看问题难免主观，还带有感情因素，因而无法准确反映出真实情况。更有甚者，有些部门和个人为了维护本部门和个人的形象及利益，不顾及真实的工作情况，故意演示错误、渲染成绩、制造假象、阳奉阴违、混淆视听，把虚假错误的信息传达给高层管理者，这对组织目标的实现来说是一种巨大的障碍。

要消除以上不良现象，就必须在组织结构上反映出各司其职的特点。由管理部门制订计划，由执行部门贯彻落实，由控制机构负责监督管理部门和执行部门的各项工作，这样才能更好地取得预期的效果。

3. 领导——畅通有效的领导

有了合理可行的计划和各司其职的组织，并不代表控制工作就可以顺利开展了，因为还缺少畅通有效的领导。控制工作中有一个很重要的步骤就是把计划的执行情况如实地反映出来，这样才能找准偏差，为后续的纠偏工作打下良好基础。如实地反映执行情况离不开一个能及时反馈有效信息的沟通渠道，信息反馈的速度与准确性直接影响控制的实际效果。管理者必须在有效的组织结构的基础上，设计和维护一个畅通快速的信息反馈渠道，多角度、全方位及时获取客观真实的信息，加强舆论监督的力量；并注意做好领导激励工作，调动各方面人员的积极性，使其主动提供真实信息，为纠偏措施的正确制订提出合理可信的依据。

综上所述，以上 3 个方面的前提条件是依次满足、缺一不可的。没有计划，控制就失去了目标和方向；没有组织，控制就失去了结构上的支持和保障；没有领导，控制就失去了信息反馈带来的事实真相。而这一切，都是控制有效进行必不可少的要素条件。因此，只有将计划、组织、领导工作做到位，才能顺利地开展控制工作，而控制工作的开展又为计划所确定的目标提高了顺序实现的可能性。

三、控制的内容

（一）控制的目的

作为一项重要的管理职能，控制的主要目的是保证组织在复杂多变的内外环境中实现事先设定的目标。具体来讲，这主要包括以下两方面的内容：

1. 通过维持现有状况确保组织实现计划目标

由于组织处于经常性的变化环境之中，控制工作必须随时将计划的执行情况和设定的标准进行比较，在比较分析中找出存在的偏差，及时纠正偏差，使组织的行为活动趋于稳定，并始终围绕既定的目标，沿着相对固定的轨迹进行。

2. 通过突破现有状况推动组织实现目标

在现实中，某些内外环境的变化，将会对组织提出一些新的要求，甚至要求对组织事先设定的目的实施控制，有必要审时度势。根据变化了的环境条件适当修正组织目标和计划方案，使组织的目标和计划更符合实际的要求，为有效地组织实施管理的其他各项职能奠定了基础，使组织更加充满活力。

（二）控制的主体

在管理过程中，控制的主体是指各级管理人员及其所属的职能部门。任何一个组织的控制活动，最终都是由组织中的“人”执行和具体操作的，以控制活动过程中的管理人员为主体。同时，管理人员不是总是置身于具体的职能部门，以特定的管理者的角色实施控制行为的，有时甚至是众多的管理人员在同一个部门以一个部门整体的身份实施控制，因此，管理人员所属的职能部门同样构成控制活动的主体。

控制主体管理水平的高低，是直接决定组织内控制系统作用大小的决定性因素。在控制活动过程中，管理人员所在的部门、所处的管理层次不同，实施控制的主要任务也不尽相同。一般来说，高层管理人员主要从事例外性的、非程序性的和重大的程序性控制活动，而中层和基层管理人员集中从事例行性的、程序性的控制活动。

（三）控制的客体

在一个组织内部，所有各类活动都不应当处于“失控”状态，因此，控制客体是组织的全部行为活动。当然，控制的客体有主次之分，在实践过程中，要特别强调抓住问题的主要方面，着重寻找关系组织目标实现的关键性偏差并努力纠正，但是，这不等于组织可以将部分活动排除在控制活动之外，对于次要的问题，同样需要给予必要的关注。

关于控制的客体，可以按照不同的标准划分为不同的类型。例如，从控制客体的资源属性，可以将其区分为人、财、物和信息等；从管理组织的层级，可以将其区分为企业高层部门、车间、工段、班组、操作工等；按照控制在管理活动中所处的环节，可以区分为开始阶段、进行阶段和完成阶段等。

一方面，可以将组织控制客体区分为不同的具体类型，根据各自的具体特征予以控制；另一方面，组织活动的控制必须具有整体性。也就是说，在强调分阶段、分部门等进行控制的同时，必须树立全局的观念，要有意识地把组织的全部活动作为一个完整的整体进行控制。只有从整体上进行统一的控制，组织才能实现整体优化的目的，否则可能出现不同部门之间的分割，甚至对立。

（四）控制的媒体

控制可以看作是控制主体对控制客体实施的行为。控制主体对控制客体的作用行为需要适当的中介媒介物进行传递，这样的媒介物可以称为控制的媒体。由于现代化的管理设备、手段在控制中发挥着越来越重要的作用，因此，越来越多的控制活动都有媒体的参与。当然，也有一些控制活动没有控制媒体的参与，例如，管理人员在生产现场直接通过观察和听闻实施控制。

（五）控制系统

控制系统是指由控制主体、控制客体和控制媒体组成的具有自身目标和功能的管理组织系统。任何一个控制系统都包括这三个基本构成要素，这三个要素构成了一个有机的完整整体。

第二节　控制方法及控制类型

一、控制的方法

要对整个组织的活动进行全面控制，必须借助于各种不同的控制方法。充分了解并有效地运用这些控制方法，是现代组织进行成功控制的一个重要方面。

（一）预算控制

预算就是用数字，特别是用财务数字的形式来陈述的组织中短期活动计划，它预估了在未来特定时期内的收入，也规定了各部门支出的额度。预算控制是将实际和计划相比较，确认预算的完成情况，找出差距并进行弥补，以实现对组织资源的充分合理地利用。预算结合了事前控制、实时控制和事后控制，被广泛运用于组织的各种不同层次的控制中。

1. 预算的用途

（1）战略计划。

战略是组织长期的发展计划，战略制定时面对很多不确定因素。预算则是考虑在年度内特定情况的约束下，组织以何种方式来落实战略计划，提高绩效。以货币形式表示的预算，往往传递了利润的获取、资本的使用等组织关键性资源的信息。它可以使管理者了解组织状况的变化方向和组织中的优势部门与问题部门所在，而为调整组织活动指明了方向。

（2）指定责任。

预算的编制明确了每个管理者的责任，预算也授权责任中心的管理者可以支配一定数额的开支。

（3）确定业绩评估的基础。

由于预算用货币单位为企业各部门的各项活动编制计划，因此它使得企业在不同时期的活动效果和不同部门的经营绩效具有可比性，用数量形式的预算标准来对照企业活动的实际效果，大大方便了控制过程中的绩效衡量工作，也使之更加客观可靠。

（4）协调作用。

通过为不同的职能部门和职能活动编制预算，为协调企业活动提供了依据，更重要的是预算的编制及执行始终与控制过程联系在一起。编制预算为企业的各项活动确立了财务标准，在此基础上，很容易测量出实际活动对预期效果的偏离程度，从而为采取正确措施奠定了基础。

2. 预算的类型

一般来说，预算内容包括收入预算、成本预算、现金预算和资产负债预算。

（1）收入预算。

收入预算是所有利润项目预算中最关键的，但也是最不确定的。它是用预期的销售价格和销售量的乘积来计算，用以衡量营销的效率。拥有大量的订单就比较容易做出准确的销售预算。即使是在波动的市场中也可以通过控制广告、服务、人员培训和其他因素来影响销售，对销售做出预测。

（2）成本预算。

传统的成本会计计量方法已经不适合今天的经济环境，因为它是以过时的组织层次划分为基础的。美国的克莱斯勒公司和通用电气公司都开始采用以活动为基础的成本计量（ABC）法。ABC 法假设组织是由从事为满足客户需求的活动的不同业务人员所组成的集合，组织由人力资源、采购或维护 3 个部分组成。ABC 法就是对活动流程进行确认，并将成本匹配到特定的业务中去。它要求员工将每天的活动进行分解以定义他们的基本活动。例如，公司质量控制部门的雇员从事的活动包括统计销售订单、部件来源、工程变化和解决问题，这些活动构成形成 ABC 法的基础。用传统的方法虽然也可以得到相同的成本总额，但 ABC 法是根据业务活动的过程配比成本，它更直观准确地表现了成本在产品和服务中的分布情况；突出了哪些是浪费性的活动，或哪些活动发生的费用对于这种活动能对客户提供的利益来说过高。通过提供这样的信息，ABC 法迅速成为一种有效监督企业业务流程的方法。

（3）现金预算。

现金预算是对企业未来生产与销售活动中现金的流入与流出进行预测。现金预算只能包括那些实际包含在现金流程中的项目，如赊销所得的应收账款在用户实际支付以前不能被列作现金收入。企业的销售收入很大，利润即使相当可观，但大部分尚未收回，或收回后被大量的库存材料或再制品所占用，那么它也不可能在目前给企业带来现金上的便利。通过现金预算，可以帮助企业发现资金的闲置或不足，从而指导企业及时利用暂时过剩的现金，或及早筹齐维持营运所短缺的资金。

（4）资产负债预算。

资产负债预算是对企业会计年度末的财务状况进行预测，它可以发现企业未来的财务安全性、偿债能力方面的问题，从而提醒企业在资金的筹措方式、来源及其使用计划上做相应的调整。另外，通过将本期预算与上期实际发生的资产负债情况进行对比，还可发现企业财务状况可能会发生哪些不利变化，从而指导事前控制。

（二）财务控制

财务报表是用来追踪出入组织的商品和服务的货币价值，它是监控资产的流动性、总体财务状况和盈利能力三个主要方面的财务状况的基本工具。而对组织整体绩效进行控制的两个主要的财务报表是资产负债表和损益表。

1. 资产负债表

资产负债表反映的是企业在某一时点的财务结构。报表分为 3 个部分：资产、负债、股东权益。资产是公司拥有的各种物品的价值，包括流动资产和非流动资产。货币资金、短期投资、应收票据、应收账款、存货等都属于流动资产；长期投资、固定资产净值、无形资产等都属于非流动资产。负债是公司的债务数量，它包括流动负债（如应付账款、应付票据等）和长期负债。股东权益是公司应付给所有者的数额。资产、负债、股东权益三者关系为：

$$资产 = 负债 + 股东权益。$$

2. 损益表

损益表反映了公司收入和支出的各项内容。它概括了公司在给定时期内的财务绩效。损益控制是整个企业最常用的手段，在多样化经营的公司，是针对每个事业部存在的。如果控制是由部门进行的，如在分权的公司，则部门经理必须对本部门的收入和费用、利润和亏损进行控制。每个部门的产出、成本，包括管理费用都由这个部门承担。预期的净收入是衡量一个部门绩效的标准。

3. 财务评价

利用财务报表提供的数据，通过财务比率和经营比率，可以对组织整体绩效进行检查，这些比率可以说明公司运营的有利和不利之处。

（1）偿债能力评价。

衡量短期偿债能力大小的指标有流动比率、速动比率和现金比率。流动比率是流动资产和流动负债的比率。这个比率表明企业用于偿还流动负债的流动资产的充足程度。反映长期偿债能力的指标有：资产负债率、负债权益率、利息保障率和长期负债与运营资金率。资产负债率是负债总额与资产总额的比率；负债权益率是企业的负债与所有者权益（股东权益）之间的比值。

（2）运营能力评价。

总资产运营能力可以用总资产周转率和总资产周转天数来衡量。总资产周转率是销售收入净值与平均资产总额的比率。总资产周转率是从周转速度角度来衡量企业全部资产的使用效率，总资产周转次数越多，说明企业资产分布结构越合理，运营能力越强。

（3）盈利能力评价。

盈利能力是企业偿债能力的综合体现，可以直接从资产结构、资产运用效率、资产周转速度以及偿债能力等各方面表现出来。总资产报酬率是指企业一定时期内利润总额与资产总额的比率。在竞争比较激烈的情况下，总资产报酬率越大，说明总资产利用的效果越好。

尽管财务比率既提供了绩效标准，又提供了已完成任务的指标，但过度地依赖财务比率也是有负面效应的。因为，比率总是基于某一时间段（月、季或年）的，它容易引起管理近视——管理者以牺牲长期战略目标为代价而过分注重短期收入与利润。此外，财务比率将其他重要因素都放在了次要地位，使得研发、管理开发、人力资源管理和其他因素可能没有得到足够的关注。因此，比率的使用应有其他控制手段进行补充。组织可以通过市场份额、获得专利权的数量、新产品的销售、人力资源开发和其他绩效指标对管理者进行考核。

（三）审计控制

从证实财务报表的诚实和公正，到为管理决策提供关键基础，审计有着许多重要作用。审计是对反映企业资金运动过程及其结果的会计记录及财务报表进行审核、鉴定，以判断其真实性和可靠性，从而为控制和决策提供依据的过程。审计控制分为 3 种主要类型，即外部审计、内部审计和管理审计。

1. 外部审计

外部审计是指由外部机构（如会计事务所）选派的审计人员对企业财务报表及其反映的财务状况进行独立的评估。为了检查财务报表及其反映的资产与负债的账面情况与企业真实情况是否相符，外部审计人员需要抽查企业的基本财务记录，以验证其真实性和准确性，并分析这些记录是否符合公认的会计准则和记账程序。

外部审计实际上是对企业内部虚假、欺骗行为的一个重要而系统的检查，因此起着鼓励诚实的作用。由于知道外部审计不可避免地要进行，因此企业就会努力避免做那些在审计时可能会被发现的不光彩的事。外部审计的优点是可以保证审计的独立性和公正性。但由于外来的审计人员不了解企业内部的组织结构、生产流程，在对具体业务的审计过程中可能产生困难。此外，处于被审计的内部组织成员可能产生抵触情绪，不愿积极配合，这也可能增加审计工作的难度。

出于战略的考虑，企业也可以利用公开信息对竞争对手或其他公司进行外部审计，这类审计包括以下几种。

（1）调查其他公司，寻找并购的可能性。

（2）对主要的供应商的信誉进行评估。

（3）发现竞争对手的长处和短处，以保持或加强企业的竞争（外部审计常常作为发现和调查借贷欺诈行为的反馈控制手段）。

2. 内部审计

内部审计简称内审，是单位内部审计部门或人员进行审计的过程。内部审计由于情况比较熟悉，一方面能针对本单位情况加强监督、审核；另一方面还能提出有关建议以利于加强控制。内部审计应强化制度和经常化建设，以充分发挥审计部门和专职人员的作用。

3. 管理审计

管理审计是一种对企业所有管理工作及其绩效进行全面系统评价和鉴定的方法。管理审计既可以由内部的有关部门进行，也可以聘请外部的专家来进行。

管理审计的方法是利用公开记录的信息，从反映企业管理绩效及其影响因素的若干方面，将企业与同行业其他企业或其他行业的著名企业进行比较，以判断企业经营与管理的健康程度。

反映企业管理绩效及其影响的因素主要有以下几种。

（1）经济功能。检查企业产品或服务对公众的价值，分析企业对社会和国民经济的贡献。

（2）企业组织结构。分析企业组织结构是否能有效地达到企业经营目标。

（3）企业盈利状况。根据盈利在一定时期内的持续性和稳定性来判断。

（4）研究与开发。管理者对待研发的态度，新产品的比重和企业的研发储备。

（5）财务政策。评价企业的财务结构是否合理，企业是否有效地运用财务政策和控制来达到短期和长期目标。

（6）生产效率。

（7）销售能力。这方面的评估包括企业商业信誉、代销网点、服务系统以及销售人员的工作技能和工作态度。

（8）对管理人员的评估。即对企业的主要管理人员的知识、能力、勤奋、正直、诚实等素质进行分析和评价。

管理审计常常存在一些不良的现象：从事了不必要的工作、重复工作，不良的存货控制，机器设备的不经济的使用，不必要的费用和资源的浪费等。尽管如此，管理审计仍然可以对整个组织的管理绩效进行评价，为企业在未来改进管理系统的结构、工作程序和结果提供有用的参考。

课堂案例 10－2

会议成本分析制

日本太阳公司为提高开会效率，实行开会分析成本制度。每次开会时，总是把一个醒目的会议成本分配表贴在黑板上。成本的算法是：会议成本＝每小时平均工资的 3 倍 ×2 × 开会人数 × 会议时间（小时）。公式中平均工资之所以乘 3，是因为劳动产值高于平均工资；乘以 2 是因为参加会议要中断经常性工作，损失要以 2 倍来计算。因此，参加会议的人越多，成本越高。有了成本分析，大家对开会这件事就要慎重，会议效果也要十分明显。在现代社会中，如何节约时间，最大限度地提高企业工作效率并节约成本是摆在各企业管理者面前的一个不容忽视的问题。很多企业，特别是国企，时常会把时间和精力浪费在无休止、没有意义的会议上。但并不是说企业不开会更好，会议是一个企业统一思想、整顿形象的关键环节，会是要开的，一周开一次例会就差不多了，而且开会要落实到具体的问题上。

（四）其他控制技术和方法

1. 统计分析控制

统计分析控制是指组织的管理者通过对过去资料的统计分析，形成对未来的预测，利用其中的规律与组织的实际运行业绩来进行比较，从而进行控制的方法。这种方法的优点是利用历史数据，可以形成简单明了的统计曲线或图表，使管理者对组织过去的经营情况一目了然，并能对未来进行预测。根据预测的结果与实际结果进行比较，可以发现组织活动中存在的问题，从而实施有效的控制。当然这一方法也有缺点，主要体现在根据过去对现在或未来的预测上，这种预测的准确性会受到多种因素的限制，从而影响其准确性，进而影响控制的效率。

2. 网络分析法

网络分析法就是应用网络图来反映一项计划中的任务、活动过程、工序、工期及费用的先后顺序或相互关系，通过计算确定出关键路径作为控制的重点，以寻求最佳的控制方案。网络分析法可以有效地对项目中使用的人力、物力、财力等进行平衡，能够合理而经济地控制项目的进度和成本，能够在实施过程中出现偏差时找出原因和关键性的因素，并从总体上进行调整，以保证项目如期完成。从某种意义上说，网络分析法是一种前馈控制，它可以及时弥补由于前面项目拖期而造成的时间短缺，而不致影响整个工期；另外，网络分析法体现了关键点控制的原理，通过把握关键路径，可以使控制工作更加简化、经济、高效。

3. 现场观察法

观察是一种最古老、最直接的控制方法，又被称为“走动管理”，其基本作用在于获得第一手的信息。基层管理人员通过观察，可以判断出产量、质量的完成情况以及设备运转情况和劳动纪律的执行情况等；职能部门的管理人员通过观察可以了解生产计划的执行、劳动保障的执行、生产进度等情况；上层管理人员通过观察可以掌握组织的方针、目标和政策是否深入人心，检验职能部门的报告是否属实以及发现被埋没的人才等。所有情况都是管理人员需要了解的，但又是正式报告中见不到的第一手信息。但是也存在缺点，如观察可能引起下属的误解等消极作用。

二、控制的类型

依据不同的标准，控制工作可以区分为不同的类型。下面着重对其中一些典型类型做介绍。

（一）根据控制的时机、对象和目的的不同，可以把控制分为前馈控制、现场控制和反馈控制三类

1. 前馈控制

前馈控制，又称为预先控制、事先控制，是指通过情况观察、规律掌握、信息收集整理、趋势预测等活动，正确预计未来可能出现的问题，在其发生之前采取措施及时纠正，将可能发生的偏差消除在萌芽状态中。例如，企业根据对未来时期市场总体供求状况、行业发展态势、用户需求变化、竞争对手可能采取的措施、可能进入的潜在竞争者的实力等分析，合理预期未来发展过程中可能出现的各种情形，并预期为了避免在未来不同发展阶段可能出现的问题而事先采取的措施。

前馈控制是控制的最高境界。一般来说，控制工作的实质是进行“信息反馈”。通常意义上的控制，都是指在管理活动中不断将各种信息收集、整理、分析，并根据信息处理结果提出解决问题的措施。由于信息的获得和处理、控制的有效措施的出台等都有一个“时

滞”，因此，在信息反馈和采取纠正措施中经常发生时间延迟，甚至出现严重的损失，或者说，错误的纠正是以付出一定的代价为基础的。显然，这样的控制存在着缺陷。为此，管理人员更需要一种控制，这种控制使得人们能够在事故发生之前就采取有效的预防措施，做到“防患于未然”，因此，前馈控制是一种努力促使整个管理过程不发生偏差的控制方法。

由于习惯思维和能力所限，前馈控制在管理实践中并不能最大限度地发挥作用，至多只是在制订计划过程中起到较大的作用。管理者在计划执行中常常自觉不自觉地陷入问题出现之后才分析问题、解决问题的控制方式中。因此，不断地对未来做出预测，并根据预测的结果对未来的行为提出调整意见是前馈控制的关键。为了有效实施前馈控制，组织有必要建立前馈控制系统，有效的前馈控制系统需要具备一些必要的条件。

（1）高效的信息处理网络。对未来的及时准确预测依赖于各种相关信息的质量。组织必须首先建立一整套信息收集、筛选、整理、加工网络，为前馈控制奠定基础。

（2）适宜的前馈控制系统模型。全面分析计划和控制系统，区分内生变量和外生变量，建立符合本组织发展需要的前馈控制系统模型，以此作为分析研究的基石。

（3）及时的信息输入。信息的输入不是以问题的出现为始点，或者说不能等到偏差已经出现才收集和处理信息。而应是随时将信息网络加工处理后的各种信息植入前馈控制模型中，根据变化了的信息和确定的控制模型对未来的态势做出合理预期。

（4）有效的措施。由于整个前馈控制系统的出发点和归宿都是采取有效措施以避免偏差出现，因此，只有在前述工作的基础上采取了正确的措施，前馈控制系统才真正发挥了作用。

当然，前馈控制同计划存在着一定的相似性，都是在经济活动发生之前就做出必要的规划和预期。二者的区别在许多时候并不是非常明显。不过，一般来说，计划更强调经济活动整体的目标和发展方向，前馈控制则着重说明在事物未来发展过程中可能出现的各种具体问题及为避免问题的发生需要事先采取的一些有效措施。

2. 现场控制

现场控制又称为即时控制、过程控制、事中控制等，是指在某项经济活动或者工作过程中，管理者在现场对正在进行的活动或者行为给予指导、监督，以保证活动和行为按照规定的程序和要求进行而实施的控制。现场控制是一种管理者与被管理者面对面进行的控制活动，其目的主要在于及时纠正工作中出现的各种偏差。现场控制主要集中在基层管理活动中，其效果与领导者的工作作风、领导方式等密切相关。

（1）现场控制的内容。

管理者直接向下属指示适当的工作方法和工作过程。在现场监督下属的工作，以确保计划目标的顺利实现。发现偏差，立即采取措施予以纠正。发现以前未曾出现过的新问题，创造性地采取措施予以纠正，或者及时向其他部门或者人员上报情况。

（2）现场控制的必备条件。

管理人员素质较高。在现场控制中，管理者既没有足够的时间对问题进行深入仔细的思考，也很少有机会和他人一起讨论，常常依靠自身的知识、能力和经验，甚至是“直觉”，及时发现并解决问题。高素质的管理人员不仅对经常出现的问题能高效地解决，而且面对棘手问题也能及时做出准确的判断，并果断提出处理意见。相反，素质较差的管理人员面对不曾熟悉的问题则可能束手无策。

下属人员的积极参与。现场发生的问题常常是程序化的，而且多数操作性较强，注重问题的细枝末节。管理者在按照计划要求对下属实施控制过程中，必须多听包括一线操作工在内的下属人员的意见和建议。

适当的授权。在现场控制过程中，管理人员必须及时发现问题、解决问题，不应当也不能事事都向上级请示，以免造成工作中断和贻误时机。当然，授权必须适当，防止造成权力滥用。

层层控制、各司其职。一般来说，现场控制应当是上级管理者对下级人员的直接控制。一个管理组织中，可能同时存在多个管理层级，有效的现场控制必然由最熟悉情况的管理人员实施，这样才能保证全面深入了解问题的实质并提出最切实可行的方案，同时也可以避免多头控制和越级管理。因此，由熟悉第一手情况的直接管理者实施现场管理最为有效。

（3）反馈控制。

反馈控制亦称事后控制、成果控制，是指在一个时期的生产经营活动已经结束以后，对本期的资源利用状况及其结果进行总结。由于这种控制是在经营过程结束以后进行的，因此，不论其分析如何中肯，结论如何正确，但对于已经形成的经营结果来说是无济于事的，它们无法改变已经存在的事实。反馈控制的主要作用，甚至可以说是唯一的作用，是通过总结过去的经验和教训，为未来计划的制订和活动的安排提供借鉴。

①财务分析。这是通过分析反映资金运作过程的各种财务资料，了解本期资金占用和利用的结果，弄清企业的盈利能力、偿债能力、维持营运的能力以及投资能力，以指导企业在下期活动中调整产品结构和生产方向以及决定缩小或扩大某种产品的生产。

②成本分析。这是通过比较标准成本（预定成本）和实际成本，了解成本计划的完成情况。通过分析成本结构和各成本要素的情况，了解材料、设备、人力等资源的消耗与利用对成本计划执行结果的影响程度，以找出降低成本、提高经济效益的潜力。

③质量分析。这是通过研究质量控制系统收集的统计数据，判断企业产品的平均等级系数，了解产品质量水平与其费用要求的关系，找出企业质量工作的薄弱环节，为组织下期生产过程中的质量管理和确定关键的质量控制点提供依据。

④职工成绩评定。这是通过检查企业员工在本期的工作表现，分析他们的行动是否符合预定要求，判断每个职工对企业提供的劳动数量和质量的贡献。成绩评定不仅为企业确定付给职工的报酬（物质或精神上的）提供了客观的依据，而且通过职工对报酬公平与否的判断，影响他们在下期工作中的积极性。公开报酬的前提是公开评价，这种评价要求以对职工表现的客观认识和组织对每个人的工作要求（计划任务或“职务说明书”）为依据。

课堂案例 10－3

厨房失火

有位客人到某人家里做客，看见主人家灶上的烟囱是直的，旁边又有很多木柴，于是，客人忠告主人说：“烟囱要改曲，木柴也要移到别的地方去，否则将来可能会有火灾。”主人听了没有做任何表示。不久，主人家里果然失火，四周的邻居赶紧跑过来救火，最后火被扑灭了。于是，主人烹羊宰牛，宴请四邻，以酬谢他们救火的功劳，但是并没有请当初建议他将木柴移走、烟囱要改曲的人。

有人很不解，问主人为何不请那个提建议的人。主人说："他没有帮我救火，没给我做任何事，我为什么要请他呢？"那人对主人说："如果当初你听了那位先生的话，今天也不用准备筵席，而且也没有火灾的损失。现在论功行赏，原先给你建议的人没有被感恩，而救火的人都是座上宾，真是很奇怪的事！"

主人顿时省悟，赶紧去邀请当初给予建议的那位客人。

（二）根据控制工作切入点的不同，可以分为直接控制与间接控制

1. 直接控制

所谓直接控制是指着眼于提高管理者的能力和素质，使他们能够熟练地运用管理理论与技术，不断完善和改进管理工作，从而防止因管理不善出现不良后果的控制活动。合格的主管人员出的差错最少，他们能觉察到正在形成的问题，并能及时采取纠正措施。所谓"合格"，就是指他们能熟练地应用管理的概念、原理和技术，能以系统的观点来进行管理工作。

（1）直接控制有利于推动管理人员主动采取措施纠正偏差。直接控制关注的核心是管理者，鼓励管理者不断提高自身素质，强调管理者的自我控制，有利于管理者在自究自查和自我完善中提高控制的质量。

（2）直接控制有利于增强组织的向心力。管理人员的素质提高后，他们的威信得到提升，下属对他们的信任和支持度相应增强，整个组织由此获得较强的凝聚力，有利于组织目标的实现。

（3）直接控制有利于选择合适的管理者。在长期的直接控制中，一方面，管理者的素质得到较大幅度的提高；另一方面，不同管理者的优缺点在实践中显现出来，便于实现人和工作的匹配。

2. 间接控制

所谓间接控制是指着眼于发现工作中出现的偏差，根据偏差探究原因，并追究当事人的责任，使之改进工作的控制活动。间接控制强调通过结果和计划标准的对比进行控制。

人们常常会犯错误，或者常常不能觉察到那些将要出现的问题，由此常常出现无法及时采取有效措施纠正偏差或者预防错误的出现。因此，有效的方式是根据计划标准，对比实际结果，发现偏差，追查造成偏差的原因和有关人员的责任，然后予以纠正。

（1）对于管理人员缺乏知识、经验和技能造成的失误和偏差，可以运用间接控制帮助纠正。

（2）可以帮助管理人员总结经验教训，增加他们的知识和技能，提高管理水平。

（3）间接控制不能有效解决非人员因素造成的偏差。在管理活动过程中，产生偏差的原因是多方面的。其中一些是由于管理人员的错误或者疏忽造成的，另外一些则可能是由于其他一些因素引起的，如组织面临的政治经济形势、生产技术的进步状况等。这些因素很可能是管理人员无法控制的，即使管理人员不犯错误，还是一样会发生。面对这些因素造成的偏差，间接控制显得无能为力。

（4）间接控制是一种典型事后纠偏控制方式。由于只有在出现偏差后才进行对比分析，因此，间接控制是以组织行为出现差错为前提的，控制的代价较大。同时，从出现偏差到找

出造成偏差的原因和责任人，再到纠正偏差有一个“时滞”，这使得偏差被发现之后仍然会持续一段时间才能得到有效解决，同样造成高昂的代价。

（5）间接控制暗含的基本假设不能成立。间接控制假定管理人员的工作绩效是可以计量的，或者可以通过适当的方法数量化；任何工作绩效或者偏差都可以找到确定的责任人；人们对自身的工作具有较强的责任感，或者说管理人员总是出于责任的考虑努力把工作做好；追寻造成偏差的原因的过程有足够的时间保证；组织行为活动过程中出现的各种偏差都可以及时发现；偏差的责任人将会采取有效措施纠正偏差，并在以后的工作中避免类似偏差的出现。显然，这些假设都只是部分地与现实相符合，并非放之四海而皆准。

3. 根据控制工作进程的集散程度，分为集中控制、分层控制和分散控制

（1）集中控制。

集中控制是指在组织中建立一个相对稳定的控制中心，由控制中心对组织内外的各种信息进行统一的加工处理，发现问题并提出问题的解决方案。在集中控制中，信息处理、偏差检测、纠偏措施等都是由一个中心统一完成的。

因此，集中控制最大的优点就是能够保证组织的整体一致性。但是，由于各种信息都要集中到控制中心，各种措施都要由控制中心统一拟定，容易造成下层管理人员缺乏积极性，出现官僚主义，甚至导致组织反应迟钝，也可能出现控制中心失误带来整个组织的坍塌。一般来说，集中控制只适用于规模较小的组织，或者必须时刻保持上下高度一致的组织。

（2）分层控制。

分层控制是指将管理组织分为不同的层级，各个层级在服从整体目标的基础上，相对独立开展的控制活动。在分层控制中，各个层级都具有相对独立的控制能力和控制条件，从而能够对层级内部子系统实施相对独立的控制。而且，整个管理组织区分为若干层次，层次内部实施直接的控制，上一个层级对下一个层级实施指导性的间接控制。在分层控制中，特别需要注意以直接控制取代间接控制。

（3）分散控制。

分散控制是指管理系统分为不同的相对独立的子系统，每一个子系统独立地实施内部直接控制。分散控制对整个组织集中处理信息的要求相对较小，容易实现。由于反馈环节少，因此，整个组织系统反应快、时间短、控制效率高。在分散控制中，由于各个子系统各自独立控制，即使个别子系统出现严重失误，也不会导致整个系统出现混乱。当然，在分散控制下，一个重要的问题是：各个子系统各自独立地进行控制，不同系统之间的协调性较差，难以保证子系统目标和整个系统整体目标的高度一致，有可能影响到整个系统的优化，甚至导致系统整体控制失控。

4. 根据确定控制标准值的方法，可以将控制过程分为程序控制、跟踪控制、自适应控制和最佳控制。

（1）程序控制。

程序控制的特点是控制标准值 Z 是时间 T 的函数。如在工程技术中，程序控制的机器人或程序控制的机床，都严格按照预先规定的程序进行动作。某种动作什么时间开始，什么时间结束，都根据计数器给出的时间数值加以控制，到达规定时间就进行规定的动作，而不管实际的具体情况如何。

在企业生产经营活动中，大量的管理工作都属于程序控制性质。如计划编制程序、统计报告程序、信息传递程序等都必须严格按事前规定的时间进行活动，以保证整个系统行动的统一。

（2）跟踪控制。

跟踪控制的特点是控制标准值 Z 是控制对象所跟踪的先行量的函数。若先行量为 v，则 $Z=f(v)$。其中，先行量 v 可以是一个定值，也可以是某种运动中的变量。

（3）自适应控制。

自适应控制的特点是没有明确的先行量，控制标准值 Z 是过去时刻（或时期）已达状态 w 的函数。也就是说，Z 值是通过学习过去的经验而建立起来的，即 $Z=f(w)$。自适应是相对的，有一定的限度。

在企业的生产经营活动中，情况是千变万化的，企业最高领导人对企业的发展方向很难进行程序控制或跟踪控制，而必须进行自适应控制。他们往往要根据过去时刻企业所处的外部环境和内部已经达到的状态，凭自己的分析、判断、经验、预感做出重大的经营决策，使企业适应外部环境发生的新变化。

（4）最佳控制。

最佳控制的特点是控制标准值 Z 由某一目标函数的最大值或最小值构成。这种函数通常含有输入量 x，传递因子 s 和 k 及各种附加参数 c，即

$$Z=\max f(x, s, k, c) \text{ 或 } Z=\min f(x, s, k, c)$$

在企业的生产经营活动中，普遍应用了最佳控制原理进行决策和管理。如用最少费用来控制生产批量，用最低成本来控制生产规模，用最大利润来控制投资，用最短路程控制运输路线等。几乎所有可以用线性规划、网络技术等运筹学方法和其他数学方法求解的问题，都毫无例外地要得出某种过程的最优解，并以此作为对过程施行管理的控制标准。

第三节　控制的原理和原则

一、控制的原理

（一）任何系统都是由因果关系链连接在一起的元素的集合。元素之间的这种关系叫作耦合。控制论就是研究耦合运行系统的控制和调节的。

（二）为了控制耦合系统的运行，必须确定系统的控制标准 Z。控制标准 Z 的值是不断变化的某个参数 S 的函数，即 $Z=f(S)$。例如，为了控制飞机的航行，必须确定航线，飞机在航线上的位置的值是不断变化的，所以控制标准 Z 的值也必然是不断变化的。

（三）可以通过对系统的调节来纠正系统输出与标准值 Z 之间的偏差，从而实现对系统的控制。

企业也是一个耦合运行系统。企业生产经营活动的全过程就是由严密的因果关系链连接起来的。无论是整个过程或其中某个阶段、某个环节，为了得到一定的产出，就必须有一定的投入。通过控制投入生产过程的资金、人力、物资、管理和技术信息，就可控制企业生产经营活动的产出。

二、控制的原则

控制是管理的一项基本职能，也是容易出现问题的一项管理工作。在许多情况下，管理者制订了完美的计划，精心设计了组织结构并进行了详细的职责分工，但由于没有把握住控制环节，所以最后仍然不能达到预期目的。无效的控制常常会导致计划无效和组织无效，从而使实际远离目标。为了保证对组织活动的有效控制，必须遵循以下基本原则：

（一）目标明确原则

控制活动是一种管理活动过程，和其他的所有管理工作一样，必须具有很强的目的性。或者说，控制工作必须围绕确定的目标展开。

控制的目标可以区分为控制要保证的目标和控制工作本身要达到的质量要求。从根本上讲，控制工作的目标就是组织的目标，或者说控制工作是为了实现组织目标而进行的各种管理活动中的一种。除此之外，控制工作本身还可以具有一些目标，如在整个控制过程中不出现差错或者将差错控制在一定限度的目标，以保证全部控制过程严格按照控制程序完成目标等。为了保证目标明确的原则得以贯彻落实，管理者必须严格执行有关的规章制度，严格按照有关的程序办事，避免漫无目的地开展各种工作。

（二）适时控制原则

企业经营活动中产生的偏差只有及时采取措施加以纠正，才能避免偏差的扩大，或防止偏差对企业不利影响的扩散。及时纠偏，要求管理人员及时掌握能够反映偏差产生及其严重程度的信息。如果等到偏差对企业造成了不可挽回的影响，那么，即使这种信息是非常系统、绝对客观、完全正确的，也不可能对纠正偏差带来任何指导作用。

纠正偏差的最理想方法应该是在偏差产生以前，就注意到偏差产生的可能性，从而事先采取必要的防范措施，防止偏差的产生，或者由于某种企业无力抗拒的原因，偏差的出现不可避免，那么这种认识也可指导企业预先采取措施，消除或遏制偏差产生后可能对企业造成的不利影响。

预测偏差的产生，虽然在实践中有许多困难，但在理论上是可行的，即可以通过建立企业经营状况的预警系统来实现。我们可以为需要控制的对象建立一条警报线，反映经营状况的数据一旦超过这个警戒线，预警系统就会发出警报，提醒人们采取必要的措施，防止偏差的产生和扩大。如质量控制图可以被认为是一个简单的预警系统。

高效率的组织控制系统，要求能迅速发现问题并及时采取纠偏措施。这就要求及时准确地获得控制所需的信息；同时，要估计可能发生的变化，使采取的措施与变化了的情况相符合，使纠偏措施的推出具有一定的预见性。当然及时不等于一定要快速，及时是针对事物发展的需要而言的。为了保证控制措施的及时出台，组织要尽可能采用前馈控制方式或预防性控制措施，一旦发生偏差，就对以后的情况进行预测，使控制措施针对未来，从而较好地避免由于从发现问题到采取措施再到措施发生作用之间存在的时滞。

（三）适度控制原则

适度控制是指控制的范围、程度和频度要恰到好处。这种恰到好处的控制，要注意以下几个方面的问题。

1. 控制过多或控制不足

控制过多常给被控制者带来某种不愉快，但是如果缺乏控制则可能导致组织活动的混乱。有效的控制应该既能满足对组织活动监督和检查的需要，又可防止与组织成员发生强烈的冲突。控制程度适当与否，要受到许多因素的影响。判断控制程度或频度是否适当的标准，会受以下两个因素的影响：

（1）活动性质、管理层次以及下属受培训程度等因素。一般来说，科研机构的控制程度应小于生产劳动；企业中对科室人员工作的控制要少于现场的生产作业；对受过严格训练、能力较强的管理人员的控制要低于那些缺乏必要训练的新任管理者或单纯的执行者。

（2）企业环境的特点。在市场疲软时期，为了共渡难关，部分职工会同意接受比较严格的行为限制，而在经济繁荣时期则希望工作中有较大的自由度。

2. 处理好全面控制与重点控制的关系

任何组织都不可能对每一个部门、每一个环节的每一个人在每一个时刻的工作情况进行全面的控制。由于存在对控制者的再控制的问题，这种全面控制甚至会造成组织中控制人员远远多于现场作业者的后果。事实上，并不是所有成员的每一项工作都具有相同的发生偏差的概率；并不是所有可能发生的偏差都会对组织带来相同程度的影响。同时，企业工资成本超出计划的5%，对经营成果的影响要远远高于行政系统的邮资费用超过预算的20%。这就表明，全面系统的控制不仅代价极高，是不应该的，而且也是不必要的。适度的控制要求企业在建立控制系统时，利用ABC分析法和例外原则等工具，找出影响企业经营成果的关键环节和关键因素，并据此在相关环节上设立预警系统或控制点，进行重点控制。

为了提高组织效率，管理者的重点应是事先预料不到而实际发生了的例外情况。在出现例外情况时，可能会由于部门和相关的工作人员缺乏准备而措手不及，所以造成很大的影响，甚至产生严重的后果。因此，控制者要集中精力迅速而专门地加以对待。但单纯地注意例外事件显然是不够的，某些例外可能影响不大，有些则可能影响很大，因此管理者所关心的，应当是那些需要特别注意的地方，而把其他的交给下属去处理。管理者越是把控制力量集中在目标和例外情况上，他们的控制就越有效。

3. 使花费一定费用的控制得到足够的控制收益

任何控制都需要一定费用。衡量工作成绩，分析偏差产生的原因，以及为了纠正偏差而采取的措施，都需支付一定的费用；同时，任何控制由于纠正了组织活动中存在的偏差，都会带来一定的收益。一项控制只有当它带来的收益超出其所需成本时，才是值得的。控制费用与收益的比较分析，实际上是从经济角度去分析控制程度与控制范围的问题。

在初始阶段，较小范围和较低程度的控制不足以使企业管理者及时发现和纠正偏差，因此控制费用的需要可能会高于产生的收益。随着控制范围的扩大和控制程度的提高，控制的效率会有所提高，能指导管理者采取措施纠正一些重要的偏差，从而使控制收益能逐渐补偿并超过控制费用。但随后，控制所需的费用会重新超过其收益，之所以会出现这种情况，是因为组织活动的主要偏差以前已经解决，以后的控制只能解决一些次要的、影响不大的问题，因此带来的收益甚小；同时，由于过度的控制会抑制组织成员的工作积极性，所以这就影响了劳动生产率和经济效益的提高。

上述分析告诉我们，过多的控制并不总能带来较高的收益，企业应根据活动的规模特点和复杂程度来确定控制的范围和频度，建立有效的控制系统。控制是需要投入大量的人力、物力和财力的。所有组织，是否进行控制，控制到什么程度，都涉及费用问题，都必须考虑控制的经济性，要尽可能节约控制的费用开支。对于非营利性组织来说，控制应以在实现目标的前提下尽可能减少开支为原则；对于经济组织来说，控制必须在充分考虑经济组织实行控制后能够带来的收益的基础上进行。

4. 灵活性原则

由于控制主要是通过纠偏保证计划目标实现的，因此控制工作必须力求准确、客观。只有准确地进行控制标准的制定、业绩评估、差异分析和采取控制措施，才能使控制工作落到实处。各个环节工作不准确不仅影响控制的质量，而且进一步影响到整个工作的进度，可能使工作走弯路，挫伤组织成员的积极性和工作热情。

人们努力追求预测的准确性及对实际业绩评价和差异分析的准确性，但不准确性总是客观存在的。为提高组织控制系统的有效性，控制系统必须具有一定的灵活性，在控制实践过程中针对具体情况灵活进行。

（1）组织制订多种应付变化的方案。

灵活性原则要求事先准备必要的弹性和替代方案，留有一定的后备力量，从而保证控制过程在发生某些未能预测到的事件时，仍然有效。

（2）采用灵活的控制方式。

通常的控制方式方法是需要的，但是又不能过分依赖传统的控制方式。因此也要采用一些能随机应变的控制方式和方法，如弹性预算、跟踪控制等。有效的控制系统应在某种突发或无力抗拒的变化发生的情况下，仍能发挥作用，维持企业的运营。

（3）制订弹性的计划和弹性的衡量标准。

预算控制通常规定了企业各经营单位的主管人员在既定规模下能够用来购买原材料或生产设备的经营额度。这个额度如果规定得绝对化，那么一旦实际产量或销售量与预测数发生差异，预算控制就可能失去意义。经营规模扩大，会使经营单位感到经费不足；而销售量低于预测水平则可能使经费过于富绰，甚至造成浪费。有效的预算控制应能反映经营规模的变化，应该考虑到未来的企业经营可能呈现出不同的水平，从而为标志经营规模的不同参数值规定不同的经营额度，使预算在一定范围内是可以变化的。

5. 控制的客观性原则

管理难免有许多主观因素在内，但是对于下属工作的评价，不应凭主观来决定。有效的控制工作要求有客观的、准确的和适当的标准。

客观标准可以是定量的，如每一个预防对象的费用或每日门诊病人数，或工作完成的日期。客观的标准也可以是定性的，如一项专门性的训练计划。问题的关键在于，在每一种情况下，标准都应是可以测定和可以考核的。

有效的控制必须是客观的，符合企业实际的。客观的控制源于对企业经营活动状况及其变化的客观了解和评价。为此，控制过程中采用的检查、测量的技术手段必须能正确地反映企业经营在时空上的变化程度与分布状况，准确地判断和评价企业各部门、各环节的工作与计划要求相符或相背离程度。这种判断和评价的正确程度不取决于衡量工作成效的标准是否客观和恰当。为此，企业还必须定期地检查过去规定的标准和计量规范，使之符合现时的要求。没有客观的标准和准确的检测手段，人们对企业实际工作就不易认识，从而难以制订出正确的措施进行控制。

6. 反映计划要求原则

这条原则可表述为：控制是实现计划的保证，控制的目的是实现计划，因此，计划越是明确、全面、完整，所设计的控制系统越是能反映这样的计划，则控制工作也就越有效。每一项计划每一种工作都各有其特点。所以，尽管为实现每一项计划和完成每一种工作所进行的控制工作的基本过程是一样的，但在确定什么标准、控制哪些关键点和重要参数、收集什么信息、如何收集信息、采用何种方法评定成效以及由谁来控制和采取纠正措施等方面，却必须按不同计划的特殊要求和具体情况来设计。例如，质量控制系统和成本控制系统尽管都在同一个生产系统中，但二者之间的设计要求是完全不同的。

7. 组织适宜性原则

控制必须反映组织结构的类型。由于组织结构是对组织内各个成员担任什么职务的一种规定，因而它也就成为明确执行计划和纠正偏差职责的依据。因此，组织适宜性原则可表述为：一个组织结构的设计越是明确、完整和完善，所设计的控制系统越是符合组织机构中的职责和职务的要求，就越有助于纠正脱离计划的偏差。例如，如果产品成本不按制造部门的组织机构分别进行核算和累计，如果每个车间主任都不知道该部门产出的成品或半成品的目标成本，那么他们就既不可能知道实际成本是否合理，也不可能对成本负起责任。这种情况下是谈不上成本控制的。

组织适宜性原则的另一层含义是：控制系统必须切合每个主管人员的特点。也就是说，在设计控制系统时，不仅要考虑具体的职务要求，还应考虑到担当该项职务的主管人员的个性。在设计控制信息的形式时（这一点特别重要），必须分别设计送给每位主管人员的信息所采用的形式。例如，送给上层主管人员的信息要经过筛选，要特别表示出与设计的偏差、与去年同期相比的结果以及重要的例外情况。为了突出比较的效果，应把比较的数字按纵行排列，而不要按横行排列。因为纵看数字要比横看数字更容易得到一个比较的概念。此外，还应把互相比较的数字均用统一的足够大的单位来表示（例如万元、万吨等），甚至可将非零数字限制在两位数或三位数。

8. 直接控制原则

直接控制是相对于间接控制而言的。直接控制原则可表述为：主管人员及其下属的工作质量越高，就越不需要进行间接控制。这是因为主管人员对他所负担的职务越能胜任，也就越能在事先觉察出偏离计划的误差，并及时采取措施来预防偏差的发生。这意味着任何一种控制的最直接方式，就是采取措施来尽可能地保证主管人员的质量。直接控制与其说是控制的一个原则，倒不如说是控制工作追求的一种理想状态和境界。

第四节　控制过程

尽管控制的种类很多，但基本过程大致是相同的，控制的基本过程都包括 3 个步骤：控制标准、衡量绩效、纠正偏差。

一、确定控制标准

确定控制标准是控制过程的起点，由于计划是控制的依据，所以从逻辑上讲，控制的第一步是制订计划。但是计划内容详尽、环节复杂，各级管理人员在实际管理活动中不便于掌握其中的每个细节，因而有必要建立一套科学的控制标准。

标准是一种作为模式和规范而建立起来的测量单位或具体的尺度，是一种模式指标。对照标准管理人员可以判断绩效和成果。标准是控制的基础，对离开标准要求的工作或一项劳动成果进行评估是毫无意义的。

知识链接 10－1

破窗理论

美国斯坦福大学心理学家詹巴斗曾做过这样一项试验：他找来两辆一模一样的汽车，一辆停在比较杂乱的街区，一辆停在中产阶级社区。他把停在杂乱街区的那一辆的车牌摘掉，车窗打开，结果一天之内就被人偷走了。而摆在中产阶级社区的那一辆过了一个星期也安然无恙。后来，詹巴斗用锤子把这辆车的玻璃敲了个大洞，结果，仅仅过了几个小时，它就不见了。

以这项试验为基础，政治学家威尔逊和犯罪学家凯琳提出了一个“破窗理论”。理论认为：如果有人打坏了一个建筑物的窗户玻璃，而这扇窗户又得不到及时的维修，别人就可能受到某些暗示性的纵容去打烂更多的窗户玻璃。久而久之，这些破窗户就给人造成杂乱无序的感觉。结果在这种公众麻木不仁的氛围中，犯罪就会滋生、猖獗。

这说明及时修好第一扇被打破的玻璃，能有效控制“破窗现象”。

二、衡量绩效

（一）衡量内容及方法

有了合理的标准，下一步就要对实际工作进行评价。为此，要搜集实际工作的数据，了解和掌握实际情况，对照标准进行衡量。在这里，衡量什么以及如何去衡量，是两个核心问题。

1. 衡量内容

随着标准的制定，计量对象、计算方法以及统计口径等也相应地被确立下来。所以，要衡量的是实际工作中与已制定的标准所对应的要素。

2. 衡量方法

在实际工作中有各种各样的衡量方法，常用的有如下几种。

（1）个人观察。最普通的衡量是通过个人观察，直接观察受控对象的工作完成情况，特别是在对基层工作人员工作业绩的控制时，以及衡量因素比较简单时，这是一种非常有效的、无可替代的衡量方法。因为通过直接观察得到的是第一手资料，避免了间接信息在传递过程中可能出现的遗漏、忽略和信息的失真。但是个人观察的方法也有其局限性：首先，这种方法工作量大，需要管理者付出大量的劳动，也不可能全程跟踪；其次，仅凭简单的观察往往不能考查更深层次的工作内容；再次，由于直接观察时间占整个工作时间的比例有限，往往不能全面了解到各个方面的工作情况；最后，工作表现在被观察时和未被观察时往往不一样，管理者所看到的有可能只是假象。

（2）统计报告。统计报告就是根据衡量标准，采集相关的数据，并按一定的统计方法进行加工处理而成的报告。采用统计报告时特别要注意两个问题：一是所采集的原始数据要真实、准确；二是所使用的统计方法要恰当。否则，统计报告就没有实际意义。此外，统计报告要求全面，包括涉及工作衡量的各个重要方面，特别是其关键点不能遗漏。随着计算机的运用越来越广泛，统计报告的地位越来越高，其作用也越来越重要。

（3）口头报告和书面报告。口头报告的优点是快捷方便，而且能够得到立即反馈。其缺点是：报告内容容易受报告人一时的主观意识所左右，也不便于存档查找和以后重复使用。两者相比，书面报告要比口头报告来得更加精确全面，也更加易于分类存档和查找，报告的质量也更容易得到控制。

（4）抽样检查。在全面检查工作量比较大而且个人工作质量比较平均的情况下，通过抽样检查来衡量工作业绩，不失为一个好办法。抽样检查就是随机抽取一部分工作作为样本，进行深入细致的检查、测量，再通过样本数据的统计分析，从而推测全部工作的情况。这是一种科学有效的方法。例如，在大批量生产的企业，产品的质量检查通常采用这种方法。

无论采取哪一种方法来衡量工作业绩，都要注意所获取信息的质量问题，信息质量主要体现在以下 4 个方面：一是真实性，即所获取的信息应能客观地反映现实，这是最基本的要求；二是完整性，即不要遗漏重要的信息，从而不影响工作的全面性和可靠性；三是及时性，就是信息的采集、加工、检索、传递要及时，以反映即时动态，过时的信息会失去其作用，使控制工作无效甚至导致错误的结果；四是适用性，即应根据不同部门的不同要求，采集不同种类、范围、内容、详细程度、精确度的信息。

（二）分析衡量结果

获得了实际工作的真实、可靠的信息，就是获得了衡量结果。分析衡量结果就是要将实际结果与控制标准进行对照，找出差距，为进一步采取管理行动做好准备。

第一，确认存在的偏差。事实上，实际结果与标准完全相同是不可能的；如果实际结果与标准只是稍有出入，则并无大碍。因此，人们往往规定了一个可以浮动的范围，只要实际结果在这个范围之内就可以认为不存在偏差，而一旦实际结果在允许范围之外，就可以认为存在偏差。偏差可以分为两种：一种是结果比标准完成得还好，将它称为正偏差；另一种是实际结果没有达到标准的要求，则称为负偏差。出现负偏差当然是不理想的事情，但出现正偏差时也不一定就没有问题，同样必须做一些必要的分析。因为，可能是因一些偶然因素的作用或是目标定得太低等原因而出现的正偏差。在控制要求比较高的情况下，要严格控制，否则对今后的工作会带来不利的影响。

第二，分析出现偏差的原因。一种实际结果的形成受到多方面因素的影响，也就是说，出现偏差的原因可能是多种多样的。问题的关键和原因必须通过进一步分析来确定。一般来讲，有以下 3 种主要原因。

（1）计划或标准本身就存在偏差。

（2）组织内部因素的变化，如组织松懈、控制不力、工作人员不努力等。

（3）组织外部环境的影响，如宏观经济的调整、市场环境的变化等。

虽然出现偏差的原因都可以归结为以上 3 点，但对一种偏差要做出具体的分析，不但要求管理者具备丰富的工作经验和科学的分析能力，而且要求其能建立一个完善的控制体系。

有了衡量的结果，确定了偏差，做出了具体的、理智的分析，就可以决定下一步所应采取的管理行动。如果认为偏差是在所允许的范围内或是只存在健康的正偏差，那么本阶段的控制工作就可结束。但不要忘记为下一阶段的管理循环提出合理的建议，以期进一步提高控制水平。

三、纠正偏差

纠正偏差是控制过程的最后一个步骤，也是最关键的一步。它之所以关键，就在于体现了执行控制职能的目的，同时，将控制工作与其他管理职能结合在一起。纠正偏差过程中要注意做好如下工作。

（一）确定偏差产生的原因

偏差的产生，可能是在执行任务过程中由于工作的失误而导致的，也可能是由原有计划的不周所导致，必须对这两类不同性质的偏差做出及时而准确的判断，以便采取不同的纠正偏差行动。

（二）提高补救工作的效率

纠正偏差的活动，要经过发现差异、寻找原因、进行修正等几个环节。在这几个环节中，任何一个环节的延迟，都会拉长反馈和纠偏行动的时间，使很多补救措施成为“马后炮”。因此，除了加强预先控制以外，主要应采取现场控制的方式，以提高纠偏的效率。

（三）制订补救措施，采用适当的补救工具

补救措施也应有预见性。在制定标准的同时，就应针对易出问题的环节，制订出应急的补救措施。此外，还要设立赏罚制度作为补救的辅助工具。

（四）采取控制措施达到预期目的

具体的控制措施有许多种类，应根据实际情况加以选择。一般来讲，控制措施大都是从以下几个方面进行的。

1. 调整和修正原有计划

控制结果所显示的偏差过大，有可能是原有计划安排不当，在控制活动中这些不当之处逐渐显露出来；也可能是由于内外因素的变化，所以原有计划与现实状况偏离甚远。在这种情况下，就要对原计划加以适当调整。必须指出的是，调整计划不是任意地变动计划，它不能偏离组织总的发展目标。调整计划归根结底还是为了组织总体目标的实现。要特别注意不能用计划来迁就控制，任意地根据控制的需要来修改计划，这样就是本末倒置。

2. 改进技术

达不到原定的控制标准，技术上的原因占有重要的地位。特别是在企业组织中，其生产与计划的目的之一就是生产出高质量的、符合社会需要的产品。因此，它的计划工作和控制工作都是以生产为中心的，而生产技术则是生产过程中的主要一环。在很多情况下偏差的产生是因为在技术方面出现了问题。为此，就要采取技术措施，及时处理生产上出现的技术问题，纠正偏差，完成计划目标。

3. 改进组织工作

控制技能是与组织职能相互影响的。在这里组织工作的问题可以分为两种：一是计划制订之后，在组织实施方面的工作没有做好，没有完成预定的目标。二是控制阶段本身的组织体系不完善，不能对已产生的偏差加以及时的跟踪与纠正。在这两种情况下，都要进一步改进组织工作，如调整组织机构、调整责权利的关系、改进分工协作关系、适当调配和培训人员等。

上述控制过程的三个基本步骤构成了一个完整的控制系统，三个步骤完成了一个控制周期。通过每一个循环，偏差不断缩小，从而保证了组织目标最有效的实现。

课堂案例 10－4

凯西的烦恼

凯西是华盛顿某政府机关办公室的管理员。最近她下属的员工士气低落，原因是他们原先实行了弹性工作制，现又恢复了上午 8:00 至下午 4:30 的传统工作制。

上级批准她的办公室实行弹性时间时，她慎重地宣布了弹性时间制度：上午 10:00 至下午 2:30 为核心时间，每个人均需上班；上午 6:00 至下午 6:00 可由个人自行选择上下班时间，只要够 8 小时就可以。她相信员工是诚实的并且已经被激励，因此没制定新的控制系统。开始，一切工作进行顺利，士气旺盛。两年后，从总会计室来了位审计员，他对凯西办公室人员的工作时间进行了调查，调查发现，凯西的员工平均每人每日工作 7 小时，有两位雇员只在核心时间来工作，这种状况维持了两个月之久。凯西的部门经理看到审计员的报告后，命令凯西的办公室仍恢复传统工作制。凯西极为不安，对她的下属员工很失望，认为自己信任的人使她下不了台。凯西的问题出在哪儿？

本章思考题

1. 什么是控制？发挥怎样的作用？
2. 简述控制的主要内容。
3. 如何进行财务控制？
4. 控制的类型有哪些？
5. 简述控制的原理和原则。
6. 举例说明控制的三个步骤。

案例讨论

西湖公司的控制方法

西湖公司是由李先生靠 3000 元创建起来的一家化妆品公司。公司开始时只经营指甲油，后来逐渐发展成为颇具规模的化妆品公司，资产已达 6000 万元。李先生于 1984 年发现自己患癌症之后，对公司的发展采取了两个重要措施：

（1）制定了公司要向科学医疗卫生方面发展的目标；（2）高薪聘请雷先生接替自己的职位，担任董事长。

雷先生上任以后，采取了一系列措施，推进李先生为公司制订的进入医疗卫生行业的计划：在特殊医疗卫生业方面开辟一个新行业，同时开设一个凭处方配药的药店，并开辟上述两个新部门所需产品的货源、运输渠道。与此同时，他在全公司内建立了一个严格的控制系统：要求各部门制定出每月的预算报告，每个部门在每月初都要对本部门的问题提出切实的解决方案，每月定期举行一次由各部门经理和顾客参加的管理会议。要求各部门经理在会上提出自己本部门在当月的主要工作目标和经济来往数目。同时他特别注意资产回收率、销售边际及生产成本等经济动向，他也注意人事、财务收入和降低成本费用方面的问题。

由于实行了上述措施，该公司获得了巨大成功。到20世纪80年代末期，年销售量提高了24%，到1990年销售额达到了20亿元。然而进入20世纪90年代以来，该公司逐渐出现了问题。1992年出现了公司有史以来的第一次收入下降——商品滞销、价格下跌。主要原因：

（1）化妆品市场的销售量已达到饱和状态；

（2）该公司制造的高级香水，一直未能打开市场，销售情况没有预测的那样乐观；

（3）国外公司对本国市场的占领；

（4）公司在国际市场上出现了不少习题，如推销员的冒进得罪了推销商，公司形象未能很好地树立。

雷先生也意识到公司存在的问题。准备采取有力措施，以改变公司目前的处境，他计划要对国际市场方面进行总结和调整，于是开始研制新产品。他相信用大量资金研制的医疗卫生工业品不久也可进入市场。

思考：

1. 雷先生在西湖公司采用了哪些控制方法？

2. 假设西湖公司原来没有严格的控制系统，雷先生在短期内推行这么多控制措施，其他管理人员会有什么反应？

3. 就西湖公司的目前状况而言，怎样健全控制系统？

参考文献

[1] [美] 斯蒂芬·P·罗宾斯. 管理学（第13版）[M]. 黄卫伟，北京：中国人民大学出版社，2017.

[2] 周三多. 管理学 [M]. 上海：复旦大学出版社，2014.

[3] 邢以群. 管理学 [M]. 杭州：浙江大学出版社，2016.

[4] [美] 理查德·L·达夫特. 管理学原理 [M]. 高增安等，译. 北京：机械工业出版社，2014.

[5] 陈传明. 管理学原理 [M]. 北京：机械工业出版社，2010.

[6] 高俊山. 管理学原理 [M]. 北京：中国人民大学出版社，2013.

[7] 方振邦. 管理学基础 [M]. 北京：中国人民大学出版社，2016.

[8] 杜跃平. 创业管理 [M]. 西安：西安交通大学出版社，2006.

[9] 张成福. 公共管理学 [M]. 北京：中国人民大学出版社，2008.

[10] 王永章，李冬文. 国际文化产业典型案例选编 [M]. 北京：北京出版社，2008.

[11] 廖新平. 中小企业创业管理 [M]. 重庆：重庆大学出版社，2012.

[12] [美] 菲彼得·德鲁克. 管理的实践 [M]. 齐若兰，译. 北京：机械工业出版社，2009.

[13] 张一驰. 领导的艺术 [M]. 北京：中国商业出版社，2016

[14] [美] 斯蒂芬·P·罗宾斯. 组织行为学 [M]. 孙健敏等，译. 北京：中国人民大学出版社，2012.

[15] 凯利·麦格尼格尔. 自控力 [M]. 北京：文化发展出版社，2012.

[16] 张玉利. 管理学 [M]. 天津：南开大学出版社，2014.

[17] 袁秋菊. 管理学原理与方法 [M]. 西安：西北工业大学出版社，2015.

[18] 焦叔斌. 管理学 [M]. 北京：中国人民大学出版社，2014.

[19] 张振刚. 管理与沟通 [M]. 北京：机械工业出版社，2014.

[20] [美] 里基·W·格里芬. 管理学 [M]. 刘伟，译. 北京：中国市场出版社，2008.

[21] 彭剑锋. 人力资源管理概论 [M]. 上海：复旦大学出版社，2012.

[22] 刘彦文，张晓红. 公司治理 [M]. 北京：清华大学出版社，2013.

[23] 王方华. 现代企业管理 [M]. 上海：复旦大学出版社，2013.

[24] 孙永正. 管理学 [M]. 北京：清华大学出版社，2011.

[25] 杨生斌. 人力资源管理 [M]. 西安：西北工业大学出版社，2014.